スコット 南極探検日記

R・F・スコット著
中田修訳

宿舎の自室で書き物をするスコット大佐

流氷の中で　――開水路が開きつつある（船はテラ・ノヴァ号）

夏　――氷の海が開く（鳥はアデリー・ペンギンと思われる）

ハット・ポイントとオブザヴェーション・ヒル（見張り丘）

シンプソン博士、気球を揚げる

エヴァンズ岬の冬営宿舎

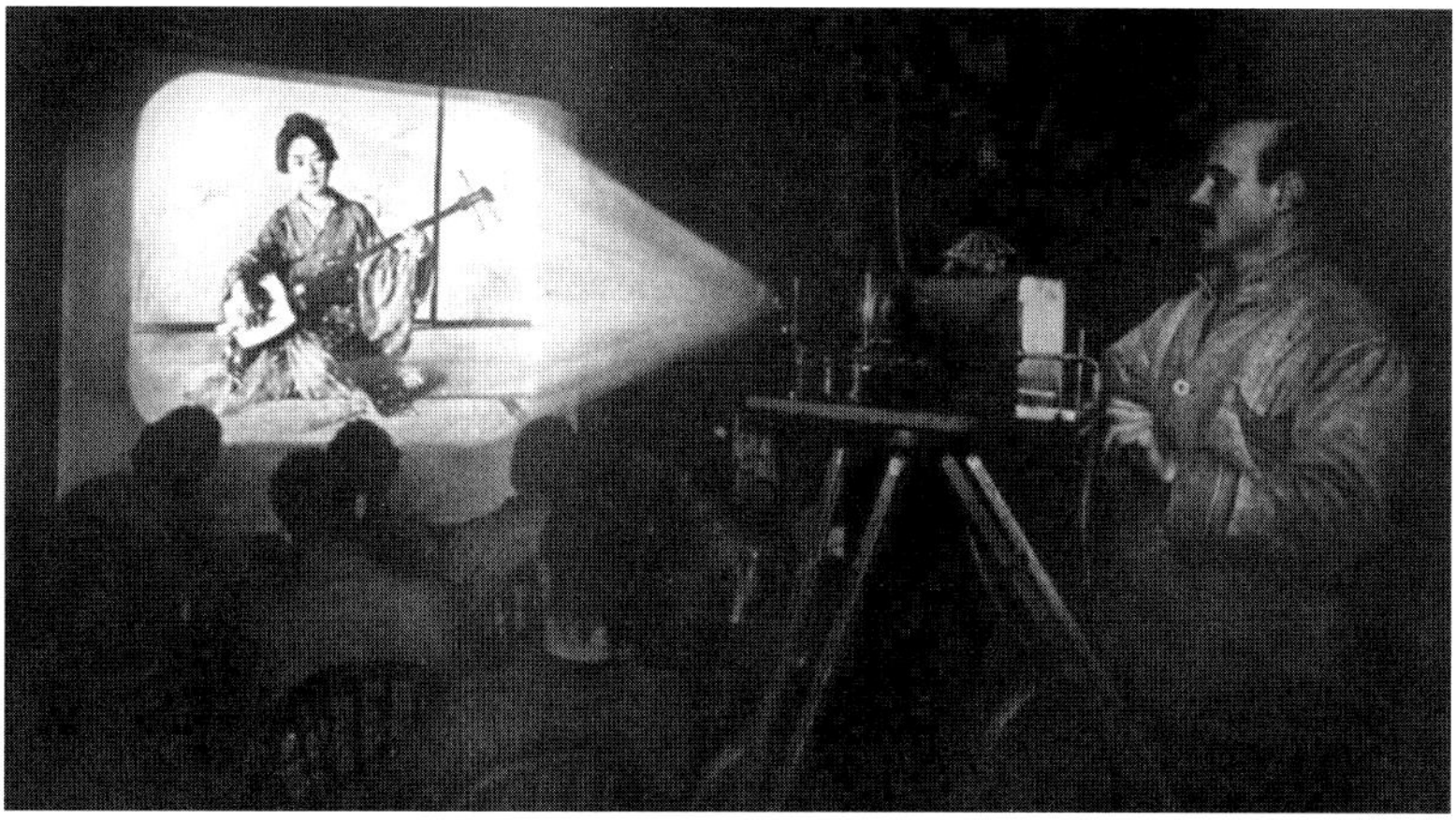

ポンティング、日本について講義する（ウィルソンの水彩画）

厩舎のブラバーストーブの所にいるオーツとミアズ

捕魚かごを引き上げるアトキンソン医師とクリソルド（冬の長い夜、氷点下40度の中で懐中電灯で撮影）

スコット大佐の最後の誕生日の祝宴
左からアトキンソン、オーツ（立っている）、ミアズ、チェリー - ギャラード、テーラー、ネルソン、エヴァンズ、スコット、ウィルソン、シンプソン、バワーズ、グラン（立っている）、ライト、デベナム、デイ

基地の小屋内の様子　左からチェリー - ギャラード、バワーズ、オーツ、ミアズ、アトキンソン

バーン氷河の先端と犬ぞり

旅行時の装備をしたＨ・Ｒ・バワーズ大尉

サスツルギの一例

雪上車

極点旅行の野営地で休むポニー　背後に風よけの塀を築き防寒用の布を着せてある
（スコット撮影）

ハット・ポイントを出発する犬ぞり隊

三度貯蔵所での野営（バワーズ撮影）

極点班、そりを引いて進む（バワーズ撮影）

野営で食事をする極点班のメンバー
左からエヴァンズ兵曹、バワーズ、ウィルソン、スコット（映画のフィルムから拡大）

極点班のそり引き時規定食
一人一日分のようである
左からココア、ペミカン、砂糖、乾パン、バター、茶
（乾パンの上の定規は全長４インチほどである）

南極点に先に到達したアムンセンのテント
（バワーズ撮影）

南極点で　左からオーツ、スコット、エヴァンズ（後列）　バワーズ、ウィルソン（前列）
（バワーズがシャッターのひもを引く）

ブリザードが海氷上を近づいてくる

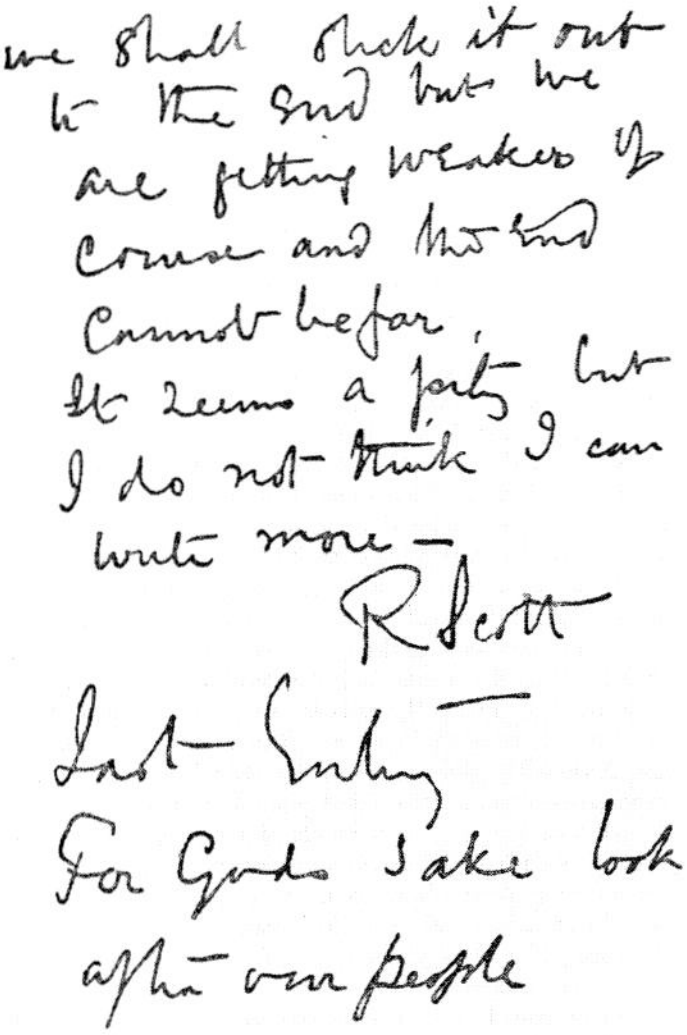

We shall stick it out
to the end but we
are getting weaker of
course and the end
cannot be far.
It seems a pity but
I do not think I can
write more —
R. Scott
Last Entry
For God's sake look
after our people

スコットの日記の最終ページ
（縮尺ほぼ２分ノ１）

図版目次

（図版はすべて『スコットの最後の探検』原著第一巻からのもので、特に断りのないものは写真家ハーバート・G・ポンティングの撮影である）

目次

スコット 南極探検日記

第一章

荒海を通る

ニュージーランドで最終準備

一一月の初めの三週間は仕事に追われて日記をつけられないまま過ぎてしまった。記憶をつないで間に合わせるしかない。

日付は問題ではなかろう。ただこの期間中ずっと幹部船員も普通船員も間断なく忙しかった。

到着すると陸上隊の積み荷はすべて、小屋材やそり、その他すべて、船外へ出した。五日のうちに船はドック入りした。バワーズは船の積み荷に取り組んでこれを検分し、一覧表を作り直し、積み直しをした。多数の荷箱を出して中味を船尾貯蔵庫へ詰め、たっぷり場所をあけた。一方、われらの友人ミラーが水漏れに取り組み、船尾までたどって調べた。張付けステムに裂け目があるのが見付かり、また、ひとつは穴だった。それは長いステム通しボルト用にあけた穴で、ボルトには大き過ぎたのだ。ミラーは期待通り見事な仕事ぶりでこの難問を片付けた。そして船を浮かべ荷を積んでみると、水漏れは格段に減少していた。まだ漏るには漏るが、古い木造船ではこれくらいの水漏れはやむを得まい。

船首材の内側で目にも見え耳にも聞こえていたような流入はいまはすっかり止まった。もう水漏れは機関を借りずに手押しポンプで一日二回、一回に一五分ないし二〇分の努力ですむ程度に押さえられている。以前のままで今ほどどっさり荷を積んだら、きっと毎日三時間から四時間はかかるだろう。

　船がドックから出る前、バワーズとワイアットが沖仲仕たちを相手に倉庫で作業を再開し、陸上隊の積み荷の仕分けと一覧表の作り直しをした。すべて滞りなく進行したようだ。ニュージーランドでの種々の寄贈品と購入品はすでに届いている――バター、チーズ、ベーコン、ハム、塩漬け肉、舌肉。

　一方で小屋を港湾作業場先の空地に建てた。南極へ着いてから困らないよう、残らず分解・点検し、分類し、印を付け直した。わが腕利きの大工デーヴィスがフォード、アボット、コヘインとこの仕事に当たった。大型の緑色テントを立て、それに適する支えをした。

　ドックから出てきたときの船は一大勤勉の場を呈していた。幹部船員も普通船員も沖仲仕といっしょに大わらわで船倉《せんそう》へ積み込みをしていた。ミラー配下の者は馬屋を作ったり甲板の水止めをしたり甲板室を固定し直したり、ボルトや種々こまごました部品を取り付けたりしていた。機関員とアンダソン配下の者は機関にかかり、科学者はそれぞれの実験室へ積み込み中であるし、調理員は厨房《ちゅうぼう》の改装をする、等々――人の働いていない所は一つもない有様だった。

　積み込みはおおよそ次のように進めた。中部船倉へ陸上隊の生活物資全部と小屋材の一部を入れる。その上の主甲板に、あきれるほどきっちり詰めて、右以外の小屋木部材、そり、旅行用具、科学者の使用する器具器械のうち大型のものを積む。これでは普通隊員の居住部に大きく食い込むことになるが、それは彼ら自身の希望で決まったのだ。彼らはエヴァンズを通じて、自分らへの配慮は無用にしてほしいと申し出ていた。どんな雑居にも甘んじる覚悟で、数立方フィートの空間など問題でないと言う――それほどの心意気だ。

　したがって普通隊員の居住部は、狭いけれども、主甲板の前部ハッチから船首までとなった。

　船首楼の下にポニー一五頭分の馬屋がある。これはこの場所に可能な最大限だ。その前の狭いでこぼこの空間には、まぐさをぎっしり詰めた。

　船首楼隔壁《かくへき》のすぐ背後に小さいハッチ〔昇降口〕があり、

悪天候の時は普通隊員の食堂へ通じる唯一の入口となる。次に前檣《ぜんしょう》がきて、それと前部ハッチとの間に厨房とウィンチがくる。前部ハッチの左舷側にポニー四頭分の馬屋がある――しごく頑丈な木造だ。

前部ハッチの船尾側に冷蔵室がある。この中へ氷三トン、羊胴体一六二、牛胴体三、それと数箱の膵臓《すいぞう》および腎《じん》臓《ぞう》を入れるのに成功した。胴体はあいだに貫《ぬき》をはさんで層に積んである――整然とした積み込みの模範例だ。これで越冬中新鮮な羊肉が不足することはあるまいと思う。

主ハッチの両側、冷蔵室に接して、三台の雪上車のうち二台が置いてある。もう一台は船尾楼前端の、以前ウィンチがあった所に置いてある。

船尾楼前端の前にガソリンの荷箱を一山積んである。もう一山、上にまぐさの梱《こり》を乗せて、主ハッチと大檣《だいしょう》〔メーンマスト〕のあいだに積み、またガソリン、灯油、アルコールの荷箱を両側の歩廊に並べてある。

四〇五トンの石炭を燃料庫と中部船倉に、一二五トンを前部船倉のあいた所へ、三〇トン余を上甲板に、積み込むことができた。

この最後の分を入れた袋が、すでに記した荷物に加わって、甲板積み貨物はなかなか重くなり、当然気掛かりな点となっている。しかし綱と鎖でできる限りしっかり固定してある。

甲板上の混雑の仕上げをしたのがわが三三匹の犬で、冷蔵室の上と、二台の雪上車のあいだの主ハッチの上の、柱とボルトに鎖でつないである。

これらすべてを積んで船はなお満載喫水線標まで二インチを余している。各水槽には圧搾まぐさを満たしたが、一つだけは一二トンの真水を入れてある――氷海へ着くまでこれで持つだろう。

馬糧。――私は初め三〇トンの圧搾カラス麦わらをメルボルンへ注文した。これでは足りないと言うオーツの説が次第に認められて、当座用三～四トンのほかに、ポニーの飼料の重量は四五トンまで上昇した。増加分の内訳は、干し草五トン、油粕五～六トン、ふすま四～五トン、そして若干のつぶしカラス麦だ。トウモロコシは持っていかない。

犬用乾パン全部を無理に押し込むことができた。総計五トンほどだ。ミアズは犬にアザラシを食わせるのをいやがっている。しかし冬のあいだはそうせざるを得まい。

私たち〔スコット夫妻〕はクリフトンのキンジー家の住宅「テ・ハン荘」に寄寓《きぐう》していた。その家は海抜四〇〇フィートの崖《がけ》の上に立っていて、クライストチャーチ平原とその一端を限る長い北部海浜を遥かに見渡している。眼下には港口砂州と二つの小さな川、エイヴォンおよびワイマカリリの曲がりくねった河口部がある。遠く平原の向こうには山並みが見えていて、刻々に様相を変え、さらに遠く、この北方の海の広がりの彼方《かなた》に、見通しのよい日には、雪をいただく美しいカイコーラの峰々を望むことができる。うっとりするほどすばらしい景観で、赤や金の花が大きな固まりになって咲き誇る庭園の中の、人目につかない陽だまりからこういう景色を眺めていると、あらゆることに対する言いようのない満足感へ誘い込まれる。夜はこの庭園で、穏やかな澄んだ大空の下で眠った。昼は私はクライストチャーチの事務所へ出かけ、それから、ことによっては、船か島へ行き、そしてポート・ヒルズ越えの山道を通って帰宅した。時々妨げが起きることもあったが、思い出しても楽しい期間だった――それにキンジーとのあいだでしなければならない度々の相談にも好都合だった。この探検に対する彼の関心ぶりは驚くほどで、徹底して抜かりのない実業家のこういう関心は、貴重な利点として十分に利用させてもらった。キンジーは私の留守中クライストチャーチで私の代理人をする。正規の代理権を与えてあり、実情は余さず伝えてあるつもりだ。私たちに対する彼の親切は言葉に表わせないほどだった。

船出

一一月二六日、土曜。――われわれは午後三時出港と発表した。そしてその時刻の三分前にテラ・ノヴァ号は埠頭《ふとう》を離れた。大勢の人が集まった。K〔スコット夫人カスリーン〕と私は、一団の人々といっしょにニュージーランド会社所属のルアペフ号で昼食をした。キンジー氏、エーンスレー、ローズ家のアーサーおよびジョージ両人、ジョージ・クリフォード卿《きょう》、その他。Kと私は〔テラノヴァ号に〕乗船して出たが、岬の手前の、現在港内唯一の軍艦カンブリアン号を通過した所で離船した。そして港内曳き船で帰った。他の曳き船二そうと無数の小舟が船のあとを追っていった。ポンティングが忙しそうに映画撮影をしていた。私たちは丘を越えてサムナまで歩いた。テラ・ノヴァ号が南東にけし粒のように見えた。

一一月二八日、月曜。――八時のポート・チャーマズ行き急行に乗った。キンジーが見送ってくれた。ウィルソンが同乗した。ローズがティマルでわれわれを出迎えた。テラ・ノヴァ号日曜夜到着との電報。四時三〇分ポート・チャーマズ着。万事順調と知る。

一一月二九日、火曜。――セントラル・ニュース協約に関してフェンウィクと会った――町へ。灰色ジャージーのセーター一三〇着という気前のよい贈り物をしてくれたグレンデニングに謝辞を述べた。市長に会いに市庁舎へ。船ではすべて順調だった。

二時三〇分波止場を離れる――明るい陽光――たいへんにぎやかな情景。リトルトンの時より多いくらいの舟艇が送ってきた――ウィルソン夫人、エヴァンズ夫人、およびKは岬のところで別れ、港内曳き船で帰っていった。他の曳き船は義勇軍予備砲艦とともに、さらに先までついてきた――四時三〇分ごろには全部引き返した。ペネルは船を「回頭」させてコンパス修正を行ない、それから「一路前進」。

夕刻。――うっすらと見える陸地と、瞬くソーンダス岬灯台。

一一月三〇日、水曜。――正午一一〇マイル〔本書では日本の「海里」に当たるようである〕。日中ずっと北から弱軟風。日暮れ近くに風力を増して北西へ変わる。明るい陽光。船は南西方向のうねりで縦揺れする。一人二人船酔いのほかは全員元気。

水を切って楽々と滑らかに進んでいる。しかし石炭を焚《た》いている――二四時間に八トンと午後八時に報告があった。

一二月一日、木曜。――新しい月がほぼ順調に始まる。夜のあいだに風が強まった。船は徐々に八ノット、九ノット、九・五ノットと加速した。北西からの強い風と波立つ海。朝、目覚めるとかなりの動揺。

船はそういう状況のもとで奇妙な、そして必ずしも愉快でない光景を呈している。

中はあらゆる空間が人の技の及ぶかぎりぎっしり詰まっていることがわかっているし――そして甲板の上だ！　船《せん》

首楼《しゅろう》の中に一五頭のポニーがぴったり並んでいる。一方の側へ七頭、もう一方の側へ八頭に分かれて向かい合い、あいだにポニー係がいる——落ち込むような不規則な動きに絶えず揺れている。

　隔壁の穴から見てみると、一列の頭が悲しそうな辛抱強い目をして、いっしょに右舷側《うげんがわ》からはせり上がってくるし、左舷側では退いていく。次に左舷の頭がせり上がり、右舷のは退いていく。哀れにもこれらの動物には何週間も続けて、来る日も来る日もこんな目にあわされるのは恐ろしい試練だろう。そして確かに食べ物はまだよく食ってはいるが、こういう無理は体重と体調をたちまち引きずり下ろすだろう。それでもこの試練は人間を標準にして計ることはできない。馬には全然横たわらないのもおり、それに馬はすべて立ったまま眠れる。解剖組織上、脚の中に体重を無理なく受ける靭帯《じんたい》を持っている。われわれの気の毒な動物たちは、揺れは激しいが休息と睡眠はとるだろう。かいば四～五トンと注意怠りないアントンとが船首楼の余った場所を占めている。アントンはひどい船酔いにやられているが、昨夜は葉巻を吸っていた。しばらく吸ってから中断して吐きに行き、戻るとまた吸い始め、そして胃をさすりながらオーツに向かって「だめです」と言った——健気《けなげ》な小アントン！

　四頭のポニーは船首楼の外の、前部ハッチの風下側にいる。防水帆布をかけてあって大体は他の仲間よりも具合よさそうだ。冷蔵室のすぐ後ろの、主ハッチの両側に、雪上車の入った二つの巨大な荷箱がある。それぞれ一六×五×四フィートの大きさだ。甲板より数インチ高く据えてあるので、恐ろしく大きな空間を占めている。もう一台は船尾楼前端の、従来、後部ウィンチがあった所に横なりに置いてある。これらの荷箱はどれも丈夫な防水帆布で覆い、太い鎖と綱をかけて、絶対の安定を期してある。

　雪上車用のガソリンは丈夫な木箱に入れて保護したブリキ缶と円筒形容器に入っていて、船尾楼のすぐ前の甲板に、雪上車に接して並べてある。全部で二・五トンあり、大きな場所を占めている。

　これらの荷箱の周り一帯の、前は調理室から、後ろは操《そう》舵輪《だりん》にわたって、甲板上に石炭袋が積まれ、石炭の甲板積み貨物となっているが、それはいまどんどん減少している。

　ポート・チャーマズを発《た》ったとき四六二トンの石炭を積んでいた。私が望んでいたよりかなり多い量だった。それでも満載喫水線標まで三インチ余裕があった。船は二フィート余の艫脚《ともあし》だったが、これはまもなく改善されよう。

石炭袋の上、雪上車の上と間、それから冷蔵室の上に、全部で三四匹の犬を群れに分けてある。やむを得ず鎖につないであり、甲板上で可能な限りしのぎやすくしてある。しかしその立場はうらやましいものではない。波が絶えず風上側の舷墻《げんしょう》に打ち付け、中央部上甲板へ出なければならない者は必ず大量の水しぶきを背にどっと浴びせられる。犬は侵入するこの水にしっぽを向けて座り、毛をぬらし、しずくを垂らしている。哀れを誘う姿で、寒さとみじめさを深く表わしている。時々ふびんにも哀れっぽいなき声を長々と発するものもある。ひとかたまりの犬たちの様子は、みじめな失意を絵に描いたようだ。こういう生活はかわいそうにこれらの動物たちには本当につらいことだろう。

幹部隊員は二四人いるが、士官食卓にどうにか全員の席をつくっている。たいてい一人二人は当直に出ていて、それで助かっているとはいえ、やはり押し合いへし合いだ。食事は簡素だ。しかし二人の船室係フーパーとニールが食後の洗い物をしたり、室内を片付けたり、まことに機嫌よく何にでも進んで役立ち、あらゆる必要を弁じていて、その態度は実にすばらしい。

船中にはこのように人手が多く、各当直に九人の船員を当てることができて、操船はやすやすと行なわれている。またミアズとオーツには犬とポニーの管理を手伝う専任の助手がついている。しかし昨夜のように悪天候が予想される夜には、志願者から成る「アフタガード」〔幹部隊員と科学隊員〕が起きていて、安全と安楽のために尽くそうとうれしい熱意を示している――数人はポニーと犬に面倒が起こったら直ちに手を貸そうとしているし、数人は帆を減らしたり整えたりするのを、また数人は甲板の石炭を燃料庫へ供給するのを手伝おうと待ち構えている。

プリーストリーがいちばんひどく船酔いにやられているようだ――ほかに数人、同程度になりそうな者もいるが、船とその動きにいくぶん慣れてきた。ポンティングは食事もできないのに仕事から離れようとしない。聞いたところによると、ポート・チャーマズまでの途中では、彼はたびたび船縁《ふなべり》へ吐きに行かなければならないほどなのに、幾組かの人を対象に映画撮影をしたそうだ。昨日は乾板を現像していて、片手に現像皿を持ち、もう片手に普通の洗面器を持ちながらやっていた！

　今日は一九〇マイル進んだ。出足よし。しかし一点不都合がある――キャンベル島を目指してきたのだが、今朝明らかになったところでは、今の速い船足だと島へ着くのが真夜中になって、私が当てにしていた明日にはならないのだ。夜明けを待つため足踏みするのは今の状況では得策でないと思われるので、計画のこの一項は取り止めにした。

　その後風は西へ回り、わずかに逆風になっている。これ以上回ることはなかろう。現在、氷域への針路から一ポイント以上東へ寄っており、キャンベル島への針路からは風下へ三ポイントになっている。したがってどっちみち島へは着かなかったのだ。

　一二月二日、金曜。――大惨事の一日。昨夜四時から急激に風が強まり、帆はたちまち中檣帆《ちゅうしょうはん》、ジブ、およびステースルだけのごく軽装になった。風は激しく吹き、海は早速荒れてきた。まもなく船は大きくがぶり始め、風下側の手すりを越えて多量の水が入ってきた。オーツとアトキンソンは時々人からも手伝ってもらいながら、ポニーを立たせておくのにかかりきっていた。上甲板ではガソリンの箱やまぐさなどがゆるんで動き始めた。何よりも難儀を起こしたのはゆるんだ石炭袋で、それらがまるごと大波に持ち上げられ、綱を掛けた荷箱にぶつかっていったのだ。「あらゆるものにどんなに用心深く綱を掛けてあったかはきみも知るとおりです。しかしどんなに綱を掛けてあっても石炭袋の猛襲には長くは持ちこたえられなかったでしょう。」まるで破城槌《はじょうつい》が働いているようだった。これらの袋をもっと安全な場所へ移すのは難儀な仕事だった。「災厄を相手に格闘するほかなく、ほぼ総員、中部上甲板で何時間も労役し、石炭袋を船外へ投げ、ガソリンの箱その他を、この困難で危険な状況の中で可能な限りしっかり縛り直しました。大波があとからあとから人々めがけて襲いかかり、時には体がすっかり水に没してしまうこともありました。そういう際には必死に何か固定物にしがみついて船外へ流されないようにしなければならなかったのですが、石炭袋やゆるんだ荷箱が流れ動く中では、そういう手掛かりもいつ何時もげてしまうやも知れないのでした。

　少しは整理ができたと思うやいなや、ひときわ猛烈な波が押し寄せてきて綱を引きむしり、仕事は初めからやり直さねばならなくなるのでした。」〔手紙からの引用〕

夜は更けてゆき、波と風はいよいよ募り、船はいよいよ狂おしく船首を突っ込んだ。帆を大檣の中檣帆とステースルだけに減らし、機関を止めて踟躕《ちちゅう》したが、ほとんど効果がなかった。ポニーが倒れたという知らせがしきりに船首の方から伝わり、オーツとアトキンソンがそこで夜通し働いた。その後さらに悪いこと、さらにさらに悪いことが持ち上がった――ポンプが詰まり水がすのこの上まで達したという機関室からの報告だ。

午前四時ごろのこの瞬間から機関室が最重大関心事となった。あらゆる努力にもかかわらず水位が上昇した。ラッシリーは激しく流動する水に首まで浸かって、吸い込み口の掃除に勇敢に頑張った。一時、補機によってビルジ・ポンプが吸い込んだので、水は押さえられるかに思われた。しかしその希望も束《つか》の間の寿命しかなかった。五分も動かすと決まって同じ結果になるのだった――どのポンプも一様に詰まってしまうのだ。

見通しは厳しかった。船が翻弄《ほんろう》されているので侵入する水量の見当が全くつかなかった。「常態では浸水は多くないことがわかっていました。しかしまた、上甲板を洗う水のかなりの部分が下へ流れ込んでいるに違いないこともわかっていました。各甲板は小川をなして漏っていました。船はひどい過積《かづ》みでした。あと少し水が加われば水浸しで操船不能に陥るところで、そうなったら何が起こったか知れません。」手押しポンプはほんのぽたぽた程度しか働かず、その吸い込み口へは手が届かなかった。水位がじわじわ上がってボイラーに接するようになると水温が上昇した――しまいには熱くて誰も吸い込み口で働けなくなった。ウィリアムスも参ったと白状せざるを得なくなり、火を落とさねばならないと言った。どうしたらよいか。いまはお先真っ暗だった。波は一段と高まってきたように見えた。風下側の手すりと船尾楼を越えて緑の水の奔流だ。船はその中でのたうった。舷墻の一部が大きくきれいにもぎ取られた。ビルジ・ポンプは主機に依存している。ポンプを使うためには主機を止めるわけにいかない。折しも波は猛烈を極め、風下側の手すりを越えてなだれ込んできた。繰り返し繰り返し手すりは前檣の横静索《よこせいさく》から大檣の横静索まで一面に逆巻く波に覆われ、その水が船尾へ向かい、高く船尾楼の上まで洗った。私は船尾楼の手すりのそばに立っていて、一度は腰まで浸かった。

甲板上は廃墟と化し、また機関室では水が、実量はさほどでないのに、肋板《ろくばん》や肋骨《ろっこつ》の上を突進して、一大事の様相を呈した。

　エヴァンズによってアフタガードが二隊に編成され、バケツを使うことになった。普通隊員たちは詰まった手押しポンプを休みなく動かしていたが――いまできることはバケツを使うことしかなさそうだった。船を沈没から救うにしては何たる手段だろう。文字通りかい出そうと言うのだ！　ところが不思議や、その努力は全くの徒労ではなかった――いまや四時間*動き続けている一列のバケツが、ポンプからの滴りと合わせて、水を押さえているのだ――わずかながら減水の気配すらある。

　一方でわれわれはポンプの吸い込み口へ達する方法を考えていた。いま機関室隔壁に穴をあけている。そことポンプの縦穴のあいだの石炭をのけて、縦穴に口をあけようと言うのだ。大量の水が船上へ浸入するので、縦穴の上のハッチを開くわけにいかない。まだ危機を脱してはいないが、希望の明かりが見える。実際、私としてはそうでなくてはならないのだ。一同がこれほどすばらしく働いてくれているのだから。幹部隊員も普通隊員も厳しい作業をしながら、はやし歌をうたっている。ウィリアムスはボイラーの背後のうだるような暑さの中で、隔壁に出入り口を作ろうとしている。一人として意欲をなくした者はいない。犬が一匹昨夜溺死《できし》し、ポニーが一頭死に、ほかに二頭体調の悪いのがいる――恐らくそれらもだめだろう。「時々、犬のどれかが大波にさらわれそうになり、鎖のおかげで危うく助かるのでした。ミアズは数人に手伝ってもらいながら、この哀れな動物たちがぶらさがって首がしまらないよう絶えず助けてやらなければなりませんでした。そしてもっとしのぎやすい場所を見付けてやろうとしていたのですが、それは不可能に近いことでした。一匹はかわいそうにぶらさがって死んでいるのが見付かりました。また一匹は流される勢いで鎖が切れ、船外へ姿を消してしまいました。それが奇跡的に次の波で船へ押し戻され、いまはぴんぴんしています。」風にも大きな犠牲を払わされているが、水さえ対処できれば切り抜けられるだろう。いま犬がまた一匹船外へ流された――やれやれ！　ありがたいことに風が衰えてきた。波はまだ山なす高さだ。しかし船は前ほどひどくは揺れていない。どうか朝までにはまた帆が揚げられる

＊これは一昼夜続けられた。

ようになってほしい。

一二月三日、土曜。――昨日夕方風は徐々に衰えた。船上へ侵入する水も減り、したがって下へ流れ込む量も減って、機関室の水のかい出しがはかどっているのが間もなくはっきりした。作業は二時間交替で着実に続けられていた。午後一〇時までには機関室隔壁の穴あけが完了し、エヴァンズ（大尉）が石炭の上をのたうち越えてポンプの縦穴に達し、そこを下りた。そして間もなく吸い込み口から「それを詰まらせている石炭の玉（石炭と油の混合物）」を取り除いた。そして初めてポンプから水がほとばしり出て一同を喜ばせた。この瞬間から難局を乗り切れることがはっきりした。ポンプはその後も数回詰まったが、機関室の水は着実に減っていった。ありがたや、今朝現場へ行ってみると、もう水は音をたてて流動してはいなかった。午前中に火の準備がされ、点火された――手押しポンプは完全に働くようになって淦水《かんすい》を干上がらせるほど吸い込み、その結果、大量の石炭と灰が取り出せるようになった。

いまやすべてが回復し、汽走と帆走で、針路の二ポイント以内を着々と南へ進んでいる。キャンベルとバワーズは上甲板にある荷物全部をせっせと縛り直している。午後、船首楼天窓から二頭の死んだポニーを引き出した。窓の広さがそれらを通すにはまるで不十分に見えたから、これは興味をそそる作業だった。冷蔵室を点検してみると最良の状態だった。

もう一度強風に見舞われたら悲惨な結果になるかもしれないから、まだ安全とはいえないが、この二四時間にわれわれの見通しの中に起こった変化を振り返ると驚くべきものがある。皆も私同様、昨日は真に一大事だと思ったと白状している。そしていまは一同再び希望にあふれている。

わかった範囲で失ったものは、舷墻の損傷のほかに、ポニー二頭、犬一匹、「石炭一〇トン」、ガソリン六五ガロン、生物学者のアルコール一箱だ――大損害だが、予想したより遥かに少ない。「いろいろ考え合わせると軽傷でのがれたのです。しかしこういう時に強風にぶつかったのは不運でした。」あと一頭、強風中しばらく革帯につながれたまま倒れていたポニーはもう立っている。多少ふらふらしているようだが、再度強風が来なければ生き延びるだろう。最良のそり犬のオスマンも今朝は甚だ悪かった。しかし一日干し草の中に温かくして寝かせておいたら、いまはかなりよくなった。「あと数匹重症になったのがいて、回復するまで看護が必要でした。」風波がまた激しくなってきたようだ。そして南から強いうねりがある。ただ気圧計は高い。それが下がらないうちは再度強風にはならないはずだ。

一二月五日、月曜。——緯度五六度四〇分。——気圧計は土曜以来ほとんど変わらず、風はわずかに強まったり弱まったりするが、西からの方向は変わらない。針路を一ポイント逸《そ》れていたのが次第にぴったりになってきた。ポニーを別にすれば万事順調のようだ。風も海も好都合だったのに、船は今朝まで南西方向のうねりに強く縦揺れしていた。これがポニーをひどく苦しめ、特に船首楼の下にいるのが悪かった。左舷側のポニーはまず安全だろうと考えていたが、二頭はふらふらのようで、このまま休息なしに、続けて悪天候に耐えられるかあやしい。これ以上強風のないことを祈る。もう西強風帯の端に近付いているはずだ。しかし少なくともあと二日ははっきりわからない。依然南西からうねりがある。もっとも、昨日ほど強くはない。なんとか完全に消えてほしいものだ。実に多くのことが好天に依存している。一二月はロス海では好天の月のはずだ。これまでいつもそうだったし、ちょうどいまも状況は好天の方向を指している。ともかく何に対しても用意していなくてはならない。しかしポニーのことが甚だ案じられる。犬は天気がよくなってからすっかり回復した——もとのように元気いっぱいだ。

甲板積み貨物はだんだん減少している。石炭は全部上甲板からなくなり、ガソリンは前よりもよい形に積み替えられた。この点に関するかぎり、いま一度襲撃されても心配はない。キャンベルとバワーズは疲れも見せず甲板で整理に当たってきた。

クロージア岬に基地をつくる案が再び議題になっている。そこならば利点がいくつもあろう。早期にそこへ着ける安心感、秋旅行班も夏旅行班も孤立する恐れがないこと、クレバス帯を渡らないでバリア本体へ行き着けること、それに極点への進路が最初から真南になること、——ペンギン繁殖地での温和な自然条件とブリザードのないこと、エンペラーペンギンの孵《ふ》化《か》研究の機会、テラー山の地質に対する新たな興味、その他小さい便宜として、氷や防護用の石が得られることなど。不利な点は主として荷揚げに予想される困難だ——うねりがあればひどく不愉快な状況になるだろうし、馬と雪上車の陸揚げができなくなるかもしれない。それに小屋からよい雪面に達するまでに、恐らくかなりの距離を、露岩の上を渡らねばならないことが確かなようで、途中三〇〇ないし四〇〇フィート登りがあるかもしれない。また潮流や氷山や氷盤《ひょうばん》のため荷揚げ中の操船が難しいかもしれない。実際に当たってみないとわからないが、予想では確かに魅力がある。いざとなればポニーをマクマードー海峡から揚げて、ぐるりと歩かせることもできよう。

午後は太陽が明るく輝いていて、あらゆるものが乾いてくる。うねりはこのまま弱まっていくものと思う。

一二月六日、火曜。緯度五九度七分。経度東一七七度五一分。直航程南一七東、一五三〔分〕。極圏まで四五七分。昨日の予想は実現して、うねりはその後弱まり続け、今日の午後は安定した前進で大いに体が休まる。ポニーのことを考えるとこれは実にありがたい。哀れにもやせて骨と皮ばかりに見える。しかしおおむね前より明るく元気になっている。船首楼が彼らにはよくない場所であるのは明白だが、どうしても一部はそこへ入れなければならなかった。船の中央部の四頭がいちばんひどい目にあうだろうと予想したのに、他の連中よりも遥かに安楽に過ごした。脚がむくんでいるものが二〜三頭いる。しかし食う方はどれもよく食っている。風は朝直《あさちょく》中に静まり、その後弱い軟風《なんぷう》が東から吹いた。気圧計は下がってきているが勾配《こうばい》は急でなく、現在なお標準より高い。午後は本曇りで霧雨になった。あと一日すれば西強風の圏外へ出るはずだ。

クロージア岬へ上陸する案の検討はその後も続けていて、現実の問題として考えるにつれ、いっそう魅力的に思われてくる。例えば、そういう基地からならば、バリアの動きや氷丘脈《ひょうきゅうみゃく》相互の動きを的確に把握できるだろう。装備一切とともに安全にそこへ上陸できたら、きっと一大幸運となろう。

全員大いに朗らかだ——一日じゅう笑い声と歌声が絶えない——こういう陽気な乗組員といっしょなのは楽しい。今日でニュージーランドから一週間になる。

一二月七日、水曜。——緯度六一度二二分。経度西一七九度五六分。直航程南二五東、一五〇〔分〕。極圏まで三一三分。気圧計は夜通し一定した急勾配で下降し、今朝いきなり同じような急勾配の上昇に反転した。反転と同時にかなり強い軟風が南西から起こり、針路から三ポイント押しやられた。海は依然静かで、氷が遠くないことを示しているようだ。午後は気温水温ともに三四度〔一・一度C〕で、右の推測を裏付けている。風の具合が好転して船は針路へ戻り、七ないし八ノットで進行している。

　船の周りに多数のクジラドリ、また初めてのフルマカモメとマコーミクオオカモメが見られた。昨夜「砂時計」イルカが周りに見えた。ススイロアホウドリとマユグロアホウドリが引き続き見られ、ケープひな鳥を連れている。寒さが人を空腹にして、われら二四人の若い食欲が満たされるときの食物消滅の驚くべき速さは全く恐ろしいほどだ。

　昨夜、西部地質班について討議した。そしてポンティングに対し同行するのが望ましいことを説明した。最も年長であり最も経験豊富な旅行家でもある彼を責任者にと考えて、その点をちょっと彼に話し――次にグリフィス・テーラーに話すと、テーラーはいたく失望の色を示した。そこで三人して率直に話し合ったところ、ポンティングは直ちに譲歩し、テーラーが統率者になることに喜んで同意した。これは満足のゆく処置だったし、ポンティングの人柄のよさを示している。まちがいなく好人物だ。

　ここで普通隊員たちを動かしている気魄《きはく》をうかがい知る一事を記録しておきたい。強風のあと、船首楼の、ポニーを入れてある部分の下の主甲板がひどく水漏れし、馬屋の汚れがハンモックや寝具の上に漏れてきた。誰も一言も言わなかった。そこに起居する者は防水布や帆布で、できるだけ害物を防いでいたのだが、苦情のそぶりも見せなかった。実際、居住甲板全体にわたって不快は甚だしかった。あらゆるものが投げ散らされ、水は一〇余カ所で漏った。昼の明かりはなく、外気は小さい前部ハッチから入るだけだし、灯火は苦労の種だった。隊員たちは甲板で繰り返しずぶぬれになり、衣服を乾かす折もない。いろいろ考えると、彼らの朗らかな不屈さは驚嘆に値する。

最初の氷。――今夜正餐《せいさん》の時、氷の報告が入った。西方はるかに氷山がひとつあって、日光が雲間から差す時に時々見えたというチータムの話をエヴァンズが確証した。

　一二月八日、木曜。――六三度二〇分。一七七度二二分。南三一東、一三八分。極圏まで一九一分。風は強まって、昨夜初夜直《しょやちょく》には和強風に達した。船は詰め開きで針路から二ポイント以内を保った。上檣帆《じょうしょうはん》と下帆《かはん》をたたんだ。その後、夜のあいだに風は次第に逆風になった。午前六時には帆はすべてたたまざるを得なくなり、日中ずっと強い軟風と中程度の波に向かってがぶり続けた。今日午後、針路から少し東へ保つことによって、なんとか縦帆《じゅうはん》に風をはらませることができた。気圧計はこの二四時間着実に上がり続けてきた。すでに三〇インチの一〇分ノ一以内に達していて、反転のきざしを見せている。昨夜は夜通し明るかった（これはいつも人を元気付ける）。しかしこの逆風にはじりじりさせられ、殊に石炭の消費が予測を越えているからいっそうだ。約九トンで六二ないし六三回転を出しているが、三日ごとに半トン費やして蒸留水作りをしなければならず、炊事用の週半トンもある。まさに、南へ向かって道を切り開いていくという有様だ。

　昨夜は揺れのために甚だ心配した。船は混乱した海の上で小刻みに激しく縦揺れし、もがいた。そしてひと揺れごとに私の思いは哀れなポニーたちのところへ走った。今日の午後は彼らはわりに元気だが、時とともに衰えているのは違いなく、安定した船でたっぷり休ませてやりたい気持ちが切にする。かわいそうに、辛抱強い動物たち！　こういう恐ろしい不快の記憶が彼らにはどのくらい残るものだろうか——困難や危害に出合った場所や状況を記憶している場合が実に多い動物のことだ。恐怖の衝撃とか突然の苦痛によって強く印象づけられた状況だけを思い出し、長時間にわたる重圧の記憶は消えていくのだろうか。誰にもわからないだろう。しかし本性が、このように一週間二週間と続く、ゆっくりではあるが逃れられない拷問《ごうもん》を記憶からかき消すとしたら、それは不思議に慈悲深いことに思われる。

　犬は元通りいたって元気だ。犬にとって最も不快な状態は絶えずぬれていることだ。強風のあいだじゅう続いたその状態こそ、われらの優秀な先導犬「オスマン」をすんでのことで失わせるところだったのだ。朝すっかり衰弱して、わずかにふるえているばかりのところが見付かった。死ぬ寸前だった。干し草にくるまれて、そのまま二四時間何も食わずに横たわっていた——それが、もう二四時間足らずすると、どこから見ても前に劣らずぴんぴんしてきて、彼の種《しゅ》の驚くべき頑健さを改めて示した。

　ナンキョクウミツバメが周りに来ている。午後、一羽捕らえた。

その後、午後七時ごろ、エヴァンズが左舷正横《せいおう》遥かに、氷山を二つ見た。マストの先から辛うじて見えたのだ。鯨はしばしば見掛ける――バラエノプテラ・シッバルディ――これまでに生存した最大の哺《ほ》乳類《にゅうるい》と想像されているもの。

一二月九日、金曜。――六五度八分。一七七度四一分。直航程南四西一〇九分。スコット島南二二西一四七分。今朝六時、前方に氷山および流氷との報告。初め流氷の方はただの氷山のかけらの群がりかもしれないと一同考えたが、中へ入ってみると小さく衰えた氷盤《ひょうばん》の群れだった――厚させいぜい二〜三フィートの氷だ。「緯度六六度半か、少なくとも六六度に達するまでは、流氷に出合うまいと思っていたのでした。」無氷の水面のある限り南および西へ進むことに決め、ある程度成功を収めた。いまこれを書いている午後四時、まだ開水面にいて、ほぼ真っ直ぐの針路を保っている。軽い小氷帯の中を五〜六度通過したが、どれも幅三〇〇ヤード〔二七〇メートル〕以下のものだった。

非常に美しい氷山にいくつか出合った。ほとんどはテーブル型だった。高さは六〇ないし八〇フィートで、私は南極のこのあたりではこれより高い氷山はめったにできないのだと考えるようになっている。

二つは若干記録の価値がある。一つは映画撮影のため左舷側すれすれに通ったもので、高さ約八〇フィートで、テーブル型だった。わりあい最近割れて出たものらしかった。

次ページにその特徴を示したが、他の氷山の側面についても綿密な観察が望まれることを示唆している。上部と下部とでは起源がはっきり違っているように見え、陸上で氷河だったものの上に季節ごとの雪が積み重なったかのようだった。それから「青氷《あおごおり》の貫入層《かんにゅうそう》」という言い方で表わしたものは注目すべき特徴だった。これらの層は熱い太陽と風のもとでの復氷《ふくひょう》によって変質した表面を表わすと想像してもよかろう。

この点は研究を要する。

第二の氷山では数多い垂直のひび割れが目立った。それが十字に交差して走っているようで、組織を弱めているように見えた。したがってそれによってできたさまざまなセラックはいろいろな角度と形になって氷山の上面をたいへん乱雑なものにし、また側面に巨大な垂直の亀裂《きれつ》という傷

青氷の「貫入」を含む堅くて白いフィルンの整合層

青氷の不整合層

を与えていた。

こういう氷山はキング・エドワード・ランドのように氷が混乱した地域から来たと想像される。

今日はかなり多く鯨を見た。高く黒っぽい潮吹きをするナガスクジラ——バラエノプテラ・シッバルディ。

鳥もいる。ナンキョクウミツバメとユキドリ——フルマカモメ——それに今朝、マダラフルマカモメ。

われわれは予想より遥か北で流氷に出合った。その事実をどう解釈すべきかわからない。手ごわいものに出合わないよう望まれるが、大して当てがあるわけではない。午後一〇時——今日は一日じゅう良好な進行をした。しかし進むにつれ氷の群れが多くなり、いまでは船の両側とも相当な広がりの流氷になっている。依然多数の氷山に出合う。その半数近くはテーブル型だが、他は衰えて奇怪な形をしている。

空はすばらしかった。あらゆる形の雲があって、あらゆる程度の明暗を帯びていた。太陽は絶えず雲の合間から現われ、平らな流氷や絶壁の氷山や真っ青な海面をきらきらと照らし出した。そのようにして日光と陰とが視界を横切って追いかけっこをしていた。今夜はほとんどうねりがない――船は等喫水《とうきっすい》で安定し、時々氷に当たって震動するだけだ。

大時化《しけ》に翻弄されて進んできたあとの、こういう安定の与える安心感は言葉に表わすのが難しい。ポニーの安堵《あんど》と安楽は想像するほかないが、犬は見るからに元気になっているし、人間も陽気にあふれている。遅れが目前に迫っているのに、航海は希望に満ちている感じだ。

流氷の密度が増してきたら、必ず火を止めて氷が開くのを待つことにしよう。この経度で流氷がいつまでも密集したままということはないと思う。今夜、六六度線を越えるはずだ。

一二月一〇日、土曜。――推測位置六六度三八分。経度一七八度四七分。直航程南一七西九四。クロージア岬六八八分。真夜中まで甲板にいた。太陽は南の水平線にちょっと沈んだだけだった。例えようのない光景だった。北の空はばら色に輝き、それが氷のあいだの静かな海に映えて、光沢のある銅色からサーモンピンクまで、さまざまな色合いを呈した。北の方にある氷山と流氷は薄緑色になって、深い紫色の影を伴い、空は次第にサフラン色と薄緑色へ移っていった。われわれはこの美しい現象にいつまでも見とれていた。船は夜のあいだ開水路をたよりに進んだ。朝には開水面はほぼ終わり近くなった。停止して好都合な氷《ひょう》丘《きゅう》から水の補給をした。約八トンの水をととのえた。レニクが測深をした。一九六〇尋《ひろ》。筒には通常のグロビゲリナ軟泥《なんでい》のついた二個の溶岩片が入ってきた。

ウィルソンはナンキョクウミツバメとユキドリを数羽撃ち落とした。ネルソンは垂直採集網で甲殻類《こうかくるい》その他の動物を数匹得、また四〇〇メートルでの水試料および温度を入手した。水はその深さでは比較して高かった。一時三〇分ごろ進行を始めて、最初はわりあい容易な流氷の中を通り、次に一つの大氷山の周りに集まっているたいそう重くて古い氷盤《ひょうばん》のあいだへ入った。そこから抜け出し、回り道をして、次第に楽に進むようになった。しかし南へ行くにつれ、氷盤の威力は減ったが、流氷の密度は増してきた。わりあい薄い大きな氷盤がたっぷり水を含んでいて簡単に割れるのを認めた。これはディスカヴァリー号で通ったときのものと似ている。ただ堅さは一カ月分だけ堅い。

三時に停止してカニクイアザラシを四頭撃った。今夜その肝臓が正餐に出た――珍味だった。

今夜は密集した流氷の中へ入っている――押し進んでも効果があるか疑わしい。しかし一日じゅう南方に晴れた空がアーチ型に見えていたから、その方向にはもっと開けた水面がきっとあるのだと思われる。ほんの二〇マイルほど先かもしれない――しかし二〇マイルは現在の状況では大きな距離だ。午後一一時に、就寝しようと下へ降りてきた時には、ブルースが苦労して頑張りながら、わりに調子よく進ませていた。しかし時々は立ち往生させていた。氷がどんどん平らに、そして薄くなっているのが認められた。所々で密集の気配が見えたが、それらの間の所では氷はごく薄かった。

「南へ進む最良の経度を選ぶため、私たちはあらかじめ過去の航海のあらゆる記録を丹念に調べてありました。そしてその結果、私は西経一七八度が最良であるとの考えに達したのですが、それはいまも変わっていません。流氷へ入ったのはほぼこの経度でした。そしてこれまでのどの船よりも悪い状態にぶつかるというはめになりました――実際、他に選んでもよかったどの経度でもあり得なかったろうと思われるほど悪いのです。

状況の難しさを理解してもらうには、流氷がどんなものか、またその動きがどんなにわずかしかわからないかを正しく認識してもらわねばなりません。

地球のこの部分における流氷は次のものから成っています。(一)前の冬に南極大陸周辺の海で形成された氷、(二)前の夏に湾や入江から割れて出た非常に重く古い氷盤の、北へ移動するいとまのないうちに冬が来てしまったもの、(三)前の冬の初期にロス海で形成された比較的重い氷、(四)前の冬の中期または後期にロス海の所々で形成された比較的薄い氷。

疑いなく冬の間じゅう、ひと続きに凍った氷の膜はすべて、動いたり、ねじれたり、裂けたり、押し合って氷丘脈をつくったりし、また何千もの氷山が中を押し通り、圧力で氷丘や氷丘脈を作ったり、かきまぜたりします。それからもちろん、冬の間にそういうふうに割れて開いたところでは、海が再び凍って、一段新しく、一段薄い氷の膜が形成されます。

夏の到来とともに、膜の北縁が崩れ、また海洋の強いうねりが貫き通って、次第に小さな断片に砕けていきます。次に全部が一体になって北へ移動し、ロス海のうねりがその流氷の南縁を攻撃することになります。

これで北縁と南縁では、断片つまり氷盤《ひょうばん》がわりあい小さいのに対し、中央では、差し渡し二マイルから三マイルのものもある理由が明らかになり、また流氷の組成がさまざまな性質の氷盤の異常な混乱であっても不思議はなく、事実そうである理由が明らかになります。

　さらに、夏が進むにつれ、群れの幅が狭くなり、氷盤が薄く小さくなる理由も理解されましょう。

　一月の初めに蜜流氷が見られる所で、二月には開水面や無氷の海が見られ、大雑把に言って、時期があとになればなるほど通り抜ける機会が得やすいことがわかっています。

　船が氷の中を進む時は、氷盤を突き割り押しのけて進むか、氷盤が径二～三百ヤード以上あって押し切れないと見たときには迂回《うかい》するかしなくてはなりません。

　船が通り抜けられるかどうかは、船の力如何《いかん》によるはもちろん、氷の厚さと性質、氷盤の面積、および群れの密集度如何にもよります。

　流氷主要部の位置と氷盤の密集度は、ほぼ全面的に卓越《たくえつ》風《ふう》によって決まります。どういう風が卓越していたかは、その場へ着いてみないとわかりません。したがって位置や密集度についてはあまり予知できません。

　密集度は一定の限度内で日々変化しており、また一時間ごとにすら変化します。そういう変化は風によって決まるが、その風はそこの風では必ずしもなく、したがって時にはほとんど不可解なことがあります。氷盤が押し合って密集しているのを見ても、一～二時間後には一フィートもしくはそれ以上の隙間《すきま》ができていることがあります。

　氷盤が密集した時には、押し進むのに難儀したり、また全然進めないこともありますが、圧力がゆるんだ時には多数の小さい隙間が合体して、ジグザグの進行を可能にします。」

第二章

流氷の中で

一二月一一日、日曜。——氷は夜のうちに密度を増し、六時には前進を試みても無駄のように見えた。ここの流氷はごく正常だ。氷盤は厚さ二・五フィートほどで、たいへん堅い。互いに密着しているが、形がまちまちなので、あちこちに隙間があり、その隙間はたいてい三角形をしている。

　注意しておいてよいのは、このような氷は初め一面に凍っていた時よりも遥かに広い面積を占めることだ——したがって春にロス海全体が結氷していたとすると、それが砕けた時、北へ広がる流氷の総量は膨大なものにならざるを得ない。

　ここの氷はロス海から来たに違いないようだが、それにしては圧縮がないのはどう解釈したらよいか当惑する。

　一日じゅう流氷の中に動けずにいた。風は午前六時以降、西および北西から強く吹き、雪を伴っていた。夜には和らいだ。昨夜急激に下がった気圧計はここ数時間静止している。まもなく風は変わるだろう。流氷の圧力はゆるんできた。しかしまだ開いてはいない。

　今朝レニクが測深をした。二〇一五尋《ひろ》で、海底は昨日と似ていて、塩基性溶岩の小片が数個得られた。二度の測深結果はこの火山岩が氷によって広くばらまかれていることを示すようだ。測深後、綱は手動で巻き上げられた。私の司会で、士官室で礼拝式をした。

　午後、全員氷盤へ出てスキーをした。運動するのは気持ちがよい。スキーおよびスキー靴には大いに満足している——両方とも目的によく適《かな》っている。

　こんな早い季節では予想されることだったとは思うが、この待機には忍耐が要る。次に前進を試みる時を選ぶのが難しい。

　一二月一二日、月曜。——流氷は今朝また少しゆるんだ。北西からと見られるはっきりした長いうねりがあった。氷《ひょう》盤《ばん》は間がすいてはいなかったが、わずかに触れ合う程度だった。昨日は固く密着していたのだ。風は依然北西から吹いている。しかし弱まっている。グラン、オーツ、およびバワーズが、島と報告されたが別の見方も出ていたものに向かってスキーで出掛けた。私はきっと氷山だと思っていたところ、果たしてそうだった。ただそれは周りじゅうごく低い崖《がけ》の、たいへん珍しいドーム型をしていた。

　一二時をめどに火が命じられ、一一時三〇分には普通帆《ふつうはん》を揚げて汽走を始めた。おおむね順調に前進し、いまもそれが続いている。しかし相当むらがある。周りの重い氷盤の群れから抜け出て、それよりずっと薄い流氷の中へ入り、それから池を二つ通り、再び薄い流氷の中へ入った。この流氷は広大な、わりあい容易に砕ける薄い氷盤から成っていた。すべて順調だったが、やがてまた重い氷盤にぶつかり、半時間は全く動けなかった。その後、再び進行し、以後不良と良交互だ——ということは、薄くて若い氷盤と白髪頭の老氷盤、それと閉じ込められた氷山が時々あって、これが甚だ重い。

　昨日の最良のニュースは南東へ一五マイル漂流したことで、したがって実際には全く前進しなかったわけではない。ただ当然ずいぶんのろいものだった。

　この流氷をどう考えたらよいか、いつになれば開水面が望めるか、さっぱりわからない。

　午後アトキンソンのブラバーこんろを試みてみたら大成功だった。こんろ内部に一本の管がひと周り回り、その下側に穴が数個あけてある。これらの穴から石綿《いしわた》の火口《ほくち》へ油が滴り落ちる。ブラバーは煙突の周りに具合よく取り付けた油槽に入れる。油槽からあふれ出る油がこんろの中の給油管へ流れる仕掛けで、それを調節する栓がついている。ごく単純な仕掛けだが、見た通りきわめて効果的なもので、大きな熱を出す。ただやはりブラバーのにおいは多少する。しかし南極でこういうこんろがあれば、火を通した食べ物や暖かい小屋に不自由しなくなるだろう。
海氷《かいひょう》の上の氷丘《ひょうきゅう》から必ず真水が得られる事実についてライトと討論した。塩水が氷から流れ落ちるだけに違いないという考えに一致した。海氷を拾い上げてその作用を観察すれば興味深かろう。しかしその事実だけでも、氷丘をつくる作用が実は真水をつくっていることを示すものとして興味深い。これはまた氷海航海者にとって雲泥の違いを生じるほどの現象として注意しておいてよいだろう。

　冬営地まで行き着くのはまことに容易なわざではない。初めは強風と荒海、そして今度は流氷との絶え間のない戦いだ。

　午後八時。——盛んに突き当たりながら、また時々「不法抑留」されながら、進んでいる。

　一二月一三日、火曜。——ほぼ終夜起きていた。絶えて経験したことのないほど目まぐるしく、そして全面的な情勢変化が続いた。第二折半直《せっぱんちょく》でチータムが軟氷《なんぴょう》状の新成氷の中を総帆《そうはん》を揚げて四ないし五ノットで走らせていた。初夜直でブルースが引き継ぎ、再び重い氷の中へ入った。しかし苦闘の末これを抜けて、一段ましなところへ出た。昨日の氷がゆるんで、あいだに軟氷状の薄い氷盤がある所だ。夜半直《やはんちょく》には一つの開水路へ向かって進んでいた。周りの氷は堅くて重かった。開水路へ達し、そこの開水面と、その後は凍ってまのない数個の池を忠実にたどって、良好な前進をした。夜半直の終わりに再び面倒が始まり、それから朝直《あさちょく》初めまで、これまでにない悪条件と格闘した。氷丘状の重い湾氷《わんぴょう》、水面上七～八フィートに達し、水面下はたいそう深いもの。ディスカヴァリー号の時、キング・エドワード・ランドで遭遇したのと同種の氷だった。これほど恐るべきものはほかに見たことがない。朝直の終わりごろ、凍ってまのない細長い水路もしくは池へ入り、船は再び順調に進んだ。

　こう書いただけでは大したことでもなさそうな感じになるが、右のような変転は人の神経に大きな負担を強いる——
——こんなに東寄りを下ろうとしたのは果たして正しかったかどうかがいつまでも頭から離れず、また石炭のことを顧慮しながら刻々の状況にどう対処すべきかを思い悩まねばならない。

　初夜直中は考えがしばしばあちこちした。押し進もうとしても無駄に見えたり、押しても何の効果もなかったりして、停止した方がよいのかと思われる。すると次にはひとしきり容易な進行ができ、万事きわめて順調のような感じになる。そういうことがたびたび起きた。実情は、自分のいる状況をどうしても実際より大げさに考えてしまうということなのだ。一時間ごとに新しい状況に対処しなくてはならないのは疲れる。今朝の朝食には一同大元気で集まった。船は二時間じりじりとうまく進んでいた。それから不意にチータムが最悪のところへ突っ込ませ、たちまち止められてしまった。後戻りはできると思うが、この際この状況を利用して船に取水した。こういう大氷盤《ひょうばん》は少なくともこの目的にはたいへん好都合だ。レニクが測深して二一二四尋《ひろ》を得た。火山岩も含めて前と似た海底。

一二月一三日（続き）。——南緯六七度三〇分、西経一七七度五八分。直航程南二〇東、二七分。クロージア岬南二一西六四四マイル。氷を数トン採取したあと、そこから離れ、のろのろと骨折りながら、凍ってまのない池のひとつへたどりついた。そこを横切るのも容易でなかったが、南西の（私はその方向へ進むよう指示していた）次の池との継ぎ目まで来たところで完全に止められてしまった。調べると大氷盤が密集しようとしているのだった。池に張った六〜七インチの新しい氷が、側面からの圧力で著しく強度を増すらしい。しかし原因がなんであれ、われわれは身動きできなかった。

火を止めて状況がすっかり好転するまでここに止《とど》まることに決めた。現状でこれ以上突き進もうとするのは石炭の浪費でしかない。

ここ数日東へ流されてきた。これがこの水域の正常な潮流なのか、あるいは西風が優勢なためなのか。この点がわれわれの解放の日時を大いに左右するのかもしれない。じれったいが、辛抱強く我慢して、一日二日するうちに見通しが好転するのを期待するしかない。その間に測深をし、また生物学の仕事をできるだけすることにしよう。

流氷域は通例太陽のないところだ。今日午前中二〜三時間明るい陽光があったが、その後再び北から雲が広がり、いまは陰気な雪になっている。風はない。

一二月一四日、水曜。——位置、北二分、西二分ノ一分。流氷は依然周りに密集している。檣頭《しょうとう》から見ると、いくつかの開水面が異なる方向にある。しかし全体としての光景はあいかわらず荒涼とした氷丘《ひょうきゅう》状の流氷だ。風は南西から来て、風力は二。明るい陽光があり、視界が広い。船は風の方へ向きを変え、周りの氷盤は休まず動いている。それらはゆっくり、ひそかに、這《は》うようにして互いに位置を変えている。気温三五度〔一・七度C〕、水温二九・二ないし二九・五度〔マイナス一・六ないし一・四度C〕。こういう条件では薄い軟氷《なんぴょう》状の氷は絶えず衰えているはずだ。そういうものの数インチの厚さだったら、どこへでも押し進めるだろう。

囚《とら》われ状態。ナンセンたちが経験したような、流氷の中での長い待機の恐ろしい単調さが実感される。いまのような数日がいつ果てるとも知れぬ数カ月、数カ年に延びた場合を想像することができる。

われわれにとっては物珍しくもあり、また全員それぞれなすべき仕事があったり、あるいは仕事を見付けてしたりしているので、じりじりする感じはさほど強くはない。

生物研究。ネルソンとリリーは夜通し流速計にかかっていた。そして上首尾とはいえないが、多少成果は得られた。二人はまた一連の水温と試料を入手しようとしており、垂直採集網も使ってみる。

潮流。潮流は申し分ない。二日とも位置は良好だった——北と西へ動けば最善だ。東へ流されて永久流氷帯へ行ってしまうのではないかと甚だ心配した。いまの方向へこのまま進めば、あとは自由になれるのがいつかという点だけになる。

スキーの練習。今朝、船をつないだ大きな氷盤の上へ出て、皆でスキーをした。グランは驚くほどうまく、また教え方も上手だ。暑くて皆次々に服を脱いだ——陸軍さん*とアトキンソンは結局上半身裸になり、そのまましばらく氷盤の上を滑り回っていた。ほとんどの者はゴーグルをつけていた。ぎらぎらする光はたいへん有害だ。ポンティングは色彩写真を撮ろうとしたが、あいにく氷の色はそれには微妙過ぎる。

今夜キャンベル、エヴァンズ、それに私が氷盤へ出て、順に他の二人を引いてみた。案外たやすく引けた——三一〇ないし三二〇ポンド〔一四〇〜一四五キログラム〕を引く作業。スキーを脱げばもっと楽に引けるかもしれない。しかしそれだけの荷をそりで引くとなると、とても無理だろう。

＊オーツ大尉の愛称。

荷の牽引《けんいん》とは何と不可解だろう！　この囚われの状態も近々終わるはずだと考えられれば、こうしているのをくやしがる理由もなくなるのだが。深海器具の操作練習ができるし、スキーの正しい使い方を覚えようと皆が熱心になっている折でもあるから。

うねり。うねりは相当増大している。ただどの方角から来るのかわからない。船と砕け氷が前後に揺れて氷盤《ひょうばん》にぶつかるのがわかるだけだ。

今日冷蔵室を開いてみたら肉はきわめてよい状態だった――大部分はまだ凍ったままだ。

一二月一五日、木曜。――南緯六七度二三分、西経一七七度五九分。位置北二分、東五分半。朝、状況には変化がなかった。朝食前にスキーをした。ちょっと運動して血のめぐりをよくすると、ずいぶん違ってくる。

朝食後、陸上隊の普通隊員にスキーを分配した。皆、実に熱心に習い、グランは午前も午後も出て教えた。

ミアズが犬の一部とそり一台を出した――七匹ずつ二チーム。体調のいちばん悪そうなもの（数匹はたいへん肥満してきた）を試みた。それらはひどく息切れしやすかった。多くて日に二個半の犬乾パンを食っているだけだから、どうしてこんなに肥満したのか理解できない。ポニーは総じてしごく元気そうで、殊に外の馬屋にいるのがよい。

レニクが今日測深をした。一八四四尋《ひろ》。転倒温度計を海底近くと五〇〇尋上とに置いた。この待機中に海底までの水温の立派な連続測定ができるだろう。ネルソンは今夜か明日、もう少し潮流の観測を試みる予定でいる。

絶えず北へ流されていることを知るのは苦しい。ただ東へ行っていないのはありがたい。

今夜は風が落ち、氷盤ははっきり開いてきた。船の周りにはかなり水面ができている。もっとも、遠くまで広がっているようには見えない。一方、砕け氷と薄い氷盤は融け始めている。こういうことはどれもきっと助けになるだろう――しかしこんなふうに遅れるのはいらだたしい。

これまでの観察でわかったのだが、風が北西もしくは西の時には氷盤は密集し、無風の時にはゆるんで開く傾向がある。問題は東もしくは南東の風の時にはもっと開くかどうかだ――そうなってほしい。

周りに見える開水面の徴候は減少よりむしろ増加していることは確かだ。

　一二月一六日、金曜。――今朝、北東の風が起こって、雪と少しばかりの弱いあられが降り、最後に雨が降った。視界がたいへん悪くなり、それが一日じゅう続いた。

　われわれがずいぶんスキーをした氷盤は朝のうちに砕けたので、氷錨《ひょうびょう》を取り込み、それから船首帆《せんしゅはん》を張って、船は次第に風下へ向いた。順風を得て前檣《ぜんしょう》に帆を揚げ、船はゆっくり、しかし確実に、重い氷盤を押し分けた。昼食時には長い開水路へ入り、半時間近くその中を気持ちよく帆走した。再び流氷へ入ったが、氷盤は前よりも遥かに軽く、元のようにまたゆっくり押し進んだ。全部で三マイルほど進んだかもしれない。

　私は少し前から、数個の広大な氷盤が流氷の中に連鎖状の湖を形成しているのに注目しており、それらの厚さを知りたくてじりじりしている。それらは冬の流氷の中にわりあい最近まであった水面が凍った結果できたものに違いなく、したがって日を追って弱まっているに違いない。第一にそれら広大なものが南へ伸びていること、第二に船がその中を進めること、この二点が確認できれば、蒸気を起こす価値があろう。すでにそれらのうちの一つの縁まで来ていて、船は帆では進むまいが蒸気でならきっと進むと思う。この一つの氷盤が標準になるだろうか。そして先にもっとあるだろうか。

　ポニーが一頭、今日午後倒れた――オーツの考えではたぶん眠って倒れたのだろうと言うが、不安な出来事だ。ポニーはあまり強くない。この点では遅れは悩みの種だ――これがなければそうくやしがることもないのだが。

　一二月一七日、土曜。――六七度二四分、一七七度三四分、四八時間の流程《りゅうてい》南八二東九・七分。昨夜雨が激しく降り、気圧計が急速に下がって、いまにも強風の来そうな気配になった。今朝は西からの風が強まって風力六となり、雪を伴っていた。正午には自記気圧計の曲線が上昇に変じ、風は和らいで、空は次第に晴れてきた。

　今夜はかなり明るく、そして澄んでいる。軽い南西の風がある。偏西風帯の大規模な強風はわれわれがいま経験したような軽い変動が元でこのあたりの緯度から始まるのに違いないようだ。南極圏へ入ったあとで雨を経験したのは今度が初めてだと思う――氷盤を融かす雨の効果を推測するのは興味深い。

終日ほとんど動かなかった。しかしこの一週間ですっかりなじみになった氷山は動き続け、一つはわれわれに近付いてきて周りをほぼ一周した。明らかにこれらの氷山は不規則に動き回っているのだが、ただそれら全部がここ四八時間でわれわれと同じくいくぶん東へ移動したに違いない。もう一つ今夜興味深く見たのは、ひと続きの古くて重い氷盤《ひょうばん》が、船と、船を捕らえているもう少し軽い氷の横を、ゆっくり通過した様子だ。

南に水空《みずそら》の徴候があり、早くここを離れたい気持ちにかられる。しかし待機するのが良策かもしれないという感じがし、そしてポニーのことがなければ、きっともう少し待機する気になるはずだ。

一同、驚くほど朗らかだ。一日じゅう笑い声が絶えない。ネルソンは水温と試料の連続調査を今日の一八〇〇メートルの観測結果をもって終了した。

海水温度表

	水深・メートル	温度（未補正）
一二月一四日	〇	マイナス一・六七
〃	一〇	マイナス一・八四
一二月一四日	二〇	マイナス一・八六
〃	三〇	マイナス一・八九
〃	五〇	マイナス一・九二
〃	七五	マイナス一・九三
〃	一〇〇	マイナス一・八〇
〃	一二五	マイナス一・一一
〃	一五〇	マイナス〇・六三
〃	二〇〇	プラス〇・二四
〃	五〇〇	プラス一・一八
〃	一五〇〇	プラス〇・九三五
一二月一七日	一八〇〇	プラス〇・六一
〃	二三〇〇	プラス〇・四八
一二月一五日	二八〇〇	プラス〇・二八
〃	三二〇〇	プラス〇・一一
〃	三六五〇	マイナス〇・一三試料なし
〃	三八九一	海底
一二月二〇日	二三〇〇（一二六〇尋《ひろ》）	
〃		プラス〇・四八度C
〃	三二〇〇（一七六〇尋）	
〃		プラス〇・一一度C

〃　三三〇〇　海底

不思議なのは一五日と同じ深さに合わせたままなのに、二〇日には海底の層が一〇ノ二高くなっていることだ。

一二月一八日、日曜。――夜のうちに静穏になり、氷盤は開いた。周りにある氷盤のあいだの水面は前より広くなっている。それでも大いに広まったとはいえない。

われわれが流氷のゆるみと言う場合、通常は氷のあいだの水面がごくわずか増加したことを意味するのだが、しかし氷盤が肩をすり合わせ軋《きし》り合おうとしているのでなしに、互いに離れたがっているという印象を十分与える場合を指している。接触している部分があるとしてもそれは軽くである――そういう状態では氷盤は衝突を受けた時それだけ動きやすくなっているから、押し進もうとする船にとっては大いに事情が違ってくる。

一群の流氷を水面に囲まれた一区域と考えるならば、周囲のわずかな拡張、つまり外へ向かっての氷盤のわずかな動きが、氷のあいだの水面を大いに増加させ、全体に動きの自由を作り出すのは明らかだ。

流氷のゆるみが午前三時に報告され、蒸気をあげる命令が出された。賽《さい》は投げられて、われわれはいまや開いた南の海へ向かって断固突進しなければならない。

北西から相当強いうねりがある。それは進行を助けてくれるだろう。

夕刻。――再び運勢の驚くべき変動。最初、事態はかなり悪そうだった――動き出すのに半時間近くかかり、また前に記した広大な氷盤のひとつへ達するのに一時間よりずっとかかった。そして恐ろしや、船はそれに歯が立たない。再び大奮闘して、この大氷盤を走っているひとつの割れ目まで達し、それからこの割れ目を通るのに、たびたび停止したり機関逆転をしたりしなければならなかった。

それから、次の、割れ目のない大氷盤を避けるため、南へ逸《そ》れて進まねばならなかったが、これを迂回《うかい》し終わったあとは、事態は一段容易になった。六時以降は一定の針路をほぼ保てるようになり、たまにやや厚い氷盤に妨げられるだけになった。それ以外の氷は凍ってあまりまがなく、たやすく割れた。七時には凍ってまのない水路が一段と進みやすくなり、八時には長い開水路へ入った。一時は難儀もこれまでと思いかけ、一同大喜びした。ところが残念！

水路が終わるとまた重い湾氷《わんぴょう》にぶつかった。湾氷がこういうふうに混入するのが、無氷の水路のできる原因になっていることは疑いなく、ここの流氷はキング・エドワード・ランドのものだと考えざるを得ない。全力を傾けて南西へ進んでいる。

なんといらだたしい競技だろう！――三〇分先、あるいは一五分先のことすら見当がつかない。万事好調に見えたかと思うと次の瞬間には通過できるかあやしくなってくるのだ。

新種の魚。――今夜、水路がちょうど終わった所で、小さい氷盤《ひょうばん》を押し上げた時、魚が一匹、もうひとつの氷盤の上へ投げ出された。停止して拾ってみると美しい銀灰色をしていた。ノトセニア属だ――新種だと思う。

雪まじりのスコールが時々通過して行く――風は依然北西だ。わりあい暖かい。

今夜初めてエンペラーペンギンの成鳥を見た。

一二月一九日、月曜。――たびたび衝突しながらも夜のあいだはおおむね良好な進行をした。しかし朝（現在）、前途はこれまでになく暗澹《あんたん》としている。恐ろしく重い密流氷の真ん中にいるらしい。それがどの方向にも目の届くかぎり広がっていて、どうみても前途は容易でなさそうだ。西へ進むことに決めた――この恐ろしく重い氷盤から抜け出すためには何でもやってみなくてはならない。一大忍耐だけがこの病気に効く妙薬なのだ。不運というものだ。

初め、午前一時に非常に厚い氷盤に囲まれ、そして見たこともないような巨大なものの間をしゃにむに進んだ。氷《ひょう》丘《きゅう》脈は平面から二四フィートの高さがあった――下へは少なくとも三〇フィートはあったに違いない。受ける衝撃からみて、到底敵し難い堅固な感じがした。その後、夜のうちにここを抜け、水と若干の薄い砕け氷の長い通路へ入ったので前進できた。舵《かじ》を傷めたようだ。片方へ動きにくくなっている。総じて困難な状況にある。今朝はまばゆい陽光があり、風はない。

正午、南緯六七度五四・五分、西経一七八度二八分。直航程南三四西三七分。クロージア岬六〇六分。南から霧が広がってきており、ごく弱い南の弱軟風がある。

状況に再び変化が起こってきた。しかし好転なのか悪化なのかわからない。重くて古い氷盤の数は減っている。一方、一年氷盤のすさまじく密集して、中に古い氷盤を明らかに含んでいるのが、いまやものすごく広がってきている。

　いま通過したひとつは幅一マイルはあったろう。これはうねりがない証拠で、そしてそのことから開水域が非常に遠いと判断できる。今日午前中はかなりよい方向へ前進した。しかし前途は再び暗くなってきた――氷が寄っているように見える。再び忍耐だ。そしてたゆまず道を切り開きつつ前進しなければならない。

　五時三〇分。――午後直中に二つ巨大な氷山の横を通過した。初めのは崩れたテーブル型のもので、層状の表面ははっきり断層を起こしていた。このような氷山では、平らでない底部が部分ごとに異なる浮力を与えるのがこういう断層を起こすのだと考えてはどうだろうか。二つ目の氷山はドーム型で、双子の頂を持っていた。この種の氷山はまだ謎《なぞ》だ。私としては、座礁し孤立していてドーム状になったとする元の自分の考えに未練がある。

　この二つの氷山は流氷の中に細長い開水面の跡を残していた。そこを三ノット近い速さで通ってきた。ところが残念！　それがわれわれを南の少し東へ運んでしまった。一つの跡からもう一つの跡へ移るのは難しかったが、跡自体には全く氷がなかった。左右どちらの氷盤も広大なものばかりで、少なからずがっかりした。二～三マイルを下らないようなものも一つ二つあった。それは開水域が非常に遠いことを示しているようだった。

　しかし氷盤の厚さが次第に減少しているのが観察されたのはありがたかった。最初は、まだかなり密集し、ひしめいていた。圧迫でできたしわと盛り上がりが大型の氷盤の表面に点々と見えた。しかし押し上げられた氷の側面を見ると、この混乱が起こった時は氷盤が薄かったことが明らかだった。

　四時三〇分ごろ、高さ一五ないし二〇フィートほどの低いテーブル型氷山六～七個の一群に近付いた。キング・エドワード・ランドで見たのがちょうどこの種のもので、これらもその区域から来たと見てよかろう。中の三つは美しく整って、平らな上面と真っ直ぐ垂直の側面を持ち、他は張り出した雪庇《せっぴ》を持つものと、端に向かって傾斜しているものだった。

　これらの氷山の向こうにはもう開水面はないとの報告で、これからどうなるのかと考え込んだ。調べてみると情勢は思いがけず明るいことがわかった。左右どちら側にもまだ大氷盤がある。しかしそれらはさほど氷丘になっていない。それらの表面には水たまりがあり、また細長い隙間《すきま》を埋めているのは軽い砕け氷で、重い氷盤《ひょうばん》は所々にしかない。これは驚くほどの違いになる。重い氷盤や巨大な起伏《きふく》氷《ひょう》から受ける衝撃はまことに不安なもので――船がそれに打ち勝って通り抜けられるとはとても思えず、例えば北へ北へと流されて季節遅くにやっと自由になれるというような事態をあれこれ止めどなく想像するようになるが、それに比べていま周りじゅうの氷がせいぜい二～三フィートの厚さだということはなんと大きな安心だろう。恐ろしい幽閉から解放された思いだ。エヴァンズは二度にわたって今日は停船して待機してはと提案し、私自身も三度自分の決定の天秤《てんびん》がふらつくのを感じた。いまの状況が続けば、見るからに絶望的な前途にもかかわらず頑固に前進したのがどんなによかったかとあとで喜ぶに違いない。

　ともかく、これが続いても続かなくても、背後の氷原がこのように通行可能だと思えることは大きな安心となるだろう。

　今日夕方、ヒョウアザラシを二頭見掛けた。一頭は水中にいて、氷盤の下で短くものうげに浮いたり潜ったりしていた。美しい波状の動きをした。

ペネルに流氷の図面を作るよう頼んだ。氷盤のさまざまな形態の起源と全体の漂流状況が多少わかるに違いない。氷丘《ひょうきゅう》脈はほとんどの場合、氷山が比較的若い氷の中を通過するために形成されるという考えに、私は大いに傾いている。海がきわめて固く凍った時には氷山も動けなくなると想像されるが、明らかに氷山の巨大な図体を止めるには大きな力が必要になろう。右の考えを裏付けるものとして、私はほぼどの氷丘脈も厚さ一～二フィートを越えない板状の氷の砕片でできている点をあげたい――またこれまでに出合った密集氷もたいがい氷山のある水域で起こっていたようである。昨日追い越したテーブル型氷山の片側には押し上げられた氷が一五フィートの高さまで積み上がっていた――それは大規模な船首波《せんしゅは》のようだった。昨日は氷山が多く、圧縮も多かった。昨夜は氷山がなく、圧縮はほとんどなかった。今日午前は氷山が少なく、圧縮はわりあい少なかった。これを見ると、このあたりの海の、閉じ込められていない流氷は、船に強い圧迫を加えることはなさそうだ。

　今日午前、エンペラーペンギンの幼鳥を一羽見た。それを捕らえようとしていると、ウィルソンの新種のサーベル型の背びれを持った鯨が一頭、船のすぐ近くへ浮上してきた。私の見たところ、このひれは高さが四フィートあった。

　ユキドリとナンキョクウミツバメが、ひっくり返って水浸しになった氷盤の上に急降下する姿は目を楽しませる。そういう沈んだ氷の上に水が押し寄せるとオキアミ*がさっと流れるのだ。ナンキョクウミツバメのしゃがんだ姿勢は美しい。

愛称覚え書

エヴァンズ	テディ
ウィルソン	ビル、ビルおじさん、おじさん
シンプソン	サニー・ジム
ポンティング	ポンコ
ミアズ	
デイ	
キャンベル	副船長、副船長殿
ペネル	ペネロピ
レニク	パーニー
バワーズ	バーディ
テーラー	グリフ、およびキア・ハーディ
ネルソン	マリー、およびブロンテ
グラン	
チェリー‐ギャラード	チェリー
ライト	サイラス、トロント
プリーストリー	レーモンド
デベナム	デブ
ブルース	
ドレーク	フランシス
アトキンソン	ジェーン、ヘルミン、アチソン
オーツ	タイタス、陸軍さん、「干し草くずどん」(バワーズによる)
レヴィク	トファリーノ、校友
リリー	リズリ、ヘラクレス、リジ

一二月二〇日、火曜。——正午、南緯六八度四一分、西経一七九度二八分。直航程南三六西五八。クロージア岬南二〇西五六三分。好条件は昨夜真夜中まで続いた。時々ちょっと苦労しただけで水路から水路へと進んだ。九時に

＊小えびの一種で、海鳥が常食とする。

たいへん重い湾氷《わんぴょう》の大きな群れの西端を通過した――深い吹きだまり雪のあるヴィクトリア・ランドの奥まった水域や湾から季節遅くに出てくるような氷だ。一時は悪条件へ逆戻りかと思ったが、この重いものを一時間で通過し、再び元の条件に返って、広大な氷盤《ひょうばん》のあいだの水路を進行した。

　バワーズは夜半直中に一二平方マイルの氷盤を報告した。夜のあいだ好調に前進し、朝直中はすばらしく走った。八時前、西から和軟風《わなんぷう》が起こり、氷が寄り始めた。それからなんとか一～二マイル進んできたが、大いに難儀したので、火をいけて、氷がまた開くのを待つことに決めた。そして測深をしたり採集網を試みたりする。開水域まではまだ遠かろうと思う。氷盤は大きく、停船したあたりのものは、前の冬の初期にできたものに違いないように見える。圧縮の徴候が再び増してきた。氷山は昨夜はごく少なかったが、今日は周りに数個ある。一つには上面に大きなこぶがいくつかある。そんな高いところにこういう大きな固まりがどうして乗っかったのか、考えてみると不思議だ。私にはこの氷山は高い氷丘《ひょうきゅう》脈のある区域から割れて出たものに違いないと想像される。［後刻］これは誤りだ――よく調べると、その氷山は傾いて上部の層の大きな部分、厚さ二〇フィートほどが滑り落ち、数個のこぶを島状に頂に残したものであることが明らかになった。

　再び忍耐力を働かせなければならないらしい。前進は昨日の最悪時よりも困難だ。しかし前途の見込みは遥かに明るい。午前中南に開水面の水空《みずそら》の黒っぽい影がたくさん見えた。西風が水を波立たせるのがこれら雲に映る影を大いに暗くするのだ。

　気圧計はここ数日ごく安定しているから天気はきっとよくなるだろう。午前中低い雲が大量に南西から広がってきた。一時は霧になるくらい低かった――いまは次第に高くなって散っており、もう少しで陽光のある澄んだ青空になりそうだ。

　夕刻。――風は西から西南西へ移り、いまも六近い風力で吹いている。われわれは一つの氷盤に甚だ具合よく横付けになっていて、風上へ二〇〇ないし三〇〇ヤード開水面がある。空はほぼ一日じゅう晴れて、切れ切れの低い層雲が時々急ぎ足で空を横切り、軽い巻雲《けんうん》がかなりの速さで動いている。どうやら上層は強い風のようだ。氷は密集した――風が落ちればきっと十分開くだろう。背後には開水面がたっぷりある。午前中に記述した氷山はわれわれの周りを回っていて、八〇〇ヤード以内のところを通っている。向きと距離の変化にはひどくむらがあって、水の表層と氷山を押し流している層（一〇〇ないし二〇〇メートル下層）とのあいだの差動運動がたいへん不規則であることが明らかだ。数時間氷盤上でスキー走行の練習をした。少々運動ができたのはありがたい。いまや石炭が大いに心配になってきた――恐ろしく食い込んでいる――流氷へ初めて入ってから二四〇マイル来た。

今日の測深は一八〇四尋《ひろ》だった――採水器が働かなかったが、温度は一三〇〇尋と海底とで得られた。

気温は昨夜二〇度〔マイナス六・七度C〕まで下がり、日中はずっと氷点下二度ないし三度〔マイナス一・一ないし一・七度C〕だった。

今日の氷盤の表面はスキーに好適だった。

一二月二一日、水曜。――今朝、風はまだ強かったが南西へ変わっていた。空は本曇りで、たいへん寒く、冷え冷えしていた。いまは太陽が顔を出そうとしており、風は衰え気味で、天気は全体に持ち直しつつある。夜のあいだわれわれは二つの大氷山に向かって流されていた。そして朝食の頃、その一つに不安なほど近付いた――大きな氷盤は互いに固着しようとしていた。しかしなんとか南東へ進むことができれば、その方向にもっと広い開水面がありそうに見えた。

（注記。――本書では風の方向はすべて「真《しん》」の方向を示す。）

正午位置。――南緯六八度二五分、西経一七九度一一分。直航程南二六東二・五分。流程北三二東九・四分。二四時間の直航程――北四〇東八分。蒸気をあげ、午前九時頃に突進を開始した。一度二度、難所を抜けるのに二〇分近く費やしたが、次第にもっと容易な水域へ入って行くようだ。流氷にこんなに固く締まられるのは苦しく、そして氷山があるので気楽にゆっくり停止しているわけにいかない。

流氷と氷山を題材に、ポンティングは美しい写真を数枚撮り、ウィルソンは見惚《ほ》れるような絵を描いた。われわれの航海はきっとたっぷり写真と絵で記録されるだろう。写生の上手が何人もいる。デイ、テーラー、デベナム、それにライトと、皆、出合った氷山や氷の諸相の丹念な記録に寄与している。

午後五時。――風は南西からの和強風〔風力七〕に一定してきた。午前中に二・五マイル進み、その後再び身動きできなくなったが、これで一団の危険な氷山から離れることができた。風下の一団はいまはまだ遠い。しかしあることは確かで、それも風下だから、十分安全な距離も次第に奪われていく。ああ、それにしてもこんなふうに後れに後れるとはまことにつらい。そして石炭は絶えず減っていき――また北および東へ流されても行く――流氷のため北へ九分、東へ六分運ばれてしまった。本当に苦しい。このように氷山が周りにある状態では火は消したくない。

ウィルソンが氷盤《ひょうばん》へペンギンを捕らえにゆき、氷の上にべったり身を伏せた。見ていると鳥は彼の方へ走り寄り、あと二〜三フィート足らずのところで、くるりと向きを変えて逃げ去った。ウィルソンの話では歌をうたっていると近付き、うたい止めると逃げ去ったと言う。どれも一年鳥で、異状に臆病《おくびょう》そうだった。怖いもの見たさに船に近寄ってくるようだ。

鎖のようにつながった氷山が流氷原にとって大障害物となるのは間違いなく、流氷の漂流を大いに妨げ、開水路を作り出す。氷丘《ひょうきゅう》脈を作る時の氷山の効果と考え合わせると、氷山は、流氷の性質はもちろん、その動きに対して、大きな影響を持つと言える。

一二月二二日、木曜。――正午、南緯六八度二六分二秒、西経一七九度八分五秒。流程北五東八・五分――変化なし。風は依然南西から吹き続いており、晴天で気圧は一定している。いまの状況がいつまでも続くかのようだ。全く不運だ。火は消えるままにした。風下に氷山が数個あり、それらをうまくかわせるかどうかは運に任せるしかない――石炭を無駄に使い続けるわけにはいかない。

うねりの形跡は少しも見えない。この風向きなら、開水域がほどほどの近さにあれば、それは必ず見えるはずなのだ。真の不運にぶつかったらしい。運命の女神がわれわれの行く手にあらゆる困難を置こうと決心しているようだ。石炭を無造作に食う船の中に、余すところ三〇〇トン足らずしかない。容易ならざる事態で――それにまた、ポニーの体調が下り坂の一途をたどっている。ひとつだけ頼りになるのは、東および南東微南に開水面が消えないであることだ。その区域に大きく開水路がいくつか見えるのだが、この密流氷ではそこへ行くことができない。

アトキンソンはアデリーペンギンの腸内から新しい条虫を一匹発見した——長さ八分ノ一インチという微小な虫で、推進器型の頭をしている。

さほど東へ流されていないことがわかり、わずかながら慰められた。

一二月二三日、金曜。——風は昨夜一〇時頃弱まり、船は向きを変えた。前檣に帆を張って、北へ二〜三百ヤード押し進んだが、やがてまた動けなくなった。これでわれわれは一つの大きな氷山に対してぴったり風上のすぐ近くになり、そして風は次第に強まってきた。あまり居心地のよい位置ではないが、同時にあまり不安を感じる位置でもなかった。帆をすべて張り、それを助けに、船は氷山を軸にして徐々に流氷を回転させ、圧力がゆるんだときを見計らって、氷山のわきの開水面へ滑り込んだ。ここで船を「下手《したで》回しにする」ことができ、東へ行ったあと南へ向かえる見込みが強くなった。水路をたどって朝直中、快調な前進をし、午前直の初めに南へ向き、そのあと南西へ向かった。

すでに南二二東へ八・五分進み、さらに午後一時までには南南西へ約五分進んだ。そして南に長い水路を望むことができ、その先はひとつの幅広い氷盤が遮るだけで、それには多くの水穴があった。合成氷盤だ。なんとか通過できそうだったのに、中途で動けなくなり、帆だけでは進むも退くも不可能になっている。蒸気の命令はすでに出ている。しかし準備が整うのは真夜中近くになろう。クリスマス・イブまでには流氷から脱出しているだろうか。

今日の氷盤は大きかったが、薄くてたいへんふやけていた。広い水たまりが海面に点々とあり、そのいくつかは割れ目から広がったように一列に並んでいるのが認められる。また所々に水を含まない密着した割れ目が見える。このような氷盤は「合成」氷盤と名付けてよかろう。明らかに、古い氷盤が寄り合って凍りついたものだからで——継ぎ目はその後降った雪で隠れている。

ひと月前だったら氷盤の性質の部分的不同ないし差異を見付けるのは難しかったろう。しかしいまは若い氷の部分は水浸しになって急速に融けていて、したがって水たまりがある。

私は大きい氷盤のほとんど全部と、小さいものの多くも

「合成」だと考えたい。そうすると二つの氷盤《ひょうばん》の接合部が、両者の厚さの違いが大き過ぎないかぎり、必ずしも弱い線でなくてよいことになりそうだ。もちろん、若い氷は、あるいは一冬経た海氷でもそうだが、厚くて古い湾氷《わんぴょう》に固着できない。したがってそれらがいまの季節になっても孤立しているのが見られる。

　われわれ一団の人間に、いまのようなわりあい単調な時期に、大事が起こるはずもないが、隊員相互のあいだにすでに存在する幸せな関係が知らず知らず着実に強固になっていくのを目にするのは気持ちがよい。口論その他一切のもめごとの心配からこれほど解放された環境はどこにもなかったろう。とげとげしい言葉を聞いたり、むっとした顔を見たりすることがない。寛容と陽気の心がこの社会全体に横溢《おういつ》していて、人間が困苦、単調、危険という状況でこのように豊かな友愛関係を保ちながら生活し得ることを体得するのはすばらしい。

　いまクリスマスのお祝いの準備が進んでいる。南半球の一年でいちばん長い日がもう過ぎてしまったことを考えると妙な気がする。

　今朝、鯨を一頭見た——目測で二五ないし三〇フィート。ウィルソンは新種と考える。アデリーペンギンが二〇羽ほどずつ群れているのを見付ける。流氷の中でこんなに多くかたまっているのを見た覚えがほかにない。

　一二月二三日、真夜中過ぎ。——蒸気の準備完了が午後一一時に報告された。前後へ数回押したあと、われわれはのたくりながら氷の牢獄《ろうごく》から脱出し、水路をたどってこれまでよりも広い水面へ向かった。

　われわれは開水面が氷よりも多い区域へ入った。開水面は径三〜四マイルかそれ以上の大きな不整形の池になっていて、多くの水路でつながっている。氷には——不可解だが——なおも広大な氷盤がまじっている。いま通り過ぎてきたものは直径が少なくとも二マイルあった。水面が飛び飛びになっているこういう海では直進はできず、しばしば相当遠回りをしなければならない。しかし静かな海と順風を得て、おおむねよい進行をしている。ここほど開けた海面にこんな大きな氷盤があるとは驚く。そして明らかに南からのうねりはありようがない。氷盤は午後記述したのと同じ水たまりを持っており、平均して厚さが二フィート以上のものはない。氷山は二つ三つ見えている。

一二月二四日、土曜。クリスマス・イブ。――南緯六九度一分、西経一七八度二九分。南二二東二九分。クロージア岬五五一分。やれやれ！　今朝七時に、来た方向以外のすべての方向に、隙間《すきま》なく一面に流氷が広がって、身動きできなくなった。正直言って、私は三時に就寝したときには、苦労もこれまでだと思っていた。氷盤の大きさを考えるとかすかな不安は感じたが、こんな広い開水面がいくつもある向こうで、またも密流氷に入り込もうとは夢想だにしなかった。

四時までは万事順調だったのに、その四時になると、またもや白い壁が前方に現われてきた――五時には水路はすっかり消え、われわれは流氷へ入った。七時にはこれまでに見た最大級の広大な合成氷盤に接近した。船はこの氷盤の縁を進むこともできず、それを突っ切ることもできなかった。停止して火をいけるほかなかった。いったい状況はどうなのか――明日にも、あるいは一時間後にも、氷盤が開いて、南の新たな開水面へ通じる道を作ってくれるかもしれない。しかしこういう大氷盤が存在するあいだは、まだ繰り返しいまのように行く手をはばまれる恐れがないとはいえない。二週間もすれば氷盤は多少もろくなって、船が突っ切れるところがあちこちにできるのだろう。

こういう状況の時には、どうするかを決めるのが実に難しい。

火を消えるに任せれば、二トン余の丸損となる。あらためてボイラーを熱しなければならないからだ。しかしこの二トンは火をいけた場合には一日しかもたないから、停滞が二四時間を上回るならば火を消した方が経済になる。停止のたびに二四時間より長くなるか短いかを見定めなければならない。

昨夜は五～六時間ほど順調な前進をした――しかしこれにはその距離に費やした分のほかに二トン余分に要したことを忘れてはならない。

待っていれば恐らく北へ流される――それ以外の点では状況は好転しているはずだ。ただ流氷の南縁は絶えず広がっていくだろう。

流氷中の潮流概略

一二月	潮流	風
一一―一二	南四八東一二分？	北微西三から五

一三―一四	北二〇西二分	北西微西〇―二
一四―一五	北二東五・二分	南西一―二
一五―一七	ほとんどなし	軽い変風《へんぷう》
二〇―二一	北三二東九・四	北西から西南西四から六
二一―二二	北五東八・五	西四から五

右によると流れはほぼ風と相伴なっているようだ。東風の卓越が予想される区域で西風が卓越していた。

いまは東風になっているが、結果はどうだろうか。

一二月二五日、日曜、クリスマス。――推測位置南緯六九度五分、東経一七八度三〇分。一昨夜には、今日クリスマスには開水域へ出ているだろうという明るい希望を抱いていたのだ。場面は何もかもあまりにもクリスマスふうになった。氷が周りを取り巻き、低い雨雲が断続的に軽い雪片を放出しながら空を覆い、所々で小さい池状の開水面が黒い影の槍《やり》を雲に投げかけている――この黒影が多いのはわれわれが来た方角で、ほかは氷映《ひょうえい》の白っぽい靄《もや》がいちめんに広がっている。われわれはとりこにされている。帆走では少しも動かず、汽走しても効果は少なかろう。そして一歩出るごとに、前進の可能性が縮まるようだ。

ずいぶん長いあいだ西から吹き続いた風は昨夜衰え、今日は北東微北からで、風力二ないし三の安定した軟風だ。人は希望を持っているべきで、われわれの希望は東風の持続から起こるかもしれない結果にかかっている。またしても忍耐が求められ、またまた忍耐だ。ここは少なくとも十分安全ではあるようだ。氷は薄いから圧縮による危害はなかろう――危険な距離内に氷山は一つもない――事実、氷の薄さが最もじれったいことのひとつなのだ。前途の暗さにもかかわらず、船中全員朗らかで、今夜は陽気な晩餐会《ばんさんかい》が予想される。

食堂はいろいろな旗でにぎやかに飾られた。今朝の礼拝には全員参加し、力強く賛美歌をうたった。

いま東西どっちへ行こうとしたらよいか。

これまでは西へ行こうとしていた。それは従来大半の船が西を通っており、そして今のわれわれほど厳しい条件に遭遇したものがなかったからだ――そうでなければその方向へ進む理由は何もなく、そして先週中ずっと西方向は他の方向よりも見込みがなさそうで、進めるときは南西へ進めという命令にもかかわらず、その方向へは進めなかったのだ。

　クリスマスの一事件はクリーンの兎《うさぎ》が出産したことだ。一七匹生まれたそうだが、クリーンはすでに二二人にくれていた！

　この親子が行末どうなるのか私にはわからない。いまは船首楼の下で、かいばにくるまって温かく心地よさそうにしている。

　真夜中。――今夜は雪が降りしきっている。気温二八度〔マイナス二・二度C〕。外は寒く、雪でぬかっている。

　楽しい夕べがいま終わった。結構な晩餐だった。トマトスープ、アントレのペンギン胸肉シチュー、ローストビーフ、プラムプディング、それにミンスパイ、アスパラガス、シャンパン、ポートワイン、リキュール――祝宴らしい献立だった。晩餐は六時に始まり七時に終わった。それから五時間、一同は食卓の周りに座ったまま元気にうたい続けた。歌の上手はあまりいないが、一人残らず何かしらうたい、「合唱は耳を聾《ろう》するばかりです。音楽とは無縁のこんな集団がこれほど熱心にうたうとは、なんとも驚くべき状況です。クリスマスの晩は午前一時までうたい続けたし、またどんな作業をするにも、はやし歌をうたいながらするのです。海のはやし歌がうたわれるところを聞いたことがあるか知りませんが、商船員たちはレパートリーが豊富で、錨《いかり》を引き上げるとか帆を揚げるとかする時には必ずうたい出します。一本調子でしわがれ声にうたうのが多いのですが、一同でどっと唱和するときはたいがい活気があるものです。」

　普通隊員は正午に正餐をした――ほぼ同じ献立で、ただ飲み物はビールとウィスキーだ。彼らも大いに楽しくやったようだ。彼らの方にはなかなか陽気な楽隊がいるようだ。

　ペンギン。船のすぐ近くの氷盤《ひょうばん》にペンギンの群れが三つねぐらを構えている。数えてみたら全部で三九羽いた。これらを捕らえるのは易しい。だから流氷の中ではいつでも食糧が得られることは明らかだ。

　今夜数羽のペンギンがひとつの氷盤の上で休む支度をしていると、その氷盤の端にある押し上げられた氷塊の上へ一羽のトウゾクカモメが下りるのが見えた。ペンギンたちは疑いなくそのトウゾクカモメを議題に騒々しく議論した――それから、彼らは一団となってカモメの方へ前進した。あと数歩まで接近すると、先頭のペンギンが立ち止まってくるりと向きを変えた。すると他の連中がそれをカモメの方へ押しやった。敵に近付く先頭にされると次々に尻込《しりご》みし、そしてべちゃくちゃしゃべって助け合いながら、やっと少しずつカモメの方へにじり寄った。

　カモメが氷塊の上に止まっているのでペンギンはそこまでは行けなかった。しかしそばまで近付くと、それまでは全然無関心に見えたトウゾクカモメは羽ばたいて数ヤード飛び移り、ペンギンたちの向こう側すぐのところへ下りた。ペンギンたちは向きを変えてまた同じ戦法を繰り返し、トウゾクカモメはついに羽ばたいて飛び去った。ペンギンたちのおずおずした抗議行動は実に興味深い見ものだった。いちいちの行動を生み出す心の動きがやすやすと想像でき、人間の感情に置きかえることができるのだった。

　船の反対側には別の群れの一部が、ごく不安定な足場にしかならない一つの押し上げられた小氷塊の所有をめぐって争っていた。その有利な地点を確保しようとしてよじ登る滑稽《こっけい》な動作、占領者を追い出す様子、望みの頂上へ達したあと、どうにも保っていられない平衡と位置など、カモメの一件に劣らず楽しかった。本当にこの小さい生き物たちは多大の娯楽を提供してくれる。

　一二月二六日、月曜。――測定位置南緯六九度九分、西経一七八度一三分。四八時間の直航程南三五東一〇マイル。今夜の位置には甚だがっかりする。この東風が氷を開いてくれるだろうという望みはすっかり消えてしまったようだ。われわれは広大な氷盤《ひょうばん》が固く密集した中に囲い込まれている。氷盤のあいだに開く隙間《すきま》を一つまた一つと、そのたびに長く待たされながらたどって、蟹《かに》のように這《は》って行く。希望を持ち続けるのは難しい。北には開水路の上空にできる水空《みずそら》の縞《しま》が見えるが、南はどこも一様に白っぽい空だ。今日はずっと本曇りで、風は東北東で風力三ないし五――時々雪がちらついた。目に映るものでこれほど荒涼とした眺めはあまりなかろう。

　昨夜、寝棚《ねだな》に横になっていた時、砕け氷が律動的に押し付けられるのが伝わってくるように感じた。そして今日いちばんに、氷盤が小さくなったことが報告された。それから船が、横から一種律動的に送り込まれるような感じがした。長く低いうねりがあるのかもしれない。しかし見たところわれわれに助けとなりそうにはない。今夜の周りの氷盤は断然これまでに劣らず大きく、割れたり固着がゆるんだりしそうな気配はほとんど見えない。

いや、実に苦しい。

船を裏帆《うらほ》で後退させ、次に帆に風をはらませて狭い水路に突っ込むのを交互に繰り返しながら、帆走で南西へ二〜三マイルどうにか進んだ。それでも漂流した分の埋め合わせになったかわからない。実にがっかりする。明るい一面は、全員が最大限の努力をしようとしていることで——苦労の成果がどんなに貧弱に見えようともだ。

レニクが今日また測深をした。一八四三尋《ひろ》。

氷の動き。氷盤が周期的に開いたり閉じたりする原因のわからなさには驚く。潮の動きにひとつの原因があるのだろうか。しかし大体ここの状況は遠くの原因に左右されているようだ。遥か北もしくは南のどこかで、風が違った方向へ吹いていて、密集を強めたりゆるめたりしているのかもしれない。それからまた、われわれが通過してきたような北方の開水域が流氷の押しやられる場所を提供しているのだ。こういう囚われの状態での腹立たしいほどの心の迷いは、この原因のわからなさと、風の変化の結果が予測できないことからくるものだ。われわれはただ漠然と、自分たちの立場に直接影響することが水平線の遥か彼方《かなた》で起きているのだと理解するしかない。

一二月二七日、火曜。——推測位置南緯六九度一二分、西経一七八度一八分。初夜直に二マイル近く進んだ——半分は突進で、半分は漂流で。それから船はまた止められた。夜半直には氷が周りに密集し、船さえも締め付けて、一ヤードも動けなかった。風は次第に強まって、和強風に達し、東南東へ変わっている。〔帆を〕下部中檣帆にまで縮めている。

朝直中に船はまた動き始めた。例によって驚くほど理由もなく氷が開いてきたのだ。昨日と同じような具合に西へ一〜二マイル進んだ。氷盤はやや小さくなったようだが、視界はごく限られている。濃い靄《もや》があって、わかるのは進行方向一〜二マイルにわたって所々に池があることだけだ。

二つの氷盤のあいだを動き始めて、二〇〇ヤードか三〇〇ヤード進むと、船首が大氷塊に乗り上げて船がぴたりと止まる。これで一〇分から三〇分くらい待たされ、そのあいだに船は振れて回り、氷塊から離れ、風下へ流される。

すっかり離れると船は再び徐々に前進し、また同じ動きを繰り返す。時には船に多少勢いがついて、障害物を割ることができ、のろのろとそこを通過する。はっきりとうねりがある――ごく長くごく低いもの。周期を計るとおよそ九秒だった。誰も皆、氷が割れてきていると言う。私自身は何も明らかな証拠を見ていないが、ウィルソンは船が原因とは考えられない位置にある大きな氷盤《ひょうばん》で、最近四つに割れたものを見た。大氷盤が割れるのは確かに有望な徴候だ。

「通常の状態なら二言三言で片付けたはずの流氷についてずいぶん書きました。けれども今回は、流氷がどんなに障害となったかを話せば、それも驚くに当たらないことだとわかりましょう。」

われわれの立場に関する考察。昨夜の強風中に考えたのだが、われわれの立場はこれでまだまだよい方なのかもしれない。風が索具にうなっているあいだも、われわれは氷盤の中に横たわって完全に平穏だった。船や帆や、氷山あるいは氷の圧縮などについては、少しも心配しないでよかった。何事もなく下へ降りて、安楽この上もなく眠った。ポニーのことは考えた。しかし結局、馬はこれまでいつでも小さい船で運ばれていたのだし、非常に長い航海のこともしばしばあったのだ。東部隊*は後れるだけきっと有利になるだろう。

彼らにとってはキング・エドワード・ランドへ着くのが遅ければ遅いほどよいのだ。西部隊の貯蔵所旅行は短縮されることになるだろうが、たとえそうでも、一月に上陸できれば、かなりの仕事をする時間はあるはずだ。正直のところ、事態はこれでもまだまだよい方なのかもしれないし、また仮に、あと一週間なら一週間で脱出できるのが確実ならば、心を騒がすこともないのだ。

冷蔵室。冷蔵室が思ったほどうまくいっていないらしい。羊肉にかびが少し付き、牛肉に傷みが見える。はっきり臭気がする。気温が二八度〔マイナス二・二度C〕以下になった時は冷蔵室を開かせていた。肉を「硬くする」効果があると考えたのだが、明らかに換気の必要がある。今夜気温

＊キャンベル大尉の率いる一隊で、キング・エドワード・ランド〔この別働隊が探検する予定になっていた地域〕に上陸できず、結局テラ・ノヴァ号にヴィクトリア・ランド北部まで運ばれ、そういうわけで北部隊と呼ばれるようになった。ここに西部隊とあるのは、エヴァンズ岬を基地とした者すべてを含む。〔本隊〕。設営する貯蔵所とは、後の極点旅行のためのものである。

が下がったら牛肉を冷蔵室から出し、通風筒を使って空気を浄化しよう。それでも事態が改善されなければ、横静索《よこせいさく》につるす胴肉をふやさなければならない。

後刻、午後六時。――風は南東から南南東へ左回りに変わり、うねりは弱まってきた――これは開水域が南東にはあって東南東にはないこと、そしてわれわれがたどっている進路はだいたいよい進路であることを示すようだ。

空は晴れてきたが風はまだ吹き荒れ、風力四ないし七。氷はいくらか密度を増し、われわれは正午から少しも進んでいない。

午後九時。――ポニーが一頭今夜倒れた。前にも倒れたやつだ。なんでもないことかもしれないが、一方、吉兆でもない。

ほかに記録すべきことはなく、あまり意気が上がらない状況の中で、私の日記のこの一冊を終わる。

新たな手書き冊子。一九一〇―一一年

［見返しに］

「そしてはるかな土地で
われらの父祖のような
勇者たちを君らは産み出し
われら北の者の知らない
あの星の下に
われらの名を植えつける。」

「ヴァージニアへの航海に寄せて」
ドレートン。

「しかし仕事に従事する人間のことはさておき、仕事そのものについて語ろう。すなわち、国の真の偉大と、その手段である。」

ベーコン。

なおも氷の中に

一九一〇年、一二月二八日、水曜。――測定位置、正午、南緯六九度一七分、西経一七九度四二分。二六日以来の直航程南七四西三一分。クロージア岬南二二西五三〇分。強風は衰えた。空は夜半直に晴れ始めた。いまは明るく陽気で暖かい日光がある（気温二八度〔マイナス二・二度C〕）。風は夜半直に和らぎ、いまは風力二ないし三に落ちている。夜半直中に一・五マイル進み、その後一マイル近くを加えた。この動きでこれまでより断然小さい氷盤のところへ出

た。流氷の密度も大いにゆるんでいる。檣上《しょうじょう》見張座《みはりざ》へ登ってみて情勢が著しく好転しているのがわかった。氷は周りじゅうにある。しかし氷盤《ひょうばん》の多くはごく薄く、中で重い方のものも砕くことができそうに見える。状況がはっきりつかめるのは三マイルほど先までだけで――それが檣上見張座から観測できる限度だ。しかしこの限度までは難なく押し進めるのは確かだ。その先は南の空に開水面のしるしが漠然と見える。強風のあいだに南および西へ押し進んだり流されたりして、いまはまた経度一八〇度に近付いている。流氷の南限まではもうあまり遠くないはずだ。

右の観測結果を根拠に蒸気をあげることに決定した。今度のひとふんばりで恐らく抜け出せるだろう。

ポニー。昨夜倒れたポニーはいま外へ出してある。かわいそうにみじめな状態で、ずいぶんやせ、後脚がひどく弱っており、ただれやすい皮膚病に冒されていて毛がごっそり抜け落ちる。一日二日戸外に置けば少しはよくなると思う。船首楼の下のものにも衰弱したのが一～二頭いるが、これほどひどくはない。オーツはゆるみなく動物たちに気を配り、世話をしている。ただ流氷の中では船は必ず安定しているのだから、歩かせて運動させる場所が、病気のポニーがいま立っている露天甲板に、狭いけれども多少あるという点を十分悟っていないようだ。

今度の努力で氷から脱出できれば、ポニーは全部無事に運べるかもしれない。しかしあと二～三頭失うようになっても驚く理由はあまりなかろう。

この動物たちが目下大きな関心事で、石炭の消費と一対をなしている。

ペンギン。今朝数羽のペンギンが食べ物を求めて船の周りや下で潜水していた。流氷の中でペンギンが船にこんなに近付いたのは初めてで、きっと推進器が動いていないので大胆になったのだろう。

アデリーペンギンは陸や氷の上にいる時は滑稽そのものだ。眠っていようと、いさかいをしていようと、遊んでいようと、物見高そうにしていようと、おびえていようと、怒っていようと、その関心ぶりは終始ひょうきんだ。しかし水中のアデリーペンギンは別物だ。水面下一～二尋《ひろ》のところを、あっちへこっちへと突進したり、いるかのように空中へ飛び上がったり、さざ波の立つ水面をかすめるように泳いだりする様子は、感嘆のほかない。その動きは恐らく実際より速く見えるのだろうが、体をくねらせたり方向転換したりする能力と、動き全般の統制力とは、美しくもあり見事でもある。

流氷の中の生命。流氷の不毛の広がりを見渡していると、その表面の直下にどんなに豊富に生命が存在するかを、時には忘れそうになる。

ごく短時間で採集網は珪藻類で一杯になり、浮遊植物が温帯や熱帯の海より何倍も豊かであることがわかる。これらの珪藻類は大部分三～四のよく知られた種《しゅ》のものだ。無数の小えび（オキアミ）がこれらの珪藻類を食糧にしていて、どの氷盤の縁にも泳いでおり、また裏返しになった氷塊の上を流れ動くのが見られる。それらはそれらで大小の動物、カニクイアザラシあるいはシロアザラシ、ペンギン、ナンキョクウミツバメやユキドリ、無数の魚、などの食糧となっている。

流氷中の動物。魚は豊富に違いなく、裏返しになった氷盤の上で一匹捕らえたことや、二日前船尾突出部から下を見ていた数人が何匹かを見たという報告からもわかる。その時は皆いっせいに叫び声をあげ、尋ね合ってみると一致して、体長一フィートくらいのが六匹あまり氷盤の下へ泳いでいったのを見たと言うのだった。アザラシとペンギンがこういう魚を捕らえ、同じくトウゾクカモメとウミツバメも恐らくそうだ。

大型の哺乳類では、長くてしなやかなヒョウアザラシが時々見られ、獰猛《どうもう》な歯で恐ろしげに武装していて、ペンギン一～二羽は言うに及ばず、たぶんカニクイアザラシの幼獣も腹に収めているのだ。シャチ（オルカ・グラディアトル）は飽くなき大食漢で、自分より小さい動物はすべてむさぼり食ったり食おうとしたりするのだが、流氷の中には少なくて沿岸に多数いる。最後はゆうゆうと食べ物をあさる大きい鯨で、あらゆる時代を通じて最大の哺乳動物である巨大なシロナガスクジラ（バラエノプテラ・シッバルディ）を初めとして、それより小さく、またそれより少ないトックリクジラや、まだ名の付いていないものまでさまざまな種のものがいる。おびただしい数のこれら巨大な動物が見られて、食糧需要がどれほど大きいに違いないか、また、したがってこのあたりの海がどれほど莫大な海洋小動物を供給できるかを悟らされる。静かな氷盤の下や穏やかな池の中で、生存競争のために、古来いずこも変わらぬ戦争が絶え間なく荒れ狂っているのだ。

午前午後ともまばゆい陽光があった。午後にはアフタガード全員が甲板に思い思いに寝そべって日光浴をした。楽しそうで屈託のない一団だった。

午後一〇時。――八時に進行を始め、いままでのところ事態はよさそうだ。氷はわりあい薄いことがわかった。氷《ひょう》丘《きゅう》のところ以外は厚さ二～三フィートだ。氷盤《ひょうばん》のあいだは厚さ六インチから一フィートの広い板氷になっていたり、また池がかなり多い。船は順調に押し進み、少なくとも時速三マイルに達している。ただ時々氷丘状の氷盤が群がっていて、止められそうになる。空は本曇りで、層雲が北北東から広がり、風が同方向から、発進後まもなく吹き始めた。これは帆が大いに助けになる点で、また太陽が真っ直ぐ目に差さず当直士官は仕事がしやすい点で、有利な条件と言えそうだ。書いているうちに流氷はやや密度を増したように見える。またしてもどこもかしこも密集してくるのではないことを祈る――南に開水面のきざしがない。やれやれ。

午後一二時、ヒョウアザラシが二頭、航跡の中で遊んでいるのが見えた。

一二月二九日、木曜。――天測なし。待ち焦がれた変化がついにやってきて、いまわれわれは、うねりで割れたらしい小型の、縁が接触で摩滅した氷盤のあいだを縫って汽走している。変化はほとんど突然に来た。夜のあいだに立往生も一～二度あったが、開水面という幸運も一～二度あって快調に進んだ。一つの池では一時間障害なく走り、優に六マイル獲得した。

今朝は厚さ六インチから一フィートの、ひと続きの大きな板氷の、所々に池があったり少し重い氷盤が群れていたりする中を走っていた。それは昼前の現在も同じで、ただ、そのシーツ状の薄い氷がわりあい揃《そろ》った形の、径三〇ヤードを越えない大きさに割れている。これは開けた海が近いことのこれまでになく有望なしるしだ。

風は依然北から吹いてわれわれを助け、空は本曇りで、みぞれがかった霧雨がかすかに降っている。太陽は一～二度顔を見せようとしたが、それきりだった。

昨夜は「雨氷《うひょう》」と呼ばれる現象の好例に出合った。船はどこもかしこも、堅い部分はもとより、綱の繊維一本一本までが、軽い過冷却の雨によってできた氷の薄膜に覆われた。その有様は美しく、また興味深かった。

流氷域通過は動物学者の立場からはやや興味が薄かっ

た。珍種の動物や特異な羽毛の鳥がめったに見られなかったからだ。数十頭のカニクイアザラシに出合ったが、ロスアザラシは一頭も見掛けず、またヒョウアザラシを仕留めることができなかった。今日はペンギンもほとんど見掛けない。位置を知る観測もできないのではないかと思う。

流氷の中の二〇日のあとの解放

一二月三〇日、金曜。――測定位置南緯七二度一七分、東経一七七度九分。四八時間の直航程、南一九西一九〇分、クロージア岬南二一西三三四分。ついにようやく流氷の外へ出た。生き返った思いだ。計画の主要部を実施できる望みが出てきた。ただ石炭は気をつけて大事に使う必要がある。

昨日午後、暗く曇って雪が落ちてきた。気圧計は急勾配《こうばい》で下がり、東北東から風が強まって風力六に達した。夕方には雪が激しく降り、気圧計はなおもどんどん下降した。世界のここ以外の場所だったら、きっと強風の来襲を予想しただろう。しかしここでは、気圧計はほとんど風の徴候を示すものでないことが経験でわかっている。

午後からずっと宵にかけて池の数が次第に増し、われわれは快速で進んだ。初夜直の終わりごろには、所々小氷帯がある海面を通っていた。風は北へ移っていて、気圧計はもう下がらなくなっていた。夜半直には雪は止み、午前一時を過ぎてまもなく、バワーズが操船して最後の小氷帯を通過した。

今朝六時にはすっかり開いた海へ出ていた。空は薄暗く雲に閉ざされ、時々一団の霧に出合った。右舷側《うげんがわ》に小氷山を通過した。それには片側にナンキョクウミツバメ、別の側にユキドリが、ひと群れずついた。明らかにこれらの鳥は、波やうねりが食物を氷の棚へ投げ上げてくれるのを待っているのだ――流氷の中では食べ物は豊富にあるが手に入れるのがたやすくないから、少数しか生きていけない。ナンキョクウミツバメがひと群れ船にしばらくついてきた。もっと北の海鳥のように航跡をたどってと言うより船の近くをあちらこちらと回っていた。

午後一時。流氷の囚われから脱出して、あと数日でクロージア岬だと思えるようになったのは「うれしい」。しかしこの二週間の闘いが石炭に及ぼした恐るべき蚕食を思い出すと憂鬱《ゆううつ》になる。

午後二時。――午前中に風が落ちた。帆耳《ほみみ》を巻き上げ、一一時に停船して測深した。結果は一一一一尋《ひろ》だった——大陸棚の縁へ来ているようだ。ネルソンは数点の試料と水温を入手した。

太陽はかすんだ空を破って顔を出し、空気を温めている。吹雪のためロープに氷状の被膜ができていた——それがいま剥《は》がれて甲板へ音を立てて落ちており、そこでべとべとになって急速に蒸発している。二～三時間すれば船は乾くだろう——実にありがたい。昨夜のように、足の下や触れるものすべてにつるつるのぬれた雪が付着しているのはたいへんいやだ。

航程は推算をはるかに上回っている。ここ二日の速力はだいぶ過小評価されているに違いないと思っていたが、それが確認された。元日にはクロージア岬の沖合いに達するだろう。

午後八時。——無風はまもなく終わり、午後三時には軟風が南南西つまり真っ向から強く吹き始めた——本式の南のブリザードだ。辛うじて二ノットで這《は》い進んでいる。いったい運命の女神に車を回す気があるのかどうかあやしくなってくる。あらゆる機会を捕らえてわれわれを妨げようと決めているようだ。船は小刻みのけわしい波で縦揺れし、それは当然ポニーを苦しめている——これは彼らには呪《のろ》わしく、われわれにはうとましい。

流氷摘要

流氷へ入ったのは九日午後四時、南緯六五度半だったとしてよかろう。そこから出たのは三〇日午前一時、南緯七一度半だった。通過に二〇日と数時間かかり、直距離にして三七〇マイル余り進んだ——一日平均一八マイルになる。流氷へ入ったとき石炭は三四二トンあり、出たときは二八一トンだった。したがって突っ切るのに六一トン消費したわけで——一トンにつき平均六マイルとなる。

考えると愉快な数字ではないが、異例の状況を経験したことを思えば、まだよい方だったのだと結論せざるを得ない。

九日　疎流氷、汽走。
一〇日　密流氷。
一一日　午前六時、密流氷、停船。
一二日　午前一一時三〇分、発進。
一三日　午前八時、重い流氷、停船。午後八時、火を止める。

一四日　火が消える。
一五日　………
一六日　………
一七日　………
一八日　正午、重い流氷と水路、汽走。
一九日　正午、重い流氷と水路、汽走。
二〇日　午前、火をいける。
二一日　午前九時、発進。午前一一時、火をいける。
二二日　………
二三日　真夜中、発進。
二四日　午前七時、停船。
二五日　火が消える。
二六日　〃
二七日　〃
二八日　午後七時三〇分、汽走。
二九日　汽走。
三〇日　汽走。

右の表から二〇日のうち九日汽走していたことがわかる。長い停止を二度した。一度は五日、一度は四日半。ほかに三度、火を落とさずにしばらく停止した。

覚え。ペネルが作成した海図に一定の記号で流氷を記入するようライトに依頼してある。出来上がれば今度の経験が一目でわかるようになるだろう。

「私たちは流氷域北縁への到達では記録保持者になりましたが、一方、無氷のロス海へ入る点ではもっと早い記録が三つ四つあります。

何が耐え難いと言っても、停滞のときの長い空費の日々ほど耐え難いものはあまり思い浮かびません。石炭が何トンも消えていきながら、ほんのわずかな距離しか稼げないときもじりじりしてやりきれないものですが、それでも実際に奮闘している充実感と好転への希望だけはあります。無為に待たなければならないのは最悪の状態です。どれほど頻繁に、どれほどせわしなく、私たちが檣上見張座へよじ登って、前途の見込みを調べたかは想像してもらえることと思います。そして奇妙にも、たいがい何かの変化が見られたのです。不思議にも一つの水路が数マイル先に開いていたり、あるいはそれがあった場所が同じく不思議にも閉じていたりするのです。巨大な氷山が音もなく近付いてきたり通り過ぎたりします。私たちは絶えずそういう恐るべき対象を、測距儀と羅針儀で観測して、相対上の動きを測定するのですが、時にはそれらをうまくかわせるかどうか心もとないこともありました。汽走中は状況がいっそう著しく変わりました。時には開水路へ入って一～二マイルのあいだ障害なく進みました。また時には、薄い氷の大きな広がりに出合い、装甲した船首がそれをやすやすと砕くこともありましたが、また薄い氷でもしつこく抵抗し、いくら頑張っても砕けないことがありました。大きな氷盤《ひょうばん》を案外たやすく押しのけることがあるかと思えば、小さな氷盤がまるで悪魔が取り付いていると信じたくなるほど頑強に行く手を阻むことがありました。時には水浸しでどろどろの氷が広がる中を、それが船腹でシューシュー音を立てて過ぎるのを聞きながら通り、また時にはその音が一見わけもなく止んで、気がつくとスクリューがいたずらに海をかき回していることがありました。

　このように汽走の日々は変わり続ける環境の中で経過し、ひと続きの絶え間のない闘争として思い出されます。

　船は目覚ましく働きました――他のどんな船でも、たとえディスカヴァリー号でも、これほどうまく通り抜けられなかったでしょう。ニムロド号がこういう流氷につかまっていたら、絶対に南の水域へ到達できなかったでしょう。そういうわけで、いまでは私はテラ・ノヴァ号に強い愛着を感じています。体当たりの激突によって氷盤を押し割り碾《ひ》き砕きながら道を作ったり、曲がりくねって氷盤を避けながら進んだりする時は、まるで激しく戦っている生き物を見るようでした。もう少し経済的な機関を備えてさえいれば、あらゆる点で打ってつけの船になるでしょう。

　一度二度、高さ二五フィートにも達する氷丘《ひょうきゅう》や氷塔のまじった、水面上七～八フィートある氷盤の群れに入りました。こういう氷盤が船に向かって押し寄せてきたら、持ちこたえられなかったでしょう。だからそういう中へ入ったときは初めはいささか驚きあわてました。しかし慣れは侮りを生む、というわけです。重い氷の中で圧縮があったことは一度もなく、それは絶対にないのだろうという考えに私は傾いています。

　流氷の中の旅のあいだ天気は頻繁に変わりました。風は西と東から強く吹きました。空はしばしば雲に暗く覆われていました。吹雪があったり、薄片状の雪が舞ったり、小雨までも降りました。そういう環境のどの場合にも、流氷の中にいる方が外にいるよりも好都合でした。どんな悪天候でもほとんど何の害もありません。しかし明るい陽光のあった日も多く、そんな日には気温が氷点よりたっぷり下でも、あらゆるものが明るく活気付いて見えました。太陽はまた、雲のすばらしい効果の、空と雲と氷の驚くべき微妙な色合いを見せてくれ、それを見るためなら遠い旅でも厭《いと》わないだろうと思わせました。じれったい思いはしましたが、それでも流氷の中の逗留《とうりゅう》が見せてくれた美しい光景の多くを、見なくてもよいものだったとは誰も思わないでしょう。ポンティングとウィルソンはそれらの美景を捕らえるのに大わらわでしたが、どんな技をもってしても氷山の深い青色などを再現するのは不可能です。

　科学の方面でも多少成果が得られました。途中一連の測深が実施でき、それによって深い外洋から浅い大陸棚までの海底の上昇の具合と、海底の性質がわかります。測深と同時に海水の各層の温度の興味深い測定結果が数多く得られました。

　それから、鯨、アザラシ、ペンギン、鳥、魚、また採集網にかかった海洋動物などの観察によって、流氷の中の生物の知識を大いに増進しました。生命が種々の形で流氷の中にきわめて豊富にあって、生存競争がよそ同様ここでも魅力ある研究題目となります。

　また氷についても、氷山と海氷の両方について、組織的な調査をし、有益な情報を相当入手しました。それからペネルは磁気の仕事を若干しました。

　しかしもちろん、科学上の活動のこういう貧弱な目録は、多数の専門家たちの過ごした時間を考えると、いかにも見栄えがしません。多くの人は他の面では怠けていなかったのに、それぞれ専門の分野に関しては怠けていざるを得なかったのです。科学者はみな専門の仕事がない時は夜の見張りに立ちました。一団の人がこれほど仕事をしたがり、またこれほどいそいそと働くのを見たことはありません。必要な作業がある時、例えば帆を張ったり減らしたりする時や、氷盤から給水用の氷を掘り上げたり、測深索を引き上げたりする時には、アフタガード全員が出て手伝ったのはいうまでもありません。何のためらいも、何の区別もありません。物資の陸揚げや、その他のどんな重作業をすることになった場合にも、同様だろうと思います。

　進取の精神は依然旺盛《おうせい》です。誰も彼も争って人を手伝い、不平や怒りの言葉を船中で耳にすることは絶えてありません。この小さい共同社会の精神生活は思っても甚だ気持ちよく、それは一同が閉じ込められている極端な狭さを考えると、まことに驚くべきことです。

普通隊員たちの態度も同じく感嘆に値します。何か作業があるときは士官室同様、船首楼〔普通隊員の居住部があった〕でも我勝ちの突進が始まりますし、己れを忘れてこの遠征の成功のために尽くそうとする願望も同じです。自分の仲間をこれほど称賛して書けるのはたいへん快く、そしてこういう支持があるからには成功まちがいなしと感じます。このように知識と経験と能力と熱意が合体していて、何ら成果が上がらなかったとしたら、それは運命の女神がよほど不機嫌だったということになるでしょう。」

第三章　陸地

一二月三一日、土曜。大晦日《おおみそか》。——測定位置南緯七二度五四分、東経一七四度五五分。直航程南四五西、五五分。クロージア岬南一七西、二八六分。「大晦日にはロス海に来ていました。しかし不運はまだ終わりではありませんでした。」恐ろしい一夜を過ごした。初夜直に船首を二ポイント風下へ落として縦帆《じゅうはん》を揚げた。それで体が安楽になることはなかったが速力は増した。夜はのろのろと過ぎていった。私は哀れなポニーの難儀が気掛かりで眠れなかった。朝直《あさちょく》には風波が強まり、前途はたいそう厳しそうに見えた。しかし六時に氷が行く手に見えてきた。通常の状況ならば、安全な道は針路を転じて東へ向かうことであったろう。しかしいまの場合は、面倒を覚悟でポニーのために穏やかな水面を選ばねばならなかった。波が激しく打ち寄せる小浮氷帯を横切ったが、そういう海でばらばらの氷盤《ひょうばん》に取り囲まれる危険を実感した。しかしまもなく、もっと密集した一団の氷盤に行き当たり、その背後へ回ると意外にもわりあい穏やかな水面があってうれしかった。そのまましばらく走ったあと停船して漂躕《ひょうちゅう》した。いま氷の湾とでもいった所に仮泊《かはく》している——風上に一マイルほど流氷があり、二本の角《つの》が湾を形成してわれわれを抱いている。風はあいかわらず強いが、波は押さえられて、ゆるやかなうねりになっている。その結果われわれはしごく安楽だ。氷が船より少し早く流れるので、時々風下へゆっくり汽走する必要がある。

ここまではこれでよかった。危険から抜け出て、さしあたり石炭の浪費以外は気掛かりのない立場を確保したのだ。問題は強風とこの一時の避難所とどちらが長続きするかだ。

レニクがいま測深したところ一八七尋《ひろ》だった。昨日の一一一尋、およびロスの測深一八〇尋と合わせてみると、これは大陸棚の急な傾斜を示して興味深い。ネルソンは八フィートのアガシ・トロール網を入れようとしている。

あいにくトロール網の綱が出せなかった――かいばの下になっている。軽いけた網を細いマニラ麻綱につけて試みた――効果ほとんどなし。最初は錘《おもり》が足りず海底へ届かなかった。二度目は錘と綱を増して、ほんのしばらくだけ接触したようだ。採集品に価値のあるものはほとんどなく、生物学者たちは状況の難しさを悟り始めている。

夕刻。――時とともにこの防護所はだんだん小さくはなったが、強いうねりをよく防いでくれた。午後八時、新しい防護所を求めて西へ汽走を開始。南と西に流氷の徴候が見えたのだ。うねりはまた衰えてきた。昨日、南から吹き始めた風は南南西（真《しん》）へ移っており、うねりは主として南東微南もしくは南南東から来る。別に南からも来るようだが、いま風が吹いている方向からのものはない。風はスコール気味になっていたが、いまはスコールは徐々に弱まり、空は次第に晴れてきて、災難も終わりに近づいているようだ。きっとそうなって、新年が旧年よりもよい運をもたらしてくれるものと思う。

そうとすれば一九一〇年と書くのがこれで最後なのはいささか喜んでよかろう。――陸地だ！

陸地。今夜一〇時、雲が切れた時、西の方に雄大な山々の、遠くはあるが見事な光景が見えた。全体が日光を浴びていた。サビンとヒュアルがひときわ目を引いた――後者はここからの眺めでは美しく鋭い峰をなし、サビンに劣らぬ際立った陸標《りくひょう》だ。サビン山はわれわれが見た時、一一〇マイル先だった。もう三〇ないし四〇マイル遠くからでも、きっと見えただろう――大気はそれほどすばらしく澄んでいる。

一九一〇年　終

一九一一年

一月一日、日曜。――測定位置南緯七三度五分、東経一七四度一一分。直航程南四八西一三・四。クロージア岬南

一五西二七七分。——午前四時、ゆっくり汽走しながら南東へ進行開始。氷から離れる時には風はすでに南西へ移り、風力三へ落ちていた。船は波長の短い高いうねりの中へ進み、数時間きわめて不快に縦揺れした。

午前八時、船は氷からすっかり離れ、縦帆を揚げて南へ進んだ。この針路では船は前より安定したが、まだかなり揺れ、速力を増そうとすればいっそうひどくなるだろう。

オーツの報告ではポニーはけっこうよく耐えているそうだ。

午前八時を過ぎるとまもなく空は晴れ、あとは一日じゅうまばゆく日が照った。午前中北西から吹いていた風は午後のうちに落ちた。午前一〇時、〔機関の回転を〕五五回転に上げた。うねりは弱まりつつある。しかし弱まり方が期待していたほど早くない。

今夜は完全な凪《なぎ》で、すばらしく明るい陽光がある。一一時だというのに数人が日なたぼっこをしていた！　甲板に座って本を読んでいるのだ。

今夜は陸地がはっきり見える。コールマン島が西七五マイルにある。

午後七時の測深、一八七尋。

午前四時の測深、三一〇尋。

一月二日、月曜。——測定位置七五度三分、一七三度四一分。直航程南三西、一一九分。クロージア岬南二二西一五九分。まばゆい夜にまばゆい午前が続いた。太陽はほぼ切れ目なく照っていた。数人がバケツで海水を汲《く》み上げ、甲板で塩水用石鹸《せっけん》を使って水浴をした。水はもちろん冷たかった。しかし日に当たって体を乾かすのはしごく気持ちがよかった。甲板水浴の習慣は南極圏限界線を越してからは廃れたが、バワーズはどんな天気でも続けてきた。

まだかなりうねりがある——一日無風だったあとなのに——そして風上側に水面が二〇〇マイルとないのだから、理解に苦しむ。

ウィルソンは流氷の中で見かけた新種の白い腹の鯨を見つけて写生した。

八時三〇分にエレバス山が見えた。一一五マイルほど先。空には一面に明るい積雲が広がり、東風が出て風力二ないし三で吹いている。総帆《そうはん》を揚げて快調に進んでいる。

一月三日、火曜、午前一〇時。——状況は昨夜とほぼ同じだ。クロージア岬まであとわずか二四マイルになり、陸地ははっきり姿を現わしつつある。ただエレバス山は層雲に隠れている。

　南はもっと好天のようだから、やがて日光の中へ出られるかもしれない。しかし風には油断がならず、軽いうねりもあって、これは船にはほとんど影響はないが、荷揚げとなると話が大いに違ってくるかもしれない。

　いまのところ見込みはよくなさそうだ。測深線は継続実施している。緯度七一度で横切った堆《たい》の所から海は次第に深くなり、堆上での一八〇尋《ひろ》に対していまは三一〇ないし三五〇尋になっている。

　ディスカヴァリー号の測深によると、ロス島の東で四五〇尋までの深さがある。

　午後六時。――だめだ!!　残念!　クロージア岬は魅力たっぷりながら、われわれを寄せつけない。

　午後一時過ぎに岬の東五マイルの地点でバリアへ接近した。東北東からのうねりは最後まで続いた。バリアは高さが六〇フィート以上はなかった。檣上《しょうじょう》見張座からその上がよく見渡せ、末端部へ向かって少なくとも一マイルゆるやかな斜面になっているのが認められた。ブラック島（あるいはホワイト島か）の陸地がその背後にはっきり見えた。累々と続く巨大な氷丘脈《ひょうきゅうみゃく》の上に重なって見えた。バリアの末端部を、われわれが接近した地点からクロージア断崖まで作図した。見たところディスカヴァリー号当時とほとんど変わっていないようだった。ウィルソンの考えでは、断崖と接している場所は同じだそうだ。

　バリアは断崖から二〜三マイルの所で鋭く内側へ曲がり、半マイル後退して、また西へ向かい、かなり整った面をなして断崖へあと二〜三百ヤード足らずまで続いている。両者のあいだを一つの孤立した高い氷丘脈が占有している――末端部での氷圧《ひょうあつ》の形跡は予想していたほど著しくなかった。

　ポンティングは映画と写真の撮影に大わらわだった。レニクは断崖近くの入り込んだ一隅で測深をして一四〇尋を得、ネルソンは水温と試料を入手した。採水器を下ろしているとき一〇〇メートルで綱が一度急にたるみ、一瞬止まったあとまた伸び始めた。一同その原因に好奇心をそそられ、器具がアザラシか鯨に当たったのだと想像している。

　そのうちホェールボートが一そう下ろされ、ウィルソン、グリフィス・テーラー、プリーストリー、エヴァンズ、それと私が、岸へ向かって運ばれた。アフタガードが是非にと言って正規の漕手《そうしゅ》と入れ代わり、櫂《かい》にはオーツ、アトキンソン、およびチェリー－ギャラードがついた。チェリー－ギャラードは漕《こ》ぎ損ねて数回ひっくり返った。

うねりのため上陸はできなかった。私は氷丘脈と断崖の間に通れる余地、すなわち、かつてロイズがエンペラーペンギンの繁殖地まで下りた道が、まだあるかどうかを確かめたかった。そのあたりへ接近してみると、一つの大きな海氷塊《かいひょうかい》がバリアと断崖の間にはさまり、締めつけられて下面が水から三〜四フィート浮き上がっていた。この古い氷盤《ひょうばん》の上に換羽《かんう》中の老いたエンペラーペンギン一羽と、綿毛の落ちつつある若鳥が一羽いた。綿毛は頭と翼がすでに落ちてしまい、胸は通常の換羽と同じく垂直線状に落ち始めていた。これはエンペラーペンギンの幼鳥の年齢と発達段階でまだ知られていなかったことで、この幼鳥を捕獲できれば大成功だったのだが、残念にもそこへ達する道がなかった。もう一つきわめて好奇心をそそったものは、二羽の幼鳥の足と尾、および一羽の成鳥の翼が、はさまった氷盤の下面から突き出ていたことだ。明らかに上で氷に閉じ込められたのが下で洗い出されていたのだ。

うねりのため上陸できないので、しばらく断崖に沿って漕ぎ進んだ。このクロージア断崖は著しく興味深い。岩は主として凝灰岩で、柱状玄武岩の厚い層を含んでおり、締めつけられたりねじれたりした柱の美しい模様や、ジャイアンツ・コーズウェーをそっくり小型にしたような、完全な柱や半分に折れた柱のある洞穴が見られる。明るい黄色の帯が断崖の濃褐色の中にあって、地質学者の考えによると、褐色の岩に塩が作用してできたものだ。所々で断崖は上が張り出していた。所々で海が断崖の下深く、長くて低い洞穴をうがち、ゆるやかに傾斜した磯《いそ》を越えて水が絶えず中へなだれ込んでいた。つららがそこらじゅうに垂れ、また一カ所では、縁から絶え間なく滴る融解水が集まって小滝になって落ちていた。まるで大きな長靴下が断崖の縁にたわむれているようだった。垂直の壁面近くを通った時、非常にはっきりこだまが認められた。その後われわれは船へ戻ったが、船はその間に入江の中で向きを変えようとしていた――この点ではこの船は万全ではない。それは前進にも後進にも機関の始動が簡単にいかないためで――伝令器を押してから機関が動き出すまでに数分かかることがしばしばある。

したがってどこか疑わしいところへ手探りしながら入って行くような時は、かなり不安な立場に置かれる。ボートを引き上げたあとペンギン繁殖地の方へ回った。波静かな上陸地が見つかる望みはもうほとんど消え失せていた。

繁殖地のすぐ近くに座礁した小氷山が数個あった。そこへ近付いて繰り返し測深し、三四尋《ひろ》から一二尋までのさまざまな結果を得た。繁殖地の根元に、明らかにかなり広い堆があるようだ。氷山のどれかの背後には恐らくよい投《とう》錨《びょう》地点があるのだろうが、どの氷山も浜辺へ上陸するための防護役にはならず、浜辺には波がいまも絶えず砕けている。普通の積み荷を揚げるだけでも数週間かかるだろうし、ポニーと雪上車の陸揚げがどうしたらできるかは神様だけがご存知だ。しぶしぶと心重くわれわれは念願の計画を放棄しなければならなかった――残念千万。この海岸はどの点からも冬営地としてよさそうに見えた。小屋を建てるための適地、水を得るための氷、動物たちのための雪、スキーに好適な斜面、散歩のできる広大な岩地。バリアに近く、二種類のペンギンの繁殖地に近いこと――テラー山へたやすく登れること――生物の研究によい場所――あらゆる種類の観測に好都合な峰々――南路へ出るのにわりあい容易なこと、途絶の心配もなく――などなど。こういう地点を放棄せざるを得ないのはまことに残念だ。

繁殖地の近くを通過する時、海鳥糞《かいちょうふん》はすべて吹きとばされるのだとわれわれが推測していたのは間違いだったように私は思った。方々にかなりの堆積があるに違いないようだ。船からペンギンが手にとるように見えた。大きな繁殖地では彼らは広大な場所を占め、しのぎよい場所のあるかぎり広がっていると考えられる。しかし小さい繁殖地では彼らはとびとびにいるだけで、群れがもっと広がる余地がたっぷりあるように見える。そういう未利用地は、荷物を陸揚げする容易な方法さえ見つかれば、冬営地にあつらえむきだったろう。

繁殖地からずっと離れた、海を見下ろす雪の斜面に、ペンギンの群れをいくつも認めたが、なぜそんな所までぶらついて行ったのかわからない。

繁殖地と向き合うあたりへさしかかったとき、数頭のシャチが船の間近へ浮上してきた。何千羽もペンギンが行き交っているのだから、彼らにはきっとこたえられなかっただろう。

ディスカヴァリー号当時の郵便用の竿《さお》〔これに通信を結

わえて置いた〕が立てたときのままに真直ぐ立っているのが見えた。われわれは目にするものすべてを以前の写真と比べている。どこにも何の変化も起こっていないように見え、そしてこれはバリアの末端部の場合にはきわめて驚くべきことだ。

ペンギン繁殖地から西は、高い氷壁と、所々で顔を出す露岩との、無情な海岸だ。仮に上陸できたとしても、無気味なクレバスのある雪の斜面が背後に控えていて、バリアの表面へ出る道を遮断している。ロイズ岬まで行かないと、しのぎよい場所は望めない。

こうしている間も総員航走測量に従事している。次にその手順の一例を記して置く。テラー山は数時間前から雲が切れ、姿がいくらか変わっていくのが眺められた。登頂が容易だろうことは間違いない。エレバス山の北の入江は海図に示されているより遥かに奥深い。

太陽は一日じゅう片意地を張って、時々顔を出したと思うとまた内気そうにひっこんだ。どちらであるかで快適さが大いに違ってくる。

手　順

ブルースは手用《しゅよう》測程儀で絶えず速力を確かめる。
バワーズは正横《せいおう》方向の物体の標高を測定する。
ネルソンは結果を記録する。
ペネルは船首尾方向の縁氷《ふちごおり》の方位をとる。
チェリー‐ギャラードは結果を記録する。
エヴァンズは正横方向の縁氷の方位をとる。
アトキンソンは結果を記録する。
キャンベルは測距儀で正横方向の距離を測定する。
ライトは結果を記録する。
レニクはトムソン・マシーンで測深する。
ドレークは結果を記録する。

ボーフォト島は南からはたいそう黒っぽく見える。

一〇時三〇分。——バード岬の沖合に流氷が見える。すでに何度か小氷帯の中を通過しており、前方にいくらか開水面がある。しかしこの時期では海峡〔マクマードー海峡〕にかなり厚い氷があるのではないかと思う。

一月四日、水曜、午前一時。――バード岬を回り、目的地が見える所へ来ている。しかし開水面がそこまで広がっているか疑わしい。

陸地寄りの開水路をたどって進んできた。バード岬はたいへん丸っこい突起で、出っ張りがいくつもある。どの出っ張りがその岬なのか見分けるのが容易でない。

クロージア岬の繁殖地からバード岬までは、氷をまとった海岸線が一様に厳しく近寄り難い様相で切れ目なく続いている。バード岬の西には広々と陸地が開け、そこに大きめのが一つと小さいのが数個、ペンギン繁殖地がある。

一様に赤味がかった黒褐色の陸地の上に灰色の点々が数多く見える。花崗岩《かこうがん》の漂石《ひょうせき》だ。双眼鏡で見ると海抜少なくとも一三〇〇フィートはある峰の上にも、一つ乗っていた。

シャチがもう一群れペンギン繁殖地の先でのんびり泳ぎ回っていた。非常に高い真っ直ぐの背びれを持つ老いた一頭と若いのが数頭だ。ペンギンの小さい群れが水から飛び上がりながら敵に近づいて行くのをわれわれは見守った。たびたび空中へ飛び上がるあいだに不吉なひれに気づかぬはずがないのに、なんら気に止めていないようだった――そしてさらに奇妙にもペンギンがシャチを文字通り横切ったに違いないのになんの動揺も起きず、やがて小さい鳥たちは飛び上がりながら向こう側へ去って行った。シャチが満腹していたと想像するほかない。

バード岬を回ると、以前のよく見覚えのある陸標が見えてきた――ディスカヴァリー山と西部山地だ――かすんだ大気を通してうっすらと見えた。それらを再び目にするのはうれしかった。そして結局、島〔ロス島〕のこちら側へ来たことはよかったのかもしれない。こういうなじみの場面を見ると故郷へ帰ったような思いがする。

午前四時。――急傾斜でむき出しのバード岬の西側面は、南からは高い絶壁に見え、際立った陸標になっている。この絶壁を過ぎて重い湾氷《わんぴょう》の群れの中へ押し入り、順調に前進した。進むにつれて水路は少なくなり、氷盤《ひょうばん》は重くなってきた。しかし氷盤の群れはゆるんだままだった。「流氷の中を押し進むあいだ、多くの者は夜を甲板で過ごしました。」明らかに海峡内で凍ったと見える広大な氷盤にいくつか出合った。これは不思議なことで、これまでのどの記録に照らしても、ロイズ岬以北では広い氷は春先に無くなっているはずなのだ。

私はいくつかの氷盤が全く新しい型の表面をしているの

に気付いた。うろこ状の氷で覆われ、一枚一枚のうろこは数枚の小さい薄氷が重なってできており、全部が同角度で「突っ込んで」いる。サスツルギと細かい不純物の堆積の上に日が差してできた面だろうかと思う。

いまロイズ岬まであと五マイル足らずの所へ来ており、岬へ着けるはずだ。

一月四日、水曜、午後。――この仕事は予想外のことであふれている。

午前六時にロイズ岬の三マイルほど北で、海峡で最後の流氷を通過した。岬へ向かって船を進めながら、定着氷《ていちゃくひょう》の縁がきっとそこから西へ伸びているだろうと考えていた。それが意外や意外、岬を過ぎても周りはどこも無氷の水面か薄い軟氷《なんぴょう》だった。ロイズ岬を過ぎ、バーン岬を過ぎ、バーン岬の南側の氷河を過ぎ、ついにイナクセシブル島を迂回《うかい》しながら通過した。ロイズ岬からたっぷり一〇マイル南だ。「岬は南とのあいだが断ち切れていました。」もっと進むこともできたが、定着している軟氷が厚さを増してくるようであり、またアーミテジ岬*を除けば目指すべき冬営用の場所はなかった。「海峡内の氷がこんな状態であったり、陸地にこれほど雪がないのを見るのは初めてです。これらの事実と、大気の異例な暖かさとを合わせ考えて、私は今年の夏は異例に温暖だったのだと結論づけました。ここでは冬営地に選べる場所がたくさんあるのが明らかでした。二つの小島のどちらでもよいし、本島でも氷河舌《ひょうがぜつ》でもよく、ハット・ポイント以外ならどこでもと言えるほど行ける所がありました。私の第一の願望はバリアからたやすく遮断されない地点を選ぶことで、私の目はここからやや背後の、以前スキュアリと呼んでいた岬に止まりました。そこと以前のディスカヴァリー基地とのあいだには、氷河舌をはさんで二つの奥深い湾がありました。私はこれらの湾は季節が遅くならないうちはずっと結氷したままだろうし、また〔解氷したあと〕再び結氷したときには、氷は速やかに堅固になるだろうと考えました。」私は会議を召集して提議した。氷河舌まで押し進んでそこで冬営するか、西へ「墓石」氷まで押し進み、そこから、以前「スキュアリ」と呼んでいた岬の、北側のよさそうな地点へ行くか。

＊島の最南端で、一二マイル先にあり、そこの小さい出鼻の一つであるハット・ポイントに〔第一次探検の〕ディスカヴァリー小屋が建っていた。

私は後者がよいと思っていて、討議の結果それが明らかに最善ということになったので、われわれは反転してイナクセシブル島のわきを回り、全速で岬の先の定着氷《ていちゃくひょう》へ向かった。定着氷盤《ひょうばん》の縁の少しばかりの薄氷を突き破ると、船首は固い湾氷《わんぴょう》に激しくぶつかった。海岸からおよそ一・五マイルのところだった。ここからは岬までの道があり、荷揚げができるがっしりした波止場があった。氷錨《ひょうびょう》で船をつないだ。ウィルソンとエヴァンズと私が岬へ行き、そこを私は、われらが優秀なる副隊長に敬意を表して、エヴァンズ岬と命名し直した。この土地は一見して予想どおり越冬基地にうってつけの場所とわかった。岬の岩は主として火山性集塊岩で、橄欖《かんらん》ケニヤ岩を含んでいる。大いに風化して、砕けたのが多量の粗い砂になっている。北西向きの、背後からいくつもの小丘に守られた浜辺に小屋〔冬営宿舎〕の用地を選んだ。そこは見たところ（後で詳しく記さねばならないが）越冬基地として位置上のあらゆる利点を備えており、われわれにもようやく運が向いてきたと一同実感した。第一の好条件は早期にアーミテジ岬との行き来が確保できる見込み濃厚という点だ。

私がテラー山の方〔クロージア岬〕へ行きたいと強く思っていたのは、またやむなくロイズ岬へ行かされる場合に対して不安を抱いていたのは、右の点に関連してのことだった。ロイズ岬の南の氷が遅くまで、恐らく五月まで、安全にならないのは明白だ。それ以前ではロイズ岬とバーン岬の間が絶えず流出していることはあらゆる証拠が示しているように思われる。どのようにしたら貯蔵所設置班が基地へ帰れるだろうか、と私は自問した。今度選んだ地点ならきっと早めに帰れるだろう。氷河舌《ひょうがぜつ》の北と南の奥深い湾の海氷を横断することだけは恐らく必要となろう。そこの氷はできたあと滅多に流出しない。万一流出するようでも、どちらも人がその上へ乗る前に目で確認できる。

何度も不機嫌な顔をしてきた運勢の女神はようやくいちばんやさしい笑顔を見せた——ここ二四時間風はなく、まばゆく日が照っている。こういう場所でのこういう天気は、これまでに経験したどんな状況よりも私としての理想的完全さの実現に近い。太陽の暖かい輝きは、ぴりっとして心を鼓舞する大気の冷たさと結んで、言いようのない健康感と満足感を与えてくれる。一方、金色の光を浴びる山と氷のこの見事な景観は、壮麗な風景の条件を完全に満たしている。私の言葉では眼前に展開するすばらしい眺望の感銘深さを伝えるのは不可能だ。ポンティングは狂喜して、これがポンティングでなく事がこんなでなかったら仰々しいと思われかねない言葉を発している。

荷揚げ、一週間の作業

われわれ三人が陸へ行っている間に、キャンベルは荷揚げに取り掛かっていた。雪上車のうち二台はまもなく釣り出され、デイその他が手早く荷を解いていた。幸運はここでも変わらなかった。あれほどの悪天候と何トンとも知れぬ海水をかぶったあとなのに、雪上車は付属品もすべて、まるで昨日荷造りしたかのように真新しくてきれいだった――防水帆布と綱とで保護した士官たちの手柄だ。雪上車の次はポニーだ――檻《おり》に入れるのに大いにてこずるのも数頭いたが、たいがいはオーツが巧みになだめすかして入れた。数頭は船員たちが簡単に釣り下ろした。どれもやせこけ、衰弱しているらしいのも数頭いる。それでも意外にまだ活力を残しているようで私はうれしかった――暴れ回るものさえいた。一七頭全部が無事氷盤の上につながれたときの安心感は言いようがなかった。雪の上へ下り立った瞬間から寿命が延びたような様子で、これからきっとどんどん元気になるだろう。ここまで無事に連れて来られ、それもこれくらい元気でだったことは実に喜ばしい。かわいそうに、初めて転げ回るのをよほど楽しんだに違いなく、また自由に体をかくことができてよほどうれしいに違いない。明らかに全部が皮膚の炎症を起こしている――そんな病気にかかって何週間もかゆい所をかけないでいた苦しさはわかる気がする。いまいっしょにつながれて互いにやさしい役目を果たし合っているのが目をひく。互いの脇腹《わきばら》をまことにむつまじく懇ろに噛《か》んでやっている。

ミアズと犬は早くから出て、ほぼ一日じゅう軽い荷を引いて行ったり来たり、走り続けていた。彼らにとって厄介だったのはペンギンの間抜けな行動だった。ペンギンは小さな群れになってひっきりなしにわれわれの氷盤へ飛び上がってきた。上がるや否や全身むさぼるような好奇心の固まりとなり、わが身の安全には強情なほど無頓着《むとんじゃく》になった。ひとつなぎの犬が吠《ほ》えついて飛びかかろうとするのに、例のばかげたような調子で、あっちへこっちへと首を突き出すようにしながら、よちよち進んでくる。「おや、面白そうだぞ――君らは揃《そろ》いも揃ってこっけいな連中だね。いったい何が欲しいんだ」とでも言っているようだ。

そして、また二歩三歩近寄ってくる。犬は引き具やつなぎ綱の許すかぎり突進する。ペンギンはひるむ様子もなく、首周りの羽毛を逆立てて怒ったようにガーガー鳴き、それはどう見ても、まるで無作法なよそ者をやりこめようとしているようで――その態度はこうとでも言っているようだった、「なぁるほど、君らはそういう手合いなんだな。君らは来る所を間違えたんだ――おれたちは君らのおどしなんかで引っ込んだり飛びのいたりしないぞ。」そして最後の致命的な数歩を踏み出して犬の届く範囲へ来る。犬が飛びかかり、ガーッと鳴き声があがり、雪が忌まわしい色に染まる。そして事件は終わりを告げる。どんなにしてもこの愚かな鳥を止めることができない。隊員たちが飛び出していって追い払おうとするのだが、するりとかわされてしまう――ペンギンはガーガー鳴いてひょいとよけ、まるでこう言わんばかりだ、「お前さんになんのかかわりがあるんだ、まぬけ野郎。ほっといてくれよ。」

血が流れると、早速トウゾクカモメが集まってきて、やがて少なくとも彼らだけはぞっとするような満足を得ることになる。奇妙にも彼らの方は犬を刺激しないようだ。ほんの数フィートの所にさりげなく降り立って劇の出番を待ち、獲物がころがり込むと、仲間同志騒ぎ立ていがみ合う。こういう出来事が今日はたびたび起きて、犬のチームをひどく混乱させた。ミアズは何度も腹を立てていた。

午後には雪上車が走り出し、デイとネルソンが一台ずつ動かした。二〜三度小さい故障を起こしたが、かなりの荷を陸まで運んだ。雪上車が成功だったと言うのはまだ早い。しかしきわめて有望なことは確かだ。

次に船から出すものは小屋の材料で、その大量の木部材が午後運び出された。

このようにして今夜は、太陽がまだ照っている中で、あたりは四八時間前、いや二四時間前とも、大いに違った眺めになった。

いましがた陸から帰った。

小屋の用地は平らにならされ、建設班が八日分の食糧を用意して、陸上で大型の緑のテントを張って生活を始めた。材木その他、小屋の資材は大部分すでに陸へ揚がっており、残りも途中まで行っている。ポニーは適当な雪の斜面に一列につないで、砂を食わないようにしてある。オーツとアントンがポニーを見張るために陸上に宿泊している。犬は砂地に長く伸ばした鎖につないである。長い一日を終え、体を丸めて寝ている。早くも体調がよくなっているようだ。ミアズとドミトリーが緑のテントに宿泊して犬の世話をしている。ポニーと犬の飼料も人の食糧と同じくすでに一部は陸へ揚がっている。二台の雪上車は整備されて浜辺の安全な場所に置かれている。

初日の仕事は好成績を収めた。明日は総員午前六時に作業再開だ。

何カ月もかけた準備と組織の成果をついに目にするのはすばらしい。いま(午後二時)これを書いている周りから、一日の激しい労働で疲れ、また明日の同じような一日に備えて眠る人々のいびきがずいぶん聞こえてくる。私も眠らなければならない。四八時間一睡もしていないのだから――しかし楽しい夢を見るだろう。

一月五日、木曜。――総員今朝五時に起床し、六時には作業を始めていた。全員が働き、仕事が次第に秩序立っていく様子のすばらしさは言葉では表わせない。私は今朝は現場へ出るのが少し後れた。そのためきわめて特異な光景を目撃することになった。老若のシャチ六～七頭ほどが船の前方の定着氷盤《ていちゃくひょうばん》の縁を泳いでいた。興奮しているようで、氷盤すれすれにせわしなく潜水していた。見ているうちにいきなり船尾の方へ現われ、鼻先を水から突き出した。この動物については私も気味悪い話を耳にしてはいたが、シャチと聞いて重大な危険を連想したことは一度もなかった。水際近くにワイヤーの船尾索が伸びていて、それに二匹のエスキモー犬をつないであった。私はそれがシャチの動きと関係があるのに思いつかず、シャチが間近に来たのを見て、船の真横に立っていたポンティングに大声で知らせた。ポンティングはカメラをわしづかみにして氷盤の縁へ走り、近くから撮影しようとしたが、それらは一瞬早く姿を消した。次の瞬間、ポンティングと犬が乗っていた氷盤がごっそり持ち上がり、いくつかに割れた。シャチが氷の下へ浮上して背で氷にぶつかる「ドーン」という音が聞こえた。彼らは次々に氷の下へ浮上しては氷を激しくゆすった。幸いポンティングは転倒することなく安全圏へ逃げることができた。また甚だ運よく、割れ目ができたのが犬の周りと間だったので二匹とも水に落ちずにすんだ。だから明らかにシャチの方でも驚いたようで、その証拠に次々と巨大なぞっとするような頭を自分たちの作った割れ目から垂直に空中へ突き出してきた。見ると六ないし八フィートの高さにもたげた頭には黄褐色の斑紋《はんもん》ときらきら光る小さな目があり、そして恐ろしげな歯が並んでいた――断然この世で最も大きくて最も恐ろしい歯だ。ポンティングと犬がどうなったかを知ろうとして上を見たのは疑う余地がなかった。

犬はおびえきってひいひい鳴きながら鎖を引っ張っていた。確かに一頭のシャチの頭は一匹の犬から五フィートと離れていなかっただろう。

それから、獲物が大したものでないと思ったからか、ポンティングを見失ったからか、どちらかは確かでないが、恐ろしい動物たちは他の猟場へ移って行ったので、われわれは犬を救助でき、それからもっと重要だったガソリンも救うことができた――五～六トンのガソリンが、割れていまは本体の氷から離れた一つの氷塊の上に待っていたのだ。

もちろんわれわれはシャチが絶えず氷盤《ひょうばん》の縁へ近づき、運悪く水に落ちる者があれば食いつくに違いないのはよく承知していた。しかしこんなに思慮深い狡猾《こうかつ》さを発揮できたり、こんなに厚い氷（少なくとも二・五フィート）を割ることができたり、一致して行動できたりするという事実は、われわれには驚くべき新発見だった。並々ならぬ知能を備えているのは明らかで、これからはわれわれもその知能に十分敬意を払うことになろう。

シャチすなわちサカマタ（オルカ・グラディアトル）覚え書き

グリニジで仕留められた一頭、三一フィート。
歯、出ている部分約二・五インチ、全長約三・五インチ。

『イギリスの四足獣』――ベル著、

「シャチの獰猛《どうもう》と大食、この点では既知の鯨類中群を抜いている。」

二一フィートの検体の胃の中にネズミイルカ一三頭とアザラシ一四頭の残骸《ざんがい》が発見された。

シロイルカの一群が入江に追い込まれ、文字通り粉砕されるのが見られた。

歯。大きく、円錐《えんすい》形で、わずかに反りがあり、上下とも左右それぞれ一一ないし一二本。

『哺乳《ほにゅう》動物』――フラワ、ライデッカ共著、

「同類のどれとも違う点は力の強さと残忍さである。」

「群れをなして追いつめて殺す……大型の鯨をも。」

『海の哺乳動物』――スキャモン著、

雄成体平均二〇フィート、雌一五フィート。

強く鋭い円錐形の歯が噛み合っている。力の強さと敏《びん》捷《しょう》さを合わせ持つ。

潮吹きは「低く小灌木《かんぼく》型」。

習性はその肉食性特有の大胆と狡猾を示す。

三〜四頭でためらわず最大のひげ鯨をも襲い、ひげ鯨は恐怖で麻痺《まひ》状態になる――逃げる努力も見せなくなることがしばしばある。

一群のシャチが船の引いている鯨をつけねらってきて、なぎなた包丁で何度も突かれたり切られたりしながらも、獲物を奪い去った例がある。

大型の鯨類を攻撃することは稀《まれ》であると思われる。非常な速力を持つ。

歯の林立する口にアザラシをくわえて水面に現われ、餌《え》食《じき》を振り回しもみくちゃにして、見るからにうまそうに飲み込むのがときどき見られる。

シロイルカをずたずたに引き裂く。

ポンティングは昨日一つの氷山の大きな洞穴から見える船の光景に見惚《ほ》れて、それを撮影したいと言っていた。そして何枚か見事な陰画を作った。今日昼前、彼に連れ立ってその氷山へ行ってみて、なるほど、この洞穴くらい美しいものはめったに見たことがないと思った。洞穴は実は傾いた氷山にある一種のクレバスで、氷山の元の表面と平行にできたもので、両側の組織層が外へ湾曲したものだった。裏口からは美しいつららのすだれ越しに空が見えた――青味がかった紫色に見えたが、それが洞穴の青色との対照のためか錯視のためかは私にはわからない。大きい方の入口からは、同じく一部つららを通して、船と西部山地とライラック色の空が見えた。すばらしく美しい絵になっていた。

ポンティングはエレバス山のこの光景にすっかりとりこになり、前にある二つの氷山と有志数人を加えて前景を作り、画面をまとめようとしている。

私は今日一日の成果に大いに満足し、しかしもっと作業を組織立て習熟して、成績を向上させたいと思いながら就寝する。

今日は小屋の木部材の残り、ガソリン全部、灯油、その他の油類、ポニー用のカラス麦、それに小物いろいろが陸へ揚がった。ポニーは明日から働かせる。今日は何もさせなかった。ただ雪上車がよく働いた——次第に仕事に慣れて、一日休みなく走り続けた。頼りになりそうに思えてもくるが、希望どおりの重い荷は運べないのではないかとまだ心配だ。

デイは大いに満足で、奇跡のような働きをするつもりらしく、またネルソンも同じく楽観的だ。犬は日中の作業が恐ろしくきついようで、ミアズは夜間作業に切り替えようとしている。

小屋の骨組はほぼ出来上がった。一同、今朝一時まで仕事を続け、朝七時にはまた始めた——士気の高さを示す一例だ。アフタガードが人引きのチームを作ってかなりの荷を運び込んだが、まだ調子が出ない。小屋は私の判断では水面から一一～一二フィートほどの高さにある。海が無氷になった時に北から強風が吹いても、これだけ陰へ入っているから、この高さまでは水しぶきも届くまい。

他はどの点からも位置は申し分ない。いまの仕事は疲れがひどくて、日記をつけるのがたいへんだ。

一月六日、金曜。——今朝も六時に作業を開始した。ウィルソン、アトキンソン、チェリー‐ギャラード、および私が、それぞれポニー一頭を連れて船まで戻り、荷を陸へ運んだ。それからポニーを替えてこの手順を繰り返した。午前中それぞれ三頭のポニーを使い、私は午後にも一頭使った。

ブルースはレニクと交替したあと、午前に一頭、午後一頭使った——残り五頭のうち、オーツの判断では二頭は作業に耐えず、三頭は少し慣らしてからでないとまともな仕事はさせられないと言う。

私は自分の使った馬の強さに驚いた。四頭のうち三頭は終始しっかり引いて、私にもたっぷり運動になった。七〇〇ポンドの荷を運び、一度は一〇〇〇ポンドを越えた。

ポニー、雪上車、犬、それに人のチームとで、一日好調な運搬をした——もう一日これだけやれば貯蔵物資はほぼ終わり、陸揚げ完了までに残るは燃料と馬糧（六〇トン）だけとなろう。ここまではめざましくはかどった。

雪上車はうまく動いている。しかし快調とは言えない。小さい障害は克服できようが、どうも期待ほどの荷は引けないのでないかと思う。それでも助けになる見込みはあり、氷盤《ひょうばん》の上を唸《うな》りながら進むところは、いまの場景で活気があって魅力的な特色となっている。少し離れると、消音器なしなので、ちょうど脱穀機のように聞こえる。

犬は次第に向上している。と言っても、まだごく軽い荷を運ぶだけで、一往復するごとにすっかり参ってしまう。現状では頼りになりそうにない。ただ暑さにやられるせいもある。

人のチームの働きはめざましい。キャンベル指揮の東部班は一日で八往復した。二四マイルを越す距離になる。ストックが大いに引く助けになると一同言っている。これまで使うことを思いつかなかったのは驚きだ。

アトキンソンは今夜はひどい雪目にかかっている。ブルースも。ほかにも数人に同病の気配が見える。目を保護する必要があるのを体験するのはよい。

いま、一つだけ私が心配しているのは、堅い氷のためにそりがすり減ることだ。まだ大きな損傷はない。滑走部が上質の木材でできているお陰だが、しかしすり減っては困る。ウィルソンは今夜思いつきを実行して、九フィートそりの滑走部に、そのために自分で仕留めて剥《は》いだアザラシの皮をかぶせた。これはうまくいくかもしれない。うまくいったら他のそりにもかぶせることにしよう。またデイの新案の副滑走部を明日試みる。四八時間まばゆい陽光が続いたが、いまは空に靄《もや》が広がっている。

そりのリスト

一二フィート｛一一台　使用中
　　　　　　　一四台　予備
一〇フィート　一〇台　現在未使用
九フィート　一〇台　使用中

今日、この半島を横切って南側の様子を見に行った。トウゾクカモメが何百羽も営巣していて、私が通るといつもの調子で襲ってきた。荒々しく鳴き叫びながら旋回して、ある程度の高さに達するまでそれを続ける。それから真っ直ぐ人の頭めがけて急降下し、一フィート以内まで近づいて舞い上がる。大胆なものは通過のとき翼で頭を打って行く。初めはぎょっとするが、慣れると打っても翼で打つだけとわかってくる。一羽のトウゾクカモメがポニーと犬のあいだの岩に営巣している。人が二〜三分ごとにそばを通る所なのに、親鳥は雛《ひな》を置き去りにしない。それどころか、だんだん自信をつけているようで、もう闖入者《ちんにゅうしゃ》に襲いかかろうともしない。今日ポンティングが数フィートまで近寄り、辛抱づよく頑張って、それが雛に食べ物を与えたり世話をしたりする動作を見事な映画に撮影し、またその要所要所を写真に撮った。

エヴァンズ岬の融解氷の主流は目下かなりの急流になっている。

エヴァンズ、ペネル、およびレニクが子午線距の天測をした。経度の位置を正確にして置かねばならない。

一月七日、土曜。――太陽が戻ってきた。今日はこれまでになく暑かったようであり、まぶしさは目がくらむほどだった。雪目患者がかなりいる。

作業はめざましく進んだ。今夜は瓶詰めのもの若干を除くすべての食糧が揚がり、科学者の器機類もほとんど全部終わった――これらは軽いものではない。残るは小屋の家具類若干、二トン半のカーバイド、瓶詰めのもの若干と、あと雑多なもの少しで、これは明日の時間を大してとるまい。それからいよいよ最後に残る二つの一番重いものに取り掛かる――石炭と馬糧だ。

一週間で完了しなくても、それよりあまり延びることはなかろう。その間、船は蒸気を使わずに氷縁に接していられる。すばらしい節約だ。

陸の道筋には荷箱の流れが一日じゅう続き、運搬手順は刻々に向上している。

士官四人および三人の二チームがそれぞれ一〇往復し、これは計二五マイル以上となり、片道は一人平均二五〇ないし三〇〇ポンドの荷を引いた。

ポニーはいまはよく働いている。ただ少し動揺し始めてきた。だいたいポニーはわりあい温和な動物だが、荷をつけると扱いにくくなる。これは間接的ながら氷がつるつるするのが主原因だ。彼らは遊動棒と引き革とが飛節《ひせつ》のあたりにぶらさがっているのをよく知っていて、それを嫌っている。（私の想像では、それで足をさらわれるのではないかとひどく気にするのだ。）そのため歩き出すのをしぶり、またいったん歩き始めた時には、足踏みしたり立ち止まったりするとそりが突っかかってくるのを察知しているようだ。その結果、絶えずいらいらし、中でも過敏なものはとかく強情になって扱いにくくなる。

それらに対するオーツの手際は見事だ――オーツがいなかったらどうなるか知れない。

私はポニーを連れて七往復したが、終わったときにはこぶを頭に一つと、すり傷をいくつかもらっていた。

一頭のポニーは船の近くでデベナムの手から逃げ出し、荷を引いたまま陸まで駆け通した。荷は岸の直前で転がり落ち、馬とそりが基地に突っ込んできた。オーツが実に巧みにすぐさまこれを連れ戻して次の荷をつけた。

二〜三頭は引き具を取り付けているうちに逃げ出し、まっしぐらに丘へ駆け戻った。実際、小さな事故が次々と起きて、人はともかく動物には身体生命にかかわる心配もあった。しかしどれも事なくすんだ。

ミアズの犬のチームの一つが逃げ出した――かわいそうに一匹はのっけに転倒し、それきり起き上がれなかった（ムカカ）。全速で半マイル近く引きずられていって、私は死んだものとあきらめたが、見たところほとんど無傷だった。

ポニーは時とともに確実に周囲に活気を与えるようになりそうで、次第に元気になっている。現状でも体調は想像した半分も悪くないようだ。逸走したポニーは余分の往復をしたあとでも大して参っていなかった。

基地は整然とした宿営地の姿を取り始めている。この場所の利点が新たに次々と見つかってきた。長い平らな浜辺のおかげで、バワーズは貯蔵物資をきわめて系統的に並べることができた。あらゆる物品が即座に取り出せるようになっており、何か要るときに、荷箱のありかがわからないということは絶対なさそうだ。小屋はどんどん進んでいる――すでにさねはぎ板を取り付けている。骨組に覆いがついていく。特別に暖かく居心地よくなるはずで、それは刺し子ふとん式の麻袋に乾いた海草を詰めた断熱材で二重の覆いをしたうえ、さらにポニーのまぐさを周りじゅうに積み上げるよう私が提案しているからだ。

冬のあいだポニーをどこに置いたらよいかと思案している。

この場所の唯一の欠点は、氷がクラック〔割れ目〕の所や氷盤《ひょうばん》のあちこちで薄くなり、ぬかってきていることだ。ポニーが足を踏み抜く。もっとも、たいがいはその種のことにも慣れてきたようで、大騒ぎしない。あらゆる点からみて、いまもしているように作業を急ぐのが望ましい――だから明日の日曜日も続ける。

雪目のほかにも小さい患いがどっと襲ってきた。顔や唇の痛み、水ぶくれの足、切り傷やひっかき傷など。ほとんどの者は何かに悩まされているが、もちろんそれくらいは

「仕事のうち」だ。私の足の裏も地獄の痛さだ。

「もちろん外的条件は厄介になりつつあります。しかしそれ以外に敵はなく、内部の摩擦はまず考えられないから安心です。」

ポンティングはこのごろ危ない目に遭った。印象深い対象、例えば氷丘《ひょうきゅう》や、影を映している水面などを前景にして、芸術的な写真を撮ろうと、自分用の小型のそりにカメラと映画撮影機を積んで、座礁した氷山へ一人でよく出かけていた。ある朝、そりを引いて足を踏みしめて行くと、そのときは雪眼鏡が発汗のため曇っていたのだが、いきなり足元の氷が沈むのを感じた。彼の話では経験したことがないようないやな感じがしたそうで、そのとおりだろうと思う。落ち込んでも助けてくれる者が近くにいないのだ。とっさに彼は前へ飛び出した。氷は一歩ごとにめり込み、そりは水の中を引きずられた。まことに幸運にも彼がぶつかったもろい場所はごく狭かった。そして一～二分で堅い所へ出られた。汗だくになっていたそうだ。

振り返ると確かにわれわれはこの衰えゆく氷に対して恐ろしく不注意だった。

第四章

定住

一月八日、日曜。——災難の一日。愚かにも今朝三台目の雪上車を下ろすのを許可した。それは今日いちばんになされて、雪上車はしっかりした氷の上に出された。その後、船から二〇〇ヤードほど先の、ぬかるんだところを通っていて片足が沈み込んだ者がいることをキャンベルが私に話した。私はさほど重大事とは考えなかった。表層の固くなっているところを踏み抜いただけだと思ったのだ。雪上車を通す最善策を講ずるのはキャンベルに任せ、私は午前七時ごろ、一人分の荷を引いて浜辺へ向かった。着くとミアズの犬にガソリンを一缶持たせて送り出した。二〇分ほどすると彼が戻ってきて雪上車が沈んだと知らせた。やがてキャンベルとデイもやってきて、この凶報は確認された。

それはこういうことだったようだ。状況を心配してキャンベルが綱を持ち出し、雪上車にゆわえた——それからこれにたっぷり人を配して、その弱い所を一挙に渡そうとした。綱についていた一人、ウィリアムソンがやにわに肩まで沈み込んだが、これはすぐ引き上げた。そうするうちに雪上車の下の氷が沈み始め、そしていきなり氷も雪上車も消えてしまった。人々は綱をつかまえていた。しかし綱は氷に食い込んで人の方へ迫り、どんどん力が加わるので、次々に手を離さざるを得なかった。三〇秒後には大きな穴が残るきりになった。人員に事故がなかったのが幸いだったと言えようが、しかしどうみても悲しい出来事だった。あれほど時間と労力を注いだ雪上車の、よい方の二台のうちの一台が、いまは海の底だと知るのは大打撃だ。それが消えたちょうどその場所はつい昨日、もう一台の雪上車がたいへん重い荷を引いて通り、私自身も重いポニーといっしょに通ったところなのだ。

　ミアズはキャンベルを連れ帰り、また戻ってきて、事故のあったあたりの氷は刻々に危険の度を増していると報告した。

　明らかにわれわれは遮断されたも同然で、重い物の運送については確実にそうなった。バワーズがミアズといっしょに再度引き返し、防風服と小物類をどうにか運んできた。その後は往来はとだえてしまった。陸上班は働いているが、船の方は半休日になった。

　六時に私はもっと北の氷縁へ行ってみた。そりがまだ使える厚い氷に船が近付ける場所が見付かった。船の近くへ行き、できるだけ早く、必要なら汽走して、そこへ移るよう手旗信号で指示した。船はいまのところ流氷で身動きできず、ペネルは氷がゆるんだら引き綱で移動させようと思っているようだ。

　ミアズと私は、帰る前に、新しい道筋へ灯油缶を置いて目印をした。こういう次第で、いまは運命がもっと情け深くなるまでまた待っている。そのあいだ小屋の方は進展している。全部で四重の板張りをする予定で、うち二重は完了に近付いている。残りを仕上げ、断熱材も付けてしまうまでにはまだ少しかかるだろう。

　こんなふうに定住は大仕事であり、また冬になる前に貯蔵所作りもしたいと思っている折でもあるのでじりじりしてくる。

　今夜は肌を刺すような北風が吹き、靄《もや》が出ていたが、風は落ちてきており、太陽は再び明るく照っている。今日はこれまででいちばん暑い日だったようだ。片道歩くと汗だくになったし、またその後、昼食のあとで日なたへ座った時には、イングランドの暖かい夏の日を思い出すほどだった。

　今夜は私の最初の陸上の夜だ。いまこれを書いているのは新しいドーム型テントの中で、しごく居心地のよい一室になっている。

　一月九日、月曜。――テントから顔を出した時は、もう六時四五分になっていた。そして先ず目に映ったのが船だった。これまでは野営地からは見えなかったのだ。いまいくらか苦労しながら氷の縁を移動していた。あとで聞いたのだが、六時一五分に動き始め、昨日私が印をつけた地点へ八時一五分に着いたそうだ。朝食後、船まで行ってみて、堅くてよい道がずっとあるのがわかってうれしかった。直ちに旗をあげてポニーを呼ぶ合図をし、順調な一日の仕事を開始した。終日そりが行き来した。しかし荷引き作業は大部分ポニーがした。道がよいのでこの小柄な動物たちは一二ないし一八ハンドレッドウェートの荷を引く。犬のチームも人のチームも運搬に有効な助力をした――チームでも個人でも例外なく一人平均三〇〇ポンドの荷を運んでくる。犬は五匹一チームで働き、五ないし六ハンドレッドウェートを引き、もちろんポニーや人より遥かに足が速い。

こうして大量の雑多な荷物を運搬した。先ず約三トンの当座用の石炭、次に二トン半のカーバイド、種々の貯蔵物資全部、小屋の煙突と換気装置、生物学者の器具全部――これはどっさりあった。物理学者の器具の残りと医療用品、それにたくさんの雑多な荷箱。馬糧および燃料という二つの重い物のほかはすっかり片付いた。その後この二つのうちの前者に取り掛かり、七トンを陸へ運んだところで作業を切り上げた。好成績を収めて一日を終わるのだが、一つ不運な事件で傷がついた――犬の一匹でよい引き手だったのが一往復したあと咳《せ》き込んでいた。明らかに何かを吐き出そうとしているのだった――二分後にはもう死んでいた。原因を知っている者はいないようだが、いまアトキンソンが死体解剖中で、死因はわかると思う。どの動物も失ったらあとがない。

ポニーはいまでは三頭以外はみな船から荷を運ぶようになった。オーツの考えではこの三頭は興奮しやすくて、こんなにつるつるする道では働かせられないと言う。しかし彼は今夜、中でも難しいのを一頭試みた。これはたいへん立派なポニーで、そのポニーに大きな荷を運ばせるのに成功した。

明日は一二～三頭ほどを働かせることになろう。

グリフィス・テーラーの馬が三度逃げ出した。初めの二度は多少とも彼自身の落度で起きたのだが、三度目は船員の一人の迂闊《うかつ》のせいだった。それなのに三度目のが食卓仲間に見付かり、大いに肴《さかな》にされた。いっそうおかしかったのは、彼が最後の荷を（とりわけ重いのを）運んで来たときで、仏頂面をして猛烈にとばし、途中誰と出会っても口をきかなかったことだ。

今日は仕事の運営が上手にいった。エヴァンズが道を担当し、時々見回って悪い所を探し、クラック〔割れ目〕に板や雪で橋をかけた。

バワーズは陸へ着いた荷箱を一つ一つ点検したり、船へ駆けつけて荷物の種類による順位を手配したりした。全く貴重な存在だ。どの一つの荷箱も彼の知らないものはなく、どんな種類の物品一つも彼が即座に取り出せないものはない。

レニクとブルースは船から荷を出すのに勇ましく働いている。

ウィリアムソンとリースはそりに荷を積む作業をしているが、なかなか巧みに迅速になってきた。（水兵の）エヴァンズはそり用具と野営用具全般の監督をしている。フォードとコヘインとアボットは常時大工を手伝い、デイ、ラッシリー、リリーその他も随時手伝う。

ウィルソン、チェリー-ギャラード、ライト、グリフィス・テーラー、デベナム、クリーン、およびブラウニングはポニーを引き、私自身も一～二度その仕事を手伝った。氷がもろくなっているとの報告があったが、自分で歩いてみてどこも安全なことを確かめた。雪上車の事故でみな過敏になっている。

天気はおおむね甚だ暖かくて気持ちがよく、時々日も差していた。しかし今夜は南からかなり冷たい風がある。小屋はすばらしくはかどっている。あと二日働けば必要なものはすべて陸へ揚がるはずだ。

一月一〇日、火曜。――マクマードー海峡へ来て六日になり、そして今夜は上陸したと言える。あと一ポンドの荷も陸揚げできなくても故障なくやっていけよう。これまでに例のないことだ。こんなに迅速に、完全にできたことはない。今日午前の主な荷は馬糧だった。そりが次々に梱《こり》を運び込み、午後早く最後のが陸へ着いた(東部隊の荷といっしょに積んである約一トンは別)。ほかに特許燃料が若干午前中に加わり、その後午後にはどんどん流れるようにやってきた。一二トン以上になり、場合によってはこれだけでもやっていけよう。

ほかに雑多な残り物が一日じゅう到着していた――器具類、衣類、それに個人の持ち物。われらの宿営地の設備が完全になるにつれ、私は夏の気候のせいでいまは目に見えない欠陥がどこかにひそんでいるのではないかと心配になったりする。

　小屋は着々と進んでおり、このうえなく居心地のよい住居になるだろうというのが皆の一致した意見だ。「時間をかけ意を注いで計画を練った甲斐《かい》が十分ありました。」壁面には骨組の内と外それぞれに二重の板張りをし、それぞれの板張りの間へわが優秀なる刺し子ふとん式海草断熱材を詰める。屋根は内側はさねつぎ板一重だが、外側には順にさねつぎ板、二枚合板の「ルーベロイド」、刺し子の海草、もう一度さねつぎ板、そして最後に三枚合板の「ルーベロイド」の覆いがつく。床は一段目ができていて、その上に刺し子ふとんとフェルトを重ね、再度板張りをし、最後にリノリウムがつく。火山砂《かざんさ》が豊富にあって、それを周りにたっぷり積み上げることができるので、下から隙間風《すきまかぜ》が吹き込むことは考えられないし、またそこでの接触や放散によって熱を大量に失うことも考えられない。壁面の断熱をさらによくするため小屋の南側と東側に圧搾まぐさの梱を高く積み上げ、北側は冬の馬屋にするよう整備中だ。馬屋は小屋の壁とまぐさ梱の壁にはさまれる予定で、まぐさ壁は高さ六梱分、厚さ二梱分になる。余分の板がないので垂木と防水帆布とで屋根をつける。屋根にあまり雪が積もらないよう気をつけなければならない。そうすれば馬屋として立派に役立つはずだ。

　ポニーはたいへん扱いにくいのが数頭いる。しかし今日は二頭以外は全部出動し、夕方まで別に騒ぎはなかった。お茶のあとで、オーツが手に負えない二頭を他のそりの後ろにつないで引いてみようと言った。同時に彼は力の強い興奮しやすい葦毛《あしげ》のも連れ出した。私は心配のなさそうなのを一頭引いた。歩いている間は具合よくいって、三回は無事に荷を運んだ。ところが一台のそりが荷を下ろしている時、それにつないであったポニーが急におびえ始めた。そしていきなりそりをつけたまま駆け出し、他のポニーたちの方へ突っ走ったが、それでも魔物はしがみついて離れないので、前より大きく輪を描きながら丘や漂石《ひょうせき》の上を疾走し、ポンティングとカメラをかすめ、最後に丘を駆け下りて野営地へ舞い戻ってきた時は相当へたばっていた——不思議にそりにもポニーにも大して損傷はなかった。それから同じ隊列でもう一度出かけた。氷盤《ひょうばん》の中程まで行った時、私のそりの後ろのポニーが端綱《はづな》に前脚を取られ、きもをつぶしてそれを引っ張り、自分がつながれている空のそりを持ち上げた——そして綱が切れて彼は駆け去った。しかしその時にはもう害を及ぼしていた。そりがばたんと地に落ちると、私のポニーが鼻息を荒らげて躍り上がったのだ。私はどうにかそれを押さえてオーツが来てくれるのを待ち、それから一同また歩き始めた。しかしポニーはおびえ切っていた——二度目に棒立ちになったり尻《しり》をおっ立てたりし始めた時には、どんなになだめても無駄で、私はあきらめて手を放さざるを得なかった。彼はいっさんに駆け戻り、一行はすごすごと引き返した。野営地でエヴァンズ〔兵曹〕がつかまえたが、それも一瞬の間で、エヴァンズを蹴《け》倒してまた逃げ去った。最後にはつかまり、オーツとアントンが左右からついてもう一度連れ出した。行きはまあまあ大人しくしていたが、帰りにはまた暴れ始めた。今度引いていたエヴァンズがアントンを呼び、二人して押さえようとしたがだめだった——激しく駆け出して荷を振り落とし、そりをつけたまま野営地へ帰った。こんな面倒を引き起こしたのが、故障なく三往復して、われわれがよい馬で大人しくて気力もあるやつだと思うようになってからだった。これをもう一度安心して使えるようにするには、ずいぶん手がかかるのではないかと案じられ、そしてひどく厄介なのを二頭でなく三頭かかえることになった。これをやや詳しく書いたのは、ポニーについては予想外の困難が起きることと、状況を正確に把握するのが不可能であることを示すためだ。大半のポニーはいまはけっこう落ち着いているように見えるが、右の場合のように、何かでどれが暴れ出すかわからない。かかとすれすれにそりがばたんばたんするのが原因であることは疑いない。

天気は崩れそうな様子だ。正午には強めの北軟風《なんぷう》が吹き、雪とあられのあらしになった。そしていまは風は南へ変わり、空は一面に曇ってブリザードになりそうな気配だ。氷盤《ひょうばん》は割れ始めており、一部は流れ出すかもしれない——そうなったら船はまた蒸気をあげなければならなくなるだろう。正午のあられで路面は数時間ひどく悪化した。それは特に人と犬にこたえた。

犬はうまくいっている。ただミアズの話では数匹は雪目にかかっているらしい。犬が雪目にかかるとは知らなかったが、デイはシャックルトンの犬がかかったと言う。昨夜死んだ犬は解剖でも死因が明らかにならなかった。アトキンソンは脳は調べず、あるいは原因はそこにあったのかと考えている。伝染性のものではなかったと信じられて、ひとまずよかった。

一月一一日、水曜。——ここへ来て今日で一週間だ——たっぷり一カ月のような感じがする。それだけぎっしりこの短い期間が詰まっていたということだ。

兆しを見せていたブリザードが今朝四時ごろに実体を現わした。風は船の付近で六ないし七の風力まで強まり、午前中ずっと地吹雪を伴って吹き続いた。

キャンベルの連れたそりのチームが少しばかり荷を積んで午前八時に野営地へ来た。特に目的はなかったようだが、ブリザードの中を行軍する経験をしたかったのだと思う。そして帰途についたが、船が見えなくて引き返し、われわれといっしょに朝食をした。今日は戸外の仕事には全く不向きなので、注意を小屋の内部へ向けることにし、その結果、夜にはさねつぎ作業が完了した。床にリノリウムを張るのだけが残っている。屋外は屋根と端々が残っている。それから数日の大工仕事があれこれとあるが、それですっかり終わる。非常にしのぎよい位置に建った第一級の建物だ。今朝、船のところでは風が荒れ狂っているのに、ここはわりあい平穏だった。キャンベルの話では、この浜辺に近づくと異常に様子が変わったそうだ。

二～三人をやって野営地裏の雪の堅い吹きだまりを掘らせた。するとたちまちがっしりした氷が出てきて、連中はその仕事が面白くなり、食糧貯蔵庫になる洞穴作りを始めた。すでに六ないし八フィート掘り進み、横穴に取り掛かっている。二～三日すれば広々とした部屋ができるだろう——貯蔵肉を置くのにうってつけの場所だ。一同この堅い吹きだまりの起源について推測をし、よほど古いものだとしていたが、掘り手たちがトウゾクカモメの羽毛のついた土に行き当たったため、その理論は頭を一撃されて気絶気味だ。

風は昼ごろ衰え始め、昼食後私は船へ出かけた。二時間の猶予と一三ハンドレッドウェートの石炭があれば蒸気をあげられると聞き、大いにうれしかった。氷錨《ひょうびょう》は風のあいだよく持ちこたえた。

見える範囲で、開水面は水河舌《ひょうがぜつ》へあと少しの東西の線まで広がっている。

今夜は風がすっかり落ち、一週間前の上天気に返る。少なくとも二～三日はきっと続くだろう。

一月一二日、木曜。――また一日じゅうまばゆい太陽。しかし午後には南南西から冷たい風。あらためてここの位置のしのぎよさを思い出す。今夜測候所の丘の風力計は二〇マイルの風を示す――ここ、われわれの低地では時々弱いのが吹くだけだ。

そり引きは今朝いつものように始まった。ポニー七頭と犬のチームが午前中一杯頑張った。私は五頭の犬を初めてシベリア式に追いながら六往復した。難しくはなかったが、いざというときロシア語が出てこない。「キ」―「右へ」、「チュイ」―「左へ」、「イター」―「真っ直ぐ前へ」、「思い出せなくてここに空白あり」―「どんどん行け」、「ポー」―「止まれ」。ほんの短い体験だったが、扱い方をわれわれ向きに改める必要がありそうに思った。チームをもっと小さくし、扱う人はそりの後ろにいる方がよいように思う。しかしこういうことはまだ急いで決めなくてよいし、貯蔵所作りの旅でいろいろわかることもあろう。

午後早く、船から荷揚げ完了の連絡があった。あと運ぶものは羊肉、本と写真、およびピアノラだけだ。これでとうとうどんな緊急時にも対応できる本当に独立した一団となった。到着後八日にして上陸したのだ――すこぶる好記録だ。

小屋はいますぐにでも入居できる。しかし住み始めるのはたぶん一週間後になるだろう。そのあいだに大工が暗室その他さまざまな区画や、もちろんシンプソン・コーナー*などを着々と整備するはずだ。

穴掘り班は食糧貯蔵庫を造るのに氷の中へ前進しているが、これは時間のかかる甚だきつい仕事だ。しかしいったん出来上がれば、あらゆる点で立派なものになるだろう。

明日は船へバラストを送る作業を始める。三〇トンほどをポニーに運ばせる予定だ。小屋の班と穴掘り班はこのまま続け、貯蔵所旅行の準備も始まることになる。これらについてバワーズと午後相談した――これはまたとない男で、人の考えをたちどころに理解し、明らかに勝負の定石を余さず心得ている。

明日ミアズといっしょに犬を連れてハット・ポイントへ行き、氷を調べたり陸地の様子を見たりしようと思い、その段取りをした。現状からみて、貯蔵所班を送り出すのは月の内いつでもさして難しくないはずだ。しかしポニーは

＊ ここに気象観測器機が設置された。

岬[**]を荷をつけないで渡さねばなるまい。

南側へ真っ直ぐ越える道が一つあり、別に回り道が一つあって、それは陸地の北側を伝い、岬の先端で氷の上へ出る。荷は大半船で運ぶことになろう。

一月一四日、土曜。――基地が着々と完成に近付いている。強い風が昨日朝、南南東から来て、野営地の上を吹き渡った。気温はプラス一五度（マイナス九・四度C）まで下がり、空は本曇りになった。南の方は陸地の輪郭が地吹雪でかすんでいた。それで犬ぞり旅行は中止した。午後状況がやや和らいでバラスト班が作業に出かけ、これは順調に進んで、夜までに一〇トン以上も運んだ。この作業の手順はきわめてよい。丘を三～四〇フィートほど登った中腹で、固着していない岩を起こし、重い荒作りのそりに乗せて雪の道を氷盤《ひょうばん》まで押し下ろす。そこで馬そりに乗せ、船まで運搬するのだ。船に泊まったら、船は野営地より寒かった――船室はひと晩じゅう氷点下で、暖かいのは隊員の上機嫌な活気の中だけだった。急な寒さでボイラーの水が凍り、ウィリアムスは今朝、炉の一つに点火しなければならなかった。昨夜ひげを剃《そ》り行水を使った（一〇日ぶりだ）。そして今日は朝食の時からお茶の時間まで手紙を書いていた。そのあいだバラスト作業は活発に続き、今夜は船に二六トンほど入ったはずだ。

野営地へ戻り、短い留守のあいだにも仕事が進んだのを見て愉快だった。洞穴はぐっと広げられ、いまでは実際に、羊肉全部と相当多量のアザラシおよびペンギンを入れられる大きさになっている。

すぐ近くでシンプソンとライトが差動磁気計小屋の穴掘りをしていて、驚くほど進んでいる。すでに七フィート掘り進み、そこから角を曲がって部屋に取り掛かり、それは一三×五フィートの広さになる予定だ。ここの斜面の堅い氷は天与の賜物で、二つの洞穴はそれぞれ目的にぴったりのものになるだろう。

小屋にはレンジとストーブがすでに据え付けられ、いま煙突の工事をしている。ポーチも屋内と同じく、あと少しで終わる。いろいろの大工があれこれの仕事にせっせと働いていて、さまざまな人が必要とする多くのこまごました設備をし終わるまでには、まだしばらくかかるだろう。

＊＊エヴァンズ岬のことで、今度の小屋の南側にあった。

貯蔵所旅行の手配をしている。ポニーと犬に人を割り当てたり、その他。

　明日は初めての休日だ。しかし来週は総力でそり行動の準備にかかる。ほかに、来年テラ・ノヴァ号で運んでもらうべき飼料について相談し、書き留めた。

　風は南南東から強まったり弱まったりしながら、なかなか執拗《しつよう》に吹いている。今夜また吹き始め、テントの布をばたつかせている。

　数頭のポニーは期待したほどよくなっていない。歩くのがのろく、どうしても速いものの妨げになる。一番よいうちの二頭をオーツはキャンベルに割り当てた。しかしこれは変更しなくてはならない。「またそれらが寒さによく耐えられるか確信が持てません。そして今度の初めての旅で、それらはかなり厳しい条件に遭遇するかもしれません。それから、薄氷のところで、あるいは道のでこぼこで負傷したりして、失われる危険も当然あります。現在一五頭(二頭は東部班へ割り当てられたので)いるわけですが、今度の季節に本旅行をするときにそれだけ全部がいるか予想がつきません。よく注意して最善を願うほかないことです。」


　一月一五日、日曜。――この日は「安息日」として遵守するよう、あらかじめ決めてあり、それを実行した。大半の者は思い思いに余暇を手紙を書いて過ごした。

　一同ゆっくり起床し、九時に朝食をした。朝の模様でも上天気を思わせたが、期待どおりの日和になった。まばゆい陽光が降り注ぎ、風はほとんどなかった。

　午前一〇時に普通隊員および幹部隊員が船から続々とやってきて、全員が浜辺に集い、私の司会で礼拝式をした。野営地最初の礼拝式で、戸外なのが感慨深かった。式後キャンベルに彼の二頭のポニーを取り消し、別の二頭を割り当てることを告げた。彼はその理由を完全に認め、彼らしく紳士的に受け入れた。

　これより前、彼は氷河を越えてロイズ岬まで行く許しを求めていて、私はその許可を与えてあった。話のあと彼と連れ立ってその道筋を調べに出かけた。そこはクレバスが多いだろうと予想された。私は少し行ったら引き返すつもりだったが、われわれの岬の露出した丘より一段上の雪の所まで出ると、そこの路面はなかなかよさそうで割れ目もなく、つい遠くまで行ってしまった。やがてロイズ岬までの道には全然心配がないことがわかったので、キャンベル、グラン、およびネルソンが、ロープで結び合いスキーで前進するのと別れて引き返した。われわれが最後の丘を登りつめたとき、テーラーとライトが斜面の少し先を行くのが見えた。二人は別の道をやってきたのだ。明らかに同じ目的地へ向かっているようだった。

　私は野営地へ帰った。そして昼食後ミアズといっしょに。そり一台と犬九匹で、岬を横断して南側の海氷《かいひょう》へ出、ハット・ポイントへ向かった。食糧とクッカーと寝袋を携行した。岬を越えるのに約一〇〇ヤード以外はずっと雪のある道をミアズが見付けてあった。犬はよく引き、われわれは氷河舌《ひょうがぜつ》目指して快調に進んだ。氷が露出している所が多かった。氷河舌のほど近くに、風にたっぷり吹きさらされた雪の山がいくつかあった。氷河を登って行くと、ニムロド号の貯蔵所が右手少し先に見えてきたので、そこへ向かって進んだ。かなりの量の圧搾まぐさと箱に入れたとうもろこしが見付かったが、あってよいはずの穀物破砕機がなかった。開水面は氷河舌に届きそうになっていた。

　氷河舌の端から、ゆるい斜面を四分ノ一マイル下ると、そこで幅一五フィートほどの水のある割れ目にさえぎられて、また氷河〔舌〕の上へ戻り、さらに半マイルほど内側へ入らねばならなかった。もう一つ割れ目にぶつかったが、その縁を西へ迂回して通過した。ここからはハット・ポイントまで支障なく楽々と走った。ハット・ポイントの近くに無氷の池とやや長い割れ目があった。割れ目を渡るとき私は足をすっかりぬらしてしまった。途中あちこちの割れ目に何百頭ものアザラシがいた。

　小屋へ着いてみると残念にも内部は雪で一杯だった。シャックルトンの記録*では、出入口は風で破られていたが窓から入って中で避難した——他の隊員たちがそこを避難所に使った、と言う。しかし実際には彼らはそこを捨て、(彼らがこじあけた)窓をあけたまま放置した。その結果、小屋の内部は堅い氷質の雪でほぼ埋まってしまい、いまは中には避難できなくなっている。

　ミアズと私は雪の上を這《は》いずっていくらか中へ入り、中央にきちんと積んである荷箱を調べることができた。しかしそれを掘り出すのはたいへんだろう。地磁気小屋からアスベストの布を取り出し、できるかぎり風よけを作ってコ

＊一九〇七—九年のニムロド号の探検に関しての。

コアを入れた。

　かつての小屋がこんなに荒廃しているのを見て、なんとも気がめいった。これまでは以前の陸標《りくひょう》や小屋が、見たところどれも少しも変わっていないので、大いに感興をそそられていたのだ。屋外の岩屑《がんせつ》の真ん中で宿営して、かつての安楽と励ましがいまは跡形もないのを思うのは恐ろしく悲しかった。私はすっかり意気消沈して就寝した。このような土地へ来たならば、あとから来る者のためにできるだけ慰安を残して置くのが文明人らしい感情の表われとして基本的なことと思えるのに、そういう簡単な務めがすぐ前に来た人々に野蛮にもないがしろにされているのを見てひどくうんざりした。

　一月一六日、月曜。――朝までよく眠れず、したがって朝は遅かった。朝食後、丘を登った。身を切るような軟風が南東から吹いたが、太陽は照って気分が回復した。どこもかしこもこれまでになく雪がたいへん少なかった。スキー用の斜面は二カ所で完全に断たれ、ギャップと見張り丘はほとんど地肌が出、到着高地の側面には大きな裸の斜面が広がり、また火口高地の頂上には巨大な裸の台地ができていた。かつてのとき、ここがこんなになっていたら、さぞやみな喜んだろうに！　池は氷が解けて、真水の中にアオミドロが緑色をしていた。池の中の小山に掘った穴はまだそのままで、ミアズがそこへ腰まで落ち込んでずぶぬれになったのでわかった。

　南側には以前同様、プラム・ポイントの向こうに氷丘《ひょうきゅう》脈《みゃく》が望まれた――蹄鉄湾《ていてつわん》は穏やかで氷圧も見えない――海氷はプラム・ポイントのところと、ギャップの氷脚《ひょうきゃく》に沿って、氷圧を受けており、また、一つの新しい氷丘脈がアーミテジ岬の周りの約二マイル沖合に走っていた。フェラーのかつての温度計がまるで昨日立てたかのように雪の斜面に突き出ているのが見えた。ヴィンスの十字架は昨日立てたかのようで――ペンキはとても真新しく、銘文は楽々と読めた。〔ヴィンスはスコットの第一次南極探検の隊員で、この付近で遭難死した。〕

　旗竿《はたざお》は倒れ、支えが折れていたが、立て直すのに五分もあればよかった。シンプソンのために以前の磁気小屋からアスベストの布を少し取り出してそりに乗せ、ハット・ポイントの沖合へ四分ノ一マイル出たあと、氷河舌《ひょうがぜつ》まで障害なく走行した。広い割れ目は西へ回って越せるつもりでいたところ、ずっと先まで続いていて、結局、氷河〔舌〕を離れた時と同じ地点で氷河〔舌〕へ上がらなければならなかった。ほぼお茶の時間に野営地へ帰り着いた。洞穴の食糧貯蔵庫はすでに完成し、羊肉とペンギンが入っていた――内部の温度は二七度〔マイナス二・八度C〕を越すことはなく、したがって冬の貯蔵に好適な場所となるはずだ。隣ではシンプソンがあと少しで差動磁気計の洞穴を完成するところだ。小屋のストーブはよく燃えていて、中はもう暖かで居心地よくなっていた――一日二日したら入居することになろう。

ポンティングを連れ出して野営地の東にある氷壁の興味深い融氷現象を見に行った。氷の層が薄い汚れ層の上へ圧力でせり出し、あたかもその汚れ層が分割線になってその上を層が滑っているようだった。

思い当たったことだが、三月初めに両入江が凍結するにしても、縁が絶壁だからポニーを渡すのは難しかろう。したがって予想していたより長期間遮断される覚悟をしなければならない。昨日ロイズ岬へ向かった者は全員無事目的地へ着いたそうだ。キャンベル、レヴィク、およびプリーストリーは私が帰ったのと入れ違いに出発したところだった。

一月一七日、火曜。――今日、小屋の中へ居を移し、その快適さにたまげている。今朝、朝食後バワーズが私の立てたプランに基づいて個室を作り始めた。しかし私はすぐにこれは不適当だと悟り、それで彼に、荷箱で隔壁《かくへき》を作って幹部隊員と普通隊員の場所の仕切りにするよう指示した。これならばきっと両者とも喜んでくれると思う。私の部屋の仕切りと普通隊員の仕切りとの間の区画にはバワーズ、オーツ、アトキンソン、ミアズ、チェリー‐ギャラードの五人を割り当てた。この五人はとりわけ仲良しで、そこをもう住みよい共同部屋にしてしまった。シンプソンとライトは器機の近くの一隅だ。次はデイとネルソンで、二人は大窓の近くの、ネルソンの「実験室」を含む一画を取り、その隣が三人の区画になる――デベナム、テーラー、グラン。彼らもすでにその場所を半分は共同寝室、半分は仕事場に整えた。

一同があたりを整備するのに立ち働く様子は見ていて気持ちがよい。一日か二日すれば小屋はどんな家にもひけをとらないくらい住み心地がよくなり、一週間もすれば基地全体、器機類、日課、人、動物、等々が滞りなく動き始めるだろう。

　これまでにやり遂げた仕事の量は考えてみると実に驚くほどだ。

　マクマードー海峡へ到着してから明日で二週間になる。そしてもうここに完全に定住し、ポニーが航海の疲れから回復し次第、貯蔵所つくりの旅に出発できるようになっている。こんなに迅速に運ぶとは思いも寄らなかった。

　昨夜は一晩じゅう激しく雪が降った。今朝、野営地には柔らかい雪が三～四インチほど積もり、シンプソンによると船の近くでは六インチほどあったと言う。野営地はすっかり白く見える。日中、南風がたいそう強く吹き、地吹雪が激しかった。この野営地では例によってあまり影響がないが、丘の上では風力計が全速で回り、雪の雲が船をよぎって飛ぶのが見える。氷盤《ひょうばん》は岬と船のあいだで割れ始めた。ただ妙なことに船まで真っ直ぐの道筋はまだしっかりしている。いまでは開水面が船までの道と平行して走っており、そして南へわずか二～三百ヤードのところだ。昨日ホエールボートが漕《こ》がれて野営地のすぐ近くまで来たし、船は蒸気をあげればここから二～三百ヤード以内の所まで汽走して来られるだろう。湾のはずれで船をつないである大きなくさび型の氷は、もうほとんど船をつかまえている力がないはずで、まもなく流出するに違いない。そうなれば船はわれわれに近くて、もっとしのぎよい安全な場所を見つけられるだろう。

　今日午後大きな氷山が船の横を通過していった。アトキンソンはバーン岬水河の先端だったものだと断言する。船の連中も気付けばよいがと思う。この地域での氷河の生成に立ち合うのは興味深いだろうから。

　今夜は次第に晴れてきた。しかし風は依然激しい。ポニーは風を好まないが、どれもみな驚くほど寒さに耐え、また外傷はすべて治った。

　一月一八日、水曜。――船は昨夜苦しい目にあった。蒸気の命令が出たが、午前一時には氷盤がどんどん割れ始め、それから朝まで氷錨との取っ組み合いだった。蒸気の準備完了が報告されたのは、まさに船が漂流し始めたときだった。朝には船は前と同一線上の、しかし二～三百ヤード近付いた氷縁で停止した。小屋の作業を開始させてから、私は船へ出かけ、ペネルに角を回って陸へ近付くよう提案した。氷錨を抜き、われわれはゆっくり汽走して、氷《ひょう》脚《きゃく》から二〇〇ヤード足らず、小屋から四〇〇ヤード足らずの氷盤に繋止《けいし》した。

　いまのところその位置はしごく好都合だ。南寄りの風では、岬の先端部が大きな風よけになってくれるから、船は氷にくっついているだけだろう。北寄りの風では岸に近くなる方へ向くかもしれないが、そこは水深は三尋《ひろ》だが、あれだけ広い氷の背後だから、波やうねりをいきなり受けることはまずなかろう。いかにも具合よさそうな、こじんまりした一隅だ。しかしもちろんこの地では何ひとつ確実なものはない。安全に見えることがどんなに当てにならないかが経験からわかるのだ。ペネルは現在の持ち場で実に申し分なくやっている――いつも変わらず朗らかで、また油断なく気を配り、あらゆる緊急事に常に備えている。いまや私は彼に全幅の信頼を置いている。

　気温は昨夜四度〔マイナス一五・六度C〕まで下がり、肌を刺すような南南東の軟風が吹いた。朝食後には戸外は甚だ不快だった。その後、午前中に風が落ち、日が照ってきた。午後はほぼ無風になったが、空はふたたび曇って、いまは穏やかで暖かい南寄りの軟風があり、雪がちらつき、空は一面に曇っている。最近のように風が多かったあとでなければ、これはブリザードの前兆となるところだ。船の位置のおかげで、まだ時々続いている運搬がたいへんやりやすい。しかし氷は縁がかなり薄くなっている。小屋ではすべてが最高の快適に向かって進行中だ。

　バワーズが南側に貯蔵室を作った。旅行用食糧の保管にあつらえ向きの場所になった。彼は毎日何かしら野営地のためになることを考え出したり実行したりしている。シンプソンとライトは全面的に賞賛に値する。仕事を前進させるのに休みなく活動していて、二人が通常の研究態勢に入るのは予想よりずっと早まるだろう。しかし実際、誰も彼も大目的に向かってこれほど根気よく働いている時に、特定の者を指してほめるのは難しい。

　各人各様に貴重な存在だ。

　調理人のクリソルドは見事な仕事ぶりを開始した。すでにアザラシ、ペンギン、トウゾクカモメなどの料理を出し、それらがこんなに気持ちのよい食べ物になって出るのを見るのは正直のところ初めてだ。「この点は実際上きわめて重要で、と言うのは、これで今後何年でも健康の維持に心配がなくなるからです。」フーパーは今日上陸して大喜びしている。そしてさっそく仕事を始めた。科学者たちの雑用を一手に引き受けて貴重な助力をするだろう。アントンとドミトリー両人はまことに熱心に、何にでも役立とうとしている。すばらしい若者たちだ。

一月一九日、木曜。――小屋は信じられないほど居心地のよい住居になってきた。本当に魅力的な住まいを自分たちの手で作ったわけで、中は平和と落ち着きと慰安とが支配している。

そういう高尚な住居に「小屋」という名はあまりに卑しく、もっとふさわしい名称を与えるのをわれわれがためらっているのは適切な言葉が見付からないからに過ぎない。どう呼んだらよいだろうか。

『小屋』という言葉は誤解を招く恐れがあります。私たちの住居は実は相当大きい家屋で、どの点から見てもこれまで極地域では建てられたことのない立派なものなのです。長さ五〇フィート、幅二五フィート、軒までの高さ九フィートあります。

私たちの家が黒い砂地の長く広がる中のこの小丘のふもとに抱かれ、そして何トンもの物資の荷箱がその前にきちんといくつかにまとまって並び、下の方では海が氷脚《ひょうきゃく》にひたひたと寄せている、そういう場景を想像してもらえば私たちのすぐ周りの様子がほぼつかめるでしょう。もっと広い周囲については、その美しさを描こうとしても満足のゆく賛辞が見付かりそうにありません。エヴァンズ岬はエレバス山の多くの山脚《さんきゃく》の一つで、その山のふもとにあって最も近いものです。したがってエレバス山の雄大な雪の峰は頂から煙を吐きながらいつも私たちのすぐ上にそびえています。ここの北と南は奥深く入り込んだ湾になっていて、その向こうにそれぞれ大氷河が小刻みに波打ちながら山腹の卜部を下り、高い青壁の鼻先を海に突き出しています。海は私たちの前に青く広がり、そこには氷山や氷盤《ひょうばん》が点々と光っており、一方海峡の遥か向こうに、それでいて、間近と見まがうほどくっきりと壮大に、美しい西部山地がそびえ、数々の高峰、深い氷河の谷々、削《そ》ぎ落としたような急斜面などを備えて、山岳の景観としてざらにない眺めを見せています。

ポンティングは中でもいちばん大喜びしています。これまで見たこともない美しいところだと断言し、昼の間じゅう、そして夜も大半を費やして、彼のいわゆる『採集』をカメラと映画撮影機とでやっています。」

風は一日じゅう荒れ狂った。しかしこれは雪の降ったあとでは好都合で、固まりついていない雪を吹きとばし、表面を固めてくれた。馬は当然こんな天気を好まないが、旅行前のいまから甘やかすのはよくなかろう。鍛えて強くするのは、人間にはそうでなくても、動物にはよいことに違いない。動物では天性がそれに答えて、驚くほど速やかに厚い毛を生じさせる。われわれのポニーのみすぼらしい毛も、もうよくなり始めているようだ。犬はいまのところ寒さがほとんどこたえていないようだが、ただ寒さにそれほどさらされてはいない。

ポニーも雪から離してつないで置ければ、もっとしのぎやすくしてやれるのだが。

バワーズは南貯蔵室を完成し、ポーチと直角に風上側へ袖《そで》を出し、その屋根をポーチの屋根につないだ。これは絶大な改善で、戸口の近くに住む者は一大恩恵を受けるだろう。

大工は馬屋の柱を立て、屋根の梁《はり》をつけている。これは二〜三日すれば完成しよう。小屋の内部もどんどん整備が進み、刻々何かしら改善が加えられていく。

今朝、毛皮の寝袋を全部点検した。それらはきわめて良好だった――おおむね皮革は申し分ない。その後、そり旅行の細部計画を立てて置こうと取り掛かったが、私の頭はこの問題については思う半分も明晰《めいせき》でないようだ。

二五日を出発の日と定めた。エヴァンズ兵曹がそりおよび装備一切の準備に当たり、バワーズが食糧の袋詰めを監督する。

グリフィス・テーラーの仲間が西部旅行について助言を求めていた。ウィルソンが熱心に指導している。いいやつだ。

ポンティングは自分で暗室を設備した――異常な速さで大工仕事をしてのけ、一同をあっと言わせた。今夜その暗室に一時間ほどで窓をつけた。

ミアズは蓄音器のとりこになっている。われわれの持ってきたレコードはすばらしく揃《そろ》っている。ピアノラは分解して運び入れているが、手間をかけるだけの価値があるか疑わしい。オーツはポニーの世話をたゆまず続けている――非の打ちどころがないくらい有能で、そして倦《う》まずポニーに献身している。

デイとネルソンは自分たちの区画をどう具合よく設備す

るか大いに頭をひねっていたが、ようやく仕事に取り掛かった。器用な二人のことだから割り当てられた場所をきっと最善に活用するだろう。

秋の旅行についてはずいぶん考えたが、まだ考えなければならない問題がたくさんある。それは主に旅行隊が冬期宿舎へ帰れない場合が予想されるからだ。したがって食糧は動物のも人のもたっぷり持っていかなくてはならない。

一月二〇日、金曜。――われわれの家は大きなものになった。バワーズの建て増しも、屋根その他いっさい出来上がって、完璧《かんぺき》な耐雪構造になっている。予備の衣類や毛皮、当座の物資、などを置くのにうってつけの場所になり、またその広がりが小屋のポーチを完全に保護している。馬屋も完成が間近い――北側につけたさしかけだが、徹頭徹尾頑丈で、屋根もしっかりふいてある。ネルソンは東側へ小さい出っ張りを作り、シンプソンは南東隅に予定の張り出しを持つ。それで母屋はすべての面へ手足を投げ出している。シンプソンは氷の洞穴をほぼ完成させた。遮光の内張り、壁龕《へきがん》、床などすっかり。ライトとフォードも独立小屋をほぼ完成させた。骨組材だけ持ってきたもので、あとはつぎはぎ細工の建物だ――しかし必要にぴったりのものになるだろう。

グランはスキーの滑走面に「レコード」を塗っている。レコードというのは植物性のタール、灯油、水石鹸《みずせっけん》、亜麻《あま》仁油《にゆ》などの混合物で、それに特殊なものを若干加えて凍結を防ぐ――これはグランの説明による。

エヴァンズ兵曹とクリーンはそりの準備をしている。エヴァンズの有能さは驚くばかりで、彼が整備したそりなら機能について少しも心配がない。

そり引き用具類と防寒半長靴その他を順次分配した。どれも一同から喜ばれている。初めにイェーガ製のフェルト半長靴とフェルト室内靴、次に夏用防風服と毛皮ミトン――これらに優る品はなかろう。最後に今夜フィンスコー(毛皮半長靴)を検査した上、旅行者各人に二足ずつ分配した。上質の品だ。初めどれも小さいように見えたが、寒さと乾燥でこわばり、目を狂わせたのだった――少し引き伸ばすようにしたらすっかりよくなった。実際、全く上等だ。私は防風ズボンをフィンスコーに密着させるのにゲートルを使うことを考えている。しかしわれわれときたら明けても暮れても旅を楽にする方策を考えているようだ。

「私たちは物資の大部分を検査し終わり、いままでのところ品質や保存状態が完全に良好でない物品は一つも見付かっていません。食糧品目の選定、およびさまざまの物品の購入に最適の会社の選定に多大の手間をかけたのが十分報われていて、これらの一つ一つについて私たちの利益をかくも厳重に守ってくれたワイアット氏の上に、いま私たちは感謝の言葉を浴びせています。

　私たちの衣服はすこぶる結構です。事実、装備のすべてに当たってみて、いささか誇りを持って言えますが、違ったふうにすればよかったと思うものが一つもありません。」

　岬でエンペラーペンギンが一羽見付かった。換羽《かんう》がかなり進んでいて、よい皮膚標本となる。アトキンソンは腸内に条虫の作った嚢胞《のうほう》を見付けた。明らかにこの寄生虫は別の宿主《しゅくしゅ》から移ったものでなく、またその生活史は既知のどの条虫のそれとも違うようだ――これでアトキンソンは寄生虫学上、小さからぬ発見を一つしたことになる。

　今夜、風は北へ移り、相当強く吹いている。氷が絶えず割れていくので、船の位置が芳しくないようだ。空は快晴で、こんな天気のときは風が長続きすることは少ないと思う。

レニクがピアノラの組立を終わった。彼はよいやつでこういう際には大いに同情を覚える――一度は実際に探検本隊の一員だったことを思い出しながら帰って行くのはさぞつらいに違いない。ピアノラは彼が特に気にかけていたもので、われわれのためにこんなに骨折って整備してくれるのを見るのは気持ちがよい。

　デイは雪上車に伴う困難の対応策を説明していた。うまくやれる望みを大いに持っているようだが、私はいま以上当てにしても無駄ではないかと思う。

　物資とポニーを水河舌《ひょうがぜつ》の向こうまで渡せさえすれば貯蔵所旅行は万事首尾よく運ぶだろう。

　今日アザラシの肉だんごを食べた。実に巧みな料理で、最上の牛肉だんごと区別できないほどだった。二人の隊員に牛肉だと言うと、何も言わずに食べて、本当のことを教えるまでにそれぞれ二つ平らげてしまった。特有の味に気付かずにアザラシを口にしたのはこれが初めてだ。それに独得の味そのものも、われらが調理人の手にかかると結構いけるものになってしまう――まことに見事な腕だ。

　一月二一日、土曜。――船の心配をしたのは杞憂《きゆう》ではなかった。気掛かりになって夜中に小屋から出て見ると、とたんに船が困難に陥っているのがわかった――北からのうねりで氷が割れている最中で、また風が強まっていて、船のぴったり風下に海岸が控えていた。幸い氷錨は氷盤の上にしっかり打ってあったので、いくつかはまだ利いていた。ペネルは蒸気をあげており、また船員たちが錨《いかり》を打ち直すのに奮闘していた。

　われわれも人を出して手伝った。六時に蒸気があがり、錨と大索《だいさく》の回収をわれわれに任せて、船が後進で風上に向かって出て行くのを見たときは実にうれしかった。

　船は西へ離れ、それとほとんど入れ違いに大きな氷山が押し入ってきて、さっきまで船がいた場所に座礁した。

　今日は一日われわれは旅行用食糧の計量と衣類の手配をするのに費やした。大いにはかどった。

　午後、船は北の氷縁へ戻った。風はまだ強く（ほぼ北三〇西）、そしてゆるい氷が氷縁沿いにずっとあった――人々が氷錨を持って出て行き、見ていると船は再度西へ移動した。それから私が氷盤へ下りて行くと、船が座礁したという報告が届いた。E・エヴァンズといっしょに岬へ走っていって見ると全く報告どおりだった。船は身動きできない様子で、きわめて具合の悪い姿勢をしていた。岬を回ろうとしていたように見え、それゆえ南への流速が大きかったから、船はかなりの速さで動いていたに違いないと考えられた。あとでペネルが語ったのによると、氷山の背後を見ようとして後進しているうちにぶつかったそうだ。

　船を見て私はがっかりした。ホェーラー〔ボートの一種〕を出してエヴァンズに測深させ、再び氷錨を回収し、人々を仕事につかせたあと、憂鬱《ゆううつ》な気持ちで岬へ戻り様子を見守った。

　船がニュージーランドへ帰り損ね、六〇人の者がここで待たされる有様がうんざりするくらい執拗に心に浮かんできた。そしてこういう思いの中で得られる唯一の慰めとして、私は南行きの仕事をこれまでどおり続けようと決心を固めた――一方、難儀が最小限ですむとしても、座礁したときの潮位は明らかに高かったから、ボートを使って船を大々的に軽くしなければならないように思われた――恐ろしく気の滅入る見通しだった。

　われわれ三～四人が暗澹《あんたん》とした気持ちで岸から見守り、船では大わらわになって積み荷を船尾へ移していた。ペネルの話ではごく短時間で一〇トン移動したそうだ。

希望の光の最初の一筋が差してきたのは、注意深く見守るうち、ごくゆっくりと船が旋回しているのがわかったときだ。それから人々が左右にあっちへこっちへと走っているのが見え、船を横揺れさせて離そうとしていることがわかった。横揺れは初め旋回の動きを速め、それから船はまたひっかかったようになった。しかしそれはほんのしばらくだった。機関は後進にかけっぱなしてあり、やがてかすかな動きが見えてきた。しかし船が離礁しているのがようやくわかったのは、船上で歓声があがり、またホェーラーからも歓声が聞こえてきたときだった。

それから船は船尾方向へ航進して離礁した。そのときの安堵《あんど》といったらなかった。

離礁と同時に風は落ち、船はいま北の氷縁の先に安全に停泊し、乗組員も大半休息していることだろう。私はいまこの場で彼らのめざましい働きぶりを記録して置かなければならない。今度のような苦境の中で見事に船が操作されたさまには感嘆の言葉が容易に見付からない。

この数週間、ペネル以下、士官、水兵とも一人残らず任務を立派に果たしており、無私で誠実な助力をわれわれに与えてくれていることは輝かしい思い出となろう。

ペネルが今夜やってきて私に事の顛末《てんまつ》を語った。私は日一日と彼がいっそう好きになっていくようだ。

キャンベルの一隊が今日午後遅く帰ってきた——詳細はまだ聞いていない。

ミアズとオーツは氷河舌《ひょうがぜつ》へ出かけ、氷がしっかりしていることを確かめた。もう三日そのままでいてくれればよいわけだが、その間に砕けたら不運と言うべきだろう。

一月二二日、日曜。——記録することがほとんどない静かな一日。

船は安らかに湾内に停泊している。午前中かなり強かった北寄りの軟風は衰えて、夕方には至軽風《しけいふう》になった——ずいぶん暖かく、小屋の中では夕方六五度〔一七・二度C〕あった。今日は一日たっぷり衣類のことで忙しかった——全員せっせと縫い物をした。東部班のポニーが午前中に船に乗せられた。

一月二三日、月曜。——静穏な状態はこの土地ではきわめて短時間しか続かない。今朝五時に起床したときは穏やかでうららかな天気だった。ところが驚いたことに、陸地と入江の氷のあいだに水路が開いていた。氷が大きくひとかたまりのまま外へ出ようとしているのだった。

　船ではすぐそれに気付き、氷錨を引き上げ、ボートを一そう岸へ送り出してから、海底の採泥《さいでい》をしに海へ出て行った。われわれの方は自分の準備を続けていると、やがてミアズが南入江の氷も同じく足早に出て行くと知らせた。これは大げさだったことがわかったが、巨大な氷盤《ひょうばん》が一つ、すでに陸地から離れていた。私はミアズといっしょに元の氷のところまで行ってみた。幸いそこの氷は岬の岩地に沿って二マイルほど伸びていて、そこまでポニーを連れ下ろせる道があった。そこを行けるのは明らかにポニーだけで、荷物は見込みがなかった。

　それから何もかも大急ぎになった——そして一日の作業は驚くほど進展した。馬糧と食糧のそりおよび装備を残らず船へ運び終わった——一時間もすれば犬がポニーの引き具その他を運ぶだろう。ポニーを別にすれば、これで貯蔵所班に関する仕事は完了する。

　現在の予定ではポニーは明朝、岬を横切り南路*を渡る試みをする。この道があと数時間しっかりしていてくれるよう祈る。道には一カ所、開水面にある氷山と、氷河の前の大きな池のあいだを通るところがある——その部分はもろいかもしれず、またその細い通路がいつ砕け去るかもしれない。きわどい仕事だ。

　順調に運べば、私は明朝ポニーが出発したあと乗船し、そして水河舌《ひょうがぜつ》へ向かう。

＊南路はエヴァンズ岬の今度の基地とハット・ポイントのディスカヴァリー小屋とのあいだの、一つだけ通行可能な連絡路であった。と言うのは、ロス島のけわしい山地とクレバスだらけの斜面が陸路を行くのを拒んでいたからである。南路は氷脚の崖下に平らな道を与えてくれた。ただ流下する氷河に一部妨げられ、そこでは氷河本体の上を越える必要があった。この道は湾の中で永続性のある氷と、この季節だけ固着している岸沿いの海氷とで成り立っていた。

　したがって南路の危うい部分を、海氷が季節の流出をする前に、無事越えてしまうことがきわめて肝要であった。氷が全部流出して船でハット・ポイントへ行ける時まで待っていたら、長期間の不安定と遅延を招くことになっただろう。事実は一行が通った翌日、道が砕けたのであった。

第五章

一トン野営地へ貯蔵所設置

一月二四日、火曜。――昨夜は一晩じゅう小屋の中が忙しかった――午前九時に出発。テラ・ノヴァ号からボートが西部隊と私を迎えに来た。ちょうどポニーが野営地から連れ出されて行くところだった。ミアズとウィルソンが道を調べながらポニーの先を進んで行った。乗船すると、リリーの採集した海洋動物を見に案内された。すばらしいものだった。多量の海綿動物、等脚類、五脚類、大型の小えび類、さんご、その他いろいろ。しかし何といっても呼び物はバケツ数杯のケファロディスクスが捕れたことで、これまでに七個しか捕れていなかったものだ。リリーはたいへんな喜びようで、これだけでも今度の探検事業は有意義だったと言いたげな様子だ。

午前中、島沿いに進み、イナクセシブル島の北と西で測深し、三〇尋《ひろ》および四〇尋の水深を得た。望遠鏡で見るとポニーの列がレーザー・バック島を過ぎたあたりの海氷《かいひょう》上をたゆみなく進んでいた。ポニーが十分進んだのを見届けると直ちにわれわれは氷河舌へ向かって汽走した。開水面はちょうど角を回ったあたりまで続いていて、船は海氷と氷河〔舌〕にはさまれた狭い一隅につながれた。左舷側《さげんがわ》が氷河〔舌〕の面と平らになっている。私は歩いてポニーを迎えに行き、キャンベルは南路の海氷の幅広い割れ目を調べに行った。ポニーはあまり難儀せずに氷河舌へ上がり、それから氷河舌を横断して、船の近くの海氷上につながれた。そのうちキャンベルが、大割れ目は幅が三〇フィートあると知らせてくれた。そこを通り越すには水河舌《ひょうがぜつ》の上を行かなければならないのは明らかで、私はキャンベルに、割れ目のない道を、抗《くい》を打って標示するよう頼んだ。

オーツがお茶のあとポニーの出発準備完了を報告し、ポニーはキャンベルの道を導かれて行った。荷物はすでに氷盤《ひょうばん》へ出されていた――ポニーが氷盤の高さまで下り、オーツが先頭に立って雪で埋まった古い割れ目を渡るまではすべて順調に運んだ。オーツのポニーと次のが渡った。しかし三頭目のが縁でひと跳びし、真ん中で腹まで沈んだ。そして動きがとれなくなり、もがくうちにいっそう沈んで、ぬかるみから出ているのが頭と前脚だけになった。われわれは苦労してそこへ綱をかけ、みなで引き上げたが、かわいそうに、そいつは弱々しくみじめな有様になって、ひどく震えていた。

あとのポニーはもっと西へ遠回りさせ、ようやく全部を氷盤まで渡して食べ物を少し与え、荷をつけて出発させた。一方、犬には少々てこずった。堅い氷の上を軽い荷をつけて出発させたので、どうにも押さえようがなく、めちゃくちゃに突っ走った――何事もなく氷盤に到着できたのが不思議なくらいだった。ウィルソンと私とで一チームを受け持ち、E・エヴァンズとミアズとでもう一チームを受け持っている。犬が本当に成功となるかどうかは甚だ疑わしいので、犬については意見を差し控える――しかしポニーは実際うまくいきそうだ。驚くほど着実な働きぶりで、きびきびと元気に歩き、互いの踏み跡をたどって行く。大きな難点は、柔らかい雪の中へたやすく沈んでしまうことだ。人ならばほとんど足跡もつかないところで、たびたび踏み抜く――沈むと勇ましくもがいて這《は》い上がるが、見ているとつらくなる。荷物は次のようで、それに各そりに一梱《こり》のまぐさ（一〇五ポンド）が加わる。氷河舌から六マイル、ハット・ポイントまで二マイルの地点で野営した――冷たい東風。今夜の気温一九度〔マイナス七・二度C〕。

一九一一年一月二五日出発の秋の班

人員一二人、ポニー八頭、犬二六匹。

最初の荷物、概算五三八五ポンド、人の食糧および燃料一四週分を含む――一号貯蔵所へ運ぶ。

船の運送で氷河舌へ後続の分

ポンド

圧搾まぐさ一三〇梱…一万三六五〇

犬用乾パン二四箱……………一四〇〇
カラス麦一〇袋………………一六〇〇？
一万六六五〇

各チームとも船へ戻り、この荷物を一号貯蔵所〔安全野営地〕へ運ぶ。犬のチームもハット・ポイントからの乾パン五〇〇ポンドを引き受ける。

ポニーのそり

		ポンド
全部のそりに	そり、バンド、およびタンク共	五二
	ポニー用具	二五
	馬方のスキーおよび寝袋その他	四〇
一号および五号	クッカーおよびプリムス器具	四〇
	乾パン入りタンク	一七二
	カラス麦袋	一六〇
	テントとポール	二八
	ザイル	五
	石油一缶とアルコール缶	一五
		五三〇
二号および六号	石油	一〇〇
	タンク内容、食料袋	二八五
	当座用食糧袋	六三
	つるはし二丁	二〇
		五七六
三号および七号	石油	一〇〇
	タンク内容、乾パン	一九六
	カラス麦袋	一六〇
	スコップ二丁	九
		五七〇
四号および八号	道具箱その他	三五
	クッカーその他	
	タンク内容、食糧袋	二五二
	カラス麦袋	一六〇
	竹ざお三本および装備予備品	一五
		五六七

各人装備予備品

内靴下　二足
外靴下　二足
馬尾《ばす》毛靴下　一足
夜間用靴下　一足
パジャマ上着　一枚
パジャマズボン　一枚
羊毛ミトン　一組
フィンスコー　二足
糸かせ……………………………一〇ポンド
本、日記帳、たばこ、その他………二ポンド
一二ポンド

服　装

肌着とパンツ　防風服
羊毛シャツ　靴下　二足
メリヤスセーター　スキー靴
バラクラヴァ帽

犬

第一チーム

ポンド
そり引き綱およびタンク……………五四
担当者の寝袋およびスキー…………八〇
クッカー、プリムス器具類…………五〇
タンク内容、乾パン……………一二一
ザイル………………………………五
ランプとろうそく…………………四
スコップ　二丁……………………九
当座用食糧袋……………………六三
そり距離計……………………
四八六

第二チーム

そり引き綱およびタンク……………五四
担当者のスキーおよび寝袋…………八〇
タンク内容、食糧袋………………三二四
テントとポール……………………三三
四九一

一〇フィートそり。人用引き具、予備テント。

一月二六日、木曜。一号野営地。――昨日朝、犬ぞりで船まで出かけた。順調に走るうち、三〇フィート水路で鯨が一頭躍り上がるのが見えると、犬はいきなりその方へ突っ走り始めた。水に落ちないうちに押し止めるのが精一杯だった。

手紙を書くのと船のための手配を完了するのに一日費やした――夜、かなり強い北軟風《なんぷう》が吹き始め、船はドシンドシンと水河舌《ひょうがぜつ》にぶつかった。しかしやがて流氷が入ってきてうねりを防いでくれた。ポニーと犬は午後一時ごろに到着し、五時には一同揃《そろ》って最後の出発をすべく外へ出た。

これより少し前、ペネルが乗組員一同を船尾へ集めてくれ、私は彼らの立派な働きに対して礼を述べた。彼らの行動は活力にあふれていた。これほどすばらしい連中の乗り組んだ船はかつてなかったろう。彼らの心からの見送りを受けるのは快かった。出発前の半時間、ポンティングがわれわれやポニーや犬のチームを撮影した――いいものに仕上がることを望む。これらすべてのよい連中や、キャンベルと彼の隊員に別れるのはちょっと悲しかった。彼らは全員これからの容易ならぬ任務を首尾よく果たすだろうと私は心の底から信じている。実際、私心なく寛大で高邁《こうまい》な彼らの精神は報いられて当然だからだ。彼らに神のみ恵みあれ。

こうしていまわれわれは荷物を全部持ってここへ来た。結果はどうなるだろうか。荷物を十分安全な場所まで運搬するのに三日はかかるだろう。その前に海氷の崩壊につかまってはならない。風は今夜また南東から吹いている。

一月二七日、金曜。――二号野営地。九時三〇分に出発して、まぐさを三マイル四分ノ三南へ移した――野営地へ戻って昼食――それからテントと食糧を移動。いま荷物は三つに分かれている。二つは馬糧、一つは人の食糧と馬糧若干。手間どる作業だが、しかし海氷に乗ったまま流される危険からは徐々ながら確実に遠のいている。

アーミテジ岬の約一マイル南に野営した。野営の仕度をしたあと、プラム・ポイントが真横になる位置まで東へ行ってみると、アーミテジ岬の先では氷が薄くて危険なことがわかった。危険を避けるためにはどうしても相当回り道をしなければならない。あとの隊員たちはディスカヴァリー小屋へ出かけ、そこを掘り出せるかどうかを調べた。報告は予想したとおり芳しくなかった。内部の吹きだまり雪は非常に堅くなっていて――取り除くには数週間もかかると思われた。多量の乾パン、若干のバター、ココア、その他が見付かり、したがって仮にエヴァンズ岬へ帰るのが後れても食糧の心配は少しもない。

犬は今夜はひどく疲れている。第二チームの管理をはっきりウィルソンに委《ゆだ》ねた。彼が熱心に望んでいたし、またきっと上手にやると思う――しかし同じくきっと、犬は重い荷は引けまい――今日は五〇〇ポンドの荷で一一匹が苦労していた――カタツムリのような足取りだった。ミアズは一日に三分ノ二ポンドの乾パンを与える計算だ。私の感じでは、やがてそれでは少な過ぎるときっと思い始めるだろう。

ポニーの働きは立派だ。荷は八〇〇ポンドから九〇〇ポンドに及び、それを意に介していない。オーツの話では今夜もう少し続けようと思えば続けられたそうだ。

一月二八日、土曜。――二号野営地。ポニーは一号野営地にある最後の荷物を取りに戻り、私は大氷丘脈《ひょうきゅうみゃく》を迂回《うかい》する道を探しに南の方へ歩いて行った。南の海氷はディスカヴァリー号当時からおなじみの、混乱して不規則なサスツルギに覆われている。氷丘脈は新しい。氷丘脈の砕けてごつごつした氷は私が近付いたあたりの東で終わり、氷圧《ひょうあつ》は一つの巨大なドーム状の波に見えているだけで、私の左手の、その波の谷にはアザラシが無数にいた――寝そべって眠っていたり、浅い水の中で一見ふざけ回ったりしていた。想像するにこの窪《くぼ》みの古い氷が下へぐっと沈み、その上に水たまりができて、日差しのあるこういう日には水が温まっているのかもしれない。

この道筋を回ればポニーを連れて来られるのは明らかだった。野営地へ帰るとポニーの一頭（コヘインの）がびっこをひいていると聞かされた。陸軍さんによると見通しは暗いらしかった。ただこの男は楽観主義者ではない。腱《けん》を痛めたように見えるが、確かなことはわからない。バワーズのポニーも前脚が弱っている。しかしこれは以前からで、問題はこのポニーがいつまで持ちこたえるかという点だけだ。他の面ではすばらしく強いので惜しまれる。アトキンソンはかかとを痛めて一日じゅう休んでいた――彼のポニーは他のそりの後ろにつながれてよく歩き、たいそう有望そうだった。

午後ポニー班を引率して氷丘脈の横断点まで南へ二マイル四分ノ三進み、そこから東へ一マイル四分ノ一行ってバリアの縁へぶつかり、そこを登った。半マイルほど入って荷を下ろした——荷を下ろす間際のところでポニーが深く沈んだ。しかし軟弱だったのは路面がいくぶん盛り上がっていたためらしい。

バリアまで来たとき四分ノ一マイル北に黒い物体が見えた。行ってみると半分以上埋まった二つのテントの頭だった——シャックルトンのテントだと思う。二つのあいだに換羽《かんう》中のエンペラーペンギンが一羽眠っていた。テントの布は一つは完全だったが、いま一つは半ば剥《は》がれていた。

ポニーは今日は実によく引き、犬もそうだった。しかしこれからは両方とも荷を軽くしてゆっくり進ませ、できるだけ生気を保たせることにした。彼らや犬の作業能力についてはまだわからないことが多い。

コヘインはポニーを励ますのにこう言っている、「さあ、がんばれ、もうすぐ極点だぞ。」——全員朗らかで、こんなよい一団はまたとなかったろう。

一月二九日、日曜。——二号野営地。今朝、朝食後礼拝式をした。すばらしい一日。働ける七頭のポニーがバリアまで二往復した。合計一八地理マイル、片道はたっぷり荷を積んで——一頭もへこたれなかった。オーツのポニーは元気がよく癇《かん》の強いやつで、出発の時ちょっと手を離したすきに逃げ出し、全速で野営地を駆け回った。しまいにそりが他のそりに乗り上げて遊動棒が折れ、ポニーはぶらぶらする引き革を激しく蹴《け》上げながら駆け去った。静まったところをオーツが連れ戻した。見ると遊動棒のほかはどこも傷んだり壊れたりしていなかった。

グランはスキーでポニーについて行くのを試みた。ポニーと並んでいるあいだは何事もなかったが、後ろから追い付く格好になると、スキーの滑る音におびえて、ポニーは追い手よりも足を速めた——つまり荷を引くポニーがスキーのノルウェー人よりも上手に進んだというわけだ!!

グランはなかなかよくやっている。怠け者のポニーを受け持って、それを歩かせるのが大仕事なのに、至って朗らかにやっている。

犬の働きはめざましい——日ごとに体調がよくなっている。

犬は最初の荷をバリアの荷物置き場の一マイル一二〇〇ヤード先まで運んだ。そこは「安全野営地」として選んだ地点で、大きな拠点貯蔵所となる。

バリアは流出しそうな所はないと思う。それでも万全を期すに越したことはなく、わが野営地はわざわざ「安全」とうたった看板にふさわしいものになるはずだ。

午後、犬はもう一度同じ場所へ荷を運んだ――一日で二四地理マイル以上になる――すばらしい仕事ぶりだ。

エヴァンズと私は徒歩で荷を一つ氷丘《ひょうきゅう》脈の向こうへ渡した。バリアへ運ぶものはもう野営用具の荷物だけだ。安全野営地まで行ってしまえば、あとはそこで好きなだけゆっくりしてから出発すればよい。すばやく旅をしなければならないのは出発してからだ。

ほぼ一日じゅう本曇りだったが、今夜はまた晴れた。風はほとんどない。気温はこのごろ夜の九度〔マイナス一二・八度C〕から日中の二四度〔マイナス四・四度C〕までのあいだを上下している。そり引きにはたいへん楽な環境だ。

一月三〇日、月曜。――三号野営地。安全野営地。方位、緯度七七・五五、アーミテジ岬北六四西、ブルー氷河のラクダこぶ左最端、城岩《しろいわ》北四〇西。七時三〇分に一同を呼び起こした。一一時三〇分にポニーを連れていよいよ出発した。いろいろとすることが多かったのが後れた理由の一つで、これからは「ぐずぐずしないで」野営作業をしなければならない。アトキンソンは足を切開した。二日ほどすればよくなるだろう。

私はびっこのポニーを引いた。脚は腫《は》れてはいない。しかしびっこはもう治らないのではないかと思う――趾骨《しこつ》瘤《りゅう》の徴候があり、またひづめが割れている。

まぐさ置き場を通過し、この野営地へ向かったところで、衝撃に見舞われた。ポニーが深くもぐって荷を引くのに難儀し、かなりいきり立ったのだ。わずか一マイル半のあいだだったが、残り全部を合わせた以上に彼らを疲れさせた。野営して昼食をしたあと作戦会議を開き、私の案を説明した。それは人および動物の食糧五週分を持って前進し、一二日か一三日後、二週分を貯蔵してここへ引き返す、という案だ。この計画だとポニーの荷は六〇〇ポンドを少し越え、犬には七〇〇ポンドとなる。両方ともそりを別にしてだ。当てにはできないが、足元がよくて歩きやすければ、ポニーにはたやすかろう――犬にはもっと軽くしてやらなければならないかもしれない。物足りないが、現状ではこれくらいが精一杯だ。

今日午後、スキーで先行して、状況に変化がないか調べた。二〜三マイル行っても好転のきざしは見えなかった。バワーズ、ギャラード、ほか三人が、ニムロド号のテントを掘りに出かけた。クッカーと食糧とあわただしく食べ残した食事のあとが見付かった。一つのテントには堅い氷が半ば詰まっていて、これは雪が融けた結果だ。ウィルズデン帆布は出入口に使ってある部分以外は劣化していた。床敷きは取り出せなかった。

陸軍さんは荷物の残りをここへ運ぶのにポニーを使いたくないようだ。運べるだけ犬で運ぶことにして、残ればやむを得まい。

ニムロド号の野営地は明らかに救援班か船上班が作ったもので、それがこんなに長くしっかりしていたのだから、われわれのものが一冬でやられる心配はなかろう。明日物資を集めて点検し、貯蔵所を築き、そりに荷積みをする。

一月三一日、火曜。——三号野営地。出発準備は完了している——しかし今日午後、一足だけあるかんじきを「ウィアリー・ウィリー」に試しに履かせてみた。結果は魔術を見るようだった。悲しそうにもがきもがき進んでいた所を、まるで堅い土の上みたいにぶらぶら歩き回った。オーツは元来こういうものを全然信用せず、私もいちばん温和なポニーでもこれを使わせるには練習の必要があるだろうと思っていた。

実験後すぐ、できたらもっと用意すべきだと考え、それから半時間もしないうちにミアズとウィルソンが二〇マイル以上離れた基地へ向かって〔犬ぞりで〕出発した。運がよければ氷がまだ流出しないであるかもしれないが、あまり当てにはできない。いまの状況ではかんじきがあれば進行距離を倍増できそうに思う。

アトキンソンは今日はよくなった。しかし回復したとは決して言えない。だから後れるのは彼には好都合だ。かんじきを持つにしろ持たないにしろ犬ぞりが帰るまでは出発できない。かんじきが手に入らない場合は、バリアが奥へ行くにつれ堅くなってくれるのを願うしかない。ただ見通しはあまり明るいようには思えない。ともあれかんじきの可能性がわかったのはよかった。

初めて夜の低い気温。最低プラス二・四度〔マイナス一六・

四度C」。テント内はとても暖かい。

二月一日、水曜。――三号野営地。わりあい無為な、多少失望の一日。ミアズとウィルソンが正午に帰り、レーザー・バック島の向こうは氷がなくなっていたと報告した――もうエヴァンズ岬へは帰れない――ポニーのかんじきはない――やれやれ！　かんじきなしで明日出発することに決めた。今夜遅くアトキンソンの足を診察してもらった。まだ悪くて数日は回復の見込みがない。彼は置いて行かなければならない――クリーンを付添いに残す。まことに幸いにも、いまは余分のテントとクッカーがある。ポニーをどうして引いて行くかが問題だ。まあ、状況の許す範囲で最善を尽くすしかない。かわいそうに、アトキンソンはひどく気落ちしている。

グランに最後の郵便を持ってディスカヴァリー小屋へ行ってもらった。スキーで出かけたのだが四時間近く帰らず、風が吹き始め、強い路面地吹雪になってきたので、少なからず心配した。帰りにわずかのことで野営地から逸《そ》れたのだった。帰ってくれてよかった。

われわれの食事量はしごくたっぷりのようで、いまのまま続けると、びっくりするほど精がつきそうだ。

二月二日、木曜。――四号野営地。ようやく出発。七時に一同を起こし、一〇時半ごろ野営地をあとにした。アトキンソンとクリーンが残った――クリーンにはさぞつらいことだったろう。アトキンソンは足の痛みと自分の立場に対する心痛とで苦しんでいた――あとの点についてはあまり同情できない。早目に報告すべきだったのだ。クリーンはバリアの縁からまぐさをもう少し運ぶだろう――彼にはまことに気の毒だ。

ポニーを全部連れ（私がアトキンソンのを引いて）出発してみると、意外にも動物たちは深くは沈まず、一同初めから良好な進行をしてうれしい驚きを感じた。これが一時間余り続き、その後、路面はまたいくらか悪化した――それでもたいていのポニーはよく歩いて、五マイル進んだ。しかしバーディ*のポニーは体が重く、ほかのがわりあいたやすく歩いているところでも沈んでもがいている。もがきながらしきりに速く進もうとする。その結果、行程を終わっ

＊好んで使われたバワーズの愛称。

た時には、あわ汗をかいていた。一足あったかんじきがどうなったか尋ねると、置き忘れてきたと言う。路面が予想と違うことから、気温の低い夜間と朝なら、もっと条件がよいのではないかと思ってみる。夜間行進を提案すると全員賛成した。路面はよくならなくてもポニーは暖かいうちの方がよく休め、夜の方がよく進むだろう。

それで一同いまテントで休んでいて、今夜の出発を待っている。グランはかんじきを取りに行った――気さくに自分から申し出たのだ――彼のスキー術は確かに有用だ。

昨夜風が落ちたあと気温はマイナス六度〔マイナス二一・一度C〕まで下がった――今日は暖かくて静穏だ。

印象

寝袋の魅惑的なひだ。

プリムスの立てるシューシューいう音と、クッカーから上がってテントの換気孔から出る香ばしい湯気。

小さい緑色のテントと大きな白い道。

犬のクンクンなく声とわれらの軍馬のいななき。

雲のように吹きつける粉末状の雪。

表層のクラストをパリパリ踏み砕く足音。

風の作った溝。

煙のような雲の下の半円形の青空。

ポニーのひづめの立てるパリパリいう響きと、後ろのそりのシューシュー滑る音。

行進中、御者が馬を励ましたり叱《しか》ったりする唸《うな》るような人声。

犬の足裏がパタパタ打つ音。

テントの帆布が穏やかにはためく音。

それがブリザードをまともに受けて低く唸る音。

微細な小麦粉のような吹き飛ぶ雪粒があらゆる穴や隅々から侵入する――帽子の下から吹き込んで砂あらし同様にちくちく刺す。

太陽はぼんやりした顔を、渦巻く地吹雪の中からおずおずと見せ、影を作らない弱々しい光を投げる。

広大な白い砂漠の永遠の静寂。地吹雪の雲の柱が南から進んでくる。薄黄色い不吉な幻となってあらしの前触れをしながら、陸地のくっきりした輪郭を次々に消し去る。

ブリザード、自然の抗議――クレバス、自然の落とし穴――不注意者を待つ冷酷な罠《わな》――どんな猟師もこれほど完全には罠を隠せまい――軽いさざ波状の雪の橋には隠された危険の気配もしるしも見えず、人か動物が身をもがき、しがみつき、のたうって這《は》い上がろうとするまで、その場所は見当もつかない。

　果てしない静寂を破るものは行進する縦隊の立てる柔らかい音だけだ。

　二月三日、金曜、午前八時。——五号野営地。午後一〇時に隊員を起こし、一二時三〇分に行進を開始。初めは路面が悪かったが、次第に好転。短い行進を二つし、三時二〇分に臨時の野営をして、人もポニーも腹ごしらえをした。五時に再び出発し、七時まで行進した。合計九マイル前進。行進の最終部では路面はよくなったように見えたが、あと少しで野営というとき、先頭のバワーズが柔らかい雪の中へ落ち込んだ。すぐ後ろにいた数人も同じ運命を分かち合い、続いてポニー三頭が落ち、吹きだまりの中でもがいた。足の裏が広いギャラードのポニーは堅いところまで渡り切り、ついで私のポニーも渡った。フォードとコヘインはたっぷり右へ回って堅めのところを通した。罠に落ちたポニーは引き具を外して、よさそうな道を選びながら導き、ようやく多少しっかりした所へたどりつかせた。それから野営を張り、残りの荷を運び込んだのだが、このとき再びかんじきの大成功が見られた。バワーズの大柄なポニーに履かせたのだ——初めは（数分間だけ）ぎごちない足取りだったが、やがて慣れ、自分のそりについて、その荷を運んだうえ、別にもう一つ運んだ——どこもさっき落ち込んだところだ。かんじきがもっとあれば八頭のうち七頭には履かせられただろう——八頭目のオーツのポニーにもやがて履かせられただろう。そしてかんじきを履けば柔らかい雪の上でもポニーたちはきっと難儀せずに荷を引くだろう。こんなに役立つものを基地に置いてきたとは、思えばつらい。

印象

　ポニーが柔らかいところへ落ちてもがくのは見るからに哀れだ。沈みかける第一歩が衝撃となって、行動へと身構えさせるようだ。こうしてたいていのポニーは、身動きできなくなりそうに感じると、突っ走って通過しようとする。そこが狭ければ努力のすえ鼻息を荒らげ、いきり立ちながら堅い路面へ這い上がる。場所が広い時には勢いよく後脚を蹴《け》り続け、ついに力尽きてしまう。大部分のものはしばらくすると両前脚を揃えて跳び出そうとし、ジャンプをひとしきり繰り返して後ろのそりをぐいぐいと引き寄せる。これは当然ひどく疲れることだ。時々休まざるを得ず、雪に半ば飲み込まれて、無理な努力から息を切らしあえいでいるのは恐ろしい有様だ。時には倒れてそのまま震えており、一時、力尽きてしまうこともある。よほど苦しいに違いない。しかし力を回復する早さは見ていて驚くばかりだ。こういう難儀が起こった時には、静かで動きの鈍いポニーの方が逸《はや》りがちなものより遥かにうまく切り抜ける。

苦労した柔らかい雪の区域は、明らかにクロージア岬から断崖岬《だんがいみさき》へかけて続く氷丘《ひょうきゅう》脈帯の大きなうねりの窪《くぼ》みに当たる。今日の行進の後半部でそういううねりをいくつか横切ったが、恐らくまだあるだろう――これまでは柔らかい所は切れ切れにあるだけで、窪み全体に広がってはいないようだ。足元のしっかりしたポニーに道を選ばせ、ほかは控えさせて、確かめてから進ませるのがよい。

この仕事では途方もない不測の事態がなんといろいろ起こることか！　毎日何か新しい出来事――重大な支障を来たす恐れのある新しい障害が姿を現わす。思えばそれだからこそ、この競技もこんなにやりがいがあるのだろう。

印象

そり引き旅行の装備について考えれば考えるほど、確かに思えてくるのだが、われわれの装備は文明人がこういう条件のもとで行動するうえで完全に近いところまで達している。

必需品とぜいたく品を分かつ境界線は大いに曖昧《あいまい》だ。安楽を犠牲にすれば重量は切り詰められる。しかし可能なかぎり切り詰めても、荷物全体からみればひとかけらにしかなるまい。仮にこれが生存ぎりぎりの苛酷《かこく》な闘いであって、純粋に必需品以外はすべて切り捨てざるを得なかったとして、この三週間の旅で節減できるのは全部で次のものくらいだろう。

	ポンド
炊事用燃料……………………	一〇〇
炊事器具………………………	四五
個人用衣類その他、およそ……	一〇〇
テント、およそ…………………	三〇
機器その他……………………	一〇〇

三七五

これは一〇台のそり荷中、一台の半分、つまり運搬総重量の約二〇分ノ一に当たる。考え得る限度の状況にあったとして、ぜいたくの部類に含めることのできるのが、われわれの荷物のうちこれだけとするならば、安楽を犠牲にしても、取るに足りないという結論になる。そういう犠牲を払ったからと言って行程が伸びることは恐らくなかっただろう。

しかしこのほかに、われわれが必要以上の食糧を持っているという議論が出るかもしれない。一人一日三二オンスがわれわれの割当だ。一九〇三年に二六オンスで四～五週間過ごしたあと、空腹で大いに苦しむはめになったのを私はよく記憶しており、また次第に体力を失っていったのは確実だ。仮に一日一人当たり四オンス節減できると考えてみよう。そうすると全隊で一日三ポンド、三週間で六三ポンド、つまり現在の荷物の一〇〇分ノ一となる。

人の安楽と健康がかかっている部分がこんなに小さいのは、動物を連れて旅行していて動物の必要分が人の必要分に比べて格段に大きいためだ。したがって動物が荷を引いてくれるかぎり、そり旅行隊の人間を栄養十分な好体調に保って置くのが妥当な策であることに誤りはない。少ない食糧割当、長時間の行進、細部にわたる綿密な吟味などが必要になるのは、人間が自分の牽引《けんいん》力に頼らなければならなくなったときだ。

午後六時。――南西から吹いていた風は落ちかけている――空は本曇りだ――九時間の睡眠から覚めてこれを書いているのだが、他の連中はまだ安らかにまどろんでいる。

動物相手の仕事は自然、あいだに長い休憩をとることになって、これがけっこう手持ち無沙汰《ぶさた》だ。現在の日課では犬ぞり班が一時間あまり後れて出発し、次の野営地でちょうどポニーをつなぎ終わったころ到着するようにしている。犬はよく引いていて、特にミアズのチームがよい。犬は少し狂暴になってきた。ミアズのチームの白犬二匹は他人を攻撃するようしつけられた犬で――船では物静かだったのに、いまは係以外の者が近付くとすさまじく吠《ほ》えつく。私がミアズに停止位置を指し示していると、いきなり吠えついた。そして以前仲よしだったはずのオスマンが襲ってきて、私のすねに軽くかみついた。私は棍棒《こんぼう》を持たず、もしミアズがそりの上にいなかったら、きっとチーム全部の犬が白犬二匹にならって、たちまち私に襲いかかっただろう。

空腹と恐怖だけが犬の生活の実体で、空《から》の胃袋が犬を狂暴にする。飼いならされた動物に自然の本能が突然狂暴に現われてくるさまは恐ろしいばかりだ。本能は盲目で理屈抜きの容赦のない感情となる。たとえば犬は普段引き綱についている時はみなたいへん仲がよい。並んで肩をすり合わせながら引いており、休憩に入る時は互いの上をまたいだりして、関係はまことに穏やかな感じだ。ところがいったん食べ物が頭にちらつき始めると、とたんに激情が目覚める。互いに隣の者を怪しみ、些細《ささい》なきっかけで戦いが起こる。行進中、隊列が乱れたときも同じで、いきなりかんしゃくが燃え上がる――いましっぽを振りながら不精げに伸びをしていた穏やかで和やかなチームが、次の瞬間には狂暴に荒れ狂って戦う鬼の一団と化すのだ。この事業のような人間の企てを推進しようとする場合、動物の命をやむなく犠牲にするのはこういう厳しい事実があるからだ。

〔方位。見張り丘∧断崖岬《だんがいみさき》八六度、見張り丘∧丸丘八〇度半、テラー山北四西、見張り丘北六九西。〕

一九一一年二月四日、土曜、午前八時。――六号野営地。コーナー野営地。満足すべき夜間行進、一〇マイルと数百ヤード前進。

一〇時に隊員を起こした。風は南東からかなり強く吹き、気温は零下〔マイナス一七・八度C以下〕だった。相当寒い出発になりそうだったが、朝食が終わるころには風は落ちていて、日は照っていた。

悪路面の上を出発――二マイルほどはポニーが大いに沈み込んだが、バワーズの「ビルおじさん」はかんじきを履いてしっかり歩いた。その後路面が好転し、行進は安定してきた。五マイル進んだあと野営して昼食をとった。午後はいっそう良好に進行した。ただクレバスをいくつか渡らねばならなかった。オーツのポニーが二カ所で足を落とし、一カ所ではまり込んだ――不思議に他のポニーはどれもまぬがれて、われわれがビリになった。現在地から二マイルほど前で割れ目は終わったように見え、最後の行程では十分堅い路面へ出て、ポニーは楽々と荷を引いた。このあたりはクロージア岬の周りを絶えず吹き荒れる風に吹きさらされていたようで、したがってこの路面が遥か南まで続いているかどうかは疑わしい。しかし当分進みは良いだろう。行進中明るい月明かりがあったが、いまは空は曇ってしまい、南の方は様子が怪しくなってきた。ブリザードになるかもしれない。もっとも、いまは風は北寄りだ。ポニーはたいへん元気だ。「ジェームス・ピッグ」はびっこが大いに軽くなった。

午後八時。――ブリザードになってきた――風はさほど強くない――気温はおだやかだ。

印象

長時間の行進と満ち足りた夕食のあとの、深い、夢のない眠り。

ピシッと鳴って砕け、ザワザワッと沈み込んで、人と馬をびくっとさせる表層のクラスト。

慣れるとなんでもなくなるが、犬は興味を持ち続ける。その音を隠れた動物の、何か変わった気まぐれから起こったものと思うようだ。全身を神経にして、あちこち跳び移り、動物を捕らえたがる。何度失望に終わっても懲りずに繰り返す。

犬は食っているか眠っているかでなければ、何かに興味を抱いている。興味の対象に跳びつくときの熱心さ、何かに注意をつなごうとする熱心さには哀れを催すほどだ。行進の単調さに死ぬ思いをしているのだ。

案内になる目印や目標物のない雪原で犬を追う場合、これこそ最も恐るべき障害になる。生きた興味の対象を求める点で、犬はほとんど人間に近い。それでいて先見の能力では致命的に劣る。

犬はこの一日、この一時間、あるいはこの一瞬のために生きているとさえ言える。人間は未来のために生き、未来のために現在の不快をしのぶことができる。

一月五日、日曜。――コーナー野営地、六号。ブリザードが昨日午後四時ごろ襲ってきた。二四時間はそれほどの風でもなかったが、その後、わずかに西へ移るとともに、大いに激しくなった。いまはたいへん強く吹いていて、小さな、か弱いテントはたっぷり試練を受けている。このまま長くは続くまいが、クロージア岬までの近さと、その地域で記録されたブリザードの長さとが思い出される。例によってわれわれは眠って、食って、休憩時のように朗らかにおしゃべりをしている。外の世界は狭いからニュースは乏しい——異状なしの報告とか、バワーズのポニーがゲートルを一つ食っちまった!!　といううわさくらいだ。

午後一一時。——まだ激しく吹いている——ほこりのような、小麦粉のような地吹雪を伴って、本式のブリザードになった——外に二分もいると真白になってしまう。小さいテントがなんとすばらしい避難所を与えてくれることだろう。その中でいましがた結構な食事をし、静かにパイプをくゆらせ、炉辺の会話を楽しんだ。そのあいだ外で唸《うな》るあらしのことはほとんど忘れて。——いま温かくて心地よい寝袋に入って横になっていると、われわれを守っている薄い帆布の向こう側が「地獄」だとはとても実感できない。

二月六日、月曜。——コーナー野営地、六号。午後六時。夜のあいだに風が強まった。一日じゅうたいそう強く吹いてまだ続いている。外へ出るのは容易でない——しかしわれわれには横着者はいない。オーツはポニーに食事を与えるために時間ごとにきちんと出て行く。ミアズとウィルソンは犬の世話をしに。あとの者も必要に応じて。ポニーはわりに安楽そうだ。ただ防寒着がまだまだ改良の余地があることがいまになってわかった。犬には不満がないはずだ。雪にもぐって気持ちよさそうにうずくまり、食事をもらうときには温かそうに湯気の立つ穴から飛び出してくる。気温は幸い高い。テントの中は十分居心地がよいが、じっと辛抱しているのは恐ろしくつらい——すでに五〇時間を越えたのに止む気配がない。周りの吹きだまり雪は非常に深い——そりのいくつかはほとんど埋まってしまった。いつもの話で——食っては寝、寝ては食う——そしてびっくりするほど眠れる。

二月七日、火曜、午後五時。——コーナー野営地、六号。風はなおも夜のあいだ続き、午前八時に和らぎ始めた。午前一〇時に南西から西へかけて半円形の晴れた空が見え、ホワイト島、断崖岬《だんがいみさき》、および西部山地がくっきり輪郭を見せた。風はぐっと弱まって、いくらか野営作業ができ、そりを掘り出したりポニーを居心地よくしてやったりした。一一時に低い黒雲が南の地平線上にたちこめ、風が再び襲ってくることがはっきりした。午後一時、またもや地吹雪がわれわれを包み、日がかげった。運命がわれわれに対して全く厳し過ぎると思われてくる——しかしこれを書いているいま、風がまた軟風にまで衰え、日が明るく照り、南の地平線上がきれいに晴れてきた。断崖岬《だんがいみさき》に雲がないのはよい徴候だ。これからの一週間は少し息抜きをさせてもらえそうな感じがする。いまはポニーの世話と保護にできるかぎり努めなければならない。今夜は行進できそうな気配が濃厚だ。

二月八日、水曜。――七号野営地。方位、緯度七八度一三分、テラー山北三西、エレバス山二三・五テラー山南から二番の峰、ホワイト島二番峰七四テラー山、城岩四三テラー山。夜間行進をいま終了した。一〇マイル二〇〇ヤード。ポニーはブリザードで相当衰弱している。眠れなかったのだと思う――どれも大儀そうで、二～三頭は目に見えてやせた。しかし断然悪いのはフォードの小柄なポニーだ。四〇〇ポンドそこそこまで荷を減らしたのに、行進の後半ではすっかりへこたれた。荷を二〇〇ポンドまで減らし、最後にはポニーを後ろにつないで、フォードが引いて運び入れた。かわいそうに、みじめにやせこけたやつで、連れて来るべきでなかった――船でひどかったのもこいつだった。今日はよく晴れて明るい。ポニーには割増しの食べ物をたっぷり与えている。早く元気を回復してほしい――しかしいまの状態ではこれ以上ブリザードには耐えられまい。あまり先までは進めないように思うが、何としてもポニーを失うのは一頭でも少なくしなければならない。犬はぴんぴんしている――ブリザードは犬には快い休息に過ぎなかったのだ。

備忘。――七号野営地に残したもの、まぐさ二梱。

二月九日、木曜。――八号野営地。直距離一一マイル。順調な夜間行進。路面すこぶる良好。しかし一～二頭以外は荷はごく軽くしてある。フォードのふびんな「ミザリー」は少し持ち直してきた。がつがつ食う。その命運は一向わからない。コヘインの「ジミー・ピッグ」は昨日よりびっこが軽くなった。実際、周りじゅうに回復が見られる。弱い逆風と気温零下五～六度〔マイナス二一度C〕の冷え冷えした行進だった。しかし昨日は一日じゅう日当たりでは暖かだったし、今日も暖かくなりそうだ。こういう天気が続けばポニーについて心配はなくなるのだが。ポニーの苦痛の主原因は毛の薄さにあるという結論に達した。

よく見覚えのある西部山地の荘厳な光景が見える。しかしもう遥かに遠い。今日はクレバスはなかった。クレバスの気配の全くない所まで出たら意外な感じがすることだろう。

ポニーが持ちこたえた場合、来年はどのように仕事を運ぶべきかがだんだんわかってきた。ポニーと犬は雪目にかかりにくくなっている。

二月一〇日、金曜。九号野営地。一二マイル二〇〇ヤード。寒い行進、非常に冷たい風、本曇りの空、路面や道筋がよく見えない。

そり、ポニー、その他が、周りにぐるりと影を投げているのが認められた。

路面は至って良好で、動物たちは申し分のない働きをした。

行進の初めには若干起伏があったが最後は完全に平坦《へいたん》なようだった。かつての旅で同じ事実を観察した覚えがある。

風は南から西へ回り、また逆転したり、北まで回ったりして、突風状に吹いている。サスツルギははっきり南南西だ。卓越風《たくえつふう》の風向きが海岸に沿った方向で、断崖岬の南の深い入江に伴って曲がっていることに少しの疑いもない。

そこで問題はこうだ。真南へ進んでこの堅い路面がずっと続くだろうか。続くならば、来年ビアドモア氷河までは難なく行き着けよう。

午後九時ごろ寝袋から出る。一一時半ごろ陸軍さんに向かって「どうだ」と叫ぶ。用意よろしを示す応答があり、やがて人々の姿がそりとポニーのあいだにかいがいしく動くのが見える。それは手の指には冷たい作業だし足にもあまり温かくはない。ポニーから防寒着が外され、引き具が取り付けられ、テントと野営用具がそりに積まれ、次の休止に備えて、かいば袋にかいばが詰められる。ポニーは次々につなぎ綱から離され、そりに付けられる。オーツは油断なく自分の馬を見張っているが、そういう動じやすいやつを、引き革をつけたまま待たせて置くのを嫌っている。自分が機敏だと、のろい仲間を見ているのはじれったく、いらいらするものだ。ウィルソンとミアズはあたりを行き来しながら、あれこれ手を貸そうとしている。まだ出発できない。つなぎ綱を取り込まなければならず、ゲートルを直してやらなければならないポニーもおり、テントを片付けるのに手間どっている班もある。手綱を押さえる指はこごえるし、ポニーは風から顔をそむけようとするしで、腹立たしくなってくる。やっと用意がととのう。そこで「ようし、バワーズ、前進」と号令し、バーディが彼の大柄なポニーを引いて、いつものようにしっかりした足取りで出発する。馬は寒がっていて、その言葉を合図に歩き出し、陸軍さんのや他の一〜二頭は勢い込んで動き出す。フィンスコーは滑りやすいサスツルギの上では足元が定まらず、初め一〜二分は馬方たちは歩度をとるのに多少苦労する。動けば体が温まり、一〇分もすると隊列は自然にととのって、安定した行進となる。

足取りは依然きびきびしており、そして明かりは悪く、また時折誰かがつるつるしたところを踏んでいきなり突んのめる。行進中の出来事と言えばそれくらいで——あとは着実な足音と隊形のわずかな変化があるだけで過ぎていく。弱いポニーは後れがちになるが、さほど離れない。だから初めの小休止ですぐ隊列に追い付く。半日行程の途中に一回小休止をとる。昨夜は寒くて長くは立ち止まっていられず、ほんの二〜三分でまた歩き出した。

半日行程の終わりに近付くと、私は笛を取り出す。鋭い笛の音を合図にバワーズが少し左へ回り、彼のテント仲間がその先まで出て、つなぎ綱のための間隔を取る。オーツと私がバワーズとエヴァンズの背後で止まり、われわれの分隊の他の二台のそりがバワーズの分隊の他の二台の背後に止まる。こうして野営隊形をとって停止する。つなぎ綱は進路方向に直角に張り、両端にそりを置いて確保する。数分もするともうポニーはつながれて防寒着を着せられ、再びテントが張られ、クッカーが働き始める。

一方、犬係は元の野営地で長々と寒い待機をしたあと、最後のそりに荷を積んでわれわれの踏み跡をたどり速歩《はやあし》でやってくる。新野営地へ到着するのがわれわれの到着の直後になるようにしていて、たいていこれは成功する。半行程休止の長さは一時間ないし一時間半だ。終わると片付けをし、再び足を踏んで前進する。通常八時ごろに最終野営を張り、ほとんどの者は一時間半以内に寝袋へ入る。いまのところこういう日課だ。長休止の時には雪の塀《へい》を築いたり防寒着を直してやったりして、ポニーのためにできるかぎりのことをする。

二月一一日、土曜。——一〇号野営地。［方位、緯度七八度四七分。断崖岬《だんがいみさき》南七九西、左端断崖岬六五度、断崖岬Aホワイト島海峡近く。］一一マイル。休止をはさんで五マイルと六マイル進行。路面は相当柔らかくなっている。次の二行進でさらにはっきりするだろう。しかし南の状況はこれまでほどはよくなさそうだ。

　Ｅ・エヴァンズのポニーのブロサムはひづめがたいへん小さく、歩くのにずいぶん難儀する。荷よりも歩行の問題で、何かの形のかんじきがあれば、きっと大いに助かるはずだ。問題は形だ。

　停止した時はどのポニーもいくぶんへたばっていた。しかし天気がよいから十分休めるだろう。いまの夜間行進が最上策であるのは疑いない。

　犬でさえ今日の路面にはこれまでよりも苦労したようだ。しかしたいへんよく引いている。ミアズはオスマンを下ろしてラブチクに替えた。オスマンがひどく不従順か、ひどく耳が遠くなってきたからだ。結果は成功らしい。ラブチクは実に従順に先導する。

　来年のための備忘。しっかりした真竹に大釘《くぎ》をつけたのを一本、クレバス測深用。

　二月一二日、日曜。――一一号野営地。一〇マイル。［偏差一五〇東。真南《しんなん》＝羅針儀《らしんぎ》で北三〇東。］路面は決定的に悪化しつつある。ポニーは時々深く沈む。昼食前に六マイル四分ノ一進んだ。ブロサムは落後してかなり後れた。第二行進ではさらに後れ、九マイル地点で休止にした。もう一マイル引っ張って行けるとエヴァンズが言うので、それだけ進んでから野営した。

　空は本曇りで、南はずいぶん暗く、雪が降っているようだった――針路を取るのが甚だ難しかった。ディスカヴァリー山が野営地から見て断崖岬の南端と一線上にあり、もう七九度線に近い。正確な方位を測定して置かなければならない。ここを「断崖岬野営地」と名付けて今後重要な役割を担わせるのだから。［方位、断崖岬三六度一三分、ブラック島右最端。］Ｅ・エヴァンズ、フォード、およびコヘインを、それぞれが引いてきた三頭の最も弱いポニーを連れて引き返させることに決めた。残り五頭は体調が向上しているから少なくともあと数日前進させ、八〇度線に近づけるだけ近づかねばならない。

　今夜一同でこの計画に必要なあらゆる準備をした。チェリー‐ギャラードがわれわれのテントへ仲間入りする。

　まぐさ一梱貯蔵。

二月一三日、月曜。――一二号野営地。九マイル一五〇ヤード。昨日出発前、南から風が吹き始め、地吹雪も起こって――完全にブリザード模様になった。しかし一二時三〇分に出発し、地吹雪の中を七マイル行進した。初めは極端に寒かった。出発と同時にこの地域でよくあるように驚くほど急速に空が晴れてきた。野営地からはディスカヴァリー山との一線上に断崖《だんがい》岬《みさき》基底部の岩の南端があり、ホワイト島はエレバス山の東斜面からすっかり離れて見えた。見取るにはわりあい容易な配列だった。

　昼食時に空は明るくなり、地吹雪は一時止んだ。良好な行進ができそうに思えたが、出発してみると地吹雪は一段と濃くなり、まもなく進路が乱れてきた。二マイル進んで、そこで野営することにした。それでいまここにいるのだが、周りは完全なブリザードになっている。ウィルソンには視程が悪くなったら野営すると言ってある。彼とミアズが進んだ所までで止まっていればよいがと思う。二人はエヴァンズが一一号野営地から引き返すのを見送ってから出発したのだ。停止する前にきっと少しは行進しただろう。この悪天候続きにはじれったくてやりきれないが、ありがたいことに、われわれのポニーは今度はしごく安楽そうにしている。たっぷり雪の塀を作ってやったから、その陰がたいへんしのぎいい避難所になっているようだ。いま〔四人用の〕テントに五人入っているが、それでもけっこう居心地がよい。

　ポニーは確実に毛が次々に厚くなっており、天気が機会を与えてさえくれれば八〇度線まで行けないわけはない。

　パワーズはすばらしい。夜じゅうずっとただの緑色のフェルト帽にあごひもをつけたのをかぶっただけで、耳にはなんの覆いもしなかった。顔も耳もあいかわらずつやつやして血色がよい。あとの者はみな喜んで厚手のバラクラヴァ帽と防風帽の世話になった。寒さにこれほど強い男は見たことがない。今夜あとの者がテントへ入ってしまってからも、たっぷり一時間外に残っていた。あたりをぶらついて、そりをちょっと整備したりなどしていただけなのだ。チェリー‐ギャラードは目が目だから注目に値する。眼鏡をかけてどうやら物が見えるくらいだから、何につけても不便と戦わなければならない。それでいて他人には絶対にそれを悟らせない――どういうふうにしてか自分の割当以上の仕事をやってのけるのだ。

二月一四日、火曜。――一三号野営地。七マイル六五〇ヤード。がっかりの一日。天気はよくなり、夜空は晴れていた。ただ寒く、気温は零度〔マイナス一七・八度C〕を遥かに下回り、身を切るような南西の軟風が吹いた。出発後まもなく甚だ悪い路面にぶつかった。ポニーは頻繁に飛節《ひせつ》の上まで沈み、またブリザードの残した柔らかい雪の集まりが砂山のようになっていて、そりの滑走面にひどい摩擦を起こした。骨折りながら進み続けたが、ウィアリー・ウィリーを連れたグランが後尾へ落ち始めた。オーツに行程の相談をすると、彼は元気よく一日分として、なんと一五マイルを提案した。これが多少刺激になって、私はそりの距離計が六・五マイルを示すまで行進を続けた。このときにはウィアリー・ウィリーは約四分ノ三マイル後れ、犬ぞりが後ろから近づいていた。突然遠くで盛んに吠《ほ》え声がし始め、やがて何か事故が起こったに違いないことが判明した。オーツと、それから私が急いで引き返した。ミアズと出会い、話を聞くと、彼のチームの犬が手に負えなくなり、ウィアリー・ウィリーが倒れるのを見て襲いかかったと言う。ようやく犬を打って追い払い、ウィリーをそりから外して引いて行くところだった。ウィリーはずいぶんかまれたが、幸いひどくはやられていないようだ。勇ましく戦って、何匹かをかんだりくわえて振り回したりしたらしい。グランは奮戦してストックを折ってしまった。ミアズの棍《こん》棒《ぼう》も折れた――あれやこれやで犬は無情な目にあったに違いない。それでも血が湧《わ》き立った時には不死身のようで、見たところ一匹も怪我《けが》をしていない。

昼食後四人が行って荷を引っ張ってきた。それだけでポニーを何時間も引いたよりも路面の性質がよくわかった!!この一件は嘆かわしく、責めは広範囲に及ぶ。ウィリーの荷は他のポニーの荷よりだいぶ重かったようだ。

こういう面をもっと効果的に監督しなかったこと、そしてウィリーをあんなに後れるに任せたことは私が悪かった。

昼食のあと再び出発した。しかし三分ノ二マイル進んだところで、ウィリーの状態から休止することにした。彼に熱い食べ物を与え、大きい雪の塀を作ってやり、麻布を余分に着せてやった――彼には風のない暖かい一日になるはずだ。こういう処置で回復を願うしかない。しかし全体にたいへん厄介なことだ。

備忘。――ポニーのための手配。

一、熱いふすまあるいはカラス麦のマッシュ。
二、まぐさ梱《こり》の綱を切るための木鋏《きばさみ》。
三、馬をつなぐ杭。
四、軽量のポニーには一〇フィートそりをつけるか。

路面は大いにクラスト状でもろいので、かんじきの問題がまたたいへん重要になってくる。

サスツルギはすべて南西微南から南西へかけてで、この地域で経験した風もすべてそうだった——風がどの季節にも海岸沿いに吹き上げてくることに疑いの余地がない。

堆積《たいせき》について一つ話題が出ている。デーヴィド*はクラストを一年ごとのものとした。これは誤りだ。クラストはブリザードを印すものだが、一回ごとのブリザードのあとに新しいクラストが形成されるのは、ブリザードがまだらに残した積雪の表面だけだ。一つのブリザードの残す積雪の広さは全地表面の六分ノ一から三分ノ一のあいだで——おそらくそういう積雪が、元の窪《くぼ》みを盛り上がりに変化させ、あいだに新たな窪みを作る——この窪みがまた次のブリザードで埋まって盛り上がる。こういうことだとすると、年間の堆積を知る唯一の方法は、各堆積を平均し、これにブリザードの年間回数を掛けることになろう。

二月一五日、水曜。——一四号野営地。七マイル七七五ヤード。路面は今日はひどかった。昨日の二つの障害（ポニーが踏み抜く薄いクラストと、滑走部にしがみつく砂状の雪の山）はむしろ悪化した感じさえあった。

バワーズのポニーが初めて時々仕事を拒むようになった。後脚がずいぶん深く沈む。ウィアリー・ウィリーははっきり快方に向かっている。陸軍さんは何につけ暗い見方をするが、これが彼の特徴であるのはもう私にはわかっている。それでも彼は弱い馬の世話に一所懸命だ。

行進中たびたび立ち止まったが、昼食前に四マイル、後に三マイル半進むことができた。

気温は昼食野営の時マイナス一五度〔マイナス二六・一度C〕だった。テントの中に座ってポニーの休息を待っているのは寒かった。温度計はいまマイナス七度〔マイナス二一・七度C〕だが、日が明るく照り、風がなく、そのため大気は快適な感じだ。靴下とフィンスコーはよく乾く。食糧の割当

＊聖ミカエル・聖ジョージ勲位受勲者、学士院会員、シドニー大学教授 T・エッジワス・デーヴィド。シャックルトン隊の地質学隊員であった。

はしごくうまくいっている。実際すべてが順調で、ポニーの体調だけが例外だ。考えれば考えるほど強く思われてくるのだが、ポニーは一頭も失わないようにして、来年はもっと働いてもらわなくてはならない。陸軍さんが望んでいたように数頭を今年使い切ってしまうのはばかばかしい。いまでさえ私は最初の三頭は働かせ過ぎだったと感じている。

一つ確かなのは、よいかんじきがあればこの路面では絶大な助けになるということで、本当に実用的なものが得られれば、来年は距離を大いに伸ばせるはずだ。

備忘。――来年の乾パン貯蔵、荷箱をそりの上に縛って置く。

距離計の点検。

ポニーのつなぎ綱。

食糧タンクを必要に合った大きさにする。

そり二台を鋼鉄の滑走部がつくように改造。

馬糧の積み込み。当座用小袋を入れる十分な数の大袋。

二月一六日、木曜。――八マイル一四五〇ヤード。一五号野営地。路面大いに好転。しかしポニーは次第にへたばる。五頭中三頭はまだ楽に前進できよう。バワーズのポニーは少しは進めるだろうが、ウィアリー・ウィリーは相当まいっていて、これ以上進ませると死ぬ恐れがある。それで明日は帰途につく。気温は今夜行進中マイナス二二度〔マイナス二九・四度C〕まで下がり、かなり強い南西の軟風が吹いた。バワーズはいつもと同じく小さなフェルト帽をかぶって耳を出したまま出発した。幸い一マイル後に停止を命じて彼を見た。彼の耳はすっかり白っぽくなっていた。チェリーと私とで手当をして回復させたが、患者の方はそういう厄介な器官を所有していることに強い驚きと嫌悪を感じるだけのようだった。オーツは鼻をひどくやられている。私は頬《ほお》が軽く凍傷になり、チェリー＝ギャラードも同じだ。

行進中軽い羊毛ミトンを試みてみたが甚だ不快だった。

二月一七日、金曜。――一五号野営地。南緯七九度二八分半。昨日は一面に曇っていた――温度が上がり、雪が少し降った。起き出したときは南の風で、刺すように冷たかった。貯蔵所の設置に取り掛かった。ウィアリー・ウィリーを残して休ませ、半日行程前進したうえ、またこの野営地へ引き返すつもりだったが、現状では危険を冒したくなかった。

貯蔵物資

緯度七九度二九分。貯蔵所。

ポンド
二四五……一班七週分の満量食袋詰
一二……一班二日分の食糧袋詰
八……八週分の茶
三一……六週分の予備バター
一七六……ポンド乾パン（七週分満量の乾パン）
八五……石油八ガロン半（一班一二週分）
八五〇……カラス麦五袋
四二四……まぐさ四梱
二五〇……犬用乾パン、タンク詰
一〇〇……乾パン二箱
二一八一

白糸一かせ
胸帯馬具一組
一二フィートそり二台
スキー二組、ストック一組
最低温度計一個
ラウントリー・ココア一缶
マッチ一缶

包装を含めると、ここに下ろした物資は一トンを相当上回る。八〇度まで行けなかったのは残念だが、これだけでも来年は大いに助かるだろうし、少なくともここまではポニーにたっぷり食わせることができる。

一五号野営地の目印はこれで十分だろう。旗ざおと黒旗のほかに、乾パン箱を空のも合わせて積み上げ、反射板の役をさせてある――そりに茶の缶をくくりつけて雪に立てた。貯蔵物資のケルンは路面から六フィート以上出ており、がっしりと大きい。それからポニーの風よけ塀もある。これだけあれば何マイルも先から目につくに違いない。

書き留めるのを忘れていたが、一五日のことで、振り返ると一二・五マイル後方に築いたケルンが見えた――蜃《しん》気《き》楼《ろう》になって浮き上がっていた。

数人の隊員には来春の旅は相当こたえそうだ。オーツの鼻はいつも凍傷にやられる寸前だし、ミアズの足の指は頑固に治りが悪くて彼を悩ます――この点が高原旅行でいちばん心配になる。高原へ今度はどんなふうに突進すべきか思案していたが、この寒さ続きでいろいろ思い付くことがある。大丈夫と思うが相当覚悟して置かねばならない。

第六章
冒険と危険

二月一八日、土曜。——一二号野営地。北二二マイル一九九六ヤード。貯蔵所の東五〇ヤードの所にカラス麦を少しばらまいた*。野営地を発《た》つとき、最低温度計はマイナス一六度〔マイナス二六・七度C〕を指していた。シンプソンに教えること。

ポニーは順調に出発して行った。グランがウィアリー・ウィリーを後ろにつないで私のポニーを引き、陸軍さんがチェリーのを後ろにつないで自分のポニーを引き、バワーズが従前どおり軽いそりを引いて針路を取りながら進んだ**。

われわれの方は半時間後に出発して、まもなくポニー班を追い越した。途中運よく、彼らが落としていったカラス麦の小袋を拾った。一〇マイル四分ノ三進んで昼食のために停止した。昼食を終わると、驚いたことにポニー班が見えてきて、元気に進んで行った。数マイル先の野営地を目指しており、そこで休泊するつもりだ。彼らが好調な足取

＊ こうしたのは次に来た時、風と雪の結果を計測するためである。

＊＊ スコット、ウィルソン、ミアズ、およびチェリー-ギャラードは犬を連れて急ぎ帰途についた。安全野営地にいる帰還組の様子を見るためである。〔安全野営地では〕万事順調で、スコットはウィルソンとミアズを犬といっしょにそこに残し、あとの者を連れてコーナー野営地へ向け引き返した。そこの貯蔵所へ新たに物資を運びがてら、後衛のバワーズ班を出迎えようと言うのである。

りで進んで行くのを見たことはまことにうれしい。昼食の停止をしようとは全然せず、一日一〇ないし一二マイル一気に進むようだ。距離をさらに伸ばすのも難しくなかろう。

犬にとっては路面は悪く、二台のそりとも、たいてい一人は下りて走った。それでも二三マイル進んだ。あと三日の行程だ。それに対して食糧は四日分あり、楽に行き着けると思う。

野営するのが遅いから気温は明らかにぐっと下がっており、そして低い地吹雪がある。バリアの条件がいろいろ厳しくなり始めているので、早くポニーをもっと安楽な所へ移したい。


二月一九日、日曜。――午後一〇時出発。六時三〇分野営。二六マイル近く獲得。犬は快調に走り、路面も初めの五～六マイルを過ぎてからはすこぶるよくなった。一一号断崖岬《だんがいみさき》野営地でエヴァンズの行き跡が見付かり、彼が快調に進んでいったに違いないことがわかった。一〇号野営地は相当雪に埋まっていた。われわれには軽いブリザードだったものが道筋のこのあたりでは激しかったのだと想像される。明日はエヴァンズが「不法抑留」を食らっている気配がないか注意していかねばならない。

元の踏み跡はここの方が柔らかい路面の所よりもよく見える。今度の旅行中、ポニーにも犬にも、普通ならたっぷりと思われる量の食べ物を与えてきた。それなのに甚だしくがつがつしている。両方とも自分の排泄物《はいせつぶつ》を食う。ポニーについては未消化の穀粒その他がかなり残っているはずだから、あまりひどい感じはない。犬を受け持つ場合これがいちばん困る。あとは楽しいことばかりだ。何時間もゆるみなくちょこちょこ歩きを続けて行く様子はめざましい。その足は鋼鉄のばねのようで疲れを知らぬげだ――きつい行進をしたあとでも、何か変わったことが起きると、たちまち活力をみなぎらせる。オスマンが元の先導役に戻っている。こういう先導役が登場しては去っていく具合は奇妙だ。どれもそうで、例外の老スタリークだけはその地位をしっかり保っている。

隊員一同いままでは経験十分なそり引き旅行家らしい行動をしている。模範の影響はそれほど大きい。停止すると見るまにテントが立ち、クッカーが働き始める。また野営を解いて片付けるのもきわめて手早くできる。チェリー－ギャラードが炊事当番だ。彼はすばらしい。体や装備の扱いのこつを片っぽしから覚えていく。

　そういう面の配慮がいかに重要かはいまでは明白になっているが、それが殊に目立ったのは彼がわれわれのテントに加わった時だ。ウィルソンと私とはほとんどいつでも乾いた靴下とフィンスコーを履けるようにしているのに、彼は足につけるものをいっさい凍らせっぱなしにしていたのだ。これは経験によって安楽の得られるいろいろの要点の一例に過ぎない。身につけるものを乾かし雪を払って置くために費やす時間はすべて報われるのだ。

　二月二〇日、月曜。——二九マイル。昼食時。吹きさらされた堅い路面の上を快調に走行——一七マイル近く進んだ。出発時および行進中非常に寒かった。突然風が変わり気温が上がって、最後に停止した時は全く温暖で蒸し暑いくらいだった。停止してみると二九マイル、約三五法定マイル進んでいた。犬は疲れているが決してまいってはいない——行進最終部を驚くほどしっかりとたゆみなく走った。私はたっぷりそりから下りて何マイルも小走りした。だからよく眠れるだろう。E・エヴァンズはまぐさを一梱《こり》八号野営地に置いていってあり、貯蔵所から一つ取っていってよいはずなのに、それをしていない——ポニーが元気に歩いた証拠だ。明後日には無事息災でいるのが見られるだろう。

　行進中、太陽が南の地平線上を低く回り、空が実に不思議なほど美しい趣を呈するのが見られた。頭上には深い灰青色を背景に、明るい朱鷺《とき》色の雲が浮かんでいた。日光を浴びて輝く山々が層雲の間からきらきら見えた。

　この地ではこれから起きることを予測するのは甚だ難しい。時には南の空が暗く険悪に見えながら、半時間もしないうちに一変する——層雲のとばりが上下するのに応じて陸地が現われたり消えたりする。天気はよその条件に左右されるのでなしに、ここだけで作られるかのようだ。まことに興味深い。

　二月二一日、火曜。——安全野営地の手前約一二マイルの新野営地。一五・五マイル。いつもどおり午後一〇時ごろ出発。明かりは初め良好だったが、急速に悪化して、結局路面がほとんど見えなくなった。犬は疲れを見せてきた。一時間半ほど走ったころ、うっすらと輪郭の見える氷《ひょう》丘脈《きゅうみゃく》へさしかかった。われわれはそりの横を走っていた。

不意にウィルソンが叫んだ、「そりにつかまれっ。」彼がクレバスの中へ片足を滑らせるのが見えた。私はそりに跳びついた。しかし何も起こらなかった。五分後、二つのチームが並んで走るうち、私のチームの中央部の犬が見えなくなった。次の瞬間にはチーム全体が沈んでいった――二匹ずつ、足場を求めてもがきながら消えていった。先導役のオスマンがありったけの力を振りしぼって足場を確保した――その頑張りようはすばらしかった。そりは止まり、われわれは跳びのいた。たちまち状況が判明した。われわれはなんとクレバスの雪の橋に沿って進んでいたのだ。そりが雪の橋の上で止まり、犬が深淵《しんえん》の中で引き具で宙釣りになって、そりと先導犬とで両端を支えているのだった。なぜそりとわれわれが犬に続いて落ちなかったのかは謎《なぞ》だ。あと一ポンドの何分ノ一かでも重かったら、われわれも引きずり込まれたに違いない。実状を把握するとすぐわれわれはそりを雪の橋から離して固定した。そして割れ目の中をのぞいた。犬はすさまじく吠《ほ》えながら、さまざまの奇怪な姿勢に宙釣りになって、明らかにひどくおびえていた。二匹は引き具から抜け落ち、遥か下の雪の橋にいるのがおぼろげに見えた。綱は両端ともクレバスの縁の雪に深く食い込み、そこへ下の重量がかかっていたから動かしようがなかった。事件を目にしたウィルソンとチェリー‐ギャラードがすでに援助に駆けつけてくれていた。哀れな犬にとって初めは事態がきわめて悪く、私はとても救い出せそうには思えなかった。行進出発前にザイルのことを尋ねたのが幸いして、チェリー‐ギャラードが大急ぎでこの頼みの綱を取り出した。こういう突発事では方策が立つまでに多少時間がかかるもので、数分間はわれわれの努力も徒労に近かった。そりの主綱《おもづな》も、また息がつまるほどオスマンを雪に押しつけている先導綱も、一インチとて引き寄せられなかった。それから考えがもっとはっきりしてきた。そりの荷を下ろし、寝袋をテントやクッカーとともに安全な所へ置いた。オスマンが窒息しそうな声をあげ、早くゆるめてやらねばならないことをはっきり示した。私はミアズの寝袋にかかっていた綱をつかみ取り、テントのポールをクレバスに渡して、ミアズといっしょに先導綱をなんとか数インチたぐり寄せた。それでオスマンは自由になり、すぐに引き具を切ってやった。

それからザイルを主綱にしっかり結び、みなで引き上げにかかった。一匹が上がってきて、綱から外してやった。

ところがその時にはもう綱が縁へ深く食い込んでいて、それ以上は引き寄せようとしても無駄だった。しかしもうそりを綱から離せるようになり、初めから目指すべきだったこと、すなわち割れ目にそりを渡し、そこから作業ができるようになった。われわれはどうにかそれをやり遂げたが、絶えず指が無感覚になった。固定した方の綱をウィルソンが押さえ、あとの者が先導綱の端を受け持った。先導綱はとても細く、切れそうで私は心配だった。それでミアズを一～二フィート下ろし、彼が主綱の先導側の端にザイルをつないだ。これで救出作業はいままでよりも手順よく進むようになった。二匹また二匹と犬をそりの所へ引き上げ、次々に引き具を切って外してやった。妙なことに最後の数匹にいちばんてこずった。割れ目の縁の真下近くにいて、雪だらけの綱のために動かなくなっていたからだ。われわれは息を切らしながら、ようやく最後の哀れな一匹をしっかりした雪の上へ引き上げた。一三匹のうち一一匹を取り戻した。

次に、残った二匹を上げられないかと私は考え、ザイルを下ろして二匹がうずくまっている雪の橋まで届くかどうかを見た。ザイルは九〇フィートあり、余った長さからみて雪の橋までの深さは約六五フィートとわかった。もやい結びを作り、みなで私を下ろした。雪の橋はしっかりしており、犬は二匹ともつかまり、一匹ずつ引き上げられた。それから上で叫び声と吠《ほ》え声がするのがおぼろげに聞こえてきた。救出した犬がもう一台のそりの方へうろついて行って、大喧嘩《おおげんか》が始まっていたのだ。ザイルにかかっていた者がみなで犬を分けに行かねばならなくなった。しかしほどなく帰り、少々手間がかかったが私は地上へ引き上げられた。

終わり良ければすべてよしで、確かにこれは甚だゆゆしい出来事の、実に驚くほど幸いな結末だった。一休みして元気をつけなければならないと一同感じたので、野営して食事をし、まことに奇跡のような脱出を喜び合った。そりが落ちていたら、ミアズと私は即死はしなくとも重傷していたに違いない。犬は不思議に元気だが、恐ろしい衝撃を受けたことだった——三匹は排泄物に血がまじっている。内臓をかなり傷めたようだ。多くは腹部に回した細い革帯でぶら下がり、身をふりほどこうとして狂ったようにもがいていた。一匹、位置に恵まれたのが、脚を前後一杯に伸ばし、すれすれに割れ目の両側面をひっかいていた——恐ろしい吠え声を立てながら、よじ登ろうとし続けていた。また二匹いっしょにぶら下がったのがあって、揺れ具合で互いにかみつける位置にくると、そのたびに格闘していた。クレバスの中は一時は地獄だった。そして哀れな動物たちにはそのあいだが恐ろしく長かったに違いない。救出作業を完了したのは三時二〇分だった。事故が起こったのが一時半より前だったのは確かだ。数匹は一時間以上宙釣りになっていたことになる。私にとっては割れ目を調べる好機になった。

　その断面は図に示したようだった。東へ狭まり、西へわずかに広まっていた。西方向には湾曲した珍しい裂片があった。私が乗っていた雪の橋の下にも割れ目は続いていたが狭まっていて、だからあと少し落ちたら、はさまって身動きできなくなっただろう。これで二度私は雪の橋のおかげで助かったわけで、クレバスの途中に何かひっかかりとか助けになるひずみとかが偶然見つかるのはありがたい。しかしそんな偶然を当てにすることは到底できないし、ザイルの届かない深さまで落ちたら恐ろしいことになるだろう。

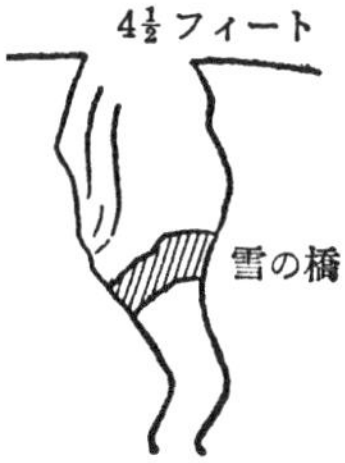

　昼食後、進行を始めると、ほどなく柔らかい雪の、そしてクレバスの心配の最も少ない、正常な路面へ出た。進むには苦労した。犬がへとへとなのと、路面が犬には悪かったからだ。われわれもみな相当へたばっているが、幸い天気には恵まれている。南から激しいあらしが吹いたあと、申し分のない陽光が差してきて、これを書いているテントに充満している。そり旅行を始めて以来最も穏やかで最も暖かい日だ。安全野営地まではあとわずか一二マイルほどで、明日はきっと事故もなく進めるだろう。しかし数匹気掛かりな犬がいる。それらが全部回復したら実際幸運と言えよう。

　今日の仲間たちはみなすばらしかったが、強いて言えばウィルソンとチェリー－ギャラードが中でも賢く機敏に動いた。

　断崖岬《だんがいみさき》からクロージア岬まで走っている一連の割れ目は避けられまいと私は思い始めている。ただ危険区域はせいぜい一～二マイルくらいではないか、そしてコーナー野営地までのポニーの道では割れ目はもっと狭いのではないか、と思う。ポニー八頭が何事もなく通過できれば特に危険な所ではないと考えられる。確かにこれからの旅では必ずこの道筋を通るべきだ。危険区域の図面を作成しなければならない。帰途にあるポニーのことが少し心配になってきた。

犬はどうも食べ物が足りないように思う。ここ数日ひどく衰弱してきた――仕事のせいとは思えないほどだ。飢え切っている。

ミアズの足は乾いてかさかさだ。ほかの者はたっぷり汗をかき、皮膚が桃色で柔らかいのに、彼のは角質になってうろこ状に剥《は》がれる。今夜それを剥がしてみなを大いに面白がらせた。その音は堅い木片を削《そ》ぐときのようで、またその動作は奇妙に足の形をフィンスコーに合わせようとしている感じがした！

貯蔵所旅行の行程要約

地理マイルによる距離。偏差一五二東

		マイル	ヤード	
安全				
三―四号	東	四	二〇〇〇	
四―五	南六四東	四	五〇〇	
	南七七東	一	三一二	九三五九
	南六〇東	三	一五七	
五―六	南四八東	一〇	二七〇偏差一四九半東	
コーナー				
六―七	南	一〇	一四五	
七―八	南	一一？	一九八	
八―九	南	一二	三二五	
九―一〇	南	一一	一一八	
断崖岬《だんがいみさき》野営地				
一〇―一一	南	一〇	二二六偏差一五二半東	
一一―一二	南	九	一五〇	
一二―一三	南	七	六五〇	
一三―一四	南	七	バワーズ七七五	
一四―一五	南	八	一四五〇	
		二一一	六一〇	
復路 一七日―一八日				
一五―一二	北	二三	一九九四	
一八日―一九日				
九、一〇中間まで一二	北	四八	一八二五	
一九日―二〇日昼食時				
八号野営地	北	六五	一七二〇	

一九日―二〇日　七号野営地	北	七七	一八二〇
二〇日―二一日	北三〇から西三五	九三	九五〇
二一日―二二日　安全野営地	北および西	一〇七	一一二五

二月二二日、水曜。――安全野営地。再び一〇時に出発した。路面はかなり重い。犬の進みは悪い。

犬はやせて骨と皮ばかりだ。飢え切っており、疲れもひどい。これではいけない。明らかに飼料が不足だ。来年は規定食を増量しなければならない。そして絶対に正しく工夫した飼料を持たねばならない。乾パンだけでは不十分だ。ミアズはなかなか優秀なのだが、当地の条件には無知だ。一つ確かなのは、犬は人がそりに乗っていては、重い荷を引き続けないことだ。全員犬といっしょに走るようにし、ロシア式の習慣はやめなければならない。ミアズは走りたくなく、自分が犬ぞりに乗って極点まで往復疾走する様子を思い描いていたようだ。今度の旅で大いに目があいただろう。

午前四時三〇分に安全野営地に到着した（距離一四マイル）。E・エヴァンズと彼の一班が着いていて、みな元気一杯だった。しかし残念！　ポニーはたった一頭しかいなかった。フォードのが断崖岬野営地から四マイルしか歩けなかったそうだ。そこでブリザードになり、フォードが手を尽くして世話をしたかいもなく倒れてしまった。エヴァンズの話ではフォードは何時間も付き添って元気をつけようと努め、食べ物をやったり歩かせたりしていたと言う。その果てにテントへ戻ってきて、哀れなやつは倒れてしまったと告げた。みなでもう一度立たせようとしたが努力は空《むな》しかった。立ち上がれず、まもなく死んでしまった。

それから一行は約一〇マイル進んだ。しかしブリザードがブロサムにひびいて――ブリザードのためにしおれてしまったようで、恐ろしく惟悴《しょうすい》し、この行進のあと、ほとんど動けなくなった。エヴァンズの話では哀れなほど頑張ったと言う。一〇〇ヤード行くと、そこで立ち止まって脚を広げ、鼻面を地に垂れた。休ませてたっぷり食わせ、防寒着を着せてやった。しかし今度も努力はすべて水泡に帰した。最後の場面が痛々しくこまごまと続いた。こうしてブロサムも南路に置き去られた。

残る一頭の、通称ジェームス・ピッグはびっくりするほど元気だった――もちろん大事に大事にされ、いまは食べ物を十分もらい、仕事はごく軽くしてあったのだから、それも当然だ。損失は甚大だった。しかし二頭は連れてきた中でいちばん年寄りだったし、オーツの考えではいちばん役立たずの二頭だった。

アトキンソンとクリーンは去ってしまっていて、何の跡も残っておらず――書き置きすらない。甚だ軽率な行動だ。

クリーンはたっぷりまぐさを運んであり、アザラシの肉もいくらか埋めてあるのが見つかった。

二～三時間睡眠をとったあと、われわれはハット・ポイントへ向かって出発した。

夜の行進にはいくつか利点がある。近付く夜が見せる壮麗な光の現象だけでもそう言える。

二月二二日、水曜。――午後一〇時。安全野営地。四時間の睡眠後、今朝一一時に起床。

ウィルソン、ミアズ、エヴァンズ、チェリー‐ギャラード、および私がハット・ポイントへ行った。そこには大きな謎が待っていた。小屋の中は片付き、住めるようになっていた――しかし誰もいなかった。壁に鉛筆で郵便袋が室内にあると書いてあったが、袋など一つも見つからなかった。一同大いに頭をひねった。そしてようやく真の解答はこれだと悟った。われわれがハット・ポイントへ向かって出たのと行き違いに、アトキンソンとクリーンが安全野営地へ向かって発ったのだ――あとで海氷《かいひょう》の上を回って続く彼らのそりの跡が見付かった。それからわれわれは安全野営地へ向けて引き返した。ところが二つの円錐《えんすい》型テントが見えるのにドーム型のが見えないので、一時間はひどく不安な思いをした。ドーム型のがしっかり立っているのが見付かった時には全く胸をなでおろした。アーミテジ岬の周りは明らかに氷がごく弱いからだ。沖合にあんな大きな水穴があるのはこれまで見たことがない。

しかし、今日一日のどの出来事もアトキンソンがくれた郵便袋の驚くべき内容の前には色あせてしまう――キャンベルからの手紙で、その行動の報告と、アムンセンが鯨湾に基地を作ったのを発見したという知らせだ。彼〔アムンセン〕の行動はたいへん計画的だ。そしてそれが正しかったかどうかの決め手となり得るものは成功だけだ。その行動がこちらの考える紳士の道に外れているとしても、必ずしも非難すべきことではないから、私は決して社会に対してうっかり見解を述べたりしないつもりだ。

一つだけは私の心にきっぱり定まっている。われわれとして賢明でもあり正しくもある道は、こういうことが起こらなかった場合と寸分違《たが》えず進んでゆくことだ。不安に駆られたりうろたえたりせず、国の名誉のために前進し、全力を尽くすことだ。

アムンセンの計画がわれわれの計画に対して重大な脅威であるのは疑う余地がない。彼の方が六〇マイル極点へ近い――そんなに多数の犬を無事に氷域まで連れて来られたとは夢にも考えなかった。それらの犬を走らせる彼の計画は卓越しているように思われる。しかし何よりも、彼は早期に旅を始めることができる――ポニーでは不可能な条件だ。

水河舌《ひょうがぜつ》の近くにはまだ氷がある。ずいぶん遅くまである――まるで今季は全部は砕けないような気配だ。しかしアーミテジ岬の先では薄くなっていて、ポニーを無事に通せるか疑わしい。

二月二三日、木曜。――そりその他の準備に一日費やした。コーナー野営地へバワーズを出迎えに行く班のためだ。風が吹き地吹雪もあって、全体にしのぎにくい日和だった。ウィルソンとミアズが犬用にアザラシを三頭捕った。

二月二四日、金曜。――六時に一同を起こした。九時に行進開始。私、クリーン、およびチェリー‐ギャラードがそり一台とテント。E・エヴァンズ、アトキンソン、フォードが二台目のそりとテント。コヘインは自分のポニーを引く。午前中はスキーを履いて引いた。二台目が後れたので後半はそりを代わった。午後は徒歩で引いた。総じて徒歩の方が労力が余計に要るように感じた。クリーンも同じように感じたそうで、経験の効果がわかる。

スキーを履けば厳しい条件の下でも毎日長時間作業ができるに違いない。

二台目のそりが後れがちなのは主として体調の問題だが、ある程度はそりのせいもある。われわれのは一〇フィートそりで、向こうのは一二フィートそりだ。いまの場合は前者がはっきり有利だ。

ひどい一日だった。起きてみると、くっつきやすい氷《ひょう》晶《しょう》があらゆるものを厚く覆っていた――霧氷《むひょう》だ。朝食前にスキーのをきれいに落として置いたが、あとで見るとまたついていた。故国では霜の朝は陽光の降り注ぐ美しい一日になる兆しとされていたのに、われわれの場合は残念にもそういう希望は粉砕されてしまった。湿っぽいと言ってもよいような天気で、気温は零度〔マイナス一七・八度C〕に近く、そして旅をするには恐ろしく薄暗かった。午後エレバス山とテラー山がしばらく姿を見せた。いまは地吹雪が激しく、すぐにもブリザードになりそうな気配だ――いやな夜だ。今度の行進は体のためには大いになるだろう。みなにいまの調子を続けさせよう。

二月二五日、土曜。――晴れて明るい日――容易な進行――昨日は九マイル少々進み、今日も同じだった。明日昼食前にコーナー野営地へ着けると思う。

午前三時に起きると、ホワイト島方向の地平線上に、一本短く黒い線が見えた。そのあたりには露岩《ろがん》はないはずだがと思ううち、それが動くのがわかってきた。その方へ一マイル半歩くと、それはオーツとバワーズとポニーだった。彼らは非常に速く進んでいるようで、どうやらわれわれの野営には気付いていないようだった。今日彼らの踏み跡を進んできたが、ポニーが四頭しかいないような気がする。

われわれにはポニーのジェームス・ピッグがいるので日々の行進距離が限られる。人引きだけならもっと距離がかせげるはずで、また一同スキーを履いて引くのが好きだ。全員練習する必要がある。

二月二六日、日曜。――コーナー野営地へ向かって行進。しかし第二主要班が進行困難になり、やがてスキーを脱いで徒歩で引き始めた。ジェームス・ピッグも路面に難儀するので、三マイル進んだあと野営して昼食をした。

われわれの班はそうでもないが、野営作業がだれてきている。仕事に来ているのであってピクニックに来ているのでないことをみなに言わなければならない。昼食後もう三マイル進んで貯蔵所へ着いた。バワーズ班の野営跡があり、ポニーの塀が五つあるのを見てうれしかった。たっぷり六週分の食糧を置いた。カラス麦一袋、まぐさ一梱の四分ノ三。そうしてチェリー‐ギャラード、クリーン、および私が帰途につき、他はポニーを連れてあとからゆっくり帰らせることにした。われわれは一直線に六マイル四分ノ一進み、お茶を飲んだあともう八マイル進んだ。安全野営地まであと一〇マイルはないはずだ。午後一〇時にテントを張った。暗くて炊事に困った。

　二月二七日、月曜。――目が覚めるとブリザードが吹き荒れていた――いまのところ完全にテントに閉じ込められている――外へ一歩踏み出せば瞬くまに雪だるまだ。なんとか炊事用具を中へ入れ、食事をした。ポニーのことが非常に気掛かりだ――いったいどこにいるのだろうか。帰途の一行*は二日あったのだから、ポニーをどこか避難場所へ入れているかもしれない――しかしそれよりも、こういう打撃を予想していなかったかもしれない――私がそうだった。風は八ないし九の風力で吹いている。強い突風がテントをゆがませる。気温は明らかに相当低い。不運だ。

　二月二八日、火曜。――安全野営地。午前六時に野営をたたんで出発し、安全野営地へ到着。着いてみるとみな非常に寒そうで、意気消沈していた。ウィルソンとミアズはわれわれが出かけたあとずっと悪天候に見舞われていた。バワーズとオーツも到着以来そうだった。ブリザードは二日間荒れ狂った。ポニーは哀れな様子をしていたが、全部生きていた。風は東から刺すように冷たく吹いていた。ここに止《とど》まっていても何のためにもならないので、全員ハット・ポイントへ移ることにし、まもなく手筈《てはず》がすべて決まった。荷造りに長時間かかった。すごい積雪で、そりは部分的に三～四フィートも吹きだまりに埋まっていた。四時ごろ二チームの犬の班が無事に出発した。次いでポニーの班が出る用意をした。ポニーの防寒着が剥《は》ぎ取られていたので、ブリザードの猛威が明らかになった。ポニーはどれもひどく憔悴し、ウィアリー・ウィリーなどは哀れな状態だった。

　予定ではポニーに犬ぞりの跡をたどらせ、われわれの小班が最後に発って、海氷の上でポニーの前へ出ることになっていた。水の穴が広がっているので私は海氷上の通過がとても心配だった。

　ポニーが出発した。しかし荷なしで最後尾につながれていたウィアリー・ウィリーがたちまち倒れてしまった。みなで立たせようとし、馬自身も頑張ったが、消耗し過ぎていた。

＊　バワーズ、オーツ、およびグランとポニー五頭。結局この二日で安全野営地へ到着していた。

そこで手早く編成を組み直した。チェリー＝ギャラードとクリーンがそのまま進み、オーツとグランが私といっしょに残った。そして哀れなポニーを助けようと必死の努力をした。彼を元のように立ち上がらせ、熱いオート麦のマッシュを与えた。そして一時間待ってから、オーツが引いて出発した。われわれの方はそりに荷造りをし、スキーであとを追った。野営地から五〇〇ヤード行ったところで、哀れな動物はまた倒れた。私はもう一度だけやってみて、それで終わりだと感じた。野営の支度をし、彼の周りに雪の塀を築き、そして手を尽くして彼を立たせようとした。どんな努力も空しかった。かわいそうに、彼も痛々しいほど頑張ったのだが。夜の一二時近くに、できるだけ安楽なように彼に支えをしてやったうえ、われわれは就寝した。

　三月一日、水曜、午前。馬は夜のうちに死んだ。せっかくここまで連れ帰って、こんなことになったとはつらい。明らかにブリザードが哀れにもこの動物たちを苦しめるのだ。彼らの毛はよい状態ではない。しかし毛が最良の状態でもブリザードにつかまったら体調に打撃を受けるのは確実で、そしてわれわれとしては旅の初めに体調を崩されるわけにはいかない。だから来年はどうしても出発の時期を遅くしなければならない。

　ともあれ、われわれは最善を尽くした。そして大きな代価を払って経験をあがなった。いまはあらゆる努力をして残ったポニーを救わなければならない。エヴァンズ岬まで四頭、あるいは三頭でも連れ帰れたら幸運と言うべきだろう。ジミー・ピッグも楽でなかったろう。バワーズの大柄なポニーもあのすさまじいブリザードからあと具合が悪い。あんなひどいあらしが二月あるいは三月にあった記憶が私にはない。気温はマイナス七度〔マイナス二一・七度C〕だった。

バワーズ事件

　三月一日夜の出来事を記憶がまだ新鮮なうちに記して置こう。

　三月二日、木曜、午前。――過去四八時間中の出来事はこの探検を粉砕しかねないものだった。奇跡的に人命の損失をまぬがれたことだけが慰めだ。われわれ、つまりオーツ、グランおよび私は、ポニーの死んだわびしい夜のあと、昨日は早く起床し、スキーでまぐさ貯蔵所*へ向かった。目的地に近付くころ空が暗く険悪になり、割れた大氷盤《ひょうばん》が蜃《しん》気楼《きろう》になって前方にぼんやり現われてきた。初め私はこれはこの地方でよくある不思議な目の錯覚だと思った——ところが貯蔵所の近くまで来てみると疑いの余地がなくなった。海はバリアの縁から割れた氷で一杯だった。私の思いはポニーと犬のもとへ走り、恐ろしい不安が激しく襲ってきた。向きを変えて海辺をたどると、いきなりワーキング・クラックが見付かった。これを大急ぎで渡り、四分ノ一マイル進んで歩度をゆるめた。それからまた前方にクラックがいくつか見えてきたので、できるかぎり歩度を上げ、そのままゆるめず進んで、安全野営地と城岩《しろいわ》のあいだに一線に並ぶ地点まで達した。そのあいだ一番に考えたのは、E・エヴァンズに警告することだった。テントを張り、グランが知らせを持って貯蔵所へ行き、オーツと私は不安のうちに状況を思いめぐらしていた。私が考えたのは、もしどちらかの班がバリアの上あるいはハット・ポイントまで行って無事ならば、直ちに安全野営地へ警告の使者を出しているだろうということだった。その使者はもうわれわれのところへ来ているはずだった。半時間ほど過ぎたとき、プラム・ポイントの方角に二つの点が見え、それらが人だとわかって私は思わず「ありがたいっ」と叫んだ。急いで近づくとそれはウィルソンとミアズだった。犬を連れて先に帰路をたどって行った二人だ。二人は私を見てびっくりした——ポニーが海氷に乗って漂っているのではなかろうか——見張り丘から双眼鏡でポニーが見えたと言うのだ。私もポニーといっしょにいるのだと思っていたと言う。二人は朝食抜きで急いで出てきていたので、ココアを入れてやり、甚だ憂鬱《ゆううつ》な現状について話し合った。ココアの直後ウィルソンが、人影が一つ大急ぎで西から貯蔵所へ向かっているのを見付けた。これを止めるためにグランにもう一度行ってもらった。それはクリーンだった——疲れ切っており、言葉もしどろもどろぎみだった。前夜、ポニー班はアザラシ割れ目からたっぷり先の海氷の上で午前二時三〇分に野営した。夜の半ば……。

三月三日、金曜、午前。——昨日書きさしになったので、

＊ これはバリアの一地点にあって、バアリの縁から半マイル入り、ハット・ポイントから。南南東方向にあった。

今朝続きを書く……。夜の半ば、四時三〇分にバワーズがテントの外へ出ると、周りはすっかり氷が割れていた。一つの割れ目がつなぎ綱の下を走っており、ポニーが一頭見当たらなかった。大急ぎで荷物をまとめ、ポニーを氷盤《ひょうばん》から氷盤へと跳び移らせ、それから荷物を引っ張って渡すことを始めた——三人はめざましく、勇敢に働いたに違いない。ようやく彼らはバリアの縁近くに横たわるこれまでより重い氷盤群のところへたどり着き、一時は上へあがれそうに思われた。しかしやがて高いバリアの壁面の下はどこもかしこも割れ目で隔てられているのがわかった。この窮地に立って、なんとか私に連絡できないか試みることになり、クリーンが志願して出かけてきた。氷が砕けるときの海はまるで煮えたぎる大鍋《なべ》のようで、また、シャチがそこらじゅうで頭をもたげていた。それは幸いポニーをおびえさせはしなかった。

　クリーンは氷盤を跳び移りながら海水の上をずいぶん歩いて、やっと一つ厚い氷盤を見付け、そこからストックを頼りにバリアの壁面をよじ登ることができた。それは必死の試みで、運よく成功した。

　クリーンの知らせを飲み込むとすぐ私はグランをウィルソンとミアズとともにハット・ポイントへ送り返し、クリーンおよびオーツといっしょに私のそりを引いて事故現場へ向かった。われわれは安全野営地へ立ち寄って食糧と石油を積み、それから用心しながら回り道を進んで氷縁《ひょうえん》へ接近した。うれしいことに迷子の一行が見付かった。われわれはザイルを持っていたので、それを使って二人を引き上げた。縁から安全な距離にテントを張り、それから一同で荷物の引き上げ作業を開始した。氷は漂流を止め、バリアの縁にくっついて静止していた。二人を引き上げたのは午後五時三〇分で、午前四時までにはそりと荷物全部をバリアの上へ回収した。最後の荷物を引き上げている時、氷が離れそうな気配が見え始め、ポニーは望み薄になった。三頭の動物は哀れだが食べ物をたっぷり与えたうえ、当分氷盤の上に放置するしかなかった。隊員は誰も前夜は眠っておらず、みな疲れ切っていた。私は休息することにした。しかし昨日は朝八時三〇分に全員を起こした。朝食前に見た時にはポニーはもう流れ去っていた。彼らのいた氷盤はザイルで固定して置いたのだが錨《いかり》が引きずられてしまった。がっかりだった。朝食の時に、われわれは荷をまとめてバリアの縁をたどって行くことに決めた。ここまでが先に書いていた時点の状況で、ここで中断しなければならなくなったのだ。それは双眼鏡を見ていたバワーズが約一マイル北西にポニーが見えると言ったためだ。われわれは直ちに荷をまとめて出発した。哀れな動物たちの所へはたやすく下りて行けることがわかり、彼らをせき立てて生への最後の機会を試みさせることになった。ところが不運な行き違いが起こった。私はバリアの縁をたどっていって、ポニーを上げることができそうな、そして実際できるとわかった道を見つけた。しかしそのあいだに他の連中があせって、パンチに割れ目を跳び越させようとした。かわいそうにそいつは落ちてしまい、結局殺さねばならなかった――ひどいことだった。みなを呼び戻し、見付けた道を指し示した。バワーズとオーツがそりを引いてその道を下りて行き、残りのポニーの所へたどり着いた。そしてポニーを連れて同じ道を引き返し始めた。一方チェリーと私はバリアの縁を掘って道をつけた。一頭を救出した。一時は二頭とも取り返せると思ったが、バワーズのポニーはかわいそうに跳び移るとき足を滑らせて水に落ちた。われわれはそれを砕け氷の上へ引きずり上げた――シャチが周りで極度に興奮していた。哀れなポニーは起き上がれず、あとは殺して楽にしてやるしかなかった。なんともひどいことだった。

午後五時、われわれはしおしおと臨時野営を引き払い、元の場所へ帰った。ここも安全ではなさそうなので、私は割れ目がないか調べながら二マイル近く歩いてみた。割れ目は一つもなく、一同真夜中ごろに就寝した。

こうしていまわれわれはハット・ポイントへの悲しい旅を始めることになった。ポニーを失って何もかもすっかり狂ってしまった。しかしありがたいことに隊員は全員無事で元気だ。

三月四日、土曜、午前。――昨日は出発初めに難所へぶつかり、安全野営地とまぐさ貯蔵所のあいだの線を三マイルほど進むのに四時間かかった。そこからバワーズが安全野営地へ行ってみると、エヴァンズへの私の連絡はすでに持ち去られていた。昼食後、そり引きを続け、ウィルソンが初め私と出会ったとき私のテントが張ってあった所、そしてスキーその他を置いてあった所まで行った。それらは全部運び去られていた。陸地へ向かうそりの跡が見つかり、それからようやく一頭のポニーのひづめの跡が見付かった。これらの跡と所々のスキーの跡をたどって真っ直ぐ陸地の方へ進み、やがてプラム・ポイント氷丘《ひょうきゅう》脈のいちばん高い所へ着いた。私はここで野営することに決めて荷を解いていると、人影が四つ近づいてくるのが見えた。それはエヴァンズの一行だった。彼らは金曜に城岩の方へ登り、尾根の頂点でよい野営地を見つけたと言う。彼らは元気そうだった。よい登り道を見つけてあると聞いて安心した。やがてわれわれのそりの一台に軽い荷をつけて自分たちのテントへ帰って行った。アトキンソンが午前中にハット・ポイントへ行ってわれわれのことをウィルソンに知らせることになっている。他の者たちはわれわれを迎えに来て、登り道を助けてくれるはずだ――ポニーに面倒が起こらないよう、坂を登るのは中止した。

三月五日、日曜、午前。――登り道を行進して城岩の下のエヴァンズの野営地へ向かった。エヴァンズ班が迎えに来て、荷物を上げるのを手伝ってくれた――急坂で骨の折れるそり引きだった。ポニーはオーツが連れ上げた。野営して昼食を始めるとアトキンソンとグランが現われた。アトキンソンはハット・ポイントへ無事を知らせに行ってきたところだ。グランにはそのまま安全野営地へ砂糖とチョコレートを取りに行ってもらい、エヴァンズ、オーツ、コヘインをテントに残して、私はあとの六人を連れてハット・ポイントへ向かった。エヴァンズの野営地の所では風がなかったが、丘の上では激しく吹いており、ハット・ポイントではいっそう激しく吹いていた。小屋は割合ととのっており、中で就寝した。

第七章

ディスカヴァリー小屋で

三月六日、月曜、午前。――七時三〇分に隊員を起こした。ウィルソン、バワーズ、ギャラード、および私が城岩《しろいわ》へ出掛けた。エヴァンズの野営地のすぐ手前で彼と出会い、見ると荷物はもう丘の上へ引き上げてあった。オーツとコヘインはポニーを連れに引き返してしまっていた。尾根の頂上で人もポニーもそりにつき、良好な路面を快調に小屋へ向かって進んだ。行進が終わりに近付くころ、視程がひどく悪化し、いまにもブリザードが来そうな気配になった。スキー斜面の頂上でわれわれはポニーをそりから外した――ウィルソンが彼らを露岩《ろがん》から露岩へと導き下ろした。残りのわれわれで斜面をそり一台と必需品とを下ろした。氷脚《ひょうきゃく》沿いにそりを進めるのは危なっかしい仕事だ。そこはいますっかり青氷《あおごおり》になっていて末端が海へ落ちている。全員しっかりした足場を持っているのを確認している必要がある。一同無事に小屋へ着いた。ポニーはベランダの下のすばらしく居心地よさそうな所へ入っている。

ココアを飲んでからギャップにいる残りの犬を連れに行き、また丘の上のもう一つの荷も回収した。雪はすでに止み、風も心持ち弱まっていた。人も動物もすべて安全な場所に収容でき、大いに安堵《あんど》して就寝した。

三月七日、火曜、午前。――昨日ウィルソンとプラム・ポイントへ出かけた。行ってみると、プラム・ポイント入江の海氷《かいひょう》の端はまだ残っていた――そこにはアザラシが群がっていた。幼獣を一頭捕り、かなりの量の肉と若干の脂肪を持ち帰った。

その間に他の隊員たちが小屋を住みよくする作業をいくらか進めていた。午後は全員で本式に取り掛かり、夕食までには驚くほど成果をあげた。

荷箱で大きな**Ｌ**形の内部屋を作り、隙間《すきま》をフェルトでふさいだ。灯油の空き缶と耐火煉瓦《れんが》とで上等の小かまどができ、それを以前の煙突へつないだ。固形の食品はこのかまどで煮たり炒《いた》めたりし、茶やココアはプリムスで支度する。

小屋の温度はもちろん低い。しかしそれ以外は少しも不都合はない。乾パンはいくらでもあるし、プラム・ポイントでの発見がアザラシ肉の無制限な供給を保証している。ココア、コーヒー、茶は山ほどあり、砂糖と食塩も十分ある。加えて若干のぜいたく品、すなわちチョコレート、干しぶどう、レンズ豆、オートミール、サーディン、ジャムなどがあって、これらは食事に変化をつけるのに役立つだろう。ああしたりこうしたりして大いに居心地よく滞在できそうで、早くもここを当座の住まいと思えるようになった。

三月九日、木曜、午前。――昨日と今日、小屋の整備に忙しく働き、難問を次々と解決した。かまどは薪《まき》をたちまち使い果たしそうな恐れが出てきた。改造して、点火時に細木を数本だけ使い、あとはブラバー〔獣脂〕だけでたっぷり熱を出すようにした。今日は通気の調節とレンジ部分を広げるための改良を加える。かつてのディスカヴァリー号当時の冬期用天幕を使って、居住部分をもう一重囲い込んだところ、内側で発生した熱が早くも逃げなくなってきた。われわれはブラバーを食べ始めており、またそれで炒めた乾パンをおいしく食べている。

われわれには安楽に必要なものは事実上揃《そろ》っていて、ただ物資を最善に活用する経験が少し不足しているだけだ。天気はここ二～三日、驚くほど、あるいは薄気味悪いほど、よい。海は結氷したり砕けたりをすでに数回繰り返している。暖かい太陽は装備一切を乾かす絶好の機会を与えてくれた。

昨日の朝、バワーズが数人を連れ、先週氷盤《ひょうばん》から救出した物資を取りに行った。E・エヴァンズが自分からミアズ、コヘイン、アトキンソン、グランらの一行に加わった。彼らは小屋を午前一〇時ごろ出発した。われわれは登り道を手伝った。そして七時三〇分に、私は彼らが一二マイルほど先の、用具を置いてある野営地へ着くのを見た。彼らの帰りは明日の夜になるだろう。

みなが仕事のこつを覚えたり、能力を発揮したりする様子を目にするのはすばらしい。ウィルソンは例のごとく先に立って有益な提案をし、なにくれとなく一同の要求を弁じている。衣服の扱いの悪さ——これは私がイギリス人の最も危険な面だと思うに至ったことだが——それを防止するのに本当に頼りになる男だ。

三月一〇日、金曜、午前。——昨日ウィルソンと城岩へ出かけ、エヴァンズ岬まで行ける可能性を調べた[*]。明るい日で、日光を浴びて歩くととても暖かかった。エヴァンズ岬への道はエレバス山の最悪の一角を越えることになるのは確実だ。ここからの遠さでは山腹全体がクレバスだらけに見えるが、高さ三〇〇〇ないし四〇〇〇フィートあたりに通路が見つかるかもしれない。

小屋は次第に温まり、いちだんと住み心地がよくなった。夜はしごく快適で、寒いのは朝のうちだけだ。外気温は日中プラス八度〔マイナス一三・三度C〕から夜プラス二度〔マイナス一六・七度C〕の範囲である。今日は強い南東の風があって地吹雪を伴っている。かまど用に、もう少しブラバーを取りに行く予定だ。

三月一一日、土曜、午前。——昨日の午前プラム・ポイントへブラバーを取りに行った——風はギャップまでは非常に強かったが、プラム・ポイント側ではごく弱かった。

夕方、城岩の方へ途中まで行ってみた。頂上では強い風が吹いて刺すように冷たかった。そりの一行は見えなかったが、夕食後帰ってきた。きついそり引きだったようだ。小屋の近くまでは少しも風がなかったそうだ。気温はマイナス一〇度〔マイナス二三・三度C〕とマイナス一五度〔マイナス二六・一度C〕まで下がった。ただ日中は明るい陽光があったと言う。旅とスキーを履いてのそり引きを満喫したそうだ。

小屋の生活は大いに改善された。しかし物事の進みが速過ぎると、考えることや小屋内の仕事がなくなりかねない。小屋の内外に残っていた物品をいろいろと整理したら驚くほど役立つようになった。

＊すなわち、いまは海氷がないから、陸路のことである。

これは書いて置く価値がある。

三月一三日、月曜、午前。――土曜夜に天気が崩れ、昨日は軽いブリザードがあった。風は南へ回り、昨夜から強さを増した。そして今朝は相当強い波が氷脚《ひょうきゃく》へ打ち寄せた。犬の間近までしぶきが飛んできた。ディスカヴァリー号で座礁した時の強風が思い出された。ブラバーかまどの具合が悪くなり、土曜の夜には小屋じゅうに煙が充満した。そのため人はみな煙突掃除夫のように黒くなり、衣服はどれも脂っこいすすをかぶった。一同恐ろしいごろつきの一団みたいになった。ブリザードのため予定したことができず、われわれの注意はかまどや炊事やいろいろの小屋内の整理に向けられた。どんなことにも四方八方から助言が殺到し、その結果、物事はなかなかうまく運んだ。小屋にはブラバーとその煙の刺すような臭気が立ち込めている。われわれはもう慣れっこになったが、エヴァンズ岬へ帰ったら、われわれとわれわれの身につけているものは、さぞ敬遠されるだろう。

三月一五日、水曜、午前。――日曜、月曜、火曜と続いて南風が吹いた――こんなにしつこい南風は初めてだ。

月曜と火曜の両日、火口丘へ登った。プラム・ポイントの氷盤《ひょうばん》が流出しないか心配していたが、昨日はまだあった。ただ割れ目は次第に開いてきた。それが流出するとわれわれは窮地に陥る。*

昨日、丘を下る途中、見慣れない人影が一つ進んでくるのが目に入った。グリフィス・テーラーだった。彼とその一行が無事に帰って来たのだった。彼らは彼らで冒険がいっぱいあったようだ。その仕事の主要部をなすのは種々の事実の再発見だろう。ディスカヴァリー号当時気付きながら、たぶん軽く見過ごした事実で――地形および氷の特徴に関する課題が今度はきっと完全に解明されるだろう。一つ非常に興味深い事実は、一行が初めの四週間天気に恵まれ、うららかな陽光の日が続いたことだ。われわれのように荒れ狂う風やブリザードには全然出合わなかったらしい。

しかしこの一行について語るのはグリフィス・テーラーに任せなければならない。それはきっと相当長いものにな

* そうなるとアザラシが上がってこなくなるからである。

るだろう。一行はエヴァンズ［兵曹］の人柄を高く評価している。

今日は大勢でアザラシ狩りに出かける。たっぷり二週分のブラバーと肉を手に入れたい。氷盤がこれからも止《とど》まっていてくれるよう祈る。

三月一七日、金曜、午前。――水曜にはプラム・ポイントでアザラシを一一頭仕留め、そこで昼食をし、半トンほどのブラバーと肉を野営地へ持ち帰った――登り道を引くのはきつかった。

昨日コーナー野営地行きの最終班が出発した。E・エヴァンズ、ライト、クリーン、およびフォードで一班。バワーズ、オーツ、チェリー＝ギャラード、およびアトキンソンでもう一班。ライトが一日休んだだけで加わったのはなかなか活動的だ。明らかに優秀な引き手だ。

デベナムが調理人頭を勤め、見るからにその仕事を楽しんでいる。

テーラーは活気にあふれ、話題豊富で、貴重な新メンバーだ。

昨日は午前中美しく晴れていたのに、その後強い北風が出て、それが真夜中まで続き、海峡へ若い氷の群れを吹き入れた。それから風は急に南へ移り、私はてっきりブリザードが来るものと思った。ところが今朝は風は南東へ変わっていて――北風でできた層雲は散り始め、夜の間に積もった湿っぽい雪は吹き飛ばされている。晴れた晩になりそうだ。

小屋の安楽は着々と増している。かまどは同じものとは思えぬほど改良された。煙突を余分につけたので逆流しなくなり、もう室内に煙は漏れず、一方、燃料も大いに節約できるようになった。

目下、内と外の断熱に取り組んでいる。

若い氷があちらこちらと動いている。しかし海はいまのところ結氷しそうにない――プラム・ポイントの区域だけは別で、そこでは一つの入江がここ四日ほどバリアの破片をいくつかしっかりつかまえている。これらの氷塊はバリアの縁から出たもので、なかにはすでに崩れ始めているものもあり、その点から見て、表層に急速に積もった深い積雪があることがわかり、したがって恐らくそれらが漂流海氷になってからせいぜい一年か二年であろうこと、また積雪が深いのは、古いバリアの縁に接していたためであることがわかる。

　私はこのごろパジャマのズボンを履くようになり、シャツも一枚余分に着ようと思っている——これまでずっと軽装で暖かいのに驚いていたのだ。これまではパジャマの上着の下に肌じゅばんとメリヤスセーター、防風ズボンの下にズボン下一枚だけで通してきた。ズボン下には元から穴が一つあり、その部分は防風ズボン一重だけだったわけで、しかもそこが冷たいと感じたことが一度もなかった。

　いろいろ活動することはあるが、ここに止《とど》まっているのがもどかしい。しかし基地の小屋にいても同じようにもどかしかろう。じっと座ったまま運送に受けた打撃について考え込むのはよくない。前進計画は初めのもくろみとはだいぶ変えなければなるまい。極点はなんと遠くにあることか、ああ。

　私はだんだんと犬に対する信頼がすっかりなくなりつつある——求める速さでは決して進んでくれまいと思う。

　三月一八日、土曜、午前。——風と地吹雪が続いている。ここでは海が全面結氷するまでは平安などあり得ないという感じだ。昨日は南東の風が激しく吹いた——風に逆らっては歩けないくらいだった。夜にはすっかり落ちた。真夜中には月が皓々《こうこう》と照っていた。その後、空は一面に曇り、気温はプラス一一度〔マイナス一一・七度C〕まで上がった。いま風は南から時々思い出したように吹いている——どれもブリザードの前兆だ。

　金曜の北風で氷がハット・ポイントに向かって密集したのに違いない。密着した若い氷の相当大きい氷盤《ひょうばん》が岬の下へ乗り上げ、今朝その上にアザラシが一頭見えた。数人で捕りに出かけたとたんにアザラシは水中へ滑り込んだ——明らかに睡眠を終わっていたのだ——しかし小屋のこんなに近くでアザラシが捕れる可能性があったのは有望だ。

　三月二〇日、月曜。——土曜夜には南風が激しく吹き、空は薄暗く、層雲が低く垂れ込め、地吹雪があった。再び海のしぶきが氷脚《ひょうきゃく》を越えて犬の間近まで飛んできた。日曜朝には風はすでに南東へ変わり、昨日一日じゅう猛烈に吹き、気温はマイナス一一度〔マイナス二三・九度C〕とマイナス一二度へ下がった。

　われわれは小屋とそのすぐ周辺に釘《くぎ》付けにされた。夜には風は衰え、今朝二〜三時間は至軽風《しけいふう》が吹くだけで、気温はマイナス二度〔マイナス一八・九度C〕まで上がった。

悪天候の連続は犬には容易ならぬことだ。われわれは彼らを安楽にしてやろうと懸命に努めているが、風が変わるのですべての方向に避難場所を見付けてやることができない。五〜六匹は放してある。しかし強いものにもそういう自由を与えることには踏み切れないでいる。犬は寒さがひどくこたえるようだが、いまより悪くはなるまい。

旅から帰る途中クレバスへ落ちた小柄な白犬が昨日死んだ。最良の環境でも生き延びられたか疑わしい。内臓が傷ついていたのは明らかだったし、外傷は壊疽《えそ》状になっていたから。ほかにも三匹心許ないのがいるが、うまくいけば生き延びるだろう。

今日一つ幸運があった。ハット・ポイントの先へ押し寄せた若い氷が固着したままだったのだ——小さな壇になって岬から突き出ている。今日その上にアザラシを二頭見付けて仕留めた——こうして犬のための肉をどっさりと、われわれの火のためのブラバーがいくらか余分に手に入った。この二頭の皮を剥《は》いでいる間に、また数頭上がってきた。だからこれからは必要な分はすべて尾根のこちら側でまかなえるかもしれない。

これを書いているうちに風がまた吹き始めた。そして南へ戻りそうな気配だ。唯一の慰めは、曇り空でのこの強い寒風が海峡の水を大いに冷やすに違いない点だ。

悪天候が続くのにはじりじりさせられる。しかし小屋の中はかなり居心地がよく、不都合と言えば、食欲に任せてたっぷり取った食事を消化するだけの運動ができないことくらいだ。

三月二一日、火曜。——風は昨夜八時に南へ戻った。次第に強さを増して、午前二時には南南西風力九ないし一〇、で吹いていた。大波が絶えず、かつ激しく、氷脚に打ち寄せていた。しぶきはまともにハット・ポイントの突端を飛び越えて——あらゆるものを覆い、また小屋の屋根に降り注いだ。水面から三〇フィートほど上にあるヴィンスの十字架もかわいそうにしぶきに包まれた。

当然、犬はつらい目にあっていて、二〜三匹を放してやりに行ったが、そうする間にわれわれも体じゅうにしぶきをかぶった——防風服がずぶぬれになった。

今度がここに着いてから三度目の南の強風だ。三度とも湾内は船の滞留を許さぬほどの状態になり、したがって一九〇二年にディスカヴァリー号がこの湾にいたとき、こういう打撃を全く受けなかったのは異例だったことになる。

この強風の影響はありありと見え、それがきわめて異例であることを示している。氷脚《ひょうきゃく》の波状の雪面は四方八方にえぐられ、塩辛い堆積物《たいせきぶつ》で覆われた——こんな状態はこれまでに見たことがない。入江の南西隅の氷脚は崩され、裸の岩が初めて現われた。

そりにも地磁気小屋にも、そればかりか、この岬でむき出しの物には一つ残らず、塩水がべっとりついている。わがアザラシ氷盤はなくなってしまい、したがってこっち側のアザラシとは当分おさらばだ。

この異常な悪天候続きのいちばんの被害者は犬だ。体調の悪いのが少なくとも四匹おり、他に六〜七匹元気とは決して言えないのがいる。しかし不思議にも一〇匹余りはぴんぴんしている。体質的に頑健なためか、生まれつき、あるいはたまたま、身を守るのに適していたためか、わからない——オスマン、ツィガン、クリスラヴィツァ、ホーホル、その他数匹は申し分なく好調で、ラッパもこれまでになくよい。

つないだまま犬を居心地よく過ごさせるのはとても不可能だし、また始終それに気を配っているのはあまりに骨が折れるので、大半を放してやることにした。一〜二件、殺害事故が起きるかもしれないが、一方つないで置いたらもっと多く死にそうだ。

喧嘩《けんか》好きな犬はつないで置くようにする。

哀れな連中にとって最大の悩みになりそうなのは後半身に氷の被膜がつくことだ。ひとたび氷が毛の奥までつくと後脚は冷たさで半ば麻痺《まひ》してしまう。走り回ってそれを防いでくれるといいのだが。

いやはや、運命はわれわれにあまり親切でないようだ。この月はみじめな思い出を残すだろう。しかしこれでもまだましだったのかもしれないとも思う。ポニーはちゃんと馬屋があってしごく元気だ。もっとも、食べ物は心持ちふやしてある。

昨日午後、回転楕円面《だえんめん》風化の例を見に見張り丘へ登った——ウィルソンが知っていて案内してくれた。地質学者たちの説によると、それらは柱状構造を暗示するもので、柱の頂が風化して消失したのだと言う。

われわれが見た数例はきわめて完全なものだった。夜、地質学を少々教えてもらって面白かった。天気がよくて外を動き回れさえすれば、二人の地質学者のいるここでの滞留に悔いはない。

　今朝、風は和らいで南東へ移った。自然、波もたちまち静まった。今朝の気温はプラス一七度〔マイナス八・三度C〕だった。最低プラス一一度〔マイナス一一・七度C〕。しかしいま南東から風が強まっており、寒さも刻々と増している。

　三月二三日、木曜、午前。――貯蔵所班がいっこうに帰らない。今夜で一週間になるはずだ。火曜午後、われわれはスキー斜面の上の大漂石《ひょうせき》まで登った。地質学者たちは興味を持ち、われわれ他の者は次のようなものをいくらか学んだ。水晶形で緑色もしくは酸化して明るい赤色をした橄欖石《かんらんせき》、花崗岩《かこうがん》あるいは白粒岩《はくりゅうがん》あるいは珪岩《けいがん》、角閃石《かくせんせき》および長石、第一鉄および第二鉄を含む溶岩酸の酸化物、塩基性、深成、火成、溶岩性の――片岩《へんがん》、玄武岩、などなど。これらはもっと整理して頭に入れなければならない。

　火曜の午後、冷たい南東の風が起こり、夜通し吹いた。

　昨日の朝は無風で、私は火口丘へ登った。層雲の海が幕状に海峡の上に垂れ込めていた――海峡の東と南は青空で、西部山地は日光を浴びて鮮やかに、さえざえと、くっきり望まれた――壮麗さが一瞬見せた輝かしい姿で、そこへ次第に幕が下りていった。朝、バリアの大破片が流れ出て行くような気配が見えた。丘の上から見ると実は小さい破片に過ぎないことがわかった。先の強風で崩れたもので、その跡が所々青い壁になり、一様に白い、元からの断面とは容易に見分けがついた。古い氷盤《ひょうばん》と相当広い新成氷がプラム・ポイント入江にしっかり止《とど》まっていた。いつもどおり多数のアザラシが上がっていた。気温は上昇して正午にはプラス二〇度〔マイナス六・七度C〕に達した。午後はたいへん冷たい風が東から吹いて気温が急速に下がり、夕刻には零度〔マイナス一七・八度C〕になった。海峡は執拗《しつよう》に結氷を拒んでいる。

　われわれはまた一つ成功を収めつつある。ブラバーランプの製作で、これは暗い時間が長くなる折から、明かりの心配を解消してくれる。

　プラム・ポイント入江の若い氷はもうひしめき始めている。

　三月二四日、金曜、午前。――トウゾクカモメはまだあたりにいる。数はわずかだ――たいへんおずおずしている

――換羽《かんう》のあと、色がずいぶん黒っぽくなった。昨日、到着高地沿いに歩いたが、尾根越しの風が刺すように鋭かった――避けるのが容易でなかった。宵には静穏になり、それが夜のあいだ続き、気温はプラス一八度〔マイナス七・八度C〕まで上がった。今朝は雪降りで、かなり大きい雪片が落ちてくる。

昨日初めて入江の南側の氷脚《ひょうきゃく》を見た。水面上五ないし六フィート、水面下一二ないし一四フィートの壁だ。海底が透き通って見え、その上に白い壁が乗っていた。これは海岸一帯の氷脚の典型に違いなく、水面部でえぐられた洞穴を見ただけでも、張り出し部分の大きさが想像できる。先の強風の波でできた氷脚表面の浸食はたいそう珍しく興味深い。

貯蔵所設置班は昨日午前中に帰ってきた。往路は視界の悪い天気で道に迷い、最後は安全野営地とコーナー野営地の間で三〇マイル歩いた。こちらが強風だった夜には彼らは風力八に達する激しい風に吹かれた。吹き始めは北西で、最強時は南南東だったと言う。

海が凍りそうになっている――風が落ちるとすぐ氷の薄膜ができた。しかし気温が高いから急速に厚みを増しそうにはなく、また潮汐《ちょうせき》のため開水路がたくさんできている。物資の量を調べ、もう二〇日滞留の準備をしている。

三月二五日、土曜、午前。――ここ二日驚くほど暖かく、空は本曇りで、雪が舞い、風は至軽風だけだった。昨夜南風とともに空が晴れ始め、今朝は周りじゅう海が開いている。氷がなかなか固まらないのはがっかりだが、一方、水の冷却は進んでいて、したがって日一日と氷ができやすくなっていると考えられる――太陽はすっかり力を失ったようだ。しかし正午前後にはまだ水面を多少暖めるように思われる。全員エヴァンズ岬で再会できると思っていた予定の日まであと一週間しかない。

気温の高さが小屋内にいくぶん居心地の悪い状況を作り出している。内側の屋根〔天井〕の上の氷がどんどん融けて床へ滴り、また壁を流れ落ちる。寒さが増してきて、これを書いているうちにも、その悪状況が止みそうになってきた。小屋の住みよさを確保するには天井の氷を全部取り除くか、内部の温度を氷点ぎりぎりに保つしかない。

三月二六日、日曜、午後。――昨日午前、寒風の中を到着高地を歩いてみた。午後は東側、見張り丘の方へ。風は午後次第に静まった。すばらしい夕方――完全な無風、煙が直上する。海は結氷――恐らく最終的な結氷に見えたが、夜、南東から風が起こり、岸沿いに長々と開水面ができた。風は地吹雪を伴って今日午前中続き、午後衰えた。はざまの向こうまで歩き、帰りは火口高地を通って到着高地へ出た。

　アーミテジ岬の東の海にはかなり氷が広がっている。無氷の池が数個ある――岬の西の沖合は所々結氷。岸近くの開水路は城岩まで伸びている。氷《ひょう》河《が》舌《ぜつ》の両側の入江は見たところ相当結氷している。小屋はまだひどく水が滴る。

　今朝、小屋内で礼拝式をし、嘆願も唱えた。今日一羽トウゾクカモメを見た。

　三月二七日、月曜、午後。――今日は尾根に強い東風があって、西側の斜面を吹き下ろす。

　氷は大体ハット・ポイント以南では持ちこたえているが、北では岸から二分ノ一マイルないし四分ノ三マイル開いている。聞くところでは氷河舌の両側でも所々空白になったそうで、気になる。いつもの局地風。バリアの縁が端から端まではっきり見渡せ、地吹雪がほとんどないのがわかる。はざまの向こうまで散歩してきた。うれしいことに大部分の者は体を動かしたがっている。しかし火のそばがよい者も一人二人いる。

　犬は日ごとに元気になり、一～二匹を除きどれも上等の毛並になった。一～二匹がわれわれの散歩に自発的についてくるのは甚だ喜ばしい。強い地吹雪に逆らって小走りに進むのを見るのは愉快だ。

　三月二八日、火曜。――徐々ながら確実に海は結氷している。強い東風にもかかわらず、そして点々とある池がいつまでも凍らないにもかかわらず、ハット・ポイントの南の氷は持ちこたえていて、厚さを増している。池が凍らない理由はよくわからない――そこへは上から気流が吹きつけているのだろうか。しかしそうとしても広さが一向に縮まらないのは奇妙だ。大量の氷が北の小島の内側と周りに残っているようだ。ただ遠過ぎて一面に凍っているかどうかは確かめられない。

　ポニーをもう四頭収容できる馬屋を東側のベランダの下に作っている。これが完成すると七頭収容でき、冬と春の活動には十分となる。

　三月三〇日、木曜。――氷はハット・ポイントの南で持ちこたえている。ただどんどん厚さを増してはいない――昨日は無風で、氷《ひょう》河《が》舌《ぜつ》の両側で氷状は同じように見えた。道のうち安全になるのが最も後れる部分はハット・ポイントから亀の背甲板島までのようだ。ここでは静穏な天気でも海は凍る気配を見せない。今日は東からなおも強い風がある。尾根の下はずうっと白波。

　ここの滞在は長引きそうだ。つらいことだ――つらい――しかし生活はでき、その点はありがたい。五月まで持たされても仕方がないのかもしれない。昨日トウゾクカモメが数羽、野営地の周りに見えた。今日はまだ一羽も見かけない。

　今朝、ナガス鯨が二頭、ハット・ポイントのすぐ近くで浮上していた――氷はどこも厚くないのに、開水路や薄い所へ行って潮吹きをするのは不思議だ。

　三月三一日、金曜。――昨日、尾根沿いに吹いていた風を調べてみて、割合細い気流がエレバス山から尾根沿いに流れているとの結論に達した。尾根の両側とも尾根自体から吹き下ろすようだった――プラム・ポイントの先の海氷の上ではほとんど風はなかった。そしてハット・ポイントの西側では氷煙《ひょうえん》が北西へ流れていた。気温は零度〔マイナス一七・八度C〕のあたりを上下している。風が絶えないのは開水面のためであることはほぼ確実のようだ。そうして海は結氷を拒む。

　ライトは、濃縮した塩水の氷点であることから、零度が塩水の凍結に持つ重要な意味を指摘した――零度の上下ほんの二度か三度〔Cで一・一～一・七度〕で氷の厚さの増加率に大違いが生じるのだ。

　昨日、氷はアーミテジ岬の東の所々で八インチ、われわれの湾で六インチあった。氷河舌の南は亀の背甲板島のずっと先まで、また北は、氷河舌のすぐ北の開水路を除いて、諸島の外まで堅いとのことだった。

　物資はどれもあと一週間はまず大丈夫で、それから先はぜいたく品は切り詰めなければならない。しかしアザラシの肉、ブラバー、乾パンはたっぷりあるから、必要とあらばまだまだ滞在できる。一方、日は短くなり天気は寒くなってくる。

四月一日、土曜。——風は昨日尾根を横切って頂から西へ吹いていた。東側の斜面ではごく弱く、プラム・ポイントではほぼ無風だった。アザラシが一頭われわれの湾へ上がってきたので捕った。テーラーは魚が数匹海氷に氷詰めになっているのを見付けた——狭い範囲に数カ所あると言う。

プラム・ポイント湾の氷丘脈《ひょうきゅうみゃく》はライトにより高さ約三フィートと測定された。この氷は一〇日ほど前から「入った」状態が続いている。もうハット・ポイントの南はほぼどこでも安全に歩ける。

昨日、第三火口（城岩の隣）まで行ってみた。氷は湾の近くではハットン岩場近くの出鼻から氷河までの間が持ちこたえているようだし、また北湾でも、氷河のすぐ北の細長い開水面のところ以外は全面持ちこたえているようだ。

風は今日は昨日と同じだ。そして開水面は見たところ少しも縮まっていない。じれったくなる。

四月二日、日曜、午前。——昨日午後初めて海氷の上をアーミテジ岬を回ってプラム・ポイントまで行った。氷はどこも堅かったが、岬の前だけはだめで、そこには池が無数にある。比較的暖かい水の層が浅瀬のため表面へ出るとしか考えられない。池と池の間の氷はわりあい薄い。岬の前でエンペラーペンギンを一羽捕った。トウゾクカモメを数羽見かけた——アザラシが三頭われわれの湾に上がっていた——数頭が蹄鉄湾《ていてつわん》のプラム・ポイント側のしのぎやすい所にいた。海氷の中に多数の魚——ほとんどは小さいが一種は体長が五～六インチほどあった。アザラシに追われて砕け氷の中へ入り込み、出られなくなるのだろう。丘を越えて帰った。美しい日没、西の空に鮮やかな深紅色の雲。

帰ると風は衰えかけていた。ここ三日で初めてだ。宵には向きが北へ変わった。夜、見事なオーロラ。輝く光の帯が南南西から東北東へかけて天頂から一〇度の範囲に広がり、頂点が二つの螺旋《らせん》になって波動した。今朝北の海は氷で覆われた。夜の最低気温マイナス五度〔マイナス二〇・六度C〕、しかし氷の大部分は風で運ばれてきたものと思われる。見込みが出てきたようだ。氷はいまやエヴァンズ岬まで一続きになっている。だが氷河舌《ひょうがぜつ》まではごく薄い。三日か四日、無風か弱風の日が続けばすっかり堅くなるのだが。

四月五日、水曜、午前。――日曜にちょっと止んだほか、これで五日間東風が吹き続いた。次第に激しさを増し、冷たさが徐々に加わり、雪が多くなった。そして昨日になると、空は密雲に閉ざされ、雪が舞い落ち、吹き飛び、気温はマイナス一一度〔マイナス二三・九度C〕へ下がった。

日曜、月曜の午前にグリフィス・テーラーと城岩の向こうまで行ってきた。

地吹雪の雪と氷晶《ひょうしょう》（絶壁前の）が集まって風上に氷の膜を作っていたことから見ると、風はかなり局地的で、海峡はさらに北へ結氷したようだ。月曜には白い膜が近づいてくるのが見えた――昨日は風が弱まらなかったのに、それが目に見えて陸に近づいた。二日とも外を歩くのは楽しくなかった。昨日、見えるかぎり見ようと丘のあちこちへ登った。ほかには誰も小屋を離れなかった。夕方風が落ち、夜のあいだ結氷が続いた（最低マイナス一七度〔マイナス二七・二度C〕）。今朝はどこもかしこも氷だ。もう定着したものと考えざるを得ない。到着湾では六インチから七インチの厚さがある。ただその先の新しい池では、例のように伸縮する泥状の新成氷が一インチあるきりだ。空は昨夜晴れ上がり、今朝は久し振りの日光だ。この天気が一日続けばわれわれは具合よくなるだろう。ぜいたく品がいよいよ終わりに近く、したがってもう移動すべき時が来ている――砂糖がなくなりかけている。

トウゾクカモメは去ってしまったようで、日曜に一羽見たのが最後だ。この鳥は終わりごろにはひどく臆病《おくびょう》だった。また羽毛がたいへん黒っぽくなった。空腹には見えなかったが、食べ物を手に入れるのは容易でなかったに違いない。

アザラシがわれわれの湾へ上がってきている――昨夜は五頭。幸い犬はまだ彼らに気付いていない。あるいは海氷がもう歩けるのを知らないのだ。

城岩の集塊岩および玄武岩の岩脈に関してテーラーと興味深い話をした。城岩の下の小さい円錐《えんすい》火口の完全さは、われわれが考えた理論、すなわち、いまより大きい氷床《ひょうしょう》が後退したあとで火山活動があったのだ、という理論を裏付けているように思われる。

氷の問題を解明するうえでライトがいたのは大きかったし、彼はここで多くの興味ある事実を観察する好機を得た。氷の変化を記録しており、氷の現象に抜かりなく目を注いでいる。彼とはたびたび討論する。

　昨晩ウィルソンがペンギンのブラバーでアザラシの肉の空揚げをつくった。鱈《たら》の肝油に似た味で、評判はあまり芳しくなかった——数人は残さず食べた。そり引きの時の食欲があれば誰も残さず食べたろう——ディスカヴァリー号時代の影!!

　このエンペラーペンギンはおよそ八八ないし九六ポンドあった。したがってこれまでの記録と同じか、あるいはそれを越えている。

　犬は一～二を除き、みなわりに元気だ。ディークがいちばん悪い。しかし私はどれも持ちこたえるだろうと思い始めている。

　四月六日、木曜、午前。——天気は昨日一日晴れて澄み渡っていた——小屋へ来て以来わずかしかなかった晴れた日の一つだ。

　太陽は朝から午後五時ごろに北の丘の背後に沈むまで照り続けた。海はすっかり凍ったが北の方は薄い。かなり強い北風が出て、この薄氷がまくれ上がり、陸地近くにいくつか開水路ができた。午前中にライトといっしょに新成氷の縁まで行った。そこが安全の限界のようで、それ以上は無理をしなかった。氷がまくれる現象は興味深い。一枚の縁が起き上がりながら裂け、長い舌のようになって他の薄氷の上を滑って行く。それがずんずん這《は》って行く様子は印象深い。動いているあいだじゅう音楽を奏でる。高調子だが音楽性豊かな旋律の混成曲で——森で小鳥がさえずるのを思わせる。氷が歌うとわれわれは言っている。

　午後。——午後、若い氷の上を北へ二マイル近く行った。厚さは三インチ半ほどあった。夕食のときエヴァンズ岬への移動計画を決めた——人は土曜に——犬は日曜に——ポニーは月曜に——もちろんすべて天気が持つのが条件だ。

　四月七日、金曜。——アトキンソン、バワーズ、テーラー、チェリー‐ギャラードらといっしょに氷の上を北へ歩いた。どこでも厚さは五インチ近くあったが、開水路の所はまだあちこちにたくさん水面が残っている。陸地から離れた時われわれが乗ったのは、小型の蓮《はす》葉《は》氷《ごおり》の集まった興味深い表面で、たっぷり雪をかぶり、密集して一種のモザイク模様になっていた。これは海峡の風下側からできた氷で、月曜、火曜の強い風に逆らって風上へ広がったものだ。

　興味のもう一点は、まくれ氷が下の氷盤《ひょうばん》をひっかいた有様だ。

　テーラーが愚かにも薄氷の張った水路を渡ろうとしてはまり込んだ――一瞬、彼はひどくおびえた顔を見せ、われわれが助けに駆け寄ったが、人手を借りるまでもなく、持っていたピッケルで這《は》い上がり、チェリーといっしょに帰って行った。

　あとの者はそのまま進み、城岩の下の硫黄錐《ゆおうすい》群と並ぶ地点まで行き、そこから海岸へ向かい、少しばかり手を貸し合って崖《がけ》を登り、陸路を帰った。

　見えるかぎりでは明日の帰り旅に支障はないようだが、今夜は空が曇り始め、天気が崩れそうな気配だ。この地では好天続きは三日がほぼ限度のようだ。

　氷詰めの魚をかなりたくさん拾った――大きいのはニシンくらいあり、小さいのはハヤくらいだ。どちらもアザラシに追われて雪泥《せつでい》状の氷の中へ逃げ込んだものと想像していたが、今日グランが、一匹大きいのが小さいのを飲み込んでいる最中で凍っているのを見付けた。大が小を追っているうちに小も大も共に身動きできなくなったようだ。

　ここはずいぶん住み心地がよくなったので、去るのが半ば心残りだ――何時間も戸外で過ごし、外を歩けばたいてい何か興味深い対象があるのはまこと健康な生活だ。丘登りは絶好の運動になる――エヴァンズ岬へ移ったらそれができなくて大いに物足りなく感じるだろう。しかし早く帰って、すべてが順調にいっているのを見届けたい気持ちがしきりにする。それはわれわれの岸辺が北風の衝撃に耐えられただろうかと長いあいだ気になっていたからだ。小屋が大あらしの波で破損しているかもしれないという考えが頭から消えない。

ハット・ポイントでの生活素描

　一同火の周りに集まって荷箱に腰を下ろし、バターつきパンの大きな固まりと湯気が立つお茶の金属コップを手に、人生、生きる価値あり、となる。昼食後、再び外へ出て動き回る。屋内には長居を促すほどのものはなく、体を動かせばそれだけ体調がよくなる。

　五時か六時ごろ明かりが衰え、夕食が近付くと、空腹になって家へ入り、調理員たちが腕を競ってアザラシの肝臓の空揚げという滋味豊かな料理をつくる。一品料理では代わり映えのするものをつくる余地がなさそうにも思えるが、少々の小麦粉、片手一杯の干しぶどう、一さじのカレー粉などを使ったり、あるいは豌豆《えんどう》の粉を煮たのをいくらか加えるなどすると、けっこういろいろできる。それはともかく、一同ここの料理に飽きるようなことは全然なく、毎晩満足の歓声が聞かれる——正確にはほぼ毎晩というべきかもしれない！　と言うのは二日前の晩［四月四日］、「料理」発明の才が立証済みのウィルソンがその名声を台なしにしそうになったからだ。ペンギンの脂肪の悪臭は完全に除けるからと、アザラシの肝臓をペンギンの脂肪で揚げることを提案したのだ。脂肪を用意し、丁寧に溶かして精製し、臭気もなく気持ちのよい純粋な油ができたかに見えた。だが見かけは当てにならなかった。「揚げ物」はペンギン臭かった。肉の中にかすかながら消えずに残り、強まったらおしまいのあの独得の臭みが濃縮されてエキスになったのだ。勇士が三人いてそれぞれ一人前平らげたが、ほかの者は一口味わっただけで、あとはココアと乾パンで我慢した。夕食後は一時間余りパイプをくゆらしながら話をして過ごす——快く楽しいひととき——合わせれば文字どおり世界中くまなく休験したことになる人々の思い出話の交換だ。われわれの誰かしらが旅行していない国はほとんどない。われわれ一同の出身と従事した仕事はそれほど多種多様なのだ。夕食後一時間余りすると、ぼつぼつ寝袋を広げ、靴を脱いで、安楽の中へもぐり込み始める。と言うのは、トナカイの寝袋は今度乾かす機会に恵まれたので、実に温かくて気持ちがよく、また小屋も、中で発生した熱のいくぶんかは逃さないでいてくれるからだ。ブラバーランプの成功とたっぷりあるろうそくのおかげで、あと一〜二時間読書するのに十分の明かりがあり、毛皮にくるまって最近一〇年の社会・政治の諸問題を勉強する。

　ここに一六人も集まっている。七人でL形の囲いの一翼がほぼ一杯になり、四人が他の一翼で眠り、そこには物資も置き、残り五人は建て増し部分に陣取って、寒い方が健康によいのだ、とでも言いたげな顔をしている。一同七〜八時間はひといきに眠り、時計ひと回り分でも平気で眠れそうな者も少なからずいる。これはわれわれの極端に簡素な生活がきわめて健康な生活であることを示すことになる。ただ顔や手は煙で黒ずみ、外観を見ただけではそう思えないかもしれない。

　四月九日、日曜、午前。——金曜の夜、本曇りになり、風が南へ回った。昨日丸一日と昨夜、中程度のブリザードが吹いた――気温は最高でプラス五度〔マイナス一五度C〕で、地吹雪はわりあい少なかった。金曜夜、海峡の氷はハット・ポイントの四分ノ三マイル北で海岸に接する線より外の部分が流出した。ハット・ポイントの先に北西へ湾曲して走っていた割れ目は広がって一五ないし二〇フィートほどになり、その広がりが岬の北側まで続いている。氷がこのように開いて止《とど》まっているのは不思議だ。

　風が吹き始めると直ちに氷は北へ離れた。それはあっという間で、われわれがその日のそれより早い時刻にそこを歩いたのが非常な危険を冒していたことを示した――状態の変わりやすさは言葉に表わせないほどで、若い氷の上を歩くこの種の愚行はこれっきりにしなければならない。こう決めたから、ポニーの帰りはかなり先までお預けになりそうだ。

　昨日、北の湾の様子を見たいと思い、到着高地の第二火口へ出かけた。しかし地吹雪のためにほとんど何も見えなかった。一本の白い線が水平線上にぼんやり見えて、流れ去った氷が遠くへは行っていないことを示しているようだった。

　昨日トウゾクカモメを数羽見かけた。ずいぶん時期が遅い。アザラシは氷の上へあがってくる気配がなかった。今朝はアーミテジ岬に一頭見えるが、われわれの湾には二〜三日前に一頭あがったきりだ。ポニーを帰せるようになるまでには確かにまだしばらくかかりそうだ。

　四月一〇日、月曜、午後。――今朝エヴァンズ岬へ向かう予定だった。早めに隊員を起こしたが、朝食後出発準備ができたところで空が一段と曇り、雪が落ちてきた。一日じゅう断続的に降り続き、日没の時ようやく晴れた。せいぜい一〇〇ヤードしか先が見えなかったろうから、旅をするには最悪の状態だったろう。

　気象条件が甚だ悪いようで、海峡の継続的凍結は望めそうにない。

　四月一三日、木曜。――火曜午前九時ハット・ポイントを出発。班の構成は、自分、バワーズ、エヴァンズ兵曹、テーラーで一つのテント。エヴァンズ、グラン、クリーン、デベナム、およびライトで第二のテント。ハット・ポイント残留は、ウィルソンを責任者に、ミアズ、フォード、コヘイン、オーツ、アトキンソン、およびチェリー‐ギャラード。全員スキー斜面の登りを手伝ってくれた。この斜面を「一休み」もしないで登るのが名誉になっていて、朝からそういう努力をするのは苦しいが、やり通さねばならなかった。

好天。城岩の東を通って進んだ。斜面では雪が柔らかく、風よけ場があることがわかった――初めての尾根の縦走を続けた――吹きさらされた良好な路面が見付かった――尾根の上の両火山錐の西側を通過した。氷河の両側の湾の定《てい》着氷《ちゃくひょう》が一見できたのは予想どおりだったが、こちら側の湾のはごく狭かった。下り始めるには尾根をたっぷり先まで行ってからでなければならないようで、そして次には絶壁の下り方が問題になると思われた。出発点から七・五マイル先のハットン岩場へ向かった――そこはたいへん氷が多く吹きさらされた状態でひどい所だった――折悪《あ》しく風が起こり、薄暗くなってきたので、午後二時に野営してお茶にした。半時間後には晴れ、氷壁まで下れそうな道が見えたが、ハットン岩場とエレバス山のあいだは斜面全体がひび割れとクレバスだらけだった。割れ目のない道を選びながら絶壁の縁へ出た。しかしどこを探しても低いところが見つからず、いちばん低くても二四フィートの断崖《だんがい》だった。そこへ着くと風が強まり、雪が尾根から吹きつけた――まごまごしているいとまはなかった。私が自分で縁へ出て、ザイルを操作する足場を作った。二人並んでザイルを扱うのに格好の位置にある雪庇《せっぴ》を懸命に掘った。ザイルで三人を下ろし――E・エヴァンズ、バワーズ、およびテーラー――次にそりを下ろした。荷物満載のまま実にうまく下りた――それから残りの隊員。あと三人になると、杭《くい》を一本雪にしっかり打ち込み、これにザイルを回して下の者たちの手で下ろした――最後に私が下りた。実に手際よく迅速に運んで二〇分で完了し、ひどい凍傷もなくすんだ――しごく満足。

氷河舌《ひょうがぜつ》までのそり引きは、氷の表面が塩の結晶に覆われていてなかなか重く、五時三〇分ごろ氷河舌へ着いた。低い所が見つかり、六フィートの壁を案外たやすくそりが上がった。それから急斜面。しかし路面が堅く、そり引きは楽だった――夕闇《ゆうやみ》が迫り、足元には縦横に無数の割れ目が走っていた。数人が落ち込んで足をくじきそうになった。しかし北側にはたっぷり雪があって楽になり、好都合な窪《くぼ》地《ち》を行くと低い氷壁へ出た――ここに一カ所崩れたところがあって、たやすく下りられた。エヴァンズ岬まで一気に進むことに決め、六時に野営してお茶を飲んだ。六時三〇分に、にわかに夕闇がやってきた。何を見るにもたいへん難儀した——海氷へ下りて、苦しいそり引きだったが数時間足をふんばりながら進んだ。一〇時に小レーザー・バック島のふもとへたどり着き、行く手が真っ暗なので野営することにし、厳しい状況の中で一一時三〇分に就寝した。

　夜のあいだに風が吹き始めた。朝にはごうごうと唸《うな》るブリザードになっていた。野営している所の氷の安全性に対し警報が次々に出てきた。バワーズとテーラーが島へよじ登った。頂上では風が恐ろしく強く——両側とも吹きすさんでいるが、真っ直ぐ風上と風下はわりあい弱いと報告した。風の静まるのを期待しながら一日じゅう待った。三時に私自身バワーズといっしょに島をひと回りし、風上側のふもとに小さい氷の壇を見付けた。野営をここへ移すことにした。非常に冷たい二時間を要したが、好適な避難所へ移れた。絶壁がテントからほぼ垂直に立っていた。時々渦状の風が吹き下ろすだけで、テントは安全だった。しかし頭上の岩山を吹く風の音は耳を聾《ろう》するばかりで、自分の声もよく聞こえなかった。厳しい中で二晩目の床についたが、もう海へ吹き流される心配はなかったので、前の晩よりはよく眠れた。しかし食糧はあと一食分しか残っていなかった。

　夜のうちに風が和らぎ、陸地もおぼろげに見えてきた。午前七時に一同を起こし、ひどい寒さと激しい風の中で、凍った服を着て、まもなく進行を開始した。たいへん苦しいそり引きだったが距離はたった二マイルだった。一〇時ごろ岬の前へ達し、見ると海氷は切れ目なく岬を取り巻いていた。そこを回ると小屋が見え、そしてすべてが無事だったことを聞いて実に安堵《あんど》した。

　ポニーでもう一頭ハッケンシュミットと、犬一匹が死んだそうだが、これは決して予想したほど悪いことではない。ほかはみな元気だ。

　小屋で目に入るものすべてに私はうれしかった。シンプソンは驚くほど成果をあげた。もちろん他の誰もみなそうで、委細は後の機会に譲らねばならない。

四月一四日、金曜。——受難金曜日。穏やかな一日。風は時速二〇ないし三〇マイルで吹き続く。

　礼拝式をした。

四月一五日、土曜。――天気はあいかわらず徹底して悪い。風は一日じゅう時速三〇ないし四〇マイルで吹いた。地吹雪がひどく、今夜は雪が降っている。救援物資を持ってハット・ポイントへ戻る機会を待っている。今夜、信号照明をあげて、われわれの無事到着を彼らに知らせた――応答の光が見えた。

四月一六日、日曜。――昨日と同じ風が六時まで続いたあと静まり、時々北から突風が来る。

今日ポニーを運動させ、彼らを初めて自分でよく見た。これら残りのポニーを眺めることのできる時の複雑な気持ちは書き表わす気になれない。

湾の結氷。エヴァンズ岬

三月一五日。――全体に若い氷が形成される。

三月一九日。――イナクセシブル島およびレーザー・バック島からコーナー・タークス・ヘッドまでの一郭を除き、湾は無氷になる。

三月二〇日。――すっかり無氷になる。

三月二五日。――海、諸島の内側永続的結氷。

三月二九日。――海、見渡すかぎり結氷。

三月三〇日。――諸島の内側のみ残る。

四月一日。――岬から島までが限界。

四月六日。――海峡および北湾で、現在の限界線で結氷中。

四月九日。――以前の限界まで海峡無氷となり、北湾に若干の氷が残る気配。

第八章

基地の印象と小旅行

小屋へ帰っての印象、一九一一年四月一三日

基地の浜で小屋の敷地を選定した時、私は北風によってうねりが来るかもしれないとは考えたが、結局、次のように結論づけたのだった。第一に、海峡内に北から激しいうねりがあった記録が皆無である。第二に、強い北風が吹けば必ず流氷が入ってくるから、それがうねりを弱める。第三に、現場はバーン氷河にたいへんよく保護されている。そして最後に、浜自体が海に洗われた形跡は全くなく、そこを作っている岩の砕片は完全に角張っている。

小屋が建って、その土台が海氷面《かいひょうめん》からわずか一一フィートきり上がっていないのを知った時には、私はかすかに不安は感じた。しかし浜を保護している周囲の条件をもう一度考慮したうえ、あらためて自分を安心させたのだった。

そういう問題を考えていたという事実を見れば、異常な状況にぶつかって再度疑いを抱いた心理はそれだけ容易に理解されよう。

結果は初めの結論が正しかったことを示した。しかし正直言って、私には、判断を誤った場合悲惨な結果を招くかもしれないことについて、確証がなく安全だと臆断《おくだん》してしまったという思いがある。

基地では平穏無事だったと知って、初めて私は自分がその点をどんなに心配していたかがわかったのだった。通常の季節だったら、そこが危険にさらされることなど考えもしなかっただろうが、ポニーを失ったり氷河舌《ひょうがぜつ》が割れたりしてからは、不幸が起こるのではないか、異常なうねりが浜を洗い流したのではないか、という心配を払いのけることができなくなった。そういう出来事によって大破壊が起

こっているかもしれない、という暗い考えが繰り返し頭をもたげ、元々そこを小屋の安全な敷地として選ぶに至った根拠の確かさを思い出しても、役に立たなかった。

　海の結氷の後れや、ひどい風続き、またすでに触れた種々の異常な状況などで、神秘な南極の気象に対して抱かざるを得なくなった深い疑念が次第に強まり、ついには長期間離れている人々の上にふりかかっているかもしれない惨事の有様が、いろいろの形をとって頭に浮かんできたのだった。

　激しいブリザードのあとの寒風の中で野営を解いた時はいつもそうだが、そのみじめな状況の中をわれわれはエヴァンズ岬へ向かって行進した。行く手は朝の灰色に包まれて荒涼としており、衣服はこちこちに凍っており、指はテントの中でも湿って冷たかったのが、そりの荷造りですでに凍傷になっていた。

　岬に近づくと、ほっとするような生命のしるしがいくつか見えてきた。雪の上の古い足跡、気象観測の気球から落ちた長い絹糸など。しかし突端の岩場とその先に散在する座礁したいくつもの氷山に近づいても、ほかには何も見えなかった。

　驚いたことに、定着氷《ていちゃくひょう》が岬の向こうまで広がっていて、われわれは岬を回って北湾へ入ることができた。ここで風見丘の上の百葉箱《ひゃくようばこ》が見え、続いて小さい出鼻を回ると小屋の全景が現われた。小屋は無傷だった――馬屋も付属小屋も何もかも。海水に冒された様子はなかった。私は大きな安堵《あんど》の息をついた。人影が二つ馬屋の近くで働いていた。いつ気づくだろうかと思いながら見守っていると、じきに彼らは気づき、われわれの到着を知らせに小屋へ駆け込んだ。三分もすると九人の住人*が打ち揃《そろ》って歓迎の叫びをあげながら氷盤《ひょうばん》の上をこっちへ向かってやってきた。互いの無事を熱心に尋ね合うやりとりがあり、そしてわれわれの出発以来続いた平穏な基地生活の重要事件を知るには一分もあれば足りた。そういう情況のもとではポニー一頭と犬一匹の死が重要事件と考えられて不思議はなかった。ポニーは例の、近付く者を前後両方の脚で攻撃する悪癖から、ハツケンシュミットとあだ名のついていたやつだった。明らかに他のポニーとは品種が違い、体型が軽快で美

＊すなわち、シンプソン、ネルソン、デイ、ポンティング、ラッシリー、クリソルド、フーパー、アントン、およびドミトリー。

しく、アラビア系の血統を思わせた。病状およびネルソンによる死後解剖で見つかったことのどれも、その死因とは考えられなかった。最良の飼料を与え、手を尽くしての世話にもかかわらず、次第に病気が進み、ついに立っている力も失って、そうなったらもう苦痛から解放してやるほかなかった。アントンの考えでは、ハツケンシュミツトの死は「根性曲がり」のなせるわざだった――探検隊の仕事は一切しないという決心の結果だというのだ!!　損失は大きかったが、私は以前この動物がわれわれの苦労の種になるばかりではないかと疑った覚えがある。癖が悪く強情で、終始最も扱いにくいやつだった。これには大いにてこずるだろうと私は予想していた。殊に旅の初めにそうなるだろうと思った。そういうわけで、死んだと知らされたとき受けた動揺は軽かった。犬の方は出発当時すでに重病状態だったから、あまり驚かなかった。

以上が私を待っていた知らせの小さい一覧表の最悪の項目だった。他は、小屋の諸設備が望み通りのものになったこと、日常の科学観測が順調に進行していること、などだった。アーミテジ岬での原始的生活のあとで、暖かくて乾燥したエヴァンズ岬の家へ入るのはすばらしかった。内部の広さは宮殿を思わせ、明かりはまばゆく、快適さは豪奢《ごうしゃ》な感じがした。文明人らしい作法で食事をしたり、三カ月ぶりに行水をし、清潔で乾いた衣服を肌につけたりするのはまことに快かった。こういう束《つか》の間の快適は（というのは慣れるにつれその喜びは急速に消え失せるからだが）、極地旅行者の誰もが持つ貴重な思い出である。過ぎ去った艱《かん》難《なん》と現在の安楽とを極端に対比させて、しばらくはそこから生じる珍しい生理的満足感にひたるのだ。

小屋へ入ってまだ数時間も、いや数十分もしないうちに、私はあちこち引っ張り回され、留守中に行なわれた改造をこまごまと見せられた。そして当事者たちは当然それぞれ得意の様子だった。

先ず訪れたのがシンプソン・コーナーだった。ここでは目は自記計器や電池や配電盤などで一杯の数々の棚を次々と追い、耳はいくつもの時計のコチコチいう音や、発動機の低い唸《うな》りや、時には電動ベルの震える音などをとらえた。しかしそういう光景に接したり音を聞いたりしただけでは、ただ精巧で組織的な設備が毎日毎時の気象状態の変化を記録しているという印象を受けたに過ぎない――第一級の測候所――極地域に設置されたこの種の施設としては最初で唯一のもの――の複雑な設備を一見したというに過ぎない。わが気象学者の目的と、それを達成するうえでの科学的正確さを私が十分に悟るまでには、何日も、いや何カ月もかかった。ある程度それがわかった時点で、私は彼の仕事を若干記録した。それはこの本のあとのページに見えるはずである。*いまここに書いている第一印象はもっと雑然としたものだった。私が会得したのは、ただ「シンプソン・コーナー」へ行けば、風がどれくらい強く吹いているか、吹いていたか、気圧計がどう変化しているか、温度計がどれくらいの寒さまで下がったか、などを一目で確かめられるということだった。それ以上知りたければ、大気中の起電力その他についても知ることができる。こういう知識が屋外へ出ないで得られるということは、これから外へ行こうと装備をしていた人々には明らかに好都合であり、一方、身をさらさないであらしの変化を研究できることは物質に対する精神の小さからぬ勝利を示す感がある。

　サニー・ジム〔シンプソン〕のコーナーの側面を守る長台の、寄生虫学者側に隣り合って、暗室がある――もつれた言い方になった。もっと正確に言うと、物理学者たちは小屋の一端の壁から直角に突き出た長台で、機器の調整をしたり詳しい記録をつけたりする。この長台の向こう側がアトキンソンの場所で、暗室を背にして書きものをすることになる。アトキンソンはまだ留守だからそこは設備がなく、次に私の注意を求めたのは、アトキンソンの区画の向こうの暗室の住人だった。写真術がこんなによい部屋を与えられたことは極地域ではかつてなく、極地域でなくても稀《まれ》であろう。陰画、陽画の現像のためにこれほど広壮な部屋を持つ根拠は、ひとえにそこで生産される作品の質にかかっていて、われわれの場合はポンティングという大家を擁していればこそなのだ。彼は熱心に夏の仕事の成果を私に見せ、また私の目はカメラその他が整然と並ぶ棚や、陶製の流し台と自動式蛇口や、遮光幕のついた二台のアセチレン・ガス・バーナーや、明らかにそれとわかる写真術のあらゆる利器に注がれた。ここには確かに最上の成果をあげようという意欲を湧《わ》き立たせるお膳立《ぜんだ》てが整っていた。そしてそれも写真家自身のお手柄なのだ。というのは彼の頭脳が考案した設計を実施に移したのが、ほとんど彼自身の手だったからだ。そこには旅行家の経験の利点がはっき

* 第一〇章参照。

り見てとれよう。ポンティングは新しい土地での原始的条件のもとで、一人でやりくりしなければならなかった。その結果、各種の道具を備えた、そしてどんな環境でもやっていける「器用な人」が誕生した。そういう次第で、建設作業の真最中で職人不足の折とて、ポンティングは仕上げのための原材料だけを持って、まだ側《がわ》ばかりの自分の区画に引きこもった。およそ考え得る最短時間で棚や水槽ができ上がり、ドアがつき、窓がはめ込まれた。本職はだしのその手際には見る者一同舌を巻いた。この種の仕事が迅速にできたのは幸いだった。束《つか》の間の夏の期間はあまりにも短くて、直接写真の仕事以外に費やす余裕などなかったからだ。心配性のポンティングのこととて時間の浪費が許せなかった――彼にとっては好天は不眠を意味した。事情の許すかぎり機会を逃すまいと彼は決心していた。

　この態度の結果が、いま長い映画フィルムとなって手元に残り、またいっそう長い記録が船で送付済みになっているし、幾箱もの陰画となって棚に並び、また陽画となってアルバムを満たしている。

　この仕事に関しては感嘆すべき点が多いが、中でも著しいのは写真に対するポンティングの眼識と、氷の題材について彼が身につけた熟練だろう。彼の写真のほとんどは構図が非凡で、前景、中景、および「人物」導入などの効果を、彼は正確に本能的に心得ているようだ。さらに、スクリーンと露出を巧みに加減して、雪の微妙な影を強調し、その不思議に透明な感触を再現している。彼は己れの仕事に恋している美術家で、これまでの成果とこれからの計画を熱っぽく語るのを聞くのは快かった。

　暗室の中にあるものをまだ満足に見ないうちに、私は生物学者の区画へ連れて行かれた。ネルソンとデイはお互い整理整頓《せいとん》の習慣があるので、初めからいっしょに生活しようと決めていた。その予定が承認され、だらしのない相棒と組み合わされる偶然から解放されたときには、二人は共に大いに安心した。この小区画の設備は、われわれが秋の旅行に出発する前にはまだ全然始められていなかったが、いま旅から帰ってみると、そこは空間利用の手本となっていた。その基調は整頓だった。顕微鏡がこぎれいな長台の上に置かれ、周りにほうろうの皿、容器、本などがきちんと並べられていた。人が座った背後にきちんとした寝棚《ねだな》が二つ見え、それらにはこぎれいにきっちりカーテンのかかった衣服入れと、ろうそく用のこぎれいな反射板が付いていた。頭上には網をいくつかきちんと配置して、靴下乾燥場がきちんと作ってあった。これだけの造作をする大工技術はきわめて高度のもので、他の区画に見られるにわか普請とは際立った対照をなしていた。寝棚の柱と板張りは丁寧に角が仕上げてあり、マホガニ色がつけてあった。ネルソンの長台は小屋でいちばん大きい窓の下に位置していてたいそう使いよく、アセチレン灯もつき、したがって夏冬とも屋内での研究に甚だ便利だ。

　デイは私の留守中絶え間なく忙しかったようだ。彼の機械技術をほめない者はなく、彼が機器の調整を手伝ったり、科学研究を進めるうえであれこれと助力したことに一同感謝していた。彼は暖房、照明、換気装置の全責任を負い、それらがすべて具合よくいっているようだから、大いにほめられる資格がある。これらの装置の詳細はあとで記すつもりだ。いまは第一印象として、小屋の暖かさと明るさは望み得る最高のものであり、空気はわれわれの安楽にとってさわやかで新鮮だ、とだけ言って置こう。デイはまた雪上車を若干改良したと報告したが、この問題もあとで考えることにする。

　私の注意は暖房の設備から、ごく自然に、かまどとその管理者クリソルドの方へ向いた。彼の技術が作り出す驚くほど結構な食事についてはすでにずいぶん聞いていたし、私も一度は実際に口にしていた。いま料理人の区画へ導き入れられると、そこにはレンジ、天火、鉢や平鍋《ひらなべ》、脇《わき》テーブルや、上手に覆いのついた棚、などが備わっていた。よい食事が台所の設備だけで生まれるものでは決してないとしても、この様子を見ると大いにうなずけるのだった。かまど自体が燃料をあまり食わず、また特許燃料の塊が石炭の代用としてきわめて便利で有効だったと知ってうれしかった。かまどの側面の厚みと天火の大きさを除けば満点だとクリソルドは言明した。全員の人数分のパンを常時供給するには天火が小さ過ぎないか心配だと言う。それでも私をそこへ案内したときの彼は誇らしげで、それもそのはずだとすぐにわかった。というのは、天火には専ら彼の発明になる仕掛がしてあって、それが小屋で自慢できるどんな物にもひけをとらないほど巧妙にできていたからだ。天火の内部に装置をし、パンが「ふくらむ」と電流が通じてベルが鳴り赤ランプがつくようにしてあるのだ。クリソルドはベルが鳴り続けるのは隊員の神経にさわるだろうし、赤ランプがつきっ放しになるのはその寿命を縮めるだろうと悟り、それで彼は時計仕掛を加えて、しばらくすると電流が自動的に切れるようにした。そのうえこの時計仕掛に、操作する者の望みに応じた長さだけ注意信号を出させるようにした。寝ている時には信号は短時間にしたいし、小屋から離れた際には帰った時に一目で加減がわかるようにしたいからだ。どういう基準から判断してもこれは見事な工夫だが、それが寄せ集めの材料、こっちで歯車やばねを、あっちで電池や磁石を、というようにして、他の部門からもらい集めたもので作ったのだと聞いて、われらの料理人は並みの料理人ではないのだと悟り始めた。その後クリソルドがシンプソンから発動機の故障の相談を受けたり、また荷箱を材料に犬ぞりを作る技術を持っていたりするのを知ったときには、さほど驚かなかった。それは鉢や平鍋《なべ》を専門とする前に、彼が機械仕事に相当年期を入れていたことをもう知らされていたからだ。

　私の第一印象には、私が帰還早々の半時間を当てたいと当然望んでいたこと、すなわちポニーの収容場所のことも含まれる。この点では同胞のイギリス人同様、ロシアの若者たちもほめられる資格があるのを発見した。

　アントンはラッシリーの助力を得て馬屋の設備を完成してあった。きちんとした仕切りが「差し掛け」の端から端まで並び、各仕切りの側面には、伸ばした足と足が下でからまないよう板を打ち、前面は「かじり屋」を防ぐためブリキでよく覆ってある。いま、からっぽのままにならざるを得ない仕切りのことを思うと、あらためて嘆息するほかないが、半面、残ったポニー一〇頭には、冬がどんなに寒かろうとも風がどんなに吹き荒れようとも、安全な避難施設がたっぷりあることになった点はありがたい。

　その後、二～三頭を除き、あとの馬には二頭分の広さを与えられるようになり、体を横たえたい馬はそれができる。

　粗末な規定食を与えられていたわりにはポニーは元気そうに見えた。毛は驚くほど長くふさふさしており、ハット・ポイントに残してきたものとは対照的だ。目下、ラッシリー、アントン、ドミトリー、フーパー、およびクリソルドがそれらの運動を受け持ち、海が結氷後まだ日が浅いので、通常は騎乗していた。運動の場所は漂石《ひょうせき》の散らばる基地の砂浜からトウゾクカモメ池までの間だった。やがてこの広場を鞍《くら》なし騎乗の姿が突っ走るのが見え、そして人馬がいきなり乱暴に離れる面白い場面を何度も私は目撃した。ポニーの運動としてこれが最も望ましい形式だとは思えなかったが、わがポニー主任が帰るまではこのままやらせて置くことにした。

　ドミトリーの手元に残っていた犬は五〜六匹だけだった。しかし状況を考えれば、どれもわりに元気と言え、この若者が一心に世話をしていたのが明らかだった。その証拠に彼は避難場所を探してやっただけでなく、小さい「差し掛け」も作り、胃や毛の状態が悪くて養生する必要のあるものを入れる病院の役をさせるようにしてあった。

　以上が基地へ帰って初めて受けた印象の大まかな輪郭である。ほとんど愉快なものばかりで、先に述べたように、帰途私を襲っていた心配とは幸せにも正反対だった。そして日がたつうちに、初めと変わらぬ愉快な気持ちで細部の記録を補充したり、新たな設備の進行と在来のものの改善の様子を眺めたりできた。こうして結局私は、みずから責任者となったこの組織が広範かつ複雑なものでありながら、ひときわ適切な組織であったことを実感するに至った。

新しい手書き本の見返しにある覚え書き

人類、知恵ある種《しゅ》！

雑　記

ノバヤ・ゼムリアにある一五九六年建築のウィレム・バレンツの家。一八七一年（二七五年後）カールセン大佐発見、無傷にして屋内のものすべて元のまま！　われわれのこの小屋はどうなるか。

海洋に囲まれた大陸。

「もし利益と交易に対する度を過ぎた執着よりも高尚な目的に駆り立てられてこの企画が生まれたのであったならば、それは英雄的行為とも見えたであろう。」――ミルトン。

「死の恐れと危険のために、国への奉仕あるいは自己の名誉から遠ざかろうとする者は、全く生きるに値しない。死は避け得ないものであり、勇気の名声は不滅だからである。」――サー・ハンフリー・ギルバート。

人が到達し得ない所は地球のどこにもない。「し得る」が「された」に変わったとき、地理協会の状況も変わっているだろう。

　時の機がぐるぐる回るのに向かって恐れず
　私は神の生ける衣を織る。――ゲーテ。

なんとしても己れを大きく考えよ、しかし他人はみな小さいとは考えるな！

誰の仕事でもできる人は己れの仕事は上手でない。

「不当に攻撃されたときは悪く見られる態度は避けよ、しかしまたあまりに善良と見られる態度も避けよ！」「人はあまりに善良にはなり得ないが、あまりに善良と見えるようにはできる。」

四月一七日、月曜。――一〇フィートそり二台を引いてエヴァンズ岬を出発。

第一班　自分、ラッシリー、デイ、ドミトリー。

第二班　バワーズ、ネルソン、クリーン、フーパー。

午前八時出発。各自の装備およびそり引き旅行食一週分と、小屋用にバター、オートミール、小麦粉、ラード、チョコレート、その他を携行。

ポニー二頭が水河舌《ひょうがぜつ》へあと一マイル足らずまでそりを引いた。風は北だったのが、そこで急に南東へ変わり、刺すように冷たく吹いてきた。エヴァンズ岬では午後じゅう北のままで、ポニーはそれに向かって歩いていった。空本曇り、明かりたいへん乏し。氷河へ上がる所は見つかったが、その後、道に迷ってしまった――だいたい真っ直ぐ横切り、割れ目がたくさんある中を通った。湾の開水面近くへ下り――縁をころがり下りて、進みよい吹きだまりへ出た。ここまでのあいだに先導の私がいきなり隊員たちの目から見えなくなることが一度ならずあり、追いついてきてどうなったかわかるまで彼らをはらはらさせた。海氷上のそり引きは甚だきつく、強い風と地吹雪をまともに受けた。全員顔があちこち凍傷になり、数人は強い足冷えになった。手当をしてから前進を続けた。吹きだまり雪が氷壁から流れ出て新しい雪庇《せっぴ》ができ、ザイルが両端で埋まっていた。体が冷えたので野営してお茶を飲み、履いているものを替えることにした。お茶の用意ができるまでバワーズといっしょに氷壁沿いに南へ行き、次に北へ行って、登り道を探した――ハットン岩場の近く、あるいはその北では、ほとんどどこも登れそうに見えなかったが、やがて元のザイルのすぐ近くに、張り出している雪庇を見付けた。

昼食〔右のお茶を指す〕のあと、そりから荷を下ろし、そのそりを立て、四人掛かりで差し上げると、かつかつ雪庇の端に届いた。私が人の背とそりをよじ登り、ピッケルで雪庇に足掛かりを作って、どうにか上へたどり着いた。それからまた足場を作って雪庇の端を乗り越えた。ザイルでバワーズが登るのを助け、あとの者も続いて登った――それから用具類を一つずつ引き上げた。最後に残ったクリーンを上げる時は、雪庇の上へそりを下ろし、その頂点につけたザイルの端をもやい結びにして使った。クリーンはうれしそうに笑顔で上がってきて、一同この登攀《とうはん》はなかなか巧妙な作業だったと思った。恐ろしく冷たい作業だったが、みなよく頭を働かせて動き、やがて引き上げを完了してそりに荷を積み直し、元のように引き綱についた時はうれしかった。ひどく暗くなった中で、急斜面を登る重いそり引きをし、クレバスを避けて左へ迂回《うかい》した。頂上へ達し、往路のときと同じく、できるだけ火口群の近くを通って、足取り重く進んだ。みな相当へたばり、汗まみれになった。城岩《しろいわ》に近付くころ、天気が持ち直して明るくなってきた。午後九時ごろ、城岩の北のバリアの斜面に野営。夜、寒いが無風。夜間マイナス三八度〔マイナス三八・九度C〕。わりあいよく眠れた。

四月一八日、火曜。——ハット・ポイント。午前七時に明るい月光——朝食。手早く野営をたたむ——ラッシリー、以前と変わらず野営作業が見事——城岩までたいへん重いそり引き、ひどい汗。寒気の中のこういう汗は重大な障害だ。午後一時ハット・ポイントへ到着。みなすばらしく元気だった——われわれを待ち兼ねていた気配があまりなかった!!

われわれの出発後は悪天候続きだったそうで、寒いブリザードと、続いて南東の風とマイナス二〇度〔マイナス二八・九度C〕およびそれ以下が続いたという。開水面がハット・ポイントまで迫り、風が海岸沿いの結氷を頑固に妨げていた。ウィルソンの報告では月曜にトウゾクカモメを見かけたそうだ。

ブラバー〔獣脂〕が私の思った以上に乏しくなっていた——彼らは二日前に一頭と、われわれが着いたとき一頭捕れたアザラシで、どうにかしのいでいたのだ。定着氷《ていちゃくひょう》はわれわれが出発したときよりも実際に小さくなっている!

四月一九日、水曜。——ハット・ポイント。夜のあいだ静穏、正午に海結氷、ハット・ポイントの先で厚さ四インチ半。天気次第で海がどんなに容易に結氷するかを示している。

氷上にアザラシ三頭との報告。朝食後、全員出動して、三頭全部の肝臓とブラバーを持ち帰った。これで一つ小さい心配が解消する。一二日間の貯蔵ができたからで、その間にはまたアザラシが上がってくるだろう。明日帰途につく準備をしている。しかしいまのところ本曇りで、風も南から吹き始めてきた。今日午後、昨夜できた氷が全部、静かに離れて行った。海はそのあとから凍りかけたが、まもなく風が強まってしまった。ポニーには昨日と今日運動させた。彼らはわりに元気そうだが、毛並は冬営基地の連中ほどよくない――脂肪質の飼料が足りないのだ。

　明日出発の準備をしている。ディスカヴァリー小屋がきわめて快適で、生活が支障なくやっていけるのがわかって満足。犬はほぼ変わりなく、ヴァイダとラブチク以外はみなわりあい元気に見える――この二匹はどちらも毛並がよくならないようだ。クリーンとラッシリーの経験が野営作業全般のために利点になっていることに大いに感銘を受けた。

　四月二〇日、木曜。――ハット・ポイント。今朝出発の準備が完了していたが、やはりブリザードになった。どうしようもない天気――南からたっぷり風と地吹雪。風は午後南東へ回った――気温は低い。アーミテジ岬へ散歩に出たが甚だ不快。岬を回って吹く風には体が萎《な》えそうだった。風力七、気温マイナス三〇度〔マイナス三四・四度C〕以下。海は黒い大鍋《なべ》になり、その上を黒ずんだ氷煙《ひょうえん》が覆っていた。こういう天気では決して氷ができない。

　四月二一日、金曜。――一〇時三〇分、基地へ向かって出発。

　ミアズをここの責任者として残し、ドミトリーを犬係、ラッシリーとコヘインをポニー係とし、ネルソン、デイ、およびフォードは、ここの生活をひと通りわからせ、経験を得させるために残す。したがって基地へ向かう一行は

自分	バワーズ
ウィルソン	オーツ
アトキンソン	チェリー‐ギャラード
クリーン	フーパー

いつものように全員でスキー斜面を引いて登り、休憩なしに登り切る。ラッシリーとドミトリーが城岩近くまで来た――非常に冷たい横風。いくらか凍傷。二時三〇分ごろ最後の下り坂へ着く。絶壁の縁にはもう雪庇はなかった――前よりもひどいくらいの風と地吹雪。大わらわで取り掛か

り、ザイルの扱いに手間取ってじりじりしながら、ようやくバワーズほか数人を氷盤《ひょうばん》へ下ろし、次にそりを荷を積んだまま下ろした。最後にクリーンと私を含めて三人がザイルで滑り下りた――ザイルは二重にして、とねりこの杭《くい》に回してあったから、一端を引いて回収できた――元のザイルもほぼ全部回収した。ディスカヴァリー号のボートのように海氷の上の雪に埋まり雪泥《せつでい》の下へ引き込まれた部分以外は全部回収できた。こんな短時日のうちにこんなになろうとは考えられなかった。

　荷物を氷盤へ移し終わったころには、地吹雪が渦巻く中で一同体が冷え切っていた――いまは迅速を要した。引き綱につき、絶壁の待避所へ急いだ。テントを張り大急ぎで熱いお茶を入れた。それから足ごしらえを少しゆるめると、ぐっと安楽になった。四時三〇分に出発して、海氷上を足取り重く進む――氷河〔舌?〕の上ではひどく薄暗く、例によって道に迷い、たびたびクレバスに足を取られながら、しかし最後には元の所を下りた。もう汗だくだった。クリーンの話ではわれわれのそりはもう一台より遥かに重いと言う。休憩なしに小レーザー・バック島まで進む。われわれのそりは恐ろしく重かった。クリーンによると荷が同じでも、そりによってずいぶん違うそうだ。このことを話すとバワーズは礼儀上それを認めたが、彼も彼の班員もこれを疲れた者の言訳だと思ったのは確かだ。しかし事実の証拠にまさるものはないから、彼も二つ返事でそりの交換に応じた。差は歴然としていた。元のに比べたら今度のそりはなんとも軽く、われわれは基地を目指してどんどん歩度を上げ、汗の流れるのも忘れた。向こうの班より一〇分早く小屋に着き（そこまで二マイル）、彼らもそりの違いをもうすっかり納得した。

　違いがはっきり出るのは塩が覆った海氷上を引くときだけで、雪の上ではほとんど違わないようだった。これは滑走面の木目によるもので、調べてみる価値がある。

　到着した時はみな汗みどろになっていた――着衣の表までしみ通り、そして防風服を脱ぐと氷の雨が床に落ちた。それが積もった有様はとても信じられないくらいで、寒いときのそり引きの労苦がこれでよくわかる。こういう状態で野営するとしたら、さぞみじめだったろう。冬や春の旅に多少とも安楽の余地を残したいならば、こんなに暑くなるようなことをしてはならない。

　われらの優秀な料理人がわれらにぴったりの食事を用意

してくれた――米といちじく料理の大盛り、それにバケツ一杯ほどのココアだ！　残留者は一同大喜びでわれわれを迎えてくれ、新来者は小屋の設備と快適にびっくりした。

四月二二日、土曜。――エヴァンズ岬、冬営基地。そり引き旅行の季節はもう終わりだ。ずいぶん損失をこうむったけれども、こうして基地へ帰ったことはやはり喜ばしい。

今日は珍しく静穏な日和だ。当然海は結氷を始めているが、運悪く見張り丘からの眺望範囲は甚だ狭い。オーツその他がポニーを運動させている。私は書いたものの整理と冬期の仕事の準備にかかっている。

第九章
仕事と働き手

四月二三日、日曜。――冬営基地。太陽の出る最後の日。そしてバーン氷河の上に太陽の黄金色の明かりの壮麗な光景。太陽そのものは氷河に隠れて見えなかったが、ばら色の光の下に見事な氷壁が濃い影を作っていた。

印象。――いつまでも続く柔らかい薄明りが、銀の留め金のように今日を昨日へつなぎ、朝と夕べが手を取り合って星のない真夜中の空の下に座っている。

昨夜は風が強く、予想したとおり若い氷は大部分流れ去った。氷《ひょう》河《が》舌《ぜつ》と島の南、それとここの湾の先に、切れ切れに残っているようだ。このたいへん奇妙な季節には、結氷は徐々に進行して、最後に堅固な氷になるのらしい。

礼拝式をした。賛美歌集が七冊しかない。初めて礼拝式をしたとき、船から陸上へ持ってきたのを愚かにもまた船へ持ち帰ってしまったのだ。

小屋の中が快適過ぎはしないかと気になってきた。だらけてしまわなければよいがと思う。しかしみな至って朗らかなのは気持ちがよい――いまのところ人間関係には少しもひびが入っていない。

四月二四日、月曜。――主としてオーロラ観測のため夜番を設けたが、これまでに現われたのは微弱なものだけだ。観測番は一時間に一回以上見回して、何か見えないか確かめる。当番にはバターつきパンにココアとサーディンが許されている――ココアを入れるのにシンプソンの用具の一つであるアセチレン・ブンゼン灯を使ってよい。昨夜、先ず私から始めた。あとアフタガードの面々が輪番で当たる。長い夜の時間はこまごました仕事を片付けるのに使える――火は消されるが、その後も小屋はけっこう暖かい。

シンプソンはわれわれの留守中ずっと気球の実験をしていた。今朝も試験用に一つ揚げた。気球は絹製で容積が一立方メートルある。専用の発生装置で作った水素ガスを詰める。ガス発生方法は単純だ。一つの容器に水を満たし、その中へいま一つの容器を逆さに入れる。逆さの容器から管を気球につなぎ、そして消石灰を入れた弾性ゴム筒を取り付けてある。この筒を傾けて消石灰を必要なだけ発生器の中へ注ぐことができる。ガスが発生すると気球へ流れて行くか、あるいは気球へ通じる管の栓を閉じた時はベルジャーの役をする内側の容器にたまる。

気球利用の仕組みはよく整っている。

気温と気圧を記録する重さわずか二オンス四分ノ一の測器を小旗の下に取り付け、それを気球用絹糸で気球から一〇ないし一五フィート下につるす。絹糸はごく上質で、五マイルの長さでもわずか四オンスの重さしかなく、それでいて抗張力は一ポンド四分ノ一まである。この測器の下部にまた絹糸をつなぎ、円錐《えんすい》状の糸巻に巧みに巻いて、気球が上昇する時にからまったり引っ掛かったりしないで解けるようにしてある。

気球が放たれる時に絹糸に衝撃を与えないよう、導火線でつないだ二本のひもをつけ、導火線が燃え尽きるまで測器と気球のあいだの緊張を受け止めるようにしてある。

気球はふくらむのに約一五分かかる。それから導火線に点火して気球は放たれる。重さ八オンス、揚力二ポンド半でどんどん上昇する。肉眼で見えなくなったあとは、双眼鏡で一マイルまた一マイルと糸を引いて行くのを追跡できる。理論上は絹糸に衝撃を与えると測器と気球のあいだが切れ、測器が離れて落下し、糸をたどって測器と記録を回収できる。

今日は測器の替え玉をつけて試験したが、糸が糸巻の近くで切れてしまった。午後、糸を二重にして試みたら、これは成功した。

今日、ポニーの運動係を決めた。アントンとオーツのほかに、バワーズ、チェリー゠ギャラード、フーパー、クリソルド、エヴァンズ［兵曹］、およびクリーンが受け持つ。ただ、各自がいま受け持つポニーを将来も引くことには必ずしもならない点、念を押して置かねばならなかった。

　ウィルソンは写生をするのに忙しい。

　四月二五日、火曜。――昨日は昼夜ともわりあい静穏だった。そして今日は南から至軽風《しけいふう》が吹くだけだった。気温は初め高めで、プラス五度〔マイナス一五度C〕だったのが、次第に下がってマイナス一三度〔マイナス二五度C〕になった。その結果、海峡はようやく全面結氷し、ハット・ポイント班もまもなくわれわれに合流できそうだ。あと三日ブリザードがなければ、横断はすっかり安全になるだろう。しかしミアズに急いでほしいとは思っていない。

　ハット・ポイントでは日没の景色が見事だったのに、エヴァンズ岬ではそういう景色が見られないので、ポンティングたちは大いに落胆した。これは恐らく氷煙《ひょうえん》が絶えず妨げるからだった。われわれがここへ帰ってからは、そして昨日と今日は殊に、午後の空と海は壮麗だった。

　ポンティングは色彩写真を数枚撮ったが、結果はあまり芳しくなく、感光板には斑点《はんてん》がたくさんできた。ウィルソンは鉛筆と絵筆を動かすのに余念がない。

　アトキンソンは滅菌装置と孵卵器《ふらんき》の包みを解いて、それらを組み立てている。ライトは電気計器に取り組んでいる。エヴァンズは岬とその近辺の測地をするのに忙しい。オーツは馬屋の改造にかかり、仕切りを広げるなどしている。チェリー－ギャラードは剥製《はくせい》を作るための石小屋を建てていて、これには同時に、冬クロージア岬で避難所を造るときの要領を会得しようというねらいもある。デベナムとテーラーは最後の昼明かりを利用して、この半島の地勢を調査している。要するに、誰も彼も異常なほど多忙だ。

　私は冬の散歩はハット・ポイントでのように興味深い散歩にはなるまいと思いながら帰ってきたのだったが、いまはどんどん考えが変わってきた。ここでは丘登りはできないだろうが、しかし四方八方に興味深いものが豊富にある。今日は北湾の岸辺を歩いて、ケニア岩の絶壁やバーン氷河の山のようなモレーン性の堆積物を調べ、それからさらに足を伸ばして、氷河本体の巨大な青氷《あおごおり》の絶壁の下へ行ってみた。落日の明かり、深い影、黒々とした島々、白い氷山などで、たいそう美しかった。

　シンプソンとバワーズが今日、測器を付けた気球を二重の糸で揚げた。約三マイルで糸を急に止めると、まもなく測器が離れるのが見えた。気球は初め南の軽風で北へ流れて三〇〇ないし四〇〇フィートに達し、次に南へ向かったが、動きは速くなかった。糸が二マイル出たところで、再び北へ行くかあるいは真っ直ぐ上昇するように見えた。

午後シンプソンとバワーズが宝の回収に出かけた。しかしイナクセシブル島の南で糸が切れており、明るさが不足で捜索は続けられなかった。

台所のかまどの側面がへこんできた――こうならないよう側壁をしておくべきだった。今日、耐火粘土を用意して側面に塗りつけた。これで解決するとよいが、まだあやしい。

四月二六日、水曜。――静穏。エヴァンズ岬をひと回りした――氷脚《ひょうきゃく》に著しいつらら現象。南の強風のしぶきでできたもの。

四月二七日、木曜。――続いて四日目の風のない日。しかし本曇り。日中雪が少し降った――今夜は北から風が吹いている。ハット・ポイント班もやがて帰るだろう。気温はほぼマイナス五度〔マイナス二〇・六度C〕を続けており、氷はどんどん厚くなっているはずだ。

エヴァンズ岬の先の氷山群をひと回りした――どれもたいへん美しく、なかでも穴があいて巨大なアーチになっているのが美しい。冬が深まったら、これら怪物の周りをよじ登ってみると面白かろう。

今日、冬期講座の立案をした。みな大いに期待しているようで、また多彩な題目をそれぞれ専門家が論じるのはよほど興味深いに違いない。

われわれには実に多種多様な才能と専門知識の持ち主がおり、これほど違った経験の所有者から成る団体は想像するのも難しい。考えてみると一つの小屋にあらゆる国、あらゆる風土の経験者が居るのだ。なんと多様な知識の集合だろう！

四月二八日、金曜。――今日もわりあい静穏な一日――気温マイナス一二度〔マイナス二四・四度C〕、晴れた空。岬の南の氷河の洞穴へ行ってみた。それらは実に驚くべきものだ。ポンティングは長時間露出で数枚撮影し、ライトは見事な氷の結晶体を入手した。氷《ひょう》河《が》舌《ぜつ》はケニア岩の高く切り立った出鼻の周りまで迫っている。ずいぶん割れ目が多く、白いフィルンが太いくさび形に詰まり、青い氷に珍しい模様を作っている。こういう断面に見えるよごれ層の中の断層は甚だ不思議で、ある種の氷の問題を説明する助けになりそうだ。

海は最終的に結氷したらしい。今後ブリザードが海峡を一掃しないかぎり、今季については次のように言える。

両湾の結氷　　三月二五日。
海峡の　〃　　四月二二日。
〃　氷消散　　四月二九日。
〃　結氷　　四月三〇日。

後刻――ハット・ポイントの結氷記録。

二四日夜～二五日　二五日正午結氷始まる。水路が開く。
二六日　氷全部流出。海峡開水の模様。
二七日　海峡結氷中の模様。
二八日朝　海峡全面に氷。
二九日　氷全部流出。
三〇日　結氷。

五月四日　陸地沿いに城岩《しろいわ》まで広い開水路、幅三〇〇ないし四〇〇ヤード。

一行は好天ならば一一日に出発するつもりだった。

今夜きわめて美しいオーロラ出現。これまでに見たどれにも劣らぬ鮮やかなもの――エレバス山の上。確かに光が動いたあと赤味を帯びた色が見える。

四月二九日、土曜。――ウィルソンとイナクセシブル島へ行った。集塊岩、ケニア岩、溶岩などはエヴァンズ岬のものとほとんど同じ。島は五四〇フィートあり、頂上までひどくしまりのない砂と漂石《ひょうせき》の急な登りだ。頂上からは基地の周囲と海峡の氷とが手に取るように見え、氷はロイズ岬のずっと先まで広がっているようだったが、島々の向こうに不吉な割れ目がいくつかあった。

丘を下ったあと、氷脚をよじりながら回って行くと南側は大いに崩れていた。海のしぶきが遥か上まで洗い流したのだ。

大波がすべて南から来ていて、防護が最も必要なのがその方向であるのは不思議だ。

北側の氷塊に一部珍しい風化が見られる。また雪の吹きだまりが興味深いよごれ層を見せている。島には方々に雪があったが、それは今夜のうちにすっかりなくなるだろう。頂上へ着いた時あらしが南から接近してくるのが見えたからだ。断崖岬《だんがいみさき》はもう見えなかったし、ブラック島もみるみる覆い隠され、次いでハット・ポイントと城岩もかき消された。帰途につくころにはそれはわれわれの所へも達し、高い岩に打ちつけて耳障りな音を立てたり、氷盤《ひょうばん》の雪を吹きさらったりした。

　風は今夜通過してしまったようで、空はまた晴れている。しかし海峡の氷が流されたのではないかと甚だ心配だ。西の方が不吉に暗い。

　四月三〇日、日曜。――昨夜心配したとおり、昨日の強風で氷が台なしになったことが朝の明かりで判明した。風見丘（六六フィート）から見ると、島の向こうでは氷は開いていないようだった。しかし礼拝式後、ウィルソンと斜《しゃ》堤《てい》へ登り、それから氷河の氷の上を休まず登って、六五〇フィートほどの高さまで行った。この高度からは幅広い海《かい》氷《ひょう》がまるごと沖へ押しやられているのが見え、明らかに昨夜ハット・ポイントから亀の背甲板島まですっかり開いてしまったに違いなかった――したがってハット・ポイント班は気の毒にも一歩も動けない。

　一つだけ慰めになるのは海峡がまた凍ったことだ。しかし風がひと吹きするごとにこのように海が一掃されると、一体どうなるだろうか。

　興味深い散歩だった。氷河の斜面をクレバス帯にぶつかるまでに少なくとも一マイルは登ることができ、そのクレバス帯もかなり先までひどく悪くはなさそうに見える。眺望は壮大で、今日のように晴れた日にはまだ数時間昼明かり、というよりは薄明《はくめい》があって、何でもはっきり見える。

　斜堤の一大特徴である不思議な円錐について議論した――一部は氷、一部は風化によって作られたことは確実だ。池やさまざまの形の氷の結晶も興味を引く。

　今夜、近辺の陸地の小地点にすべて名を付けた。

　五月二日、火曜。――昨日は静穏だった。午前中に気球を揚げたが、やっと一マイルの高さに達したところで測器が離れてしまった（導火線による）。

　午後バワーズといっしょにバワーズのポニーを連れて測

器を拾いに出かけた。それは南湾の岸近くにあった。そこからさらにイナクセシブル島の先まで出てみた。氷山群の外側の氷はたいへん厚くなって、一四インチかそれ以上になっていたが、島より向こうではまだいくつか凍ったばかりの池状のところがあった。

夜ウィルソンが講座の一番手として「南極の空を飛ぶ鳥」について発表した。題目の範囲の狭さのわりに討論は興味深いものになった。最も面白かった問題点は色素沈着についてだった。色素の欠如は活力蓄積の欠如を暗示するものか。毛や羽毛の断熱性を強めているのか。あるいは白をまとっている動物は体温の放散が少ないのか。当地での極地の体色で最も興味深い実例は、高緯度でオオフルマカモメの白子《しらこ》の比率が増すことだ。

今日初めてサッカーの試合をした。いやな南風が出たが、それに助けられて私の側が三ゴールあげた。

この風で空が晴れた。風は急に強まったり弱まったりしながら午後じゅう吹き、夜、次第に静まった。午後、島の外側に不吉な水路が見え、南へ長く続いている模様だった。ハット・ポイントからのポニーの道を切断しているのではないかと大いに気になる。ハット・ポイント班に早く帰ってほしいと思い始めている。水河舌が無くなったから、南の氷がこのままずっと持ちこたえるか怪しくなってきた。

五月三日、水曜。——また静穏な一日。晴れ渡って上天気。ウィルソンとバワーズが犬を数匹そりにつけて一走りさせた。私は北湾の氷の上を歩いてみた——氷の厚さがいろいろ異なる割れ目と氷丘脈《ひょうきゅうみゃく》がたくさんあって、潮汐《ちょうせき》と風が膜状の氷をどれほど動かすかを示していた——最も新しい水路には四インチの若い氷が張っていた。

気温は依然高めで、昨日の最低はマイナス一三度〔マイナス二五度C〕。静穏で晴れていたのだから、もっとずっと低くてよかったはずだ。奇妙な事実がこのごろよく認められる。静穏なときに通常四度ないし五度〔Cで二・二〜二・八度〕の差が小屋と風見丘（六四フィート）との間にある。高いのが後者で、これは気温の逆転を示している。

散歩から帰った時、南の空が暗さを増してくるように見えたが、やがてその方向から層雲がはっきり広がり始めた——それが午後五時ごろだった。七時ごろ中程度の北風が吹き始めた。これは南風の前兆らしいと思っていると、九時ごろに風はその方向へ回り、時速二五ないし三五マイルで激しく吹きつけてきた。これが海峡にどんな結果を及ぼすかはわからないが、方々へまた氷が流されてしまうのではないかと心配だ。風は真夜中過ぎに、吹き始めと同じく不意に静まった。

　夜シンプソンが一回目の気象講義をした――題目は「光《こう》環《かん》、暈《かさ》、虹《にじ》、およびオーロラ」。シンプソンは説明がたいそう上手で、私はそれらの現象について、自分でこれまでに興味を感じて調べて知ったこと全部を上回るほど、この時間で教えられた。

　各現象について一～二点書き留めて置く。

光環。――白から褐色までの、オーレオルと呼ばれる内環――外側に二重または三重の虹色の環が余分に見えることが時々ある。水滴または氷晶《ひょうしょう》の周りの光の回折によって起こる。環の直径は水滴または氷晶の大きさに反比例する――その大きさが一定しない時は環のないオーレオルができる。

暈。――氷晶を通り、そこからの屈折と反射から生じる。この点で六方晶系、四面体の結晶が先ず注目される。次いでこれが破砕の結果とともに変形を受ける場合の無数の形態。皿型と針型の二形態が支配的である。これらの形のものが空中を落ちながら一定の姿勢をとる――皿型は水平に前後へ揺れながら落ち、針型は長軸を中心に急回転し、長軸は水平を保つ。シンプソンは説明のため巧みな実験をして見せた。これらの事実、および結晶体にぶつかる光の屈折を考察すれば、記録にあったり、大バリアでわれわれが見たりした、さまざまの複雑な暈現象を説明できるのは明らかで、また三二度および四六度という臨界屈折角度や、内暈外暈の半径や、幻日《げんじつ》、反対幻日、天頂弧などの位置へ注意が向く。

　今後の計測が必要である。例えば幻日からの射光の計測と氷晶の検討。バリアの表面で見られる氷晶の記録。

虹。――水滴からと水滴を通しての反射と屈折から生じる――色は水滴の大きさによって違い、水滴が小さければそれだけ色は浅くなり、スペクトルの紫側へ近づく――したがってバリアで見られるような白い虹、微小な水滴。

　二重虹――直径八四度および一〇〇度でなければならない――同じく屈折の法則による――色、内虹・赤外側、外虹・赤内側――すなわち赤が結びつく。

　バリアで虹をもっと見ることが望まれる。この点では、二月に冬営基地から北西によい虹が見られた。報告には色および色の帯の相対的な幅を記載すべきである。

彩雲。――未詳。観測が必要。特に太陽からの角距離の観測。

オーロラ。――明らかに太陽黒点が最大の年に最も回数多く、強烈。太陽と関係のある証拠。

　確認を要する諸点

　弧　磁気子午線に弧の中心。

　線条　俯角《ふかく》計の方向をとる。

　渦状の帯と垂れ幕――不詳。

　コロナ　線条が集中して形成。

　動きとその方向について記述が必要――見える色――赤と考えられ、また動きに先立って、あるいは動きに付随して、緑もあるらしい。オーロラには時に磁気あらしが伴う。しかし常にではない。逆の場合も同じ――総体的に何か関係がある重要な徴候――両者が共通に依存する第三の因子が考えられる。オーロラ現象はさらに形の点で地球の周りの磁力線と関係がある。

　オーロラのスペクトルと重い気体「アルゴン」のスペクトルの間に不思議な見かけ上の関係がある。ただの暗合かもしれない。

　公表されている二つの理論：

アレニウス。――太陽から放射される荷電微粒子が地球の磁場へ集められたもの。

ビルケラン。――遊離した負の電子の放射が地球の磁場へ集められたもの。

　微細な水滴が光によって偏向することが実験上わかっている。

　乾いたカルシウムがイオンを発することが実験上わかっており、カルシウムは太陽に存在する。

　シュテルマ教授はオーロラ現象と磁力線との関係を示す資料を数多く集めている。

五月四日、木曜。――低い風見丘（六四フィート）からでは、昨日の風のあとで海峡の氷がなくなっていたかどうかはわからなかった。海は凍っていた。しかし一二時間静穏だったあとではいつもそうなのだ。氷の黒っぽい姿は目を引くが、これは明かりが乏しくなって以来このごろいつものことだ。降った雪も吹きだまり雪もほとんどなく、また氷の花はごく薄くまばらにしかない。

今日またサッカーをしてとてもよかった——この運動は楽しいし、体がたっぷり温まる。アトキンソンが一等抜きんでている。しかしフーパーやエヴァンズ兵曹やクリーンもなかなか上手だ。今日も一日じゅう静穏だった。

海氷上をアーチ氷山の向こうまで行った。半マイル先では氷はわずか四インチしかない。この氷は昨日の風のあと、つまりせいぜいここ一六時間でできたものに違いない。

こういう急速な結氷は有望なしるしだが、南風でたちまち氷盤《ひょうばん》が消散するのは明らかにそれと逆のことになる。

ハット・ポイント班に早く帰ってきてほしいとしきりに思う。それは主として二頭のポニーのためだ。こんなに静穏な天気が続いたのだから、ブラバーの供給を維持するのは難しくはなかっただろう。ブラバーが欠乏しなければ彼らは困らないはずだ。

私が歩いた新成氷は異常につるつるし、そして風化の気配がなかった。これも急速な結氷の表われに違いないと思う。

五月五日、金曜。——静かな夜に続いてまた一日静穏な日。夜のあいだに一～二度弱い北風が出たが、やがておさまった。気温はマイナス一二度〔マイナス二四・四度C〕まで下がった。こんなふうにわりあい暖かいのはどういうことだろうか。例によって静穏なときの風見丘の気温は三～四度〔Cで一・七～二・二度〕高い。基地で進んでいる仕事の量を考えると楽しくなる。一人として怠けている者はいない——手という手はふさがっており、勤労がめざましい成果を生むことは疑いようがない。

われわれがこの探検旅行でしてきた生活ほど人の性格が赤裸々に現われる生活はなかろう。評価が大きく再類別される。通常の状況では少し出しゃばればたやすく自説を通せる。押しの強さがいろいろの弱点を隠す仮面になる。通常はそれを剥《は》がして中を見るだけの暇もないし、そうしたいとも思わない。だから普段は本人の言いなりに評価している。この地では外面は何の足しにもならない。ものをいうのは内面の意志だ。ゆえに「偶像」はしぼみ謙譲がそれに代わる。見せかけは無用となる。

ウィルソンはせっせと鉛筆と絵具箱を使って美しい写生を着々とふやしており、合い間にディスカヴァリー号当時の動物研究の空白を埋める仕事をしている。そのうえいつでも進んで人に助言したり手を貸したりする。分別に富んだ彼の判断力は一同の認めるところで、したがって常に調停役を勤める。

　専門分野では大家であるシンプソンは、無数の自記測器の動きに倦《う》まず注意を払い、科学者らしく鋭敏にあらゆる変化を観察し、少なくとも観測者二人分の働きをしながら、なお常に相互の関連を求め、範囲を広げようとしている。したがっていま行なわれている気象および磁気の観測はこれまでの極地探検に前例のないものとなっている。

　思いやりがあって力持ちで明敏なライトはこのすばらしい地域の氷の問題を頭じゅうに浸透させようと奮闘している。彼がこれまでやってきたのは電気の研究で、それには近年大きく関心を呼んでいる放射能とのかかわりも含まれている。

　エヴァンズは知性に裏打ちされた熱意をもって仕事に当たり、骨折りにふさわしい成果をあげている。おかげでわれわれは殊のほか正確な時刻が保持できる――誰にとっても重要な関心事だが、物理学の研究には特に必要なことだ。また、これも彼の努力のおかげで近辺の正確な測地ができ、その資料をもとにきっと正確な地図が得られるだろう。グランが助手をつとめている。

　テーラーの知力は相手かまわず多方面に働く――頭は休みなく活動し、理解力は幅が広い。彼が書くものは何でも興味深いものになるだろう――ペンはよどみなく走る。

　デベナムは頭脳明晰《めいせき》の人だ。専門知識を身につけた逞《たくま》しい働き手で、その物静かな考えは説得力がある。徹底と細心を体現している。

　基地の円滑な活動はバワーズの実務能力に負うところが大きい。あらゆる手筈《てはず》がおのずと定まる自然な方式を心得ていて、だから消費と供給がやすやすとかつ正確に調整される。私にとっては各物資がいつまで持つかわかるという計り知れない利点があるとともに、浪費の起きようがない点で安心だ。活発な頭脳と活発な肉体とがこれほどうまく融合した例がない。休みなく活動して一瞬の怠惰も受け付けず、常に新しい芽を伸ばしている。

　そういうわけで彼の指導のもとに気球が揚がり、やがて彼が気球をつないでいた糸をたどって氷盤の上を出かけて行く。そういう仕事が終わると、次はポニーを運動させ、その後はまた犬を連れて出かける。この最後の仕事は彼らしく自分で思い付いたもので、たまたま犬の世話をする者が誰もいないからだ。同じように今度は、示度を基地と比較できるよう百葉箱《ひゃくようばこ》を方々に設置しようとしている。彼は戸外を好み、戸外の不快にはどうやら無感覚のようだ。それでいて屋内にいる時間も同じく有効に過ごす。すなわちそり引き旅行の食事と服装の問題を熱心に深くさぐって、いまや過去の記録の権威者になってきた。これはゆくゆく私にとって小さからぬ助けになるはずで、彼以外からは求められないものだ。

小屋で物理学者の隣の区画では、アトキンソンが寄生動物の問題を静かに追及しており、すでに新発見をしている。捕魚かごを仕掛けたのは彼の処置で、その捕獲物に彼の研究分野がある。常々やってきては、新しい種類のものを見ないかと言うので、誘われるままに行って、顕微鏡のスライドの上に取り出された原虫類やホヤ類を見せてもらう。魚類そのものが科学には比較的新しいものであるのに、その寄生動物が早くも研究されているとは驚く。

顕微鏡や試験管やアルコールランプその他がずらりと並ぶアトキンソンの仕事台の隣は暗室で、そこでポンティングが日常の大半を過ごしている。これは芸術的熱狂に支えられた男と言ってよい。世界は彼にとってはわれわれほかの者にとってとは別種のもので――彼の価値基準は画趣に富むかどうかにあり――その美観を芸術的に再現するのが彼の喜びとなり、それが技量に余るときが悲しみとなる。彼のような仕事に臨む態度としてこれほどふさわしいことはなかろうし、人はその豊かな成果を疑うことはできない。といっても他人の仕事に共感を示さないという意味ではなく、事実それは大違いなのだが、ただ彼の精力が一途《いちず》にそのこまごました仕事に集中しているのだ。

チェリー‐ギャラードも戸外を好み、控え目で、黙々と働く部類の一人だ。全身全霊で生きており、そして誰にでも進んで手を貸そうとする。「面倒が起こった所には彼が駆けつけています。健康そのもので、相当頑丈でもあります。」屋内では極地雑誌の編集をし、戸外では石小屋とブラバーこんろの試作にせっせと取り組んでいる。これは主としてクロージア岬への冬旅行を頭に置いてのことだが、同時に基地から遮断されて困難に陥ることもあり得るどの班にとっても有益な実験となる。この地域では自然が与えてくれる資源は乏しいから、それをできるだけ活用する方法を会得するのはすこぶる結構なことだ。その点で私はわが北極文庫を頼りに、雪小屋造りとそれに要する道具についていろいろ勉強している。

オーツの全心はポニーの上にある。ポニーの世話には本当に熱心で、きっとそり引きの季節までには、なし得るかぎりよい体調に仕上げてくれるだろう。馬屋の仕切りを広げたり、ブラバーストーブを据え付けたりなどに、彼自身忙しくかかっており、一方従者のアントンも休みなく馬屋で働いている――感心なチビさんだ。

エヴァンズ兵曹とクリーンは寝袋を繕ったりフェルトの半長靴の上張りをしたりして、そり引き旅行用具全般の整備をしている。実際怠けている者は一人もなく、怠けようと少しでも思っている者もない。

五月六日、土曜、五月七日、日曜。――たまに突風はあったが、静穏な日がまた二日続いた。

昨日、金曜夜、テーラーが殊のほか魅力ある主題の入門講義をした――新しい自然地理学。

新しい自然地理学者たちは地質学に頼らずに、幅広い常識に基づいて陸地の浸食形態を説明し始めている。したがって彼らは彼ら特有の用語を持たなくてはならない。彼らによると川の流路は一時のものではない――大部分は古いものである。土地の隆起と連係して地理学的輪廻を、たぶん何度も、通り抜けてきている。一回の地理学的輪廻《りんね》の間に流路は幼年期のＶ字型から進歩を経ていく。広まり、深まり、成熟するにつれて両岸の傾斜は角度を減じ、次第に海の水平面に近づく。老年期の段階では川は幅広く緩慢になって、起伏のほとんどない平原を流れる。一回の輪廻が準平原を作ったのだ。続いて新たな隆起が起こり、新たな輪廻が始まる。以上は単純な場合で、実際はほとんどの場合、地滑りによる不規則な高まりや岩石の堅さの違いその他によって変わってくる。そこから川の流路に位置上の変化が生じ、また一つの川でも部分によって輪廻の段階が異なるという事実が生じる。

テーラーは実例をあげて説明した。カナダのレッド河――標高は高いが起伏のない平原、水たまりをなす水、「Ｖ」字「幼年期」型で流れる川。

ライン河の谷――新たに隆起した地域での幼年期型のために見られるマインツから下流の見事な景観。

ロシアの平原――「老年期」の実例。

これらよりいっそう複雑なブルー山地――疑いなく地球の襞《ひだ》である。ネピーン河は一つの襞の支脈を流れ、谷は襞が隆起するにつれてできたもの――柔らかい層に乗った堅い岩が浸食されてできた珍しい谷々。

河川の争奪――同一河川、ライン近くのコーウ地点のような蛇行の短絡。別の河川、オーストラリアのショールヘーヴン河――小川が河を争奪したもの。

地滑りがジョージ湖を孤立させ、地域全体の分水界を南へ変えた。

テーラーは近いうちに氷の効果を取り上げ、われわれがいる地域の景観の形成を説明してくれる予定で、大いに討論の材料が出てくるだろう。

五月七日、日曜。――たいへん日が短くなった。ハット・ポイント班はなぜ帰って来ないのだろうか。バワーズとチェリー‐ギャラードが最高温度計と自記温度計を入れた百葉箱を小屋から約四分ノ三マイル北西の海氷上に設置した。もう一つ小型のを斜堤《しゃてい》の頂に立てる予定だ。二人は百葉箱を運ぶのにデイの自転車の車輪の運搬車を使ったところ、そりだと大いにてこずる塩をかぶった氷の上を楽々と走った。この車は向きを変えるのが面倒だが、雪の少ない間はなかなか役立ちそうだ。

昨日気球を揚げ、測器が離れる前にかなりの高度に達した（恐らく二マイルから三マイル）。気球はほぼ垂直に上昇し、絹糸は花綱《はなづな》状になって岬の岩地に垂れ、たどるのがひどく難しかった。しかしバワーズがそれをたどっている間に、アトキンソンが湾の二〜三百ヤード沖へ測器が落ちるのを認めた――それは回収され、上層の気温の初めての重要な記録となった。

アトキンソンとクリーンは西側の浜の先に捕魚かごを三尋《ひろ》ほどの深さに仕掛けた。昨日朝と夕方引き上げ、二度とも四〇尾以上入っていた。また今日の朝と夕方、同じ場所で二〇尾から二五尾かかっていた。今朝の朝食には魚が出た。しかしそれにもまして喜ぶべき結果がアトキンソンの顕微鏡によって明らかになった。新種の寄生動物がいくつも見付かり、相当長期間その研究が続くことになったのだ。

昨夜再び夜番に当たったので、今夜はぐっすり眠れるのがありがたい。

昨日サッカーをした。たわいなく遊ぶのは楽しい。しかし明かりが乏しくなってきた。

クリソルドはいつもながら目先の変わった料理を作ってくれる。今夜はアザラシのガランティーヌ〔冷肉料理〕が出た——とびきり上等だった。

五月八日、月曜——五月九日、火曜。——講座の一つとして月曜の夜、私が来季の計画の概要を話した。当然みな興味を示した。極点到達の問題の解決には、ポニーと人のそり引きに頼るのが最善だという私の考えをそれとなく言わざるを得なかった。この考えには全員同感したようだ。氷河と高原になると誰も犬には疑問を持つらしい。私は一同にこの問題を頭に置き、腹蔵なく討論し、考えを知らせてくれるよう頼んだ。厳しい仕事になりそうだ。身を入れて考えるにつれ、それがひしひしと感じられる。

今日（火曜）デベナムが西部で撮った写真を見せてくれた。ライトおよびテーラーのと合わせると、きわめて興味深いシリーズ写真になるだろう——殊にケトリツ氷河地帯の氷の形態のは類がない。

海峡は一週間前から結氷している。ハット・ポイント班がどうして帰って来ないのか理解できない。驚くほど静穏な天気が続いてきたが、いまはやや不安定の気配が見える。ひょっとするとこの不安定の気配のため出発を後らせているのか、あるいは一日二日すると明るくなる月を待っているのかもしれない。

ともかく帰ってもらいたいもので、それまでは心配していなくてはならない。

チェリー‐ギャラードは石小屋とブラバーこんろの実験をしている——クロージア岬での滞在日数を延ばそうともくろんでいるのだ。

バワーズは四分ノ三マイルほど出た所の氷盤《ひょうばん》に百葉箱を設置し、もう一つ小さいのを斜堤の上方に立てた。妙なことに氷盤上の気温は風見丘のと一致するようであるのに、小屋の気温は無風のときはいつも四度か五度〔Cで二・二～二・八度〕低い。記録を完全にするため南湾にも温度計を設置する予定になっている。

科学——あらゆる努力の土台岩。

五月一〇日、水曜。——昨夜来、南風が時速一二ないし二〇マイルで吹いている。氷はまだしっかりしている。気温はマイナス一二度ないし一七度〔マイナス二四・四～二七・二度C〕。一行は来ない。イナクセシブル島のたっぷり先まで出て、ハット・ポイントと城岩がテント島の向こうに見えるところまで行ってみた——つまりこのまま開水面のように見えた所までたっぷり出た。氷の厚さは九インチある——八〜九日間の結氷にしてはあまり厚くない。しかしなかなか堅い——表面は湿っているが、たいそうつるつるしている。察するところミアズは厚さが一二インチになるのを待っているか、あるいは氷盤《ひょうばん》がつるつるしてポニーを歩かせられないと思っているのだろう。

　しかし早く帰ってほしい。

　今日散歩のとき温度計を持って出た。イナクセシブル島まではマイナス一二度だったが、その外側の海氷の上ではマイナス八度〔マイナス二二・二度C〕に過ぎなかった——外側では風が弱いようだった。島と氷山群の風下側へ入ってみて、私はこのあたりでは避難所を見付けるのが難しいことを思い出した。丘の風上側が風下側よりよい避難所になるようで、これはすでに別の所でも述べた。風下側はどこでも吹きだまり雪と、風化して落ちた岩屑《がんせつ》とで埋まりがちだからでもあるのだろうか。一つの氷山の風下側によい物陰があった。氷が頭上と両側面へせり出して小洞窟《どうくつ》を作った所で、そこでは風が少しも当たらなかった。

　ポンティングがビルマについて楽しい講義をし、見事なスライドを映写してくれた。彼の解説の言葉は美辞麗句が多いが、それは美術家らしい気質の表われだ。バワーズとシンプソンもこのパゴダの国を知っていて、思い出を語ることができ、討論はそこの人々の宗教、美術、教育、それに彼らの哲人めいた怠惰などの、興味深い話へと展開していった。講座は本当に成功だ。

　五月一二日、金曜。——昨日の午前は静穏だった。午前中にサッカーをした。午後から宵にかけて風が吹き始めた。今日は一日じゅう強い風で、時速三〇ないし六〇マイルだ。頭上はひどく暗くなることはなく、ただ水のような巻《けん》雲《うん》が一時目立って現われ、くっきりした幻月《げんげつ》ができていた。

　小屋から遠くまでは行かなかったが、一度は氷が海峡へ流れ出たのではないかと甚だ心配になった。

　今日の夕方には風は次第に静まっていて、私は風見丘へ登ってきた。氷は依然しっかりしているといまは思える。

　風のとき地吹雪が驚くほど少なかった。たぶん近ごろ雪がほとんど降らなかったからだろう。

　アトキンソンは、雪の中からきわめて自動力のある細菌を取り出したことにほぼ確信を持っている。恐らく大気に運ばれたもので、空気中にはまだ細菌は見付かっていないが、上層の気流に運ばれ、雪にまじって落下したのかもしれない。これが正しければ興味ある発見になる。

今夜デベナムが地質学の講義をした。初歩のものだった。岩石の起源と分類の大要を述べた程度だったが、それはこれからの講義をよく理解してもらうためだ。

五月一三日、土曜。――風は昨夜一〇時ごろ落ちた。今朝は静穏で空は晴れ、氷晶《ひょうしょう》の軽い靄《もや》がかかっているだけで、その向こうから月がほとんど曇りなくきらきらと輝き、周りに明るい十字形の暈と白い幻月ができていた。幻月は所々虹色になって、光源の反響であるまばゆい輪の中に見えていた。ウィルソンがこの現象を美しく写生した。

イナクセシブル島まで出かけ、西側の急斜面を途中まで登って氷の状態を再確認した。昨日の風で動いた様子はなかった。

登るのに相当急な岩面や屏風岩《びょうぶいわ》を這《は》い上がらねばならなかったが、頑張って登ったのは、島の頂上までたどり着けると思ったからで、そして下りは簡単だと思ったからだった。ところが張り出した溶岩の壁にさえぎられてどうにもならなくなり、登ったのと同じにして下らなければならなかった。容易なことではなかった。幸い足を滑らしたのは一度だけで、この時はきわどくピッケルで体を止め、絶壁を落ちないですんだ。この島は周りじゅうたいへん険しい。登れる道は一つしかわかつていない。ほかの登り道を探してみると面白かろう。

お茶のあとでアトキンソンが入ってきて、ハット・ポイントの犬の班が帰ってくるといううれしい知らせを伝えた。早速一同で氷盤へ出て、わが越冬隊の最後の仲間を喜び迎えた。ミアズが万事異状のないこと、ポニーも続いて帰って来ることを報告した。

犬を引き綱から外し、鎖につないだ。どの犬も目立って元気そうだ――近ごろ少しも面倒を起こさなかったようだ。喧嘩《けんか》もしなかったらしい。

半時間後、デイ、ラッシリー、ネルソン、フォード、およびコヘインが二頭のポニーを連れて到着した――人も馬も元気だ。

人と犬が帰ってくれて大いに安心した。そしてポニーが一〇頭全部冬ごもりの馬屋へ心地よさそうに入っているのを思うといっそうだ。すべてがこの動物たち次第で決まるように思われる。

一行が持ち帰った気象記録はまだ見ていない。しかしわれわれが帰ったあとは、しごく静穏な好天が続いたようだ。ただここ三日は風がたいへん強かったそうで、われわれの方では風は一日だけだったのは奇妙だ。

海の結氷の記録は明日見せてくれるそうだ。われわれが発《た》った翌日の四月二二日にアザラシが四頭捕れ、その後も捕れたので、小屋ではブラバーもアザラシの肉もたっぷりあった——他の物資はほとんど尽きたらしい。まぐさは少しばかり貯蔵所へ取りに行った。三日前、ヒョウアザラシの幼獣が城岩近くの海氷の上で捕れた。これは海峡内で見付かったやっと二頭目だ。

不思議に今度帰った一行の誰一人、帰ってからのぜいたくな食事を大してありがたがっていない。われわれも帰着の前に一〜二日テントで過ごさなかったら同じだったのだろう。この地ではごく簡素な飲食で十分であることがますます確かになってくるようだ——必要なだけのアザラシの肉、小麦粉、ヘット、それに茶、ココア、砂糖。安楽に生きていくのに本当に必要なのはこれだけなのだ。

ハット・ポイントの気温は私が予想したほど低くなかった。われわれが発ったあとの静穏続きのあいだに異常な熱波が記録されたようだ——温度計が零度〔マイナス一七・八度C〕をわずかしか下回らない日が続いたあと風になり、そこでマイナス二〇度〔マイナス二八・九度C〕へ下がった。こうして例外的に、風とともに気温が上がるのでなくて下がる、ということになった。

［ハット・ポイントの物資の正確な在庫明細がこの部分に記録されているが、この探検の物語には直接関係がない。ただあらゆる活動が注意深く徹底して運営されていたことを表わす例として注目してよい。別にアセチレン・ガスを作るためのカーバイドの消費に関する明細があるのを摘記しよう。最初の缶が二月一日にあけられ、二番目のが三月二六日。七番目のが五月二〇日、その後の八缶が平均九日半に一缶の割。］

五月一四日、日曜。——午前中曇ってどんより。

ポニーを運動させ、またいつもどおり礼拝式を行なった。今朝ライトに南極大陸の氷の量と海氷の冬期の動きの影響について考えたことを書いたものを渡した。われわれの物理学上の調査が扱う諸問題を一段広い立場から頭へ入れてもらいたいのだ。彼がそれを十分理解するにはここに二年いなくてはなるまい。聡明《そうめい》で精力家ではあるが、それくらい経験を積まねば成果はあがらないだろう。

正午には空が晴れ、午後、北湾を歩いて氷壁のところまで行った——非常に美しい午後と夕方だった——一帯が明るく澄んで金色に近い月光を浴び、実にすばらしい眺めだった。こういう時にはこの湾は不思議に親しみ深く見え、宿営地の小屋と窓の明かりが目に映るといっそうだ。

隊員一同のあいだに見られる並々ならぬ、そして誰彼を問わぬ、懇ろな友情は甚だ感銘深い。少しも軋轢《あつれき》がないという事実どおりを言ってもそれは信用されまい——ここのような生活では多くの摩擦が黙って忘れたことにされるのだと一般に広く考えられているのだ。私の場合はベールをかぶせる必要がない。覆い隠すものがないのだ。この小屋の人間関係には無理は一点もなく、友愛の精神があまねく行き渡り、それがあらゆる場合に発揮されていることは何にもまして歴然としている。

こういう状況はどんな場合にもうれしい驚きだろうが、われわれの場合には多様に異なった者の集まりであるのを思うと格別その感が深い。

この問題はもっと発展させて考える価値がある。今夜颯《さっ》爽《そう》たる騎兵連隊大尉のオーツがオーストラリアの青年学徒デベナムと椅子《いす》や食卓越しに「拳闘《けんとう》」をしていた。

よくもこういう連中を集められたものだと思って満足だ。

気温はマイナス二三度〔マイナス三〇・六度C〕まで下がった。ここでこれまでの最低だ——きっとまもなくさらに下がるだろう。今季のこれまでが一九〇二〜三年当時とは異常に違うからだ。

第一〇章
冬季宿舎にて・現代様式

五月一五日、月曜。――風は北から一日じゅう強く吹いた――時速約三〇マイル。（エレバス山を基準に見て）約六〇〇〇ないし七〇〇〇フィートの層雲が頭上を北へ向かって急速に走っていた。上層の大気が逆方向へ動くのを目にするのは別に新しいことではないが、その現象がこんなにしつこく続くのは異様だ。当地の気象の大きな特徴の一つは空気が「混ざる」のを嫌うらしいことだ、とシンプソンが繰り返し言っている――気温が頻繁に奇妙な変わり方をするのもこの事実から説明できそうだ。

近くへちょっと散歩に出たが気持ちよくはなかった。

ウィルソンがペンギンについて興味深い講義をした。その説明によると、翼と胴体の羽毛の配列が原始的特徴を備えており、初列および次列風切羽《かざきりばね》がなく、また無毛の部分がない。翼の筋肉と足（中足骨《ちゅうそくこつ》関節）の構造が変形している。彼の指摘によると（講義のあとの討論でも支持されたようだが）この鳥はおそらく鳥類出現のごく早い段階に分化したもので――ジュラ紀の翼竜始祖鳥からかなりじかに出たものである。第三紀の始新世および中新世のジャイアント・ペンギンの化石を見ると、その後きわめてわずかしか進化していないのがわかる。

ウィルソンはさらに属の分類と、生息環境、営巣習性、卵、その他について話した。次いでエンペラーペンギンとアデリーペンギンの習性について簡単に触れたが、これはもちろん経験者にはおなじみの分野だった。

特殊な問題で興味深かったもののうち、いま思い出すのは、エンペラーペンギンが歯その他の欠落という形で種《しゅ》が進化した過程をさらに明らかにするには胚胎期《はいたいき》の研究が望ましいという彼の説明である。またアデリーペンギンの親が子に泳ぎを教えることについてのポンティングの考えと観察――この点はまだはっきりしない。従来は親鳥が子を水中へ突き落とすとか、逆に営巣地に置き去りにするとか言われてきた――両説とも疑わしかった。アデリーペンギンの幼鳥が泳ぎを覚えなければならないとしても不思議はなかろう（北方のオットセイにはそれが要求されることは周知である）。しかし親鳥が子孫の指導をどの程度まで引き受けているのか調べてみると面白いだろう。

氷域までの旅とそり引き旅行のあいだ、犬のヴァイダが、狂暴な性質と、何につけても粗野な振舞いをすることで、殊に目立った。ハット・ポイントでは毛が薄くなり、ひどくやせ衰えていたが、そういう状態のところを私はマッサージしてやっていた。初めは疑って、それをしている間じゅう唸《うな》っていたが、やがて体が温まるのを明らかに好むようになり、私が小屋から出るのを見ると、まだいくらかうさんくさそうにしながらも、いつもすり寄ってくるようになっていた。ここへ帰ってきた時はすぐに私を見分けたようで、いまは私が外へ出ると必ず寄ってきて頭を脚にすりつける。なでたり押しやったりしても少しも反抗の色を見せず、私が歩き出すと周囲を跳ね回ってついてくる。妙な犬だ――やさしくされたことがなかったので、それがわかるのに時間がかかったのだと思う。

五月一六日、火曜。――北風は夜じゅう続いたが、今日午前中に衰えた。都合よく正午には静穏になり、われわれはサッカーをして大いに楽しんだ。明るさはサッカーにはまあ十分という程度で、それ以上ではない。

午前中、電気計器についてライトから少し教わった。その後、デイとカーバイドの消費量を調べた。二年分はあることがわかってうれしい。しかしみなには教えないつもりだ。規則の方から浪費を認めると、灯火ほど節約されにくいものはないからだ。

電気計器

通常の電位の傾きを測定するのに二台の自記象限《しょうげん》電位計を使っている。この計器の原理は以前のケルビン式計器の場合と同じだ。付属の時計仕掛がローラーに巻いた紙を巻き戻していく。時間ごとに計器の針が電磁石によって押し下げられ、動いていく紙に点を打つ。これらの点相互の位置関係で記録が出来上がる。一台は水晶繊維の長さを縮めて他の一台の一〇分ノ一の精度の測定しかしないよう調節してある。その目的は空中・地中の電位差がきわめて大きくなる吹雪などの時でも記録が中断しないようにするためだ。計器には数個の小型のダニエル電池を入れてある。時計仕掛は親時計によって調整されている。

　放射能測定用として手元にある計器は以前の金箔《きんぱく》検電器の改良型のものだ。測定はぜんまいに逆らって動く水晶繊維相互の反発を利用する——反発の度合は望遠鏡で拡大した目盛にきわめてはっきり表われる。

　測器によって行なわれる測定にはいろいろある。

　空気のイオン化。ある長さの電線に二〇〇〇ボルトの(陰)電気を通じて数時間空中に放置する。それから枠に巻き取り、放電の度合を検電器で測定する。

　近辺のさまざまな岩石の放射能。岩石から直接測定する。

　空気の伝導率、すなわち空気中のイオンの相互運動。帯電面を通過する空気の動きによる。プラスおよびマイナス・イオンの吸収率を測定。陰イオンが陽イオンより速く移動する。

　五月一七日、水曜。——今季で初めて南風に伴って気温が上昇した。風力は昨日夕方以来約三〇である。空気中には雪がほぼ充満しており、気温はマイナス一八度〔マイナス二七・八度C〕からマイナス六度〔マイナス二一・一度C〕へ上がった。

　夜中に犬の一匹が吠《ほ》えているのを聞き、尋ねてみるとそれは「セライ*」の一匹で、後脚が何か具合が悪いようで、保護してあるとのことだった。それがかわいそうに今朝死んでいた。

　残念ながら犬にはあまり頼れそうにない。犬を当てにして運送の準備を考えていたのが間違いだったようで、がっかりした。判断を誤ったのだから甘受するほかない。

　午後ウィルソンが犬の死体解剖を行なった。満足のゆく死因は見付からなかった。はっきりした原因なく冬営基地で死んだ動物はこれで三頭になる。ウィルソンはいらいら

＊白犬。

して明日脳を調べてみると言っている。

今朝、斜堤《しゃてい》へ登った。まだ小屋が見える程度の明るさがあり、どこから見てもそうだが、小屋はわが家のような感じがした。どうしてかアーミテジ岬よりもここの方がわれわれは大きく見える。向こうでよりも重みがあるように見える。大きさの対照のせいに違いない。丘が大きいと、わずかな構成要素である人間は小さく見えるのだ。

今夜風が北へ戻り、いまかなり強く吹いている。

完全な方向変化がこんなふうに突然、そして継続して起こるのは、われわれの経験には初めてのことだ。

いましがたオーツが馬の管理について優れた小講義をした。

彼の説明では冬のあいだは「柔らかい」飼料を与え、春になったら鍛える計画だ。彼の指摘によると馬の本来の食物は緑草と干し草だから、自然、少ししか栄養を引き出せない食物で容量の小さい胃袋を満たすのに日中何時間も費やすことになる。

したがって馬にはたびたび軽く食事を与えるのが望ましい。オーツの現在の手順は次のようだ。

朝。——切りわら。

昼、運動後。——雪。切りわら、およびカラス麦か油かすを隔日に。

晩、午後五時。——雪。熱いふすまのかゆに油かすを添えるか、または煮たカラス麦と切りわら。最後に少量の干し草。

こういう飼料は馬に肉をつけるだろうが、働かせる準備にはならない。一〇月には「固い」飼料をすべて冷たいまま与え、運動時間を延長する計画だ。

手持ちの飼料に関するオーツの考え。

若い小麦の乾草から作った切りわらは疑問である。穀粒は少しもないようだ——それに農夫は若い小麦を刈り取るだろうか。この飼料にはなんら「滋養分」がなさそうだ。しかし冬期用には普通これで結構である。

注意。——この点は私には研究の要があると思われる。

ふすまには種々意見が出た。しかし混ぜてあるカラス麦を馬がよく噛《か》むことになるのでこれはよい。

油かす。あぶらっこく、精力をつける——馬をどしどし働かせるのに好適。

カラス麦。手持ちのものに二種類ある。これも働かせる時によい飼料——白い方が茶色いものよりはるかに良質。

わが調教師は次いで馬を訓練する価値、馬を「調整し」て省力的に引かせる価値について説明した。馬を運動のためだけに歩かせている時にそれをするのは甚だ難しいことは彼も認めている。ただ速く歩かせたり、時々後退させたりすることで、ある程度はやれると考えている。

オーツは外国人が見世物で馬にさせたり、イギリス人がポロ競技のポニーを訓練する時させたりする業《わざ》を引き合いに出した。彼によるとそれは体操の練習のようなものだそうだ。

討論は大いに得るところがあって、ここに記したのはめぼしい点だけだ。

五月一八日、木曜。——風は夜のうちに落ちた。今日は静穏で雪がわずかに降っている。サッカーをして大いに楽しんだ——いまの明かりでできる戸外の娯楽はこれしかない。

冬の日課はたいへんうまくいっている。想像するに隊長なら誰でもそう思っただろう。変えたければ変えられるのだから。他方、今の場合、日課を決めるには探検の予備段階の準備が仕事と遊びにいろいろ利用できる点を念頭に置かなくてはならない。大部分の隊員の冬の仕事は測器や道具を使い、衣服やそり引きの装備を予想を元に準備することで、日課はこれらの仕事に合わせてある。

したがってわが隊の多忙な冬の日課を私がひそかに喜んでいるとしても許されよう。

五月一九日、金曜。——風は朝のうち北から吹き、気温は高めだった（ほぼマイナス六度）。正午前後にサッカーをした——サッカー向きに体調がととのい技が上達するにつれてよい試合ができる。

午後北風が吹き、夜遅く静まった。

夜、ライトが「氷の諸問題」について講義した。題目は難しく、ライトは不安そうだった。彼は若くてまだ独自の研究をしたことがない*。ようやく自分の仕事の重要性を理解し始めているところだ。

彼は先ず氷の結晶から始め、好例を示しながら、結晶のさまざまな形と、いろいろ違った条件、違った気温のもと

＊これは思い違いである。スコット大佐はおそらく氷の問題の研究を指して言ったのであろう。

での成長過程とを説明した。これは有益だった。次に塩水の凍結へ移ったが、わかりにくかった。それから氷河とその動き、動きの理論、および当地での観察結果を述べた。

ばらばらの情報が多かった——シルト層とクレバスのことが出た。最後に彼は一段大きい問題に言及したが、たどたどしかった。

討論しているうちに、結局もう一晩かけて、大アイス・バリアや内陸氷床《ひょうしょう》などの一段大きい問題を論じることになった。その時の討論のために私は自分の考えを書いて置こうと思う。

幸いなことに、氷の問題について話をし、みなから興味を持たれたことで、ライトはありったけの時間をその問題に当てるようになった。彼が熱心で自覚ある研究者であるのを思えば、成果が期待できそうだ。

アトキンソンは新しい穴をあけ、捕魚かごを一五尋《ひろ》の深さに仕掛けた。昨日の朝、四三尾捕れて最高記録を作ったが、妙なことに昨日の夕方にはたった二尾しか捕れなかった。

五月二〇日、土曜。——南から激しい風、雪まじりでたいへん冷たい。ほとんど誰も遠出しなかった。ウィルソンとバワーズが斜堤《しゃてい》の上まで登った。そこでは風力六ないし七、気温マイナス二四度〔マイナス三一・一度C〕だった。そのために二人は凍傷になった。そういう状態で帰ってくると、にぎやかな歓声があがった。ここではそんなふうにして人の苦痛に同情を示すのだ。しかしウィルソンの方はかぶり物が異様に簡単で、そんなわずかな顔当てをしただけでは悪天候に立ち向かえない連中から羨望《せんぼう》の言葉が漏れて、一同大いに面白がった。

風は夜静まった。

五月二一日、日曜。——いつものように礼拝式。午前中北風が吹いた。夕方ロイズ岬へ行こうと思っていたが、開水面がバーン氷河まで達しているとの報告があり、また昨夜私自身が見たところもそれを裏付けるように思われた。

午後開水面を見に出かけた。バーン氷河舌《ひょうがぜつ》の先の氷は堅かった。ただ向かう方に、いつも黒っぽい水平線があり、自分が氷の縁のごく近くまで来ているような感じがした。そういう様子が依然続く中を、頑張ってバーン岬まで進み、それからその岬とロイズ岬との中程まで行った。そこまで行けば、氷がロイズ岬まで続いており、それもここずっとそうだったことを、はっきりさせるに十分だった。こういう状況のもとで北に絶えず開水面が見えてくるのはまことに異常で、全く不可解だ。

　西の方の氷の形成について、ウィルソン、ライト、およびテーラーと、たいへん興味深い討論をした。ケトリッツ氷河の北の、風化した氷河氷の上に見られる海洋生物をどう説明したらよいか。われわれは一つの理論を考え出した。それによると、この氷はその上面および下層にあったモレーンのために、かつては負の浮力を持っていたのが、やがてその物質が風化で大半が落ちた結果浮上したことになる。

　ロイズ岬へは明日行く手《て》筈《はず》にした。

　気温は今年は着々と下がっている。長らく零度〔マイナス一七・八度C〕のあたりを上下していたが、それからかなりの期間マイナス一〇度〔マイナス二三・三度C〕のあたりを続け、このごろはマイナス二〇度台〔マイナス二九〜三四度C〕へ下がり、さらに下がる気配を見せている（今日はマイナス二四度〔マイナス三一・一度C〕）。

　バワーズの測候所は面白おかしくアーチボルド、バートラム、クラレンスと名付けられている——記録は頭文字によるが、口で言うときは正式に言う。

　今夜壮麗なオーロラが現われた——これまで見たことがないほど華々しいものだった。一時は空の北北西から南南東にわたって、高く天頂まで弧や帯や垂れ幕で埋まり、これらが絶えず急速に動いた。垂れ幕が波打つのは殊に美しく——輝く光の波が一端から起こって他の一端へ向かって走ったり、あるいは一段とまばゆい明かりが、薄れゆく垂れ幕の光を補強するかのように広がるのだった。

オーロラ　覚え書き

　オーロラの光は薄緑色であるが、いまは明るい部分が動く時、その前に赤色がぱっと現われるのがはっきり見える。ぼうっとした緑色の光がばら色に染まりながら突然生命を得て踊り上がるように見える。この現象には無限に連想を誘うものがあり、そこに魅力がある。生命、形、色の連想、そしてはかなく神秘な動き——非現実。神秘を表わし大事を知らせる言語だ——神々からの霊感——純粋に霊的な——天上の信号。迷信を思わせ、想像を刺激する。ひょっとしてどこか他の世界（火星）の生き物が巨大な力を働かせて、このように火の記号、金色の文字で地球を取り巻き、そしてわれわれにはそれを解読する手掛かりがないということではなかろうか。

ポンティングはオーロラの写真は撮れないと告白して議論になった。ノルウェーのシュテルマー教授は成功したようだ。シンプソンが教授の方法を摘記したのによると、レンズと感光板の感度の高さに依存しているだけのようだ。ポンティングはその両方とも自分の方が高感度だと言う。なのに長い露出をしても結果が出ない。それはオーロラだけではない。星もポンティングの感光板にはうまく写ってくれない。五秒間の露出でも、星は固定した写真機の感光板には短い光の線になる。シュテルマーの星は点になっており、したがって露出は短かったに違いないが、それでも彼の写真には短い露出で得られたとは思えないような細部が写っているのもある。なんとも不可解だ。

五月二二日、月曜。――ウィルソン、バワーズ、アトキンソン、エヴァンズ（兵曹）、クリソルド、それに私とで、「手押し車」に寝袋、クッカー、および食糧少々を積んで、ロイズ岬へ出かけた。

「手押し車」というのは、鋼鉄パイプの枠を自転車の車輪四個で支えたものだ。

氷盤《ひょうばん》には一インチから二インチの雪があり、塩の氷の花をほぼ覆っていて、そういう状態にはデイの車はあつらえ向きだった。塩の結晶のため木製の滑走部ではひどい摩擦を起こすような路面に適するのが利点だ。海氷《かいひょう》の上では車の方が滑走部よりも有効な場合がずいぶんあるように思われてくる。

二時間半でロイズ岬へ着いた。途中バーン岬の向こうの湾でエンペラーペンギンを一羽捕った。この鳥は見事な羽毛をしていて、胸は鏡のように北から来る薄明かりを映していた。

岩の上をつまずきながら進んで、シャックルトンの小屋を見付けた時は、もうかなり暗くなっていた。クリソルドはレンジに取り掛かり、ウィルソンと私は黒磯《くろいそ》まで歩き、青池のところから引き返した。

気温はマイナス三一度〔マイナス三五度C〕へ下がり、小屋の中はたいへん寒かった。

五月二三日、火曜。――寒い一夜ながら、一同寝袋の中で心地よく過ごしたあと、午前中小屋内外の物資の点検をした。

　相当な量の小麦粉とデンマーク・バター、かなりの灯油、また量はそれほどではないが各種の品が見付かった――全体で、われわれの隊ほどなら、上手に管理すれば六カ月から八カ月くらいはやっていける蓄えがある。いざというときは間違いなく頼りになるたいへん有用な予備品だ。これらの物資はやや散乱しており、小屋は住む者がない状態から起こる荒れ果ててわびしい様相を呈していた。しかしそれはそうとして、私にはアーミテジ岬のわれらの以前のディスカヴァリー小屋に比べるとはるかに魅力に乏しかった。

　ココアを入れたあとは、もうわれわれを引き留めるものもなく、帰途についた。新たに荷物に加わった有用な物品は皮革一～二枚と賛美歌集五冊だけだった。賛美歌集はこれまで七冊しか集められなかったから、これだけふえると日曜日の礼拝式はもっと立派にやれるようになる。

　五月二四日、水曜。――静かな一日、北風。気温は徐々に零度〔マイナス一七・八度C〕まで上がった。夜番だったので、外へ出なかった。月が落ちてしまい、外へ出たい気にあまりならなかった。

　アトキンソンが寄生虫学について興味深い小講義をし、外部および内部寄生虫――線虫類、吸虫類の生活史の概略を説明した。ほとんどの場合、二次宿主《しゅくしゅ》があること、ある場合には病気を起こすが、ある場合には寄生虫の存在が体のためになってさえいること、などを指摘した。この研究はまだわずかしか進んでいないことを彼は認めた。十二指腸虫、吸血虫類、膀胱《ぼうこう》を襲う（エジプト）住血吸虫（吸虫類）、フィラリア（糸状虫）、メジナ虫、旋毛虫（豚肉）、その他に触れ、それらが原因となる病気を示した。

　話は虫から原生動物へ移り――トリパノソーマ、眠り病、宿主はツェツェ蠅《はえ》――他と比較しながら生活史を説明した。これは二次宿主の中で増殖するか一次宿主の中で包《ほう》嚢《のう》をかぶっている――同様にマラリア病原菌はハマダラ蚊によって広まる――どれもしごく興味深かった。

　講義のあとの討論で、ウィルソンが雷鳥の病原虫に触れ、独立生活をする種がほぼ同一であるのは殊に興味深いと話した。また病原虫の一生のある部分が独立生活であること。ここで議論は、寄生的習性を採用した結果起こる退化についてネルソンが強調した点へ近付いた。寄生動物はすべて独立生活の動物を祖先としているようだ。「退化とは何か」と尋ねてみても、十分満足な答は返ってこない。結局そういう用語は経験上生まれたものに違いない。

五月二五日、木曜。——南風が強い突風と雪まじりで吹き続いており、気温は異常に高く、プラス六度〔マイナス一四度C〕。激しい強風が続いている。気象状態は本当に興味深い。シンプソンはエヴァンズ岬の二、三、四月の風について再度注意を促した——記録では異常な度合で強風が多いのだ。バリアではこの風がほとんど吹かなかったのは確実であり、ハット・ポイントでもこれほど吹いたか疑わしい。

五月二六日、金曜。——静穏で晴れた日——最近の天気からうまく変わった。ここの生活を楽しむうえで毎日戸外へ出て足を伸ばせるのと伸ばせないのとではたいへんな違いだ。午前中に斜堤《しゃてい》へ登った。開水面の兆しはなく、したがって今度の季節に大通りが切断される心配はもう消えた。これからは強風が吹いていても一時悩まされるだけで——それが起こす結果についてはもう心配しなくてよくなった。

午後スキーとストックを探し出し、氷盤《ひょうばん》へ出て少し滑った。路面は最近の雪と風以来たいそうよい。うれしいことにそり引きがもう普通の方式で実施できるわけで、手筈《てはず》がととのえば班ごとにスキーを履いて引くことができる。四月と五月の若い氷による難儀はもう終わった。ディスカヴァリー号に滞在した時、生活環境のために、それに全く気付かなかったのは奇妙だ。

われわれは異常なほどよい生活をしている。昨夜の正餐《せいさん》には濃いアザラシのスープの結構なのが出た。まるで濃い野兎《のうさぎ》スープのようだった。続いてこれも味のよいアザラシのステーキと腎臓《じんぞう》パイと果物ゼリーが出た。今朝は目を覚ますと、炒《いた》め料理のにおいが迎えてくれ、朝食のポリッジのあとで、風味豊かなノトセニア魚が各人に二尾ずつ出た。この小魚は異常に甘味がある——バターとマーマレードをつけたパンで食事が終わった。昼食にはバターつきパン、チーズ、それにケーキ。今夜は羊肉が調理されているにおいがする。現状でこれ以上食欲をそそる食事、そしてこれ以上壊血病の症状を起こしにくい食養生を考え出すのは難しかろう。われわれが壊血病にかかるとは思えない。

夜、ネルソンが講義して、生物学者の研究対象について甚だ巧みに初歩的概要を話した。除去率の説明の中に一つ印象深い事実があった。大まかに言って二体の親からは二体の子だけが生き残るというのだ。これは人類でも、また雌ごとに二千四百万個の卵を産む「リング」たちでも同じなのだ！　ネルソンは進化、適応、その他について大いに語った。討論ではメンデル説が最も多く話題になった。性格の遺伝ということは人間の精神にとって不思議な魅力を持つ。ウニに関するローブ教授の実験についての討論にも一つ非常に印象深い点があった。教授は精子なしで種《しゅ》を繁殖させるのにどこまで成功したのか。結局のところあまり成功しなかったようだ。

ペンを走らせる題材の一つとして極地の事象に対する関心の広がりを取り上げることができよう。かつての北極航海者たちの過ごした冬季の関心とわれわれのそれとを比較し、その違いの原因を探る。知識が増大するにつれて、あらゆるものの様相が変わってくる。

未開原始の環境に対する人間の関心の広がりは比較によって説明するのがいちばんだろう。われわれの父祖が険しい岩山に恐ろしいとかぞっとするとかいう言葉を当てていたのに対し、今日われわれは雄大とか崇高とか美しいとか言って、彼らより正当に賛辞を与えているという単純な事例を思い出してみるとよいだろう。

このように天然の事象を詩的に感じ取るようになったのは、感情の内在的変化のためというよりも、これまでよりも広い知識が身近になったのと、迷信の影響力が滅びたためだ。限界を悟ることの重要性が痛感される。

五月二七日、土曜。——甚だ不快で寒く、風の強い一日。閉口して、外へ出なかった。

夜、バワーズがそり引き旅行の規定食について講義した。彼は一大気概をもってこの課題に取り組み、大いに辛抱強く本を漁《あさ》って事実を発掘し、それらをつなぎ合わせるのに少なからぬ実務的手腕を発揮した。極地の文献を探って規定食関係の事実を集めるのは苦労の多い仕事であり、いろいろ違った所説をそれぞれ正当に評価するのはさらにたいへんなことだ。文献にはこの重要な問題を全く論じていないものや、実施に際しての変更とか状況による増量などを記録しなかったものや、またさまざまな食品の性質を記述し忘れたものもある。

　われらの講師が往時の規定食を説明した時は面白くもあり有益でもあった。しかし当然ながら、この問題の生理学方面になると、迫力を失った。彼は男らしく最後までやり遂げ、いささかユーモアを交えた話しぶりでもあったので大いに喜ばれた。ところが彼は、例えば「その所説を疑う理由のない紳士であるジュール氏にも劣らぬ人」から事実を推定したりしていた。

　ウィルソンが講義後の討論の中心になって、疑わしい点をすべてもっとはっきりさせた。「脂肪（炭水化物）を増量せよ」、科学はこう言っているらしく、実行は昔気質《むかしかたぎ》ながらこの主張に呼応して用心深く足を踏み出そうとする。私はもちろん情報と経験を総動員してこの問題をくまなく調べるつもりでいる。だがみな意見を言って討論したのはそれなりに有益だ。

　茶対ココアの題目では最も強く感情がからんだ。興奮とその反作用の無気力の点でいろいろ言えるとしても、私には茶の方に大いに理があるような気がする。活動しない時にいちだん深い休息をして無気力を処理できるなら、行進のとき適度に興奮していてなぜいけないか。

　五月二八日、日曜。――昨夜ひと騒動あった。ポニーの一頭（昨年私が引き、氷盤《ひょうばん》から救出した葦毛《あしげ》のやつ）が仕切りの中で倒れたか横になろうとしたらしく、頭が両側の仕切り棒に縛り上げられる格好になった。そういう状態でもがいたりけったりするうちに、体がすっかり一回転よじれて、ひどく苦しい姿勢になった。もがく物音が運よくじきに聞きつけられ、頭の綱を切ってもらうことができ、オーツが立ち上がらせた。その時はかなり苦しそうだったが、いまは元通りによくなって、いつもの運動に連れ出されて行った。

　いつものように礼拝式を行なった。

　午後スキーで湾を回り、帰りは湾を突っ切って帰った。ほぼ無風、晴れた空、気温マイナス二五度〔マイナス三一・七度C〕。気温のわりに不思議に穏やかだった――こう言うと矛盾するようだが、寒さの感じは温度計とは一致しない――それは明らかに風によって決まり、風に次いで空気の湿度と空気中に漂う氷晶《ひょうしょう》によって決まる。なぜそうなのかはよくわからない。ただ実際に、私は無風でマイナス一〇度

〔マイナス二三・三度C〕の時に、温度計がマイナス二五度まで下がり、他の条件は見たところ同じである今日よりも寒いと確かに感じた経験がある。

　われわれにはどうやっても湿度はもちろん降水量や蒸発量さえも計れない、という驚くべき事情がある。いまもシンプソンと話していたのだが、その方面の実験には克服し難い困難が立ちはだかっている。冷たい空気はごくわずかの湿気しか含むことができず、飽和状態は極端に小範囲の温度にしか起きないからだ。

　五月二九日、月曜。――また静穏で上天気の一日。昼食の前にも後にも外へ出た。午前はウィルソンおよびバワーズといっしょに、イナクセシブル島の近くの温度計の所へ行った。途中で仲よしの犬が吠《ほ》えるのが聞こえ、姿もおぼろげに見えた――行ってみるとヒョウアザラシの幼獣をいじめているのだった。このヒョウアザラシは今季海峡で見えた二頭目のものだ。検体として確保しなければならなかったが、殺さなければならないのは悲しかった。このアザラシの長くてしなやかな体は、ずんぐり太ったわがウェッデルアザラシに比べると美しいと言ってよいくらいだ。眉間《みけん》を打って気絶させようとすると、かわいそうに左右へすばやく身をかわした。そうしながら口を大きくあけたが、不思議に声は少しも立てず、シューという音さえ出さなかった。

　昼食後そりを出して獲物を運び入れた。その前にフラッシュで撮影した。

　ポンティングはフラッシュによる撮影にどんどん上達し、冬でも美術的効果の得られる全く新しい分野を開拓した。

　講義――日本。今夜ポンティングが自作の見事な映像を見せながら日本について楽しい講義をした。中で最も鮮やかだったのは日本人の美術方面についての説明で、これは彼が最も深く好意を寄せている面だ。そういうわけで彼はわれわれをいろいろな花祭へ案内してくれた。楽しい桜祭や藤祭、あやめ祭や菊祭、ぶなの花のくすんだ色や蓮庭《はすにわ》をめぐる小道など。そこでは人々が厳粛に黙想している。日光の美観、寺院や大仏などの写真もあった。それからもう少し周遊ふうのもので、火山や噴火口、滝や渓流、木に覆われた小島群、例の日本の特色――浴場とそこに浸る人々、アイヌ、その他。ポンティングは説明上手で、一同まことに楽しい夕べを過ごした。

　五月三〇日、火曜。——生理学の勉強を忙しくやっている。*アトキンソンがタイド・クラックの所にヒョウアザラシが一頭いると知らせたが、結局カニクイアザラシだった。若くてたいへん活発。昨日のヒョウアザラシと奇妙に対照的で、かみつきかかりながら、あえぎあえぎしわがれた唸《うな》り声を立てて大いに騒いだ。

　外側の氷山へ行ってみると何人も集まっていた。多くはカメラとフラッシュを用意してきたポンティングと関係があった。

　見事に静穏な日和でわりあい暖かだった。陽気な話し声と笑い声を聞いたり、ポニーと馬方が薄闇《うすやみ》から現われてあたりに活気を添えるのを見たりするのは快かった。正午には空は異常なほど澄み、北の方がたいへん明るくなった。

　異例に大きな潮差《ちょうさ》がここ三日のあいだにあった——検潮器の仕掛けがひっくり返り、いまの方式が少々疑わしくなった。デイがこの問題を調べることになり、今日徹底的に討論した。潮汐の測定は方法の正確さに確信がなければしない方がましだろう。高潮の結果、海岸の氷盤《ひょうばん》の上に塩水のたまりができ、今日カニクイアザラシを追跡する時これらの水たまりに燐光《りんこう》性の光が非常に明るくきらめいて見えた。これは小さい橈脚類《じょうきゃくるい》のためだとわれわれは考えている。たまたまノルデンシェルドの『ヴェーガ号』に同じ現象について書いてあるのを見付けた。彼も、またその前のベローも明らかにそうだが、この現象を認めたのだ。二極性の興味深い一例だ。

　もう一つ今日観察された興味ある現象は太陽に照らされた巻雲《けんうん》である。ウィルソンとバワーズが北の水平線上五度のところに見たもので——太陽は水平線下九度にあり、屈折なしの計算で一二マイルの高さの雲は見えることになる。屈折を見込めばこの現象は十分あり得る。

　五月三一日、水曜。——今朝は本曇りで、気温はプラス一三度〔マイナス一〇・五度C〕まで上がった。昼食後「ランズ・エンド」まで出かけた。吹きだまりの深いところ以外は雪面がべとついて、スキーに向かなかった。空気にはむっとした感じがあり、体がたいへん熱くなり、頭と両手をむき

* そり引き旅行の規定食に関連して。

出しにして帰った。

　五時に、完全な無風からいきなり南風が吹き始め、時速四〇マイルの風力になり、それ以来ブリザードが続いている。風はひどく突風性で、二〇ないし六〇マイルだ。あらしがこんなにいきなり来るのは経験したことがなく、小屋からちょっと離れただけでも迷子になる可能性がどんなに大きいかがわかる。

　今夜ウィルソンが写生についてたいへん興味深い講義をした。ざっとスケッチしたうえ色彩をメモして置く彼の方法について先ず述べ、それがパステルその他よりもここの気候に適していることを説明した――指が凍えても十分実施でき、観察に訓練を積むにつれて正確になる。次に正確さがきわめて重要だという点へ話を進めたが、彼の表現の仕方、説明の仕方はまぎれもなくラスキン流だ。無意味な線を入れてはならない――線一本も観察によるものでなければならない。明暗の対照も同様で――かすかな陰影、微妙な差異、その他すべて――慎重と忍耐と、訓練を積んだ注意力がなくては不可能だ。

　数人が批評を求めて出していた写生の欠点を彼が概括的に指摘すると、一同の顔に笑みが浮かんだ。多くのことが先入観によって描き込まれていると言うのだ。「人は氷山をいまそれがあるとおりに、また自分が観察したとおりに、忠実に描きはするだろう。しかし海と空はあとで描けばよいと思って残してしまう。それは海や空はどこでも同じだと思うからで、どう描くべきかを思い出そうとするだけで満足してしまうのです。」大自然の調和は推測を許さない。

　ウィルソンは繰り返しラスキンを引用し、話は少々深入りして「構図」に及び、ポンティングに満腔《まんこう》の賛辞を呈した。

　講義はこの講師特有の控え目な調子でなされたが、無意識のうちにその人柄と、全心を打ち込んだ徹底ぶりとを表わしていた。彼は人間の等級ではきわめて高い部類の人で――その高さは私もここ二～三カ月の経験をするまではよく知らなかったのだ。

　隊中これほど広く誰からも尊敬されている者はほかにはいない。彼がどんなに辛抱づよく、終始変わらず、時間と注意力を割いて、他の写生家たちの努力を援助してきたか、そして何についてもそうであることを、私はようやく今夜になって悟った。ほとんどどの講義にも彼は手を貸しており、わが極地世界の実務上あるいは理論上の問題を解決しようとする努力の、ほとんどどれ一つについても彼は相談を受けていたのだった。

　粘り強い仕事によって大きな成果を収めることは、奮闘する人間の最上の実物教育となる。天才の業績は、たとえどれほど優れていようとも、人の啓発にはめったにならないからだ。ここでのわれわれの社会の著しい、そして有益な特性は、よき親交なのだが、その絆《きずな》を維持するうえで、他のどの要因よりも強力な要因の実例を示しているのが、この科学班の長なのである。

第一一章

冬至まで

六月一日、木曜。――風は夜じゅう激しく吹き、突風は時速七二マイルに達した。風力計が五度止まった〔雪が詰まったため〕――気温プラス九度〔マイナス一二・八度C〕。風は今朝まだ吹いている。ついでに記すと、こういうひどい風はわれわれの換気方式にはたいへん都合よく作用することがわかった。火はどういう場合にもよい換気装置になり、屋内の空気の循環と新鮮な空気の吸入を確実に行なってくれる。換気装置としての火の欠点は屋内の空気を吸い込む位置が低いことだ。われわれの換気方式は火の通常の吸入力を利用するが、同時に煙筒に適当に穴をあけ、そこからの吸い込みによって、高い位置のよごれた空気を抜き取らせてもいる。こういう方式が用いられたのはこれが初めてだと思う。吸い込みが少しでも不安定になると当然小屋に煙がこもりかねないから、煙筒に穴をあけるのは大胆な手段だ。われわれの場合それが起こらないところをみると、煙筒にはいつも強い吸い込みがあるということで、それは筒を格別に太くしてあるのと屋外部分を長くしてあるからだ。

風があると吸い込みが大いに強まり、風が激しい時には強く吸い込み過ぎて、換気の穴の助けがなければ、かまどやストーブは用をなさなくなるだろう。

こういう状態の時には、したがって排気率が自動的に上がり、それに激しい風は通常著しい気温の上昇を伴うから、排気率の上昇は最も好都合な時に起こることになる。

さもないと小屋の中は暑苦しくてやりきれなくなるだろう。事実いまの方式は、小屋に大勢が住み、煮炊きをし、煙草《たばこ》も吸っていながら、空気はほとんどいつも暖かく、臭気もなく、新鮮であるという成果を収めている。

どんなによくできた装置にも弱点はあるもので、私も「ほとんど」いつもと言ったのだ。その点、例外が起きるのは、外気が静穏で暖かく、かまどの火を、朝などのようにあおってやらなければならない時だ。そういう状態の時には一時換気口を閉じなければならない。そしてその時、料理人が揚げ鍋《なべ》で一同の朝食をつくるのに没頭していると、たちまちそれがにおってくる。両方がかち合うことはめったになく、あってもほんの一時で、火が燃え立つのと同時に換気口をまた開くことができ、そうすればすぐに苦痛は消える。

こんなふうに屋内の空気が申し分のない状態にあることが健康の維持にきわめて重大な要因となっているのは間違いない。

今日、ポニーの「あだ名」を整理した。学校との契約に従っての「正式*」名と結びつけるのはドレークに任せなければならない。

あだ名は次のようだ。

ジェームス・ピッグ……………コヘイン
ボーンズ……………………クリーン
マイケル……………………クリソルド
スナッチャー…………………エヴァンズ（兵曹）
エヒウ
チャイナ
クリストファ…………………フーパー
ヴィクター……………………バワーズ
スニペツ（まぐさ桶《おけ》嚙《か》み）
ノビー………………………ラッシリー

六月二日、金曜。――風はあいかわらず強い。地吹雪は昨日朝のうちに止んだ。その事実は説明が難しい。夜には空が晴れた。その時と今朝、北にオーロラの流光の美しい展開と、東にほのかな弧状のが見られた。妙なことに気温は依然高く、およそプラス七度〔マイナス一四度C〕ある。

＊公式にはポニーは購入資金を寄付した各学校にちなんで名づけられていた。しかし船乗りは根っからのあだ名好きで、そういう仲間うちの気質が勝ちを占めたのである。

気象状態は甚だ不可解だ。

六月三日、土曜。——風は昨夜落ちたが、午前四時になって、完全な無風からいきなり時速三〇マイルで吹き始めた。ほぼ同時に、確かに一分の間隔も置かずに、気温が九度〔Cで五度〕上がった。南風に伴う気温の上昇で私の思い出せる最も異常で興味深い例だ。無風のあいだは地表の冷たい空気の層が極端に薄く、そして急傾斜の逆勾配《こうばい》があると考えないかぎり、説明が甚だ難しい。風が吹き出した時の頭上の空はこれまで見た覚えがないほど澄んで、星座がきらきら輝き、銀河がぱっと明るいオーロラの流光のようだった。

風は一日じゅう続き、戸外を居心地悪くしていた。陸地を散歩した。暗く、岩はたいそう黒々としており、積雪はほとんどなかった。柔らかい砂地についた以前の足跡には雪が詰まって、黒い地面の上にとても白く見えた。食糧の統計をこつこつ調べた。

シンプソンが正規の講義の一つとして気象測器について話した。測器についてはすでに書いたから、ここではあまり記すことがない。彼は説明の仕方がすばらしく明快だ。ある状態を科学的に観察しようとしているのに、当の状態が観察に使用する手段の影響を受けている場合の類例として、彼はズボンの長さを見るのに前かがみになって見ようとしても不可能だ、という例をあげたのは巧妙だった。

説明の対象になった測器は次のとおりだ。

	要　点
屋外（バイメタル）自記温度計	
屋内自記温度計（アルコール式）	アルコールを螺旋《らせん》状の小鉛管に入れて——浮き容器。
電気式自記風力計……	輪の上に接触スタッド付きのカム仕掛。減速装置、輪の惰力。
ダインズ風力計……	水中に沈めた浮きにパラボラ。
自記風見……	金属ペン。
磁気計……	二方向から計った水平の力——時間装置。一方向からの垂直の力。
気球自記温度計の高低	記点装置と差動、前を見よ。
温位装置	

シンプソンは作業員としても優れ、科学者としても優れ、講師としても優れている。

六月四日、日曜。――風なく、うららかな一日。今日のことを書くと典型的な日曜日として次のようになるだろう。朝食。三〇分ほどかけて賛美歌を選び、礼拝式の準備をする。その間に小屋の中が片付けられる。礼拝式。賛美歌、詩篇による朝の祈り、次の賛美歌、聖餐《せいさん》式の祈りと嘆願、最後の賛美歌と、特にわれわれのための祈り。ウィルソンが賛美歌の初めの音程を示し、私があとをつけるのだが、うまくいっているか心許ない！ 礼拝式が済むと普通隊員たちがポニーを連れて出かける。

今日ウィルソン、バワーズ、チェリー-ギャラード、ラッシリー、それに私が出て、「イグルー」第一号の建設に取りかかった。雪の塊を切り出すのにどの道具が最適かについて大きく意見が分かれている。チェリー-ギャラードは私の設計でラッシリーが製作した包丁を持ち、ウィルソンはのこぎり、バワーズは大型のこてを持った。私は包丁がいちばん有効だろうと考えるが、みなはまだ認めない。いまわかる範囲では、この包丁は柄をもっと長くし、のこぎり刃のところは目をもっと粗くし――また刃はもっと薄くすべきだろう。

この小屋造りは上手になるまで続けなくてはならない。この技術はきっと役立つと思う。

雪の塊をやっと三段並べたらお茶の時間になってしまい、お茶のあとではもう暗くて続けられなかった。

日曜の午後は普通隊員たちには「離岸して一走り」するときだ。

私はスキーで氷盤《ひょうばん》の上を出かけた。今度の風のあと路面がこれ以上は不可能なほどよくなり、それがイナクセシブル島まで続いている。ここでは、そして疑いなく岸沿いのたいていの所では、六月第一週のいまが、湿ってべとつく塩の結晶が覆い隠されて、木製の滑走部が使えるようになる時期だといってよいだろう。島の先ではまだ雪はごく浅く、辛うじて氷の花を覆ったばかりで、路面はまだ悪い。

島の南側にかなりの地滑りが起きていた。重さ一～二トンほどの岩が七～八個、氷盤の上へ落ちていて、海氷《かいひょう》による運搬の可能性を示す興味深い例となっていた。

ポンティングは氷山群のところへ出かけ、フラッシュで撮影していた。私が島の南側へ回り、彼とは島をはさんでちょうど反対側になった時もマグネシウムの閃光《せんこう》が見え、稲妻と見まがうばかりだった。空も、またカメラからずいぶん離れたところにあるような物体も、明るく照らし出した。この光は信号に使える見込みが大いにあるのは明らかで、それを実験してみようと思う。

留意。——夏季の信号装置としてのマグネシウム閃光。

今日カニクイアザラシがまた一頭捕れた。氷山群の近くへ上がっていたのだ。

六月五日、月曜。——一日じゅう南風が吹き、空は一面に曇り、大気は雪の結晶を含んでかすんでいた。気温は上がり続けて、今夜プラス一六度〔マイナス八・九度C〕になった。いまにもブリザードが来そうな気配だが、それは来ない。しかしこの異常な高温はどういうことか皆目わからない。石の上を散歩した。非常に暖かく蒸し蒸しした感じだった。

テーラーがビアドモア氷河について発表した。骨折って作り上げた役立つ情報だ。彼によると氷の側面はフェラー氷河に比べごくゆるやかな勾配になっている。クレバスが報告どおりたくさんあるとすると、氷河の動きは甚だ大きくなくてはならない。クレバスのひどいところが三カ所あるようで、そこでは氷河がくびれ、流れが激しい。

地質学関係では、彼は発見された岩石と未解決の問題について説明した。基盤岩は、北部については、赤みがかったのと灰色の花崗岩《かこうがん》、および変質粘板岩（恐らく化石を含む）のようだ。クラウドメーカー山は閃緑岩《せんりょくがん》のようで、バックレー山は水成岩のようだ。層の構造は数層の石炭があって、その上下に砂岩がある形だろうと言う。事実そうかどうかを探り、石炭を調査してみると面白かろう。毬果《きゅうか》植物の化石がここから出たようだ——葉が得られるといっそうよい——化石はくるんで保護する。

ドーソン山は薄桃色の石灰岩に黒ずんだ岩がくさび形に入っているという説明だった。これはどうも疑わしい！石灰岩はカンブリア紀の化石（アーケオシアタ）が見つかるかもしれないので、大いに興味をそそる。

テーラーはドライ・バレー地域と同じくここにも新しい年代（氷の後退以後）の火山錐《すい》が見られるのは興味深いと言った。地質学および地文学上注意すべき点をあげて置く。

一、ホープ島の形状。

二、壁面の特徴。

三、支流氷河の形態——絶壁状あるいは幕状、崩壊しているもの。

四、支流は「同一高度」で合流しているか。

五、側部の窪《くぼ》地が塔状になったもの、など、斜面の形と大きさ。

六、支流は側部の窪地をつくっているか——中がからっぽの圏谷《けんこく》、懸垂谷壁《けんすいこくへき》、その他はどうか。

七、上流部のモレーンはモザイク横様になっているか。

八、層の配列、包有物。

九、モレーンの形態、ブロックの間隔。

一〇、氷河の風化。表面の形態。(衝上《しょうじょう》断層の痕跡《こんせき》? 波紋、雪腰掛、温室、さんご礁、蜂《はち》の巣、犂《すき》べら、砦《とりで》、パイの皮。)

一一、かなりの量のシルト層、成層しているもの、折り重なったり崩れたりして、不規則なもの。

一二、傾斜三五度の谷の横断面?

一三、岩屑《がんせつ》に覆われた風化斜面、その高さ。

一四、ヌナタク、丸まったものの高さ、側面から見て角張ったものの高さ、漂石《ひょうせき》。

一五、氷河三角州の発達順序を示す形跡。

討論のときデベナムは岩石の細片が役立つと言った——違った場所から数多く集めた細片の方が、少数の大型標本より価値がある。

短時間ながら興味深い討論をした。

地質学者と地文学者が「グラシエーテド」という言葉を使うときの使い方に対して異議があることを記して置かなくてはならない。

「グラシエーテド・ランド」と言うとき、その人達にとっては、以前の氷の作用によって形成されたと思われる土地のことだ。

私がその言葉に当てる意味は、そしてこの方がいっそう広く通用していると思うのだが、それは現在全部あるいは一部が氷と雪に覆われている陸地ということだ。

あとの方がわかりやすい意味であり、先のはごく近年の盗用の結果だと私は考える。

意味の違いを別の言い方で表わすならば、氷で覆われた、と氷で浸食された、となる。

今日、陸軍さんがポニーの防寒着を考案するのを私は手伝った。要点は後半身をすっぽり覆うものを用意することだと思う。

六月六日、火曜。――今日は気温がプラス一九度〔マイナス七・二度C〕にもなった。南風が夕方まで続き、空は晴れ、山の周りにだけちぎれ雲があって美しい色に映えていた。今夜は月が山の背後から現われ、晴れ渡った北の空を進んで行く。風は落ち、あたりは壮麗な景色だ。

私の誕生日で、自分では忘れてしまったかもしれないのに、みなが覚えていてくれた。昼食に巨大な誕生日のケーキが姿を見せ、一同その周りに集まって写真を撮った。クリソルドが砂糖をふりかけた頂上をチョコレートのいろいろな細工や砂糖漬け果物や小旗や私の写真などで飾ってあった。

散歩のあとでわかったのだが、晩餐会の準備が大々的に進行しているのだった。そして食事の時刻になると、一同そりの幟《のぼり》を張りめぐらした中で、豪奢《ごうしゃ》な馳走《ちそう》の並ぶ食卓についた。クリソルドの極上アザラシスープ、焼き羊肉にあかすぐりゼリー、果物サラダ、アスパラガスとチョコレート――こんなすごい献立だった。飲み物にはサイダー・カップ、これはいまもって中味がつきとめられない神秘な飲み物だ。それにシェリーとリキュール。

こういうぜいたくな食事のあとは、一同大いにお祝い気分になり、悪気のない議論に花を咲かせた。私がこれを書いている一方で、暗室に一団ができ、議論による政治の進歩を論じている――別の一団が晩餐の食卓の一隅で、物質の起源とそれが究極的に発見される可能性について述べ立てているし、もう一団が軍事問題を論じ合っている。別々の所から切れ切れに聞こえてくるものが、時には妙な具合につながったりする。たぶんこういう議論は実際にはなんの役にも立つまいが、当事者たちには大いに楽しみになっている。論点についてまとまりよく意見が言えたと思ったり、とどめを刺す一句が言えたと思ったりする時の、得意げな声の響きを耳にするのは愉快だ。誰も彼も少年に返ったのであり、それもこんなにすばらしく気立てのよい少年たちだ。この多弁な舌戦の中に、とげとげしかったりむっとしたところは露ほども見えず、耳障りな語気も感じられなかった。すべて笑い声で終わるのだ。

ネルソンがソックス一足とひきかえに地質学の手解《てほど》きをしてくれとテーラーに頼んでいた！　こういう子守歌を聞きながら私は眠りにつく！

六月七日、水曜。——上天気。午後氷盤《ひょうばん》の上を南の方へたっぷり出てみた。途中ネルソンが氷の穴の所にいるのを訪ね、バワーズが温度計の所にいるのに出会った。氷面は磨き上げたようにすばらしく滑らかでスキーによく、あたりは月光に明るく照らされ、風もなくさわやかで、温度計はマイナス一〇度〔マイナス二三・三度C〕を指していた。冬の散歩に申し分のない日和だった。

夜、私が「アイス・バリアと内陸水」の題で発表をした。新しい話題をかなりたくさん折り込んだもので、討論では真剣な関心が示され——事実そのために真夜中近くまで散会にならなかった。この原稿は保存しようと思う。今後この方面のあらゆる研究によい基礎を提供するはずだ。

氷の穴のための風防ぎ

偶然何かを再発見することはよくある。氷の穴の風よけ作りがちょうどそれだ。ディスカヴァリー号の時にそのことでは大いに知識を得たのだが、あいにくその経験を書き留めて置かなかった。私は次の図を描いてネルソンに渡した。そして穴の所へ行ってみると吹きだまりは図と一致していた。図〔次ページ〕は見たとおりだ。「b」壁は「a」壁より高くすべきだと思う。

今夜は当直。静かな時間が心地よくどんどん過ぎた。午前七時就寝。

六月八日、木曜。——起きたら午後一時で、頭の調子がよくないのは徹夜のあとではやむを得ない。氷山群まで歩いてひと回りした。月は明るく照っていたが、南から急速に雲が広がってきた。

雪包丁を試してみた。よくなってきた。デベナムとグランが今朝ハット・ポイントへ出かけた。帰りは明日になるだろう。

六月九日、金曜。——昨日と同じ雲で、風はなかった。しかし雲が広がったあと空は晴れず、ただ夜中に二時間ほど月が皓々《こうこう》と照って、昼が戻ってきたのかと思うほどだった。

あとは布地のような層雲が頭上に垂れ込め、厚くなったり薄くなったり、高くなったり低くなったり、当惑するほど不安定だった。われわれにはこういう不可解な気象状態

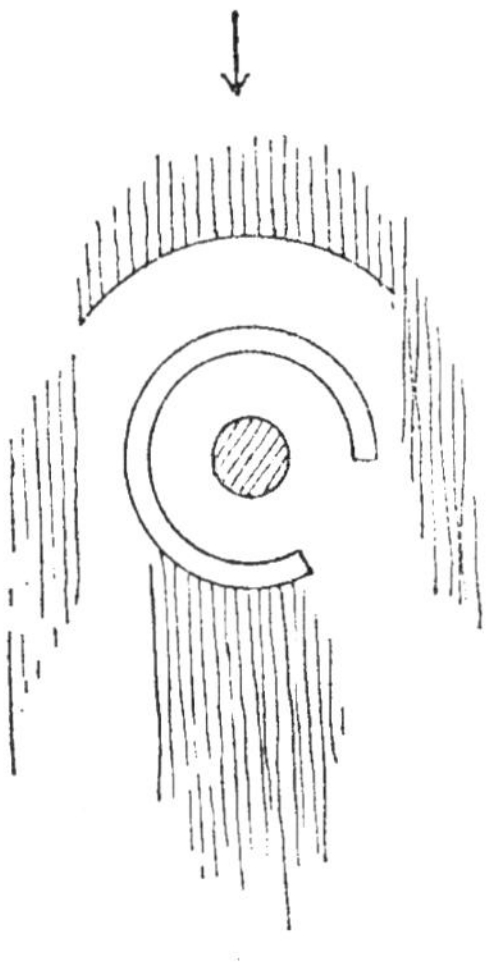

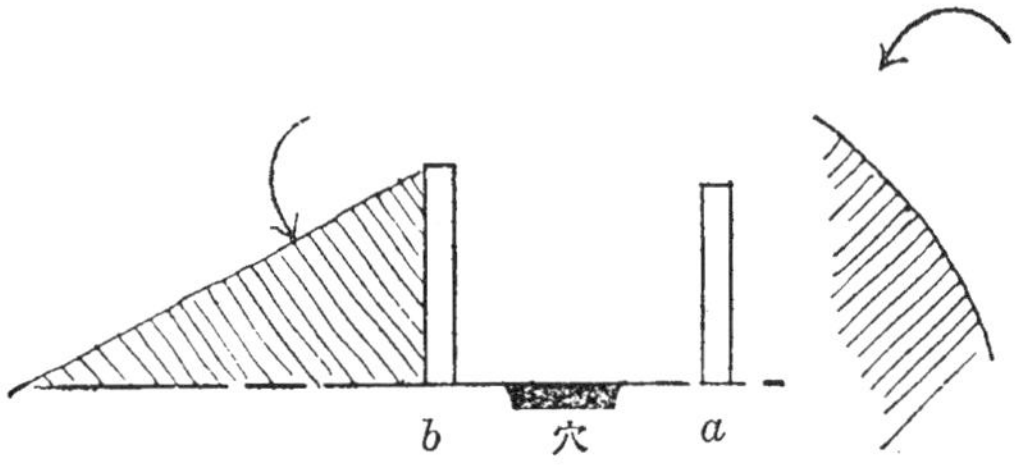

を解く理論が欠けている。ともあれ月明かりを利用できないのはじれったい。

午前中ネルソンとライトを相手に、バリアの氷と海氷が解ける時の海水の作用について論じた。この議論は海水の層の釣合いに注意を促した点で私には有益だった。

午後、二つのレーザー・バック島をスキーで回ってきた。五～六マイルの距離になる。氷面は良好だったが、氷が「若い」ころにできた氷丘脈《ひょうきゅうみゃく》のために、所々まだでこぼこしていた。

雪は二つの島とも南側が驚くほど柔らかだった。どんなに激しいブリザードでも、大きい方の島の風上側に野営すれば風が完全によけられるのは明らかだ。急勾配の側面を持つ物体の風上側によい避難所が得られることがいよいよはっきりしてくる。

氷の上で眠っているアザラシ三頭のそばを通った。氷山群の近くで別のを二頭捕った。

六月一〇日、土曜。――迫っていたブリザードが始まった。風は今朝九時三〇分にどっと吹き始めた。

シンプソンが一晩かかってこの現象を説明する理論を考

え出し、今朝それを発表した。これからの観察のよい基礎として参考になる。大気ACを想定し、十分安定した均衡が潜在的にある、すなわちAC間の温度差が断熱減率よりはるかに小さいとする。

この状態では放射によって冷却傾向になり、やがてある決定的な層Bが一定点に達する。こうしてBに層雲が形成される。この瞬間からABは冷え続けるがBCは放射をまぬがれ、同時に雪からの放射と、また、ことによると雲の形成に伴う潜熱の放出によって暖められる。

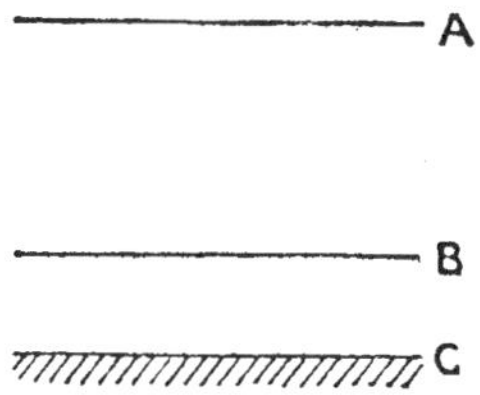

BCは上がり気味になり、ABは下がり気味になって、状態は急速に均衡が不安定に近づく。

太陽熱の欠乏からこの効果は北よりも南で急速に起こるだろうし、またそのため混乱は南で先に起こるだろう。いったん混乱が起これば、それは急速に北へ広がり、ブリザードをもたらす。この理論の裏付けとなる事実はブリザードの前に実際に層雲が形成されること、雪とブリザードの暖かさ、そしてその突風性である。

この理論は出発点としてはなかなかよい。しかしもちろん弱点もある。

アトキンソンが魚の中にトリパノソーマを見付けた――着色し、写真に撮り、スケッチした――これまでに見付かった種《しゅ》が数少ないことからみて、これは興味深い発見だ。トリパノソーマは「眠り病」の原因である。

ブリザードは一日じゅう続き、多量の地吹雪を伴っていた。散歩に出たが条件はよくなかった。

来季の旅行装備について一同で一つ一つ検討を始めた。今日はアイゼン、アザラシ革によるフィンスコーの修繕、および二重テント案について討論した。エヴァンズ兵曹とラッシリーが指示をすばやく飲み込んで実行するのはうれしい。

六月一一日、日曜。――晴れて澄んだ朝。月はいまは十分高く通り、まんまるだ。

運動のため午前中スキーで南湾まで一走りし、夕食前に斜堤《しゃてい》を駆け上がった。真昼ごろ風と地吹雪が起こった。しかしいまはほぼおさまった。

朝の礼拝に好漢チェリー-ギャラードが賛美歌二曲に即

席伴奏をした。みなから喜ばれたのが励みになり、次の日曜には三曲全部やることになった。

この真冬の季節には新しい話題が日一日乏しくなる。出来事を全部合わせてもわずかな記録にしかならないように思われる。しかしちょっと考え直してみると実はそうではないのだ。例えば今日など、天気と氷の状態について少なくとも三回重要な討論をし、それについて書けばいろいろあり、また小さい手配はいくつもした。

この地で日記などつけてもしかたがないとしたら、普通の文明生活で日々の出来事を忠実に記録するのはよほど難しいに違いない！　だから国では日記がなかなかつけられないのだと思う。

六月一二日、月曜。――天気はわれわれに対して思いやりがない。今日は風はあまり吹かなかったが、月は層雲に隠れたままだった。月明かりの楽しみを奪われると、ひどくだまされた感じになる。来月もこんな調子だと、クロージア行きの一行に何ができるか見当がつかない。

デベナムとグランはまだ帰らない。出かけて五日になる。

バワーズとチェリー‐ギャラードが一晩滞在の予定で午後ロイズ岬へ行った。テーラーとライトが今朝朝食後出かけ、そこまで往復した。戻ったのは昼食後まもなくだった。

今日午前、そして午後にも、スキーで一走りした。夜エヴァンズが測地の講義をした。彼は恥ずかしそうに口ごもりながら話したが、たいそう丹念で、図の用意その他にたっぷり手間をかけてあった。

私は機会をとらえて、特に注意を向けてほしい点をいくつか急いで書きとめた。そのうちにきっとほかにも思いつくことがあるだろう。もう私はかつての測地家たち（ベルチャーなど）が初期の北極の仕事でなぜ失敗したかがよくわかっているつもりだ。

一、南旅行に加わる幹部隊員は全員、旅行各段階の磁石のおおよその偏差をあらかじめ記憶して置かなくてはならない。そしてそれを適用して磁石から真の針路を得る方法を知っていなくてはならない。偏差の変わり方はごくゆっくりだから記憶するのにさして大きな努力は要らない。

二、一貯蔵所から次の貯蔵所へ達する正確な針路を知っていなくてはならない。

三、経緯儀を用いて観測できなくてはならない。

四、子午線高度観測の算定ができなくてはならない。

五、経度観測あるいは近午高度観測の算定能力も合わせ持つと好都合である。

六、そり距離計の読み方を知っていなくてはならない。

七、携帯する時計の誤差と、随時補正するための率とを書き止め、記憶していなくてはならない。

八、物標の一致、谷の広がり、新しく見えた峰、その他を書き止めて、測地者を助けなければならない。

六月一三日、火曜。――上天気の日。風もなく澄んだ月光の中で大いに楽しんだ。気温はマイナス二六度〔マイナス三二・二度C〕へ下がった。氷盤《ひょうばん》の表面はスキーにあつらえ向きで――昼前に南湾まで一走りし、午後はイナクセシブル島を大きく一周した。こういう天気の時はあたりの景色の冷たい華麗さは筆舌に尽くし難い。星空の深い紫色から、氷山の微光や足元の結晶のきらめきに至るまで、あらゆるものが申し分ない。

山の南肩の上にいくつか華々しいオーロラ。きわめて明るい流星が一つ空を横切って北へ走るのが見えた。

帰るとデベナムとグランがアーミテジ岬から戻っていた。日曜日に帰途につく予定が悪天候で妨げられたと言う。ここより風が強かったようだ。

小屋へ着くとかわいそうに小柄な「ムカカ」が戸口にうずくまっていたそうだ。哀れなほど痩《や》せこけて弱々しかった。それでも二人を見て吠《ほ》える元気はあった。

この犬は一月（七日）の荷揚げの時、そりにひかれ、滑走部の下敷きになったまま長い距離を引きずられたのだった。それ以来大して役に立たなかったが、そり引きの苦労もしのいで元気だった。ハット・ポイントでは後半身の毛が伸びなくて見るも哀れな姿だった。そういう状態ではとても生き延びるのは難しそうで、一行がエヴァンズ岬へ帰る時はそりの横を勝手に走らせてあった。

一行が帰った時、私は特にこの犬のことを尋ね、帰ってきたとの返事をドミトリーから聞いていた。ところがそれは間違いだったことがあとでわかった――旅の途中で見えなくなり、あとで出てきたと思ったのがそうでなかったのだ。

私がそれを知ったのはほんの二～三日前で、このかわいそうな犬にはもう会えまいと思っていたのだ。この貧弱な、びっこの、体半分毛のない動物が、まるひと月一人ぼっちで生きていたと知って実に驚いた。見付かったとき口に血糊《ちのり》がついていたそうで、アザラシを捕らえたことを示すわけだが、アザラシを殺し、それから皮を食い破ることがどうしてできたのかは理解を越えている。飢えが駆り立てる力はすごい。

六月一四日、水曜。——激しいあらしで、おちおち休むこともできない。今朝、空に薄く層雲が広がり、悪化の気配が見えた。風は昼食直後に、例によってどっと吹き始めた。初め地吹雪が強かった——いまは地吹雪はなくなったが、突風が時速六五マイルに達している。

小屋の周りをぶらぶらしたが気持ちよくはなかった。昨日の楽しさを思うと、なんと早い変わりようか！　ライトの氷の洞穴を訪問した。振り子が設置され、もうすぐ観測の用意が整おうとしている。ライトはメノウ盤の上に氷《ひょう》晶《しょう》がついて面倒が起きるかもしれないと予想している。

彼の話では、洞穴の壁面で水晶が成長する著しく興味深い例が見られたと言い、また氷の結晶の大きさの、説明のつかない同様の混乱が観察され、氷の構造からは生成の経過はほとんどわからないようだ。

今夜ネルソンが生物学講義の第二回目をした。先ず有機体を界、門、類、綱、目、属、種に分ける科学的分類について簡単に触れた。彼はこういう探検隊に生物学者が加わる根拠を「有機物質が海中に存在する条件を確認するため」であると述べた。

次に移動能力のない底生有機体ベントン、自動力を持つ中層のネクトン、およびプランクトンつまり浮遊生物の、区別を示した。それから次に、小さい植物性有機体がすべての生命を支える基礎として重要である点へ話を持っていったのは適切だった。

シャチの体内にはアザラシが見られ、アザラシの体内には魚が、魚の体内にはそれより小さい魚が、小さい魚の体内には橈脚《じょうきゃく》類が、橈脚類の体内には珪藻《けいそう》類が見られる。終始これが正規の摂食であるとすると、珪藻類すなわち植物があらゆるものに欠くべからざる土台であることになる。

光が植物の生育つまり物質交替に不可欠であり、水深が増すにつれて光は急速に消滅するから、すべての海洋生物は究極では植物プランクトンに依存しなくてはならない。したがって植物プランクトンの条件を知ることが問題の根元に迫ることになる。

ここでエピソードが入って――船と海岸で使用される種々の生物研究器具の説明があった。オッター・トロール網、アガシ・トロール網、「D」網、普通のけた網。

「D」網の使用法がちょっとあり、次に海底を分類するための篩《ふるい》の説明があった。海底の性質によってそこに住む有機体が異なるのである。

続いてわれわれは採集網へ案内された。美しい絹地のもので、網目は一インチに一八〇、価格が一ヤール当たり二ギニする材料――それから計量用のドイツ採集網、その目的についてと精度が疑わしいこと、幼魚用トロール網。

次は海水の化学成分についてで、総塩分は約三・五パーセントだが変動があること。種々の塩分の比率には違いがないらしいこと。したがって塩素試験で塩分の量を検出できること。自然法則上プランクトンはこの塩分と、それから温度、圧力、光、動きに依存しているに違いない。

（プランクトンが水の表層にだけ住んでいるならば、表層水の比重、温度、その他が重要な要因となるに違いない。なぜ生物学者が深い層を求めて努力しなければならないのか。なぜ深海生物が枯死した植物質によって維持されてはいけないのか。）

ここでまた講師は脇道《わきみち》へ入って、採水器、深海温度計、測流器などの説明をした。これらについてはこの日記の中にすでに多少書いたと思う。どの深さまで光が及ぶかは難しい問題で、われわれは少々推測を試み、殊に討論ではこれが話題になった。シンプソンは実験室で実験すれば簡単に決着がつくのではなかろうかと言い、アトキンソンはひっかいた板の上で細菌の生育を見たらどうかと言った。植物は赤い光線なしでは生存できず、赤い光線は恐らく七フィート程度以上には及ばないという考えからのようだ。これと対立するのがドイツ探検隊による驚くべき例で、二千尋《ひろ》の深さからホロスフェラ・ヴィリディスを入手している。これは確認されているようだ。バワーズが「ピクノグ（うみぐも類）がアラクニド（くも類）と甲殻類のどちらに近い関係にあるのか」教えてほしいと言い出して、みなを大いに面白がらせた。実際にはこれは十分理屈の通った質問なのだが、みなが面白がったのは、いきなり長い単語を並べたからだった。ネルソンは講義が実に上手だ。内容が至ってわかりよく、決して専門用語を振り回さない。

六月一五日、木曜。――刺すように冷たい風と本曇りの空が午後五時三〇分まで続く。一日怠けて過ごした。

ジミー・ピッグが午後馬屋でさしこみを起こした。外へ連れ出し、氷盤《ひょうばん》の上で治療を施し、それでよくなりそうに見えたのに、馬屋へ連れ戻してみると食欲がなかった。

晩方、陸軍さんが教えてくれたところでは、食べ物を食べたそうで、その分なら元どおりになるだろう。

六月一六日、金曜。――また曇り空――風はほとんどないが、月明かりもほとんどない。ジミー・ピッグはすっかり回復した。

午後、氷山群をひと回りした。不整形のものからは大量に氷が落ちていた。これは冬のあいだに氷山が大いに風化すること、したがって氷山の寿命は高緯度に止《とど》まっていてもたいへん短いことを示している。

今夜はデベナムが火山について講義した。内容は甚だよいのだが、声が少々単調で、そのため聴衆に居眠りの気配が見えた。しかし講義のあとの討論では、みな目を覚まして熱心に面白く論じ合った。

講師は先ず火山の分布を表わす世界地図を見せ、一般に噴火爆発が線上に並んで起こる傾向があることを示した。他の地域でのこれらの線をたどったあと、彼はマクマードー海峡の近辺ではそれらと釣り合う線状の分布が見つけにくいことを示した。ついでに彼はエレバス山地域で変質砂岩が発見されることから重要な推論が可能である点を指摘した。次に話は火山の形状へ移った。

ごく流れやすい溶岩によって形成される塊状《かいじょう》のもの――マウナロア山（ハワイ）、ヴェスビオ山などの例。

火山灰崖錐《がいすい》によって形成されるいっそう完全な円錐形――富士山、ディスカヴァリー山。

寄生火山を持つ爆発型――エレバス山、モーニング山、エトナ山。

割れ目噴火――歴史時代ではアイスランドにだけ。しかし史前時代の最良例はデカン（インド）とオレゴン（アメリカ合衆国）。

隣接する火山相互に関連があると推測できる根拠はほとんどない――一つの火山の活動に続いて他の一つも活動を起こすことは稀《まれ》である。恐らく火道《かどう》は全く別々なのだろう。

火山の産物。――講師がちょっと触れたところでは、遊離水素が多量に排出されるという――この点はあとで若干討論された。水の分解は容易に理解できるが、酸素はどうなるのか。シンプソンは酸化可能物質が多量にあるのではないかと言う。

有毒ガスとしてのCO_2も言及され討論された——伝説上の「ウパス」の木の原因となる——硫黄《いおう》蒸気が最終段階で伴う。

火山の側面からは熱はほとんど漏れない。

爆発に影響を及ぼす物理的条件が議論された——特に気圧の影響について。溶岩に関するばらばらの情報がたくさん出た。縄状のもの、すなわち急速に流れるものとねばねばするもの——また溶岩滴丘《てききゅう》や洞穴について。

どの場合にも溶岩はゆっくり冷える——八七年後に表面近くで熱があるのが見付かっている。エトナ山では氷の上に溶岩がある。講師は最後にわれわれの近辺の火山活動を概観した。エレバス山のさまざまな噴気孔の説明をし、城《しろ》岩《いわ》は「迸出《へいしゅつ》岩」であり——ここで若干の議論——見張り丘は古い火山の一部で、火口丘とは全然つながりがないという考えを述べた。イナクセシブル島はエレバス山と何の関係もないようだ。

最後に火山活動の起源の説明がいくらかあり、そのあとで古い問題点——海との関係が少し議論された。なぜ火山は海に近いのか。デベナムは原因と結果で考えず、同一の原因から生じた二つの結果と考える。

エレバス山の噴気に気圧の変化の影響が見られるかどうかで大議論になった。火山の理論はあまり話題にならなかった。ただデベナムはアメリカの理論に触れた——内部マグマから溶けて出てくるという考え。

全体を通じて新たに得たものはあまりなかったが、こういう題目を議論するのは考えを整理するのによい。

六月一七日、土曜。——北寄りの風、気温は変わりやすく、マイナス一六度〔マイナス二六・七度C〕へ下がった。午後、風がはっきりしなくなる。月は依然隠れている——しごくじれったい。今日は気分がさえない。

六月一八日、日曜。——またブリザード——天気にはがっかりさせられる。やがて落ち着くはずだが、あいにく月が出なくなる。

いつものように朝の礼拝式をした。賛美歌は今日は十分うまくいかなかった。

夜アトキンソンが月例の身体測定をした。さして変化はなかったと思う。

六月一九日、月曜。――天気が変わって、大気は静穏になり、空が晴れて気持ちがよい――気温はマイナス二八度〔マイナス三三・三度C〕へ下がった。一時三〇分に月が西部山地に隠れ、その後は空が晴れていながら氷盤《ひょうばん》の上はたいへん暗かった。スキーで湾を横切り、岬をひと回りして帰った。帰りには刺すような北風を真向から受けた。

アトキンソンは捕魚かごを入れる新しい穴を掘っている。かごが壊れたり穴が凍ったりなど、あれやこれやで、ここしばらく魚が捕れていなかった。暗い季節のあいだは多くは捕れないだろうと私は思うが、アトキンソン個人に必要なのは少しだけだし、また魚はそれなりにおいしいけれども、われわれの「献立」から姿を消しても、ひどく寂しくなるほどの大御馳走でもない。

日々の生活が安定した規則性を持つようになって久しい。クリソルドは午前七時ごろに起きて朝食を作り始める。七時三〇分にはフーパーが床の掃除と食卓の用意を始める。八時から八時三〇分のあいだに普通隊員が起き出し、氷を取り込んで溶かしたりなどする。アントンはポニーに食事をやりに行き、ドミトリーは犬を見に出る。フーパーがまだうとうとしている連中に大声で繰り返し時刻を告げる。それは普通一五分さばを読んである！　伸びをしたり朝の挨拶《あいさつ》を交わす声が聞こえてくるが、それは眠気の飾りをまとっている。ウィルソンとバワーズはいっしょに真裸になって雪を満たした洗濯たらいのわきへ行き、その冷たいものでぴかぴかの体をこする。少し後れて、この二人ほどには剛毅《ごうき》でない他の数人が現われ、乏しい水をせいぜい活用する。八時三〇分を過ぎるとすぐ、私も心地よい寝床からどうにか這《は》い出し、一パイント〔〇・五七リットル〕ぎりぎりの水で顔を洗う。九時一〇分前ごろには身支度もでき、寝床も整えて、ポリッジの碗《わん》の前に座る。もうほぼ全員食卓の周りに集まっているが、九時の定刻に滑り込みというのろまも二～三人いる。規則を設けてあるのは一日の仕事が後れるのを防ぐためで、それを守らせるのに、ネルソンほか一人二人には少々無理をかけなければならない。九時二〇分には朝食が終わり、〔時計が〕半を打つ前に食卓は片付いてしまう。九時三〇分から一時三〇分まで、普通隊員はそり引き旅行の準備計画に従って休みなく働く。これは冬の大部分のあいだ続きそうだ。寝袋の修繕とテントの改造はもう終わったが、まだ未完成だったり手つかずのままの仕事がたくさんある。食糧袋、アイゼン、アザラシ革の靴底、ポニーの防寒着、その他の製作だ。

フーパーが朝食後もう一度小屋をよく掃き、食器類を洗い、全体の片付けをする。幹部隊員がこれらを自分でしなくてすむのは好都合だ。おかげでたっぷり一日、妨げなく科学の研究ができ、したがって結局は頭脳の経済になるに違いない。

一時三〇分か一時四五分になると昼食に集まり、食事をしながらたいへん陽気な半時間を過ごす。昼食後天候が許せばポニーに運動をさせる。これには普通隊員全員と幹部隊員若干名が出て、一時間かもう少し実施する——残りの幹部も通常この時間に何かの形で運動をする。このあとは幹部隊員は各自の課業を休みなく続け、普通隊員もあれこれと用事をして過ごす。夕食つまり正餐は六時三〇分で、一時間足らずで終わる。そのあとは、読書、書きもの、ゲームなどをし、時にはやりかけの仕事を仕上げることもある。たいてい誰か思いやりのある者がいて蓄音器がかかり、また一週のうち三晩は前に書いたように講座が開かれる。講座には依然全員出席し、活発な討論が行なわれる。

午後一一時にはアセチレン灯が消され、まだ起きていたい者とか寝床で本を読みたい者は、ろうそくの明かりに頼らねばならない。ろうそくもたいがい真夜中までには消え、夜番だけが寝ずに残って、石油ランプの明かりのそばで徹夜の番をする。

毎日がこんな具合に過ぎていく。あまり活動的な生活とはいえないかもしれないが、怠惰な生活では決してない。二四時間中八時間以上寝ている者はほとんどいない。

土曜午後か日曜朝には、ほかにも何人か行水をする。ひげそりをしたり、また時には着る物も清潔なのと替えたりする。そういうことが規則正しい日曜の礼拝式とともに一週間一週間の経過のしるしとなる。

今夜はデイが彼の雪上車について講義した。彼は大いに有望だと思っているらしいが、私にはそれは彼の雪上車が実際に頼りになるからよりも、彼の楽観的気質のせいではないかという気がする。彼の準備をもっと信頼してやれるとよいのだが。なにしろ気持ちのよい仲間なのだから。

六月二〇日、火曜。——昨夜、気温がマイナス三六度〔マイナス三七・八度C〕へ下がった。今年になって最低だ。斜堤《しゃてい》の最低気温はマイナス三一度〔マイナス三五度Ｃ〕で、こういう逆気温勾配は初めてではない。今日は静穏な一日だった。温度計が低いときはたいていそうだ。

　今朝の戸外はたいへん美しかった。三日月が西へ沈んで行くところで、エレバス山が大量の噴気雲を見せていた。これはその量が気圧よりも気温に影響されることを表わしている。

　たっぷりスキーをして満足した。

　クロージア岬へ向かう一行が出発準備中で、猛烈な環境の許す範囲で能うかぎり安楽を得ようと額を集めて相談している。私はスベルドルップの本の『新陸地』の中に、偶然二重テントの価値について手掛かりを見付けた。そしてエヴァンズ（兵曹）がテントの一つに内張りを作った。それを支柱の内側に取り付け、テント内部に空気の隙《すき》間《ま》を作る。これは大成功を収めそうだ。これだと雪小屋の問題は考えなくてよくなりそうだ――ただしその方も努力は継続するつもりだ。

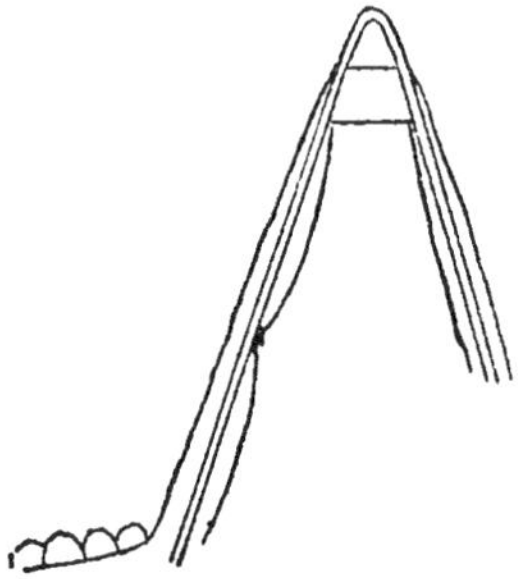

　もう一つ新案として、トナカイの寝袋の中へ、ケワタガモの綿毛の寝袋を入れることに決めた。

　そういうふうにすれば旅行の初期はきっと安楽に過ごせるはずだ。もっとも、寝袋に氷が付き始めると、恐らく苦労するようになるだろう。

　デイはブラバーこんろの製作に余念がない。もちろんハット・ポイントで得た経験を元にしている。

　ブラバーを環状の容器Ａに入れる。そこから油が管Ｂを通って、フランジ付きの平板ｃの表面に広がる。ｄｄは熱導体の役をさせるとげである。ｅｅはブリキの煙筒で、ここへ炎が流れ、基底部に空気孔があけてある。

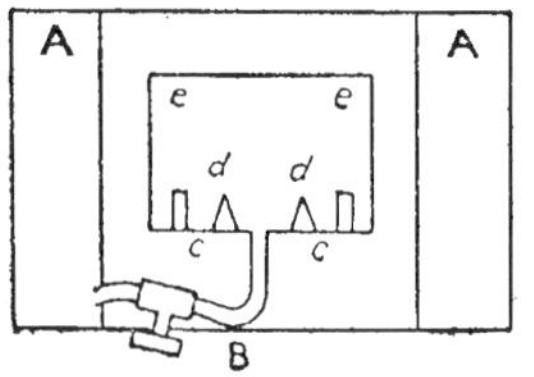

　こんろに点火するには、先ず平板ｃをアルコールランプかプリムスで暖めなければならないが、ブラバーの油がよく燃え出せば、その熱でＡ内のブラバーは溶け、油の補給が維持される――温度が次第に上がってくると、油がＢから出る時ガス状になり、そうなれば当然こんろから発散する熱は強烈になる。

このこんろを今朝、外気温の中でコチコチに凍ったブラバーを使って試験したら五分で働き始めた。クロージア班がうまく小屋を建てられた場合、これがあればずいぶん助かるだろう。そしてその経験は夏の西部班にとって得難いものとなるだろう。具合のよいブラバーこんろがあれば、沿岸の旅行には燃料を携行する必要が全然なくなるし、われわれがこれを完成させれば次代に貢献することになる。

　クロージア旅行はいろいろの試験目的に役立つことになっている。すでに書いたように、脂肪および炭化水素の望ましい比率をはっきりさせるため、各人別々の尺度の食事をする。またウィルソンは羊毛服を余分に着る代わりに防風服を重ね着してその効果を試みる予定だ。

　春に防風服二着で夏一着と同じ温かさが保てれば、重量をわずかに増すだけでヴィクトリア・ランドの高地に立ち向かえることが明らかになる。

　これも今度の旅で試みる予定の新しいアイゼンは大成功を収めるだろう。ディスカヴァリー号当時の最後の型に戻り、それに改良を加えたものだ。いまのアイゼンのマグナリウム底板はそのまま残すが、半インチの鋼鉄スパイクを付ける。この底板を、帆布をはさんで内側の革底に鋲《びょう》で止め、そして帆布を「フィンスコー」を覆う形に、周りじゅうにたくし上げてひもで縛る――これは普通のスキー靴より重さが半分以下で、またたいそう楽に、そしてたいそうしっかり履ける。

　季節の折り返しの冬至が間近い。これからの年の準備に拍車をかけるのに昼の明かりがあるようになれば助かる。

六月二一日、水曜。――気温はまた低くなり、マイナス三六度〔マイナス三七・八度C〕へ下がった。奇妙にかすんだ空模様、風はほとんどない。寒さのため、戸外にある時計仕掛の測器とアセチレンガス装置に小さい故障が起きている――克服できない困難などではない。スキーで出かけ、氷山群を回ってきた。ひどく暗くてつまらなかった。

　気温は夜も低かった。そしてテーラーの報告ではたいへん見事なオーロラが見えたそうだ。

六月二二日、木曜。――冬至。太陽はグリニジ標準時二二日午後二時三〇分ごろ最大俯角《ふかく》に達した。われわれの使っている一八〇度子午線の地方時では、二三日午前二時三〇分になる。したがって今夜の正餐が太陽の進路の決定的変化に最も近い食事となるので、故国のクリスマスに負けないような楽しい祝宴をした。

お茶のときバザードの大ケーキの箱があけられた。チェリー‐ギャラードが持ってきたもので、たいへん喜ばれた。晩のお祝いに備えて、われらの「ユニオン・ジャック」とそりの旗が大テーブルの周りに掲げられ、大テーブルの上には、いつものマグカップとほうろうのライム果汁入れと違い、グラスと多数のシャンパンの瓶が並んだ。七時に一同着席して、普段の簡素な食事に比べると途方もなくぜいたくな晩餐が始まった。

われらの料理人が作る最上等の煮出し物との定評があるアザラシスープに始まり、次はヨークシャ・プディングと揚げじゃがいもと芽キャベツを添えたローストビーフだ。続いて火のついたプラム・プディングと飛び切り上等のミンスパイ。そのあとはひしことたらこの風味豊かな辛口料理。われわれの地味な明かりに映っただけでも、すばらしく心をそそる食事だったが、それにいろいろ飾りがついて、本式の祝宴料理になっていた。と言うのも、食卓にはほかにアーモンド糖菓、砂糖漬けの果物、チョコレート、その他の口当たりのよいつまみ物が並んでいたからで、また一方、料理が出るごとにシャンパンの瓶が惜しげもなくあけられるし、あとにはリキュールの瓶が見事な隊列をなして現われ、好みのままに選んで乾杯が交わされた。

私は勇を鼓して小スピーチを試み、この祝賀の本質が、単に冬の中間点のみならず、初めに公表した遠征計画の中間点をも画するものであることに、注意を喚起した。（時の経過の速さを悟らず、もうどんどん進めているべき仕事をまだ始めたばかりと言う者がいるのではないかと心配だ。）

すでに夏の季節と冬の半分を経過し、前方には冬の半分と二度目の夏が待ち受けている。われわれはあらゆる点でどういう状況に立っているかをわきまえなくてはならない。物資と運送については状況はわかっている。その点、物資担当の士官と動物の管理者には特に謝意を表したい。未来についてはある程度偶然が働くに違いない。しかし経験からみて、南へ向かう企てに私を支援すべく、春にその方向へ出発するよう選ばれた人々は、望み得る最高の適任者たちだ、というような話をした。そして私のために一肌脱ぎ、私にこのような自信を与えてくれた一同に礼を述べた。

一同遠征の成功を祈って乾杯した。

それから全員が話をすることになり、私の左から始まって、食卓を一巡した。結果は各人各様の特性がよく表われることになった――それぞれ自己を表現しようとするそのしかたをみな実によく心得ているようだった。

もちろん誰も全く控え目で手短だった。思いがけないことに、みな私のことをたいへんよく言ってくれた――実際、私に対する賛辞は無用にしてほしいと早々に要望したほどだ。それにしてもこの探検隊の科学者諸君に対する私の態度が本当に心から感謝されているのはうれしく、それを言ってくれた心やさしいよい連中にはありがたかった。

善意とよき連帯感が成功の要因となるものならば、われわれこそ成功してよいはずだ。いまだかつて誰一人として他の誰かといざこざを起こしたことがない点に触れた者がいて、拍手喝采《かっさい》された。食事が終わるころには快活な気分が横溢《おういつ》し、それからポンティングの話と幻灯のために部屋の片付けをしたが、そのあいだ蓄音機がこのうえなく陽気な曲を奏でていた。

食卓を立てかけて脚を外し、椅子《いす》を並べると、けっこう広い講義室になった。ポンティングはこの機会をうまく利用して、当地域で撮影した陰画を元に作った一連のスライドを映して見せた。今夜の美しい写真を見て、私はあらためて彼の仕事の優秀さがわかった。以前この地域で撮影された同種のものを断然引き離している。一同やんやの喝采を送った。

これが終わると食卓を元へ戻して、干しぶどうつまみのゲームをし、それからミルクパンチが用意されて、これでキャンベル隊とテラ・ノヴァ号の友人諸君の健康を祈って乾杯した。それからもう一度食卓が片付けられ、輪舞を踊る組ができた。

長らく質素な生活をし慣れたあとだから、刺激性のある飲み物がそろそろ効果を表わし始めた。わが生物学者は寝床へ退くし、いつもは無口な陸軍さんは、はしゃぎ出してアントンと踊るのだと言い張る。エヴァンズ兵曹はあたりに響き渡るささやき声で内証話をしている。「パット」コヘインはアイルランド人気質丸出しで政論を吹っかけるし、クリソルドはのべつ顔じゅうをほころばせて、時々「わーい」と歓声をあげたり、とんちんかんなしゃれを飛ばしておしゃべりにあいの手を入れたりする。目元涼しい連中もそれなりに楽しそうで、普段ならおかしくないことにも笑顔を見せている。

　歓楽の真只中《まっただなか》へいきなりバワーズが現われ、従うお供の数人が大きなクリスマス・ツリーを捧《ささ》げ持っている。枝には火をともしたろうそくや色どり鮮やかなクラッカーボンボン、それと全員のための小さなプレゼントがつるされていた。教えられてわかったのだが、プレゼントはスーパー嬢（ウィルソン夫人の妹）の優しい気持ちから用意されたもので、ツリーはバワーズが捧切れとひもで作り、枝を色紙でくるんだものだった。見事に本物そっくりだったし、プレゼントの分配は大いに笑いを巻き起こした。

　小屋の中が歓楽の最中だった一方で、屋外の大自然もわれわれに負けじと力を入れ、またわれわれよりも端正にこの時を祝おうとしているようだった。ゆらめくオーロラの光が東の空いちめんに広がり、これほど鮮やかで美しいのを見るのは私は初めてだった——揺れ動く光輝が弧や垂れ幕の形をとって幾重にも立ち昇っては空に広がり、次第に薄れゆくかとみると、また躍り上がって輝く生命を取り戻す。

　いちだんと明るい光が湧《わ》き出るように現われ、それが一方へ集中して巻き込むような襞《ひだ》になり、そこから輝く流光が上へ向かって飛び出す。そしてやや暗い姿の組織の中を波打ちながら走り抜ける。あたかもそこに新生命を吹き込もうとしているようだ。

　これほど美しい現象を目にして、畏敬《いけい》を感じないでいることは不可能だ。しかしそれを感じるのは、その輝かしさのためと言うより、むしろ光と色の微妙さ、透明さ、そして何よりも、形のわななくようなはかなさのためだ。これまでしばしば言われたような、目もくらむきらきらした光輝は少しもない。むしろ、何か純粋に霊的なもの、羽ばたく霊妙な生命にあふれるものが、穏やかな自信に満ちていながら気ぜわしく動いている、そういうものを暗示して想像力に迫るのである。

　なぜ「オーロラ」を神として崇拝する者が歴史に見当たらないのか不思議だ。それほどこの現象は「神」あるいは「霊」の顕示と思いやすい。その不思議な美しさに黙って見入る数人にとっては、小屋の人間臭い雰囲気の中へ立ち返るのは神聖をけがすような気がした。ようやく内へ入ると、ありがたいことに全体の動きが就寝へ向かっていた。そして三〇分もすると騒々しい連中の最後の一人も睡魔に屈した。

こうして、翌朝重い頭が二〜三あったのは別として、冬至の大祝祭は終わった。

こういう人為的元気高揚には弁護の余地がない。とはいえ、静かな毎日がいつまでも続く中のたまの噴出だから、とがめ立てはできまい。

ともあれわれわれは一つの季節の誕生を祝ったのだ。その季節こそ、幸不幸いずれにせよ、われわれの生涯で最大級の季節になることは間違いない。

第一二章
クロージア班を待つ

六月二三日、金曜――六月二四日、土曜。静かで、変わったことのない二日、そしてすっかり平常へ返る。

六月二五日、日曜。――チェリー‐ギャラードが編集して、冬至の日に私に提出した『南極タイムズ』復刊第一号について、まだ何も書いてなかった。

なかなか良くできた小冊で、デイが装丁を受け持ち、彫刻を施したヴェネスタ材とアザラシの革で実に美しい表紙がついている。寄稿者は匿名だが、大半は見当がついた。

南旅行の計画に関して私が作成した統計上の報告と、テーラーの当地域の地史に関する達意の本格的論文が載っている。他は、論説と気象関係の記事を除けば、軽い調子のものだ。詩は平凡で、例外は寝袋の議論を題材にした戯詩の珍奇な言葉遊びぐらいだ。しかし「ヴァルハラ」と題する散文の一篇は私には別格の水準のものに思われる。われわれの隊の何人かが、ペテロ聖人が守っているという門のところへ到着する模様が主題になっている。その滑稽《こっけい》みは本当に楽しく、どこにも無理がない。小集団内の冗談で外部の人にも喜ばれそうなものはめったにない。しかしこの一篇の巧みなしゃれのいくつかは、この雑誌の現在の読者よりも広い範囲に通用しそうに私には思われる。何よりもそれには文学的価値がはっきり認められる――どの一語も推敲《すいこう》の余地がないほど磨きがかかっている。

私はためらいなくテーラーの作だと思うが、ウィルソンとギャラードはミアズだと言う。二人の方が正しいとすると私の見当は甚だ頼りないことを認めなければならなくなる。これははっきりさせなくてはならない*。

静かな一日。いつもどおり礼拝式を行なう。午後ウィルソンと斜堤《しゃてい》へ登り、出発前の彼とゆっくり話をした。実施ずみの科学上の仕事について彼の意見を知って置きたかったのだ。

わが隊の組織が格別適切だという点で二人の意見は一致した。

ポンティングおよびテーラーの写真と記録の、彼らの帰国後の扱いについて、両人と完全な取り決めをして置くのが望ましい旨を、この機会にウィルソンに注意した。

最近の天気は実に不可解だ。二三日と二四日には絶えずいまにもブリザードが来そうな気配だったのに、いまはまた次第に空が晴れてきて、どうみても好天になりそうだ。

六月二六日、月曜。——今日は空が晴れ、正午にはかなりほの明るくなった。そういう昼の明かりのきざしが早くも人を元気づけている。午後、地吹雪を伴って風が吹き始め、何人かまたブリザードを予言する預言者が現われた。一〜二時間すると風は落ち、夕方と夜は晴れて静穏だった。本式のブリザードはシンプソンの理論どおり、その前に必ず空が本曇りになるようだ。

テーラーが秋の旅行で踏破した地域の地文学上の特徴についてきわめて興味深い講義をした。彼は甚だ頭脳明晰《めいせき》で、幅広い展望に立って題目を扱ったので楽しかった。説明用のスライドはデベナムの写真から作ったもので、その多くは実に美しかった。ポンティングの話では、デベナムは写真術について豊富な知識があり、実地の作業も完全に適切だそうだ。

講義はテーラーの報告文の要約だったから、内容の要点をここに繰り返す必要はない。写真を見て、支流の氷河がそれぞれ谷を削り込んでいる程度が大きく異なっているのがわかって一驚した。カナダ氷河は停滞しているが、「斜面」では深い谷を作っている。「二つの氷体からなる懸垂氷河」は二五度の傾斜で垂れ下がり、谷はほとんど作っていない。一九〇三年一二月に私がボニー湖で見た水と、一九一一年二月に西部班が見たのとの違いが話に出た。この

＊スコット大佐の判断は間違っていなかった。

湖では夏の二〜三カ月間水がたまり続けることは確かなようで、冬に蒸発してまたすっかり干上がるとは想像し難い。実際にそうとすると、「蒸発」が最も重要な問題になる。

ケットリッツ氷河での海綿動物の発見を示す優れた写真が一枚あった。大型の海綿動物の堆積《たいせき》が見付かり、中にさんごと若干の貝殻が含まれていて、どれも現代の動物相を表わしている。一体どうしてそんな所へ来たのだろうか。この点が大いに議論されたが、十分納得のゆく解釈は出なかった。大きな礫《れき》の重みで沈んでいた氷河が、最後に礫が離れていって氷が浮上したのかもしれない、という考えに一理あると思わざるを得ない。そういう推測をするのは興味深い。

クロージア班の出発準備はもう完了した。一人当たり二五三ポンド引かねばならない――なかなかの重量だ。

デイが照明用に優れた小型のブラバーランプを一つ作った。環状の灯心と雲母《うんも》のほやがついている。小円盤が灯心の上にあって熱を下へ向け、燃焼温度を高める。その結果澄んだ白い炎が出る。

われわれは確かに、ブラバーを熱と照明の両方に最も効率よく利用するのに、あと一歩まで来ている。これは南極探検の未来にとってきわめて重要な進歩だ。

六月二七日、火曜。――クロージア班が今朝元気に出発した――その重い荷物は九フィートそり二台に分けて積んだ。ポンティングがフラッシュで一行を撮影し、フラッシュ・キャンドルをつけて映画の撮影も試みた。しかしキャンドルに点火してみると明らかに光度不足が予想され、だからフィルムが失敗だったとわかっても、さして驚かなかった。われわれが脇《わき》へのき、出かける三人で、試みに海《かい》氷《ひょう》の上で荷を引いてみると、案外たやすく引けた。バリアでは大いに苦労するだろうが、中止すべき理由はいまはなく、三人はいよいよ出発して行った。

支援グループといっしょに私も岬の向こうまで送って行った。テーラーとネルソンはレーザー・バック島まで行って引き返し、順調の旨を報告した。シンプソン、ミアズ、グランはなおも随行し、まだ帰らない。

グランがいまスキーで帰ってきた。五マイル四分ノ一のところで一行と別れた。ミアズとシンプソンが歩いて帰ってくるそうだ。テント島と氷河舌《ひょうがぜつ》のあいだで路面の悪いところがあったとの報告だ。そこを通るのに助けがあってよかった。

　この冬旅行は新しい大胆な企てだが、出かけたのは適任の者たちだ。あらゆる幸運が彼らとともにあることを祈る。

石炭の消費

バワーズの報告による現在(真冬)の消費＝一日に四ブロック(一〇〇ポンド)。
独立磁気小屋用に時々一ブロック入用。
上陸以来八・五トン消費というバワーズの報告。
これでは次のとおり一日に四ブロックを超過している。
　八・五トンで一五〇日＝日に一二七ポンド。
　　　＝週に八八九ポンド、すなわち約
　　　　八ハンドレッドウェート。
　　　＝年に二〇・五トン。
八月四日の報告。
　本日までの消費＝九トン＝二万〇一六〇ポンド。
　一九〇日として一日に一〇六ポンド。
石炭の残量二〇・五トン。
　船の帰路に概算八トン。
　年間概算計一七トン。来年用に一三〜四トンあることになる。

手書きノート　新冊

見返しの引用句

「(女王の)法が及ばない土地で、他の無力な規則を遵守させようとすることは理に合わない。」――ラドヤド・キプリング。

　彼のよい心掛けは信じられるが、堅忍不抜の点は疑わしい。

「そういう事柄、つまりわれわれの生存の目的ということに、私が敢えて何か意見を言えるとして、人間が自分の前に掲げ得る最高の目標は、未知を皆無にするというようなキメラ〔奇怪な幻想〕の追求ではなく、ただわれわれの小さな活動領域からその限界を少しばかり押し広げる努力をたゆまず続けることである。」

――ハックスレー。


　六月二八日、水曜。――気温はマイナス三〇度〔マイナス三四・四度C〕のあたりを上下しており、空は晴れている――――正午前後には異例に明るくなり、その二時間後でも、斜《しゃ》堤《てい》の漂石《ひょうせき》のあいだを道を拾って歩くことができた。クロージア班が行ってしまって寂しくなった。彼らの留守中は講義も休みになり、われわれの生活はしごくひっそりしている。

六月二九日、木曜。――昨夜は小屋の中が蒸し蒸しするようだった――私は寝苦しかった。他の多くの者も同じらしい様子だった。見ると気温は五〇度〔プラス一〇度C〕しかなかったが、ストーブの煙突の小通気管が閉じていた。睡眠時間中は空気が入れ替わる方がよいと思うが、どうしたらそうできるかよくわからない。

一晩じゅうずっと、そして八時三〇分に私が小屋を出るときも、静穏だった。九時にいきなり時速四〇マイルの風が起こり、同時に気温が一〇度〔マイナス一二・二度C〕へ上がった。風と気温の曲線がこの突然で同時の変化をいつもよりはっきり表わしている。奇妙なのはこの風が晴天の時に起こるということだ。風がすぐ落ちてくれないと、われわれの理論にとって面倒なことになる。

風は一時間もしないうちに、吹き始めとほぼ同じく突然止んだ。気温も風に従ったが、変わり方は風よりいくぶんゆっくりだった。どうしてこんな現象があり得るのか驚くに値する。穏やかな無風状態の途中で、それも晴天の時に、こんな大量のわりあい暖かい空気がいきなりどっと襲ってくるのだ。つむじ風のようにやってきて、去って行った。

いずこより来ていずこへ行くや。

昼食後スキーで氷山群を回った――絶好の路面と相当よい明るさ。

検潮器には大いに苦労したが、いまでは良好な記録が得られる。デイがたっぷり時間をかけてこの問題に当たり、ずいぶん討論した末、彼はその原理をかなりよく会得した。ニュージーランドから自記計を持ってきたのだが、それはキャンベル〔別働隊隊長〕に渡してしまった。われわれ用のを一つ作るのは容易でなかった。下の錘《おもり》から来ている綱を、ディスカヴァリー号の時と同じく、灯油を満たした管へ通し、氷盤《ひょうばん》上六フィートの高さの支柱につけた滑車へ回したあと、釣合い錘でピンと張った状態にしてある。最初の器械では、デイはこの綱を滑車へぐるりと回すように仕掛け、滑車の回転が記録円筒のペンに作用するようにしてあった。これは記録装置と滑車を接続するよい機械仕掛を作るのが難しくなければ、うまくいったはずだが、接続部のあそびのため正確な記録が得られず、この方式は放棄しなければならなかった。次にちょうつがい式のてこで綱の動きが記録装置に作用するようにしたら使えるものになった。しかし潮の動きの範囲と記録円筒の範囲を調整するのが容易でなく、そのために何日も何週間もかかってしまった。そうして、もう万事よさそうだと思ったら、今度は氷盤が水に一致して上昇していないのがわかった。浜辺の氷にひっかかるのだ。装置全体をもっと遠くへ移動させることを考えているうちに、岸とのあいだに新しいクラック〔割れ目〕ができた。そしてこの「ちょうつがい」部分では氷盤がほかの所よりも自由に動いているようだ。

一九一一年六月三〇日、金曜。——気温は着々と下がっている。マイナス三〇度〔マイナス三四・四度C〕台の目盛を下がってきて、今日その限度のマイナス三九度〔マイナス三九・四度C〕へ達した。デイが簡単な仕掛の流向計を製作して、これまでそれを岬の近くで使っていた。しかし島々の内側では水の動きが乱れて不定であるのはほぼ疑いなく、私は「海峡」での動きを示す観測が欲しかった。今日デイといっしょに、イナクセシブル島から北へ向かって走っているはずのクラックを探しに出かけた。二ないし二・五マイルほど沖でそれが見付かり、目的の仕事にあつらえ向きだとわかった。一面に張った氷の裂け目で、絶えず口をあけるから縁の氷はいつも薄い。瓶に小さいマイナス浮力がつくよう錘をして細ひもに付ければ、デイの流向計に劣らぬ結果が得られ、扱いはもっと楽になるだろうと彼に話した。今度は彼が一歩進めて、瓶の中へ電灯を入れることを企てている。

放してある犬がアザラシを襲っていたことをわれわれは発見した。そして次に一頭の死んだアザラシに行き当たった。明らかにいくらか前に襲われて殺されたものだった。ドミトリーがもっと北に、ほかにもいるのを見たようで、午後ミアズが今朝犬に襲われたものと、別にもう一頭大型のを仕留めた。

アザラシがそんなに近くで見つかるのはありがたいが、アザラシの休み場を犬が見付けたのは困る。

好天が長く続いてしごく結構だ。

一九一一年七月一日、土曜。——みなで新しいスキー靴を考案した。これはものになりそうだ。私はできれば、そり引きにはフィットフェルト・ビンディングをあくまでも使いたい。バリアではフィンスコーを履かなくてはならない。そしてフィンスコー専用のゆるいビンディングが必要だ。そのために「フィノン」ビンディングを持ってきている。革の指ひもとかかとを止める革ひもでできている。これだけではスキーをうまく動かせないし、「アキレス腱」のところに擦り傷ができるかもしれない。擦り傷は困るので、多くの者はディスカヴァリー号当時したように、指ひもだけにしようと決めていた。そこで私は、適当なオーバーシューズの上から、フィットフェルト式の鉄製横棒と留め金付きかかとひもが使えるのではないかと思いついた。

エヴァンズ兵曹が靴屋になって腕を振るい、われわれの要求にごく近い靴を一足、たったいま完成した。

底には明礬《みょうばん》で硬化したアザラシの皮を二重に使い、足裏の部分はヴェネスタ合板を敷いて堅くし、かかとは木片で高くしてある。上側はフィンスコーが入るよう広くし、単純な革ひもで留めるようにしてある。重さは片方でスキー靴の二ポンドに対し一三オンス——したがってこの靴とフィンスコーを合わせてもスキー靴より軽い。

この装備が完全なものになればきわめて役立つはずだ。

ライトは洞穴の中で振り子を動かしている。時間を合わせるのに莫大《ばくだい》な手間をかけていて、洞穴、経緯儀、小屋内部の間を結ぶ電話連絡がこの目的に非常に役立つ。時計の設置は完璧《かんぺき》だ。ライトの話ではここの氷の台はポツダムで使われている礎石の五倍もしっかりしているそうだ。一つだけ厄介なのは低温で、そのため吐く息が保護円蓋《えんがい》のガラス窓に凍りつくことだ。ここの重力測定はきっと立派な記録になるだろう。

気温は一日じゅうマイナス三〇度台を続け、静穏で空は晴れていた。しかし夕方には気温の上昇を伴わずに風が吹き始めた。いまマイナス三二度〔マイナス三五・六度C〕で、風は時速二五マイル——戸外はかなり厳しい状態だ。

七月二日、日曜。——昨夜は風があったが、今朝はまた落ち着いて静穏になり、気温はいつもどおりほぼマイナス三五度〔マイナス三七・二度C〕だ。月が再び出るようになった。午後五時ごろ、十一夜前後の月がエレバス山の肩の上へ出た。あいにく子午線を横切るのは夜になる。しかし月が低くても、こういう日は気持ちのよい日になるだろう。クロージア班にこんな穏やかな日があると思うと甚だうれしい。

日曜の日課、そしてあまり書くことがない。

七月三日、月曜。——また静穏な一日。空模様は少し怪しくなった。薄い層雲が頭上でできたり散ったりし、渦状の層雲がエレバス山にかかっていた。クロージア岬では風があったかもしれない。

人々は氷盤《ひょうばん》の上を遥か遠くまで出ていた。水穴の所で作業をしている明かりがちらちら見えたり、遠くから話し声が響いてきたり、スキーの滑る音が聞こえたりすると楽しくなる。

七月四日、火曜。――ブリザードと事件の一日。

昨夜風が吹き始め、気温はいくらか上がったが、風の強さのわりにはたいへん低かった。

今日午前中風は時速四〇ないし四五マイルで吹き、気温はマイナス二五ないし二八度〔マイナス三一・七〜三三・三度C〕だった。外へ出られる天気ではなかった。

午後、風はわずかにゆるんだ。テーラーとアトキンソンが斜堤《しゃてい》の百葉箱《ひゃくようばこ》まで登った。このあと私の全く知らないまに、冒険心に富むアトキンソンとグランの二人が氷盤の上を出かけることに決め、それぞれ北湾と南湾の温度計「アーチバルド」と「クラレンス」へ向かった。これが五時三〇分だった。グランは夕食時の六時四五分には戻っていた。陸地から二〜三百ヤードしか出なかったのに、帰りに一時間近くもかかったということを、私がようやく知ったのはもっとあとだった。

アトキンソンがずっと居ないのに気付いたのは夕食の終わり近く、七時一五分になってからだった。風が夕食の初めに落ちたことや、あたり一面依然霧が深く、雪がちらついていることなどは聞いていたのにだ。

少々気掛かりにはなったが、その時にはさして不安は感じず、何人か小屋から出てきたので、その連中に少し出かけて大声で呼んだりカンテラを照らしたりしてもらうことにし、また風見丘の上で灯油の火炎信号をつける手配をした。

エヴァンズ兵曹、クリーン、コヘインらが歩きたがっていたので、カンテラを持って北へ行ってもらった。こういう思いつきの捜索を始めているうちに、また風が南から吹き始めた。しかしこれは大した強さにはならず、そのうちに空は晴れる気配を見せ、流れる雲を通して月がうっすらと見えてきた。これを案内にわれわれは目をこらして放浪者の帰りをいまかいまかと待ったが、それが後れるにつれて不安が募ってきた。九時二〇分にエヴァンズ兵曹の班が手掛かりなしに戻ってきて、ついにゆゆしい事故の可能性を否定しようもなくなった。九時三〇分から一〇時のあいだに正式の捜索班が組織され、私はこの重大事態に対処するうえで必要と考え、徹底を期して、細部にわたる指示を与えた。このころには、私はアトキンソンがわりあい軽装で出かけ、なお悪いことに、革のスキー靴を履いて行ったことを知った。幸い防風服は着て行った。

先ず、エヴァンズ兵曹が、クリーン、コヘイン、ドミトリーを伴い、軽いそりと寝袋とブランデー一瓶を持って出発した。彼等に対する命令は、陸地と氷河伝いに湾の一帯を探しながら、バーン氷河およびその先のバーン岬まで行き、そこから東へ折れ、開いたクラックをたどってイナクセシブル島までを探すことだった。その後まもなくエヴァンズ（大尉）が、ネルソン、フォード、フーパーを連れ、同様の装備で出発した。南湾の岸を同様の方式でたどり、それからレーザーバック島へ向きを変えてその方面を探す。次にライト、グラン、およびラッシリーが出かけ、氷山群のあたりをくまなく探してからイナクセシブル島へ回り、そこを調べる。右の諸班が出かけたあと、ミアズとデベナムがカンテラを持ってわれわれの岬〔エヴァンズ岬〕の方々を探すために出て行った。シンプソンとオーツは北の氷盤《ひょうばん》を真っ直ぐ「アーチバルド」温度計へ向かって進み、一方ポンティングとテーラーはタイド・クラックをバーン氷河へ向かって再調査した。そのあいだにデイは風見丘へ往復し、その頂上で石油に浸した粗麻糸の束を数回燃やした。とうとう小屋に残ったのはクリソルドと私だけとなり、時がたつにつれいよいよ不安が募った。有能な男がどうしてこんな時間まで小屋へ戻れないのか、あるいはあの服装でこの天気なのだから、どこかに避難できなかったのか、私には考えられないことだった。アトキンソンが向かったのはわずか一マイル余り先の地点なのだ。一〇時三〇分で五時間になった。どういう結論になるのだろうか。それでも、浅いクラックか側面の切り立った吹きだまり雪ぐらいの危険しかない広々とした氷盤の上で事故が起きるとはとても想像できなかった。少なくともそういう事故の現場となりそうな地点は一つ残らず探せるだろうと感じた。こうしてなんの音沙汰《おとさた》もなく一一時になってしまい、それから一一時三〇分になり、行方《ゆくえ》不明後六時間になった。ところが一一時四五分に岬の方から人声がし、まもなくミアズとデベナムがわが放浪者を連れて帰ってきた。こうして事件は言いようのない安堵《あんど》のうちに終わりを告げた。アトキンソンは手がひどく凍傷になり、手ほどではないが顔もやられ、またこういう場合の常として、かなりしどろもどろになっていたが、ほかに異状はなかった。

彼の話は混乱している。しかし察するところ、百葉箱の方向へ四分ノ一マイルほど行ったあと引き返すことにしたようだ。それから初め気付いた方向の少し横手から風を受けながら歩こうと努め、そうしてしばらくすると以前の捕魚かごの穴につまずいた。これが岬から二〇〇ヤードの地点にあることは彼は知っていた。この二〇〇ヤードを正しいと思う方向へ進んでみたが何もなかった。そのとき東へ向きを変えていれば、小屋に近い陸地のどこかにぶつかり、そこから小屋へ着けたはずなのだ。そうしないでそのまま真っ直ぐさまよい進もうとしたことは、そういう状況によって生じた頭の状態をはっきり表わしている。ブリザードの中では手足の血のめぐりを守らなければならないのはもとより、頭が鈍って思考力が減退するのとも戦わなければならないことは疑う余地がない。その方がもっともっと恐ろしいのだ。

事実アトキンソンは岬へ着き損ねたあとは、どうなったのか実際はっきりしないのだ。当てどなく風に向かってさまよい進むうち、ひとつの島にぶつかったらしい。これをぐるりと一周した。この時には一ヤード先も見えなかったと言う。タイド・クラックへ何度も落ち込んだ。とうとう風の当たらないどこかの岩陰で立ち止まった。ここで凍りついたミトンをはめ直そうと骨折っているうちに手が凍傷になった。ようやくミトンをはめた。入って待つための穴を掘り始めた。おぼろげに月が見えてきて、島を離れた。月が見えなくなったので島へ引き返そうとした。何も見付からなかった。やがて別の島へ行き当たったが、あるいは同じ島だったかもしれない。もう一度待機し、再び月が見えてきて、今度は晴れそうになった。月を頼りになんとか針路を定めて進んだ——それから岬に火炎信号が見えたので、急いでやってきた——岬がすぐ近くなって、上にいる者に大声で呼びかけたが応答がなく、ひどくびっくりしたと言う。今夜は話に統一がなく、頭は半分凍りついたままだ。こういう話を聞いていると、全く危ういところをのがれたのだと認めないわけにいかない。ブリザードが続いていたらとても助からなかったろう。小止みのあと、またぶり返しはしまいかと思って、待つあいだ私は実に気が気でなかった。

　午前二時。――捜索の各班が帰り、再び元に復した。しかしこういう本当に無用な冒険は二度と繰り返してはならない。それでも今度の経験は、私が口を酸っぱくして言ってきたよりも効果的に、ブリザードの危険をみなに悟らせたことは認めざるを得ない。


　七月五日、水曜。――アトキンソンは今日はひどい手をしている。大きな水ぶくれがどの指にもできて、まるでソーセージのようだ。夜ポンティングがそれを撮影した。

　予想したとおり、昨夜書いたアトキンソンの話に少し訂正の必要が出てきた。初め聞いた話に、つじつまの合わないところがあるのと、アトキンソン自身が状況を考え直したためだ。

　最初に行き当たったのがイナクセシブル島だったようで、手が凍傷になったのはそこへ着く前だった。そこの風下側に着いてようやく凍傷に気付いたのだ。そこでしばらく待機したに違いなく、それから斜堤《しゃてい》に近いと考えて、西の端まで手探りで進んだ。それから地吹雪が渦巻く中を、氷脚《ひょうきゃく》のでこぼこを避けようとして島から離れ、たった数ヤードの距離だったはずなのに、すっかり島を見失ってしまった。

　この苦境に立って、彼は風上へ歩くという初めの考えにすがりついたらしい。この針路をとって次にテント島にぶつかったのは全く幸運だったと考えなければならない。彼がぐるりと一周し、最後にこれをイナクセシブル島らしいと思いながら、風下側に避難穴を掘ったのはこの島だった。月が見えたとき彼はその方角を正しく判断したようで、帰り道を歩くうちに本当のイナクセシブル島が左手に現われてびっくりした。テント島までの距離の四ないし五マイルが彼が帰りにかかった時間の長さを半ば説明している。どの点からみても危うく行方不明になるところだったのは確かだ。

　少し前からポニーの中に皮膚にひどい炎症を起こしているのがいる。陸軍さんは飼料のためだと考え飼料を変えたが、私はきっと寄生虫のせいだと思った。

　今日「スナッチャー」の毛を採取してアトキンソンの顕微鏡にかけたら、小さい着物じらみが見つかった。石炭酸の薄い溶液で駆除できると思うが、すでに一～二頭は、いまの気候になくては困る毛を方々こすり落としてしまった。この問題はすぐに片付けられるだろう。

今日もまた美しく晴れた一日で、午後じゅう月が明るく照った。エレバス山が柔らかい薄霧の中から現われ出たところは、まるで薄いベールが絶妙な手際で取り払われでもしたように、月光を浴びたこの山が清らかな輪郭を見せて、不思議な光景だった。

七月六日、木曜。——気温が急に下がった——昨夜マイナス四六度〔マイナス四三・三度C〕になった。いまマイナス四五度で、南から一〇マイルの軟風《なんぷう》が吹いている。厳しい寒さだ！

午前中近くへ歩いて出かけ、午後はスキーで少し遠くまで行った。路面は最近降った雪のために悪かった。エヴァンズの作った今度のスキー用アザラシ革のオーバーシューズは完全に成功のようだ。つま先の形をスキーの金具によく合うように変えたのだ。この工夫は大いに気に入った。

私はいま、腰を据えて実のある仕事に取り掛かることがどうしてもできず、しようと決めた仕事もあとへ延ばしている。

太陽は冬至の日の正午には水平線下一一度にあったのだが、そこからまだ一度と高くなっていない。それでも今日、北の空に赤い色がはっきり見えた。ひょっとするとそういう日没の色はこの急な寒さと何か関係があるのかもしれない。

七月七日、金曜。——気温は昨夜マイナス四九度〔マイナス四五度C〕まで下がった——これまでの最低で、記録になりそうだ。今朝は晴れて風はなく、気温はマイナス四五度〔マイナス四二・八度C〕だった。しかし午後三〇マイルの風が南東から吹き始めた。気温の方はゆっくり上がって、マイナス三〇度〔マイナス三四・四度C〕になったが、それ以上にはならなかった。散歩には少し厳し過ぎると思い、出かけるのはあきらめた。

犬の毛はかなり厚くなりつつある。そして彼等はわりあい安楽に過ごしているようだ。ポニーは向上したと私は思うが、害虫がはっきり駆除できたとわかるまでは気掛かりだ。

今日たいへん奇妙な幻覚に襲われた。小ストーブの上に、暗室や科学研究機器に必要な水を作るための円筒状融氷器を乗せてある。この鉄製の容器は氷を入れないときは当然温まっていて、たいがいぬれた靴下やミトンを掛けて干してある。今日午後この円筒容器にさわってみて、熱さに思わず手をひっこめた。感じを確かめるため二度三度繰り返し、それがはっきりしたので、私は大声で靴下などの持ち主に焦げる危険があることを注意した。するとミアズがこう言った、「でも、さっき氷を一杯入れたようだが。」そしてやってきて容器の表面に自分でさわってからこう付け加えた、「冷たいですよ。」実際それは冷たかった。かすかに湿気のある鉄の冷たい表面が私にはひどく熱い感じに伝わったのだった。

　この経験には本質的に新しいことは別にない。低温の金属面が素肌には焼けるような感じを与えることはしばしば指摘されている。それでも今度の経験はそういうありふれた事実の、形を変えての興味深い一例だ。

　ところでアトキンソンの手は相当ひどいようだ。凍傷は私が思ったより重かった。幸いいまでは指は全部感覚が戻っている。だが、一本に感覚が戻るまでに二四時間かかった。

　七月一〇日、月曜。――私の知るかぎりこの地域で最悪の強風が吹いてきて、いまも続いている。

　風は金曜の正午ごろ吹き始め、次第に激しさを増して、土曜には平均時速六〇マイルに達し、そのときの突風は時速七〇マイルを越えた。これくらいの風力は、異例は異例だが、今年これまでになかったわけではない。しかし今度の風にはたいへん低い気温が長く続くという異常な特徴があった。温度計は金曜夜マイナス三九度〔マイナス三九・四度C〕をしるした。土曜一日じゅうと日曜の大半、マイナス三五度〔マイナス三七・二度C〕より上がらなかった。昨日遅くマイナス二〇度台〔マイナス二九～三四度C〕になり、今日ようやく零度〔マイナス一七・八度C〕まで上がった。

　もちろん誰も遠出はしなかった。土曜の夜は私の当直で、何度か戸外へ出なければならなかったが、そんなとき、そういう条件に長くはとても耐えられないことを痛感した。どっと吹きつけてくるときには息がつまりそうになった――細かい雪が風帽《ふうぼう》の中まで打ちつけ、風に向かって十歩も行くと顔は凍傷寸前になった。風力計の羽をきれいにするためには小屋の向こうの端まで行って梯子《はしご》を登らなければならない。この作業に出たとき、文字どおり風によりかかり、首を曲げ、顔をそむけて、蟹《かに》のように横向きになって、よろけながら進まなければならないことが二度あった。本当にすさまじい天気のこの二日間、われわれの思いはしばしばクロージア岬へ出かけた三人のもとへ走り、安全な所に居てくれればと心から願った。

一行がこの強風に見舞われているのは確実だが、その前にきっと何らかの避難所は用意できただろう。彼らのところの風はここよりもずっとひどいだろうと思ったり、またエンペラーペンギンが特別吹きさらしの地域を繁殖地に選ぶわけがなかろうと思ったりした。

気温が零度の今日は、五〇マイルの風にも不都合なく戸外を歩き回ることができる。信じたくないけれども、ある程度は風土順化が起こっているのに違いない。マクマードー海峡へ着いた当初だったら、今日の風はきっとこたえただろう。

七月一一日、火曜。——悪天候がこんなにしつこく続いたのは初めてだ。今日は気温がプラス五度ないし七度〔マイナス一五～一四度C〕に上がり、風は時速四〇ないし五〇マイルだ。大気は雪でかすみ、月はぼやけている。今日で強風が四日になる。空気が動いた大きさ（ほぼ四〇〇〇マイル）を考えてみれば、そういう強風が起こす移動がどういうものか理解でき、そして、潜在的に暖かい上層の気流が、もっと温暖な地域からわが極地域へ吹き込んでいる、との結論に達するに違いない。

この暖気に犬は浮き浮きしてうれしそうだ。私は小屋の近くの浜辺や、周りの岩小山のあたりを、行ったり来たりした——風があるのにずいぶん暖かだった。大きな漂石《ひょうせき》の陰の吹きだまり雪に穴を掘って中に寝そべり、足を雪で覆った。とても暖かく、眠れば心地よく眠れただろう。

このごろ物資担当者諸君のやり方・習慣を観察して、面白く感じたり喜んだりしている。秘密の隠し場がいくつもあり、貴重品が人に知れないよう隠されていて、本当に必要なときまで使われないようになっている。不時に備えるというのが物資保管者全員の方針だ。例えばエヴァンズ（兵曹）は、帆布を少し欲しいと頼む者があると、その目的を徹底的に調べたうえ、小さいけれど手ごろなのが一つどこそこにあるからそれを使ってよいと認める。ところが実は帆布はまだ幾巻きもあるのだ。

工具、金属材料、皮革、革ひも、その他数十にのぼる物品が、これと同じ用心深い保護精神をもって、デイ、ラッシリー、オーツ、ミアズらに管理されており、そして物資管理主任のバワーズは、ありもしない欠乏を嘆いて見せさえしている。こういうつましさはわれわれがどんなに差し迫った時にも正面から対処する準備ができている最上の証拠だ。

　七月一二日、水曜。──夜通し、そして今日も、猛烈な突風が小屋をゆさぶっている。荒々しく渦巻く風の雲が中層に長く伸び、うるんだ月が薄膜のような巻層雲《けんそううん》を通して照っている──その幽界めいた明かりと、切れ切れの雲になって飛ぶ地吹雪のために、あたりは不思議なほど荒涼としている。引き裂くように怒り狂う風がこれほどはっきり目に見える形になることはめったになかろう。風見丘の風力計は午前九時と一〇時のあいだに六八マイルをしるした──新記録だ。小屋での突風はしょっちゅう時速七〇マイルを越えている──幸い気温はプラス五度〔マイナス一五度C〕まで上がっているので、戸外で働く者も苦しくはない。

　七月一三日、木曜。──風は夜通し吹き続き、一段と激しいスコールを伴っていた。風力計が時速七七マイルの突風を示して新記録を作った。

　雪はあらかた吹き飛ばされ、もうよほど激しい突風でなければ舞い上がらない──一つの災いの行き過ぎが別の災いを除去してしまう自然界の均衡を見るのは興味深い。

　昨日昼食後一時間、強風が心持ち弱まり、ポニーをしばらく氷盤《ひょうばん》で歩かせた。その時、私も運動のため外へ出たが、風にもたれるようにしなければならなかったし、軽い上っ張りは狂ったようにぱたぱたして、いまにも剥《は》ぎ取られそうになった。その後、風がまた強まり、帰りは逆風によろめきながら、やっと小屋へたどり着いた。

　強風は今朝まだ荒れ狂っている。しかし空はぐっと晴れてきた。はっきりした雲はエレバス山頂の南に垂れているものだけだ。ただ、月は明るく照ってはいるが、まだうるんだ感じで、空にはなお薄い層雲があることがわかる。

　仕事は着々と進んでいる──普通隊員は新式のアイゼンとスキー靴を作っている。エヴァンズは西部班に手伝ってもらいながら、ドライ・バレーとケットリッツ氷河の図面を作っている。物理学者たちはいつも忙しいし、ミアズは犬の引き具を作り、オーツはポニーの寄生虫駆除をし、ポンティングは陰画から焼付けをしている。

科学には「道楽半分」は通用せず、完璧への野望、言いかえれば完璧達成欲に駆り立てられている精神が必要だ。

夜の娯楽としてはチェスがいちばん人気がある。やる者が多くなって、二セットの駒では足りなくなった。

七月一四日、金曜。——ぞっとするほど恐ろしいことがあった。そしてまだ危機を脱してはいない。

昨日正午、最上のポニーの一頭「ボーンズ」が急に食べ物を食べなくなった——やがて苦しがっているのがはっきりし、さしこみを起こしているのに違いないことがわかった。オーツが私に注意を促したのだが、二人とも別に慌てなかったのは、「ジミー・ピッグ」が、同じ症状を起こしたあと、たちまち回復したのを覚えていたからだ。その後クリーンがボーンズを運動に連れ出した。私は二度すれ違い、事態はよくなったようだと察したが、クリーンがあとで話したところでは、ひどく苦労したそうだ。かわいそうに二～三分置きに発作が起こり、初めは苦痛から逃れようとして駆け出し、次には腹ばいになろうとするのだった。このポニーは力持ちなので、おとなしくさせたり立たせておくのにクリーンは大いに難儀した。馬屋へ戻ると明らかに前より悪化していた。そこでオーツとアントンが胃の下に麻袋を当て、あっちへこっちへと辛抱づよくさすった。しきりに腹ばいになろうとし、やがてオーツもそうさせてやるのがよいと考えた。いったん腹ばいになると、彼は次第に首をうなだれ、しまいにはべったり寝そべってしまった。そして苦痛のため時々体を恐ろしくひきつらせ、また時々首をもたげ、苦痛が激しい時は、もがきながら立ち上がろうとさえした。そういう状態になった時、馬がどんなに哀れを誘うものか、それを実感するのは私には今度が初めてだ。声一つ漏らさず、苦しそうな痙攣《けいれん》と、無言で首を動かす動作から、ようやく苦痛のほどが知れるだけで、その辛抱づよい表情にはいつも訴えかけるようなところがある。私はそろそろ心配にはなってきたが、ポニーが注意深く食事を与えられていることを思い出すと、これは一時の障りとしか考えられなかった。しかし同じ症状が一時間また一時間と続くと、このふびんな動物が重病なのだと悟らないわけにいかなくなった。オーツが阿片《あへん》を一錠飲ませ、しばらくしてまた一錠飲ませた。麻袋をオーブンへ入れて温めては哀れなポニーの体に当てた。これ以上はなす術《すべ》もなく、ただ見守るばかり――オーツとクリーンは片時もそばを離れなかった。宵のあいだ私は何度も馬屋を訪れたが、聞かされるのはいつも同じことだった――一向によくならないと。真夜中近くには私は気がめいってきた。ポニーは一頭といえども失うわけにいかない状況にあるのは何よりも確かで――いまでさえ、もう安全の限界は遥《はる》かに越えていて、いまいるポニーを全部確保するか、さもなければ挫折《ざせつ》を覚悟しなければならないのが実状なのだ。

ポニーについては、これまではごく順調にきたので、数が減りはしまいかという心配も和らぎ、万事首尾よく運ぶだろうとの希望が次第にふくらんでいた――だから真夜中にふびんな「ボーンズ」が一二時間苦しみ続け、回復の兆しも見えなかった時には、私の安心ははかなくも無残に打ち砕かれてしまった。

夜の一二時を少し過ぎた時、馬は多少楽になったようだと私は知らされた。二時三〇分にもう一度馬屋へ行ってみると回復は続いているようだった。馬はあいかわらず横になって首を投げ出していたが、痙攣は治まり、目つきも苦しさが薄らぎ、たまに物音がすると聞き耳を立てた。見ていると、いきなり首をもたげるや、苦もなく立ち上がった。そしてたちまち、悪夢から覚めたかのように、干し草を嗅《か》いだり隣の馬に鼻をすり寄せたりし始めた。三分もしないうちにバケツ一杯の水を飲み、食べ物を食べ始めた。

私は大いに安堵《あんど》して三時に就寝した。今日正午に病気の直接の原因が判明し、再発の恐れがあることがわかった。表面が粘液で覆われ、条虫を含んでいる半ば発酵した干し草の小さい固まりが見つかったのだ。いまのところそれほど危険性はないようだが、残念ながらこの固まりに腸の内壁が一筋付着していた。

アトキンソンは人間と比較しての見地から、一週間ほど飼料に十分気をつければ危険はないと言っており、最善を期待してよいようだ。

一方この災難の第一の原因について一同大いに議論した。原因として次のようなものが考えられる。干し草の発酵、水の不足、馬屋の過熱、強風後の運動で冷えたこと――これら全部が関係があったろうと私は考える。いままでにこれにかかった二頭が、馬屋の中でストーブのある端にいちばん近かったことは決して偶然ではない。これからはストーブはもっと控えめに使うようになろう。ストーブの近くに大きな換気口をあけ、また馬にこれまで与えていた雪に加えて水も与えることにする。飼料の面ではできるだけ用心するしかないが、なんとかしてこの種の危険がこれ以上起きないよう予防できなくてはならない。

七月一五日、土曜。――午前中雪まじりで強い風が吹いた。風は午後も続き、刺すように冷たかった。しかし今夜は落ちて静かになり、空も晴れそうな気配だ。斜堤《しゃてい》へ登ってきた。アザラシ革のオーバーシューズを履いてよじ登った。このオーバーシューズは実に良くできているようだ。

オーツの考えによると、かなりのポニーが虫を持っているらしく、いまみなでそれを駆除する手段を練っている。「ボーンズ」はだんだんよくなっているようだが、まだ以前ほどの威勢がない。大きな換気装置が馬屋に付いた。木曜夜の恐怖から立ち直るのは容易でない――事態があまりにも重大だった。

七月一六日、日曜。――今朝またちょっと心配が起こった。ポニーの「チャイナ」が朝食のとき食欲がなく、二度横になった。三〇分もしたら立ち上がり、元気になった。それにしても、かわいそうに、ポニーを悩ましているのはいったい何なのか。

いつもどおり日曜の日課。静かな一日だったが、風は繰り返し相当吹いた。クロージア班はきっと難儀していることだろう。

七月一七日、月曜。――天気はまだたいへん不安定だ――風がどっとやってきたと思うと一～二時間で消えてしまう。雲も同じような調子で空を走る。月は昼の時間中は沈んでいる。あれやこれやで、外へ出てみようという気が起きない。

それでも最後にサッカーをした日と同じ「光度」になるまでに、あとわずか九日だ――それだけすればまた試合ができるようになるだろう。

いろいろな理由から、昼の明かりが近付いてくるのはうれしい。強風とその結果としての不活動がポニーに影響しているだけではない。ポンティングもそのためにあまり調子がよくない――彼のような感じやすい気質にはこういう越冬生活はこたえるのだ――彼を説きつけて運動させるのにアトキンソンがてこずっている――氷に穴を掘る自分の作業に引きずるようにして何とか彼を連れ出した。テーラーも運動面での落後者で、顔色がさえない。この連中をサッカーで走り回らせることができれば万事解決するのだ。ともあれ明かりが戻れば身心ともどんな病も治るはずだ。

七月一八日、火曜。――今日正午、空がたいそうまばゆい赤色に染まり、歩く足元が見えるくらい明るくなった。束《つか》の間ながらこの明るい時間はしごく気持ちがよい。もちろん空が晴れていないとだめで、それはごくたまにしかない。午後外側の氷山を一周してきた。帰りは「スナッチャー」に後れないようにするのが精一杯だった――なかなか歩行力があるようだ。

七月一九日、水曜。――また静穏で気持ちのよい一日。気温は次第に下がってマイナス三五度〔マイナス三七・二度C〕になった。イナクセシブル島の北の、以前からあるワーキング・クラック*へ出かけた――ネルソンとエヴァンズは、強風の前にこの近くに置いてきた測深用のそりを取り返すのにひどく苦労した。事の次第はあまりはっきりしないが、強風でクラックが密着し、そのために、最近開いたあとにできていた薄氷が砕けて押し上げられたようだ。押し上げられた砕片を核に、重い雪の吹きだまりができ、それが今度は氷盤《ひょうばん》を押し下げたため、そりのある面の上まで水が流れ込んだのだ。こんな大きな障害が一見単純と見える原因によって起こったのには驚かされる。このクラックはいまはつながり、その収縮の影響で、もっとずっと基地に近くてバーン岬の方へ走っているらしい新しいクラックが開いてきた。

われわれは天体が北西の方角へ沈む時たいへん奇妙な様相を呈するのに気付いている。冬至のころこの位置にあった月が鮮血色のひどくゆがんだ形に見えた。赤い火炎信号か遠くの焚《た》き火ならともかく、月とは思えないものだった。昨日金星が似た状況のもとで、船の舷灯《げんとう》か日本の提灯《ちょうちん》のように見えた。二つの場合とも光がゆらめき、また色が深い赤黄色から鮮血色へ変わっていったが、鮮血色の方が支配的だった。

＊下の海水の動きにつれて氷も動く状態になっているクラック〔割れ目〕。

七月二〇日、木曜、二一日、金曜、二二日、土曜。――ほとんど記録することがない――馬の調子はよく、少なくともいまは全部元気だ。朝たっぷり水を飲む。

七月二二日、土曜、続き。――水と、それから馬屋の換気をよくしたことが、改善につながったのだと一同考えている――食塩を多くしたこともよかったのかもしれない。

今日また猛烈なブリザードになっている――突風時には時速七二マイルに達する――クロージア班はあれやこれやできっとみじめな時を過ごしたことだろう[*]。太陽の明かりがいまや足早に近付いているのを思うとありがたい。

七月二四日、月曜。――ブリザードは昨日（日曜）一日じゅう続き、晩には風力新記録の時速八二マイルに達した。風力計の羽は風当たりがいくぶん悪い。丘の上の示度は二〇パーセント高いとシンプソンは言う。すると今度のような突風では、障害がなければ時速一〇〇マイル近くに達していることになる――激風《げきふう》の風力だ。今日ネルソンが測深用のそりが裏返しになっているのを見付けた。日曜日はいつもの礼拝式をして静かに過ごし、平日の日課の中休みをした。昨夜、不寝番をしているあいだに風が急激に落ちる様子が観察できた。落ちたあとの静かな大気はむっとするほど暖かく、プラス七度〔マイナス一四度C〕になった。気温は今日もまだわりあい高い。一週間前に測深をしたクラックを見に出かけた。あのときは数フィート開いて、薄氷が張っていた――いまは押し上げられて、高さ三～四フィートの鋭い氷丘脈《ひょうきゅうみゃく》を作っている。押し上げられたものを見ると厚さは一八インチある――もちろん暖気のもたらした現象だ。

七月二五日、火曜、七月二六日、水曜。――このごろは記録することが実際少ない。生活がきわめて静かに、いくぶん単調に進行しているのだ。全員元気のようで、ふさぎの気配は見えない。ポニーは外見ではどこから見てもこれまでにないくらい元気だ。犬も一～二を除いて同じことが言える。

明かりがどんどん近付いてくる。今日（水曜）正午には

＊このときの強風がクロージア班の小屋の屋根をはぎ取ってしまい、一行は寝袋に入ってしのぐほかなかった。二七三ページ参照。

たいへん美しかった。空気はよく澄み、西部山地が限りなく微妙な明暗を作って細部まではっきり見えた。

　七月二七日、木曜、七月二八日、金曜。――いちだんと静穏な日々。空のばら色が濃くなった。明かりが目に見えて進んでくる。これまでも意気消沈していたわけでは決してないから、昼の明かりはわれわれを普段の快活さを越えて活気に満ちた領域へ引き上げる。

　われわれ一同の明るく陽気な気分は決してかげったことがなく、気さくで思いやりのこもったからかいも、一同を発奮させていた情熱あふれる初期の日々以来、絶えたことがない――それは抑圧の続く冬の日々を生き通し、春の到来とともに早くも力を盛り返している。もし悲観的瞬間があって、それが一同のよしみで固めた絆《きずな》に裂け目ができることを予言したとしたら、予言は偽りだったのだ。われわれがこの種の活動に前例のないほど一致した決意と助け合いの気風をもってこれからの仕事に向かうことはもはや疑いの余地がない。少々の困難はこの心意気によってすべて乗り越えられるだろう。幸先《さいさき》がよい。

　七月二九日、土曜、七月三〇日、日曜。――静かな二日。気温は低く、マイナス三〇度台〔マイナス三四・四～三九・九度C〕――時々どっと風が吹くが、ほんの数分続くだけだ。最良のそり犬の一匹「ジューリク」が見えなくなった。どこか遠くで他の犬たちに襲われ、結局明かりが戻ってきた時、こわばった死骸《しがい》になって見付かるのではないかと心配だ。ミアズは他の犬に襲われることはなかろうと言い、アザラシの穴かクラックの水に落ちたのだと想像している。どっちにしても残念ながらまた一匹あきらめなければならないようだ。甚だ不愉快。

　グランが今日ロイズ岬へ行ってきた。開水面について知らせてくれるよう頼んであったので、彼は岬の向こうまで行った。どうやらバード岬との中間まで行ったようで、そこで薄い氷に行き当たった。ロイズ岬を過ぎて少なくとも五ないし六マイルは氷は古く、吹きさらされた雪に覆われていると言う。これは大いに予想外だ。ディスカヴァリー号の初年次には、氷は絶えず氷河舌《ひょうがぜつ》まで砕けていた。二年目には冬のうちはそうでなくとも、春先にはもうロイズ岬まで無氷になったはずであり、ニムロド号の年には、ロイズ岬から向こうはめったに堅くならなかった。たいへん奇妙だ。特に今年は記録にないほど風の強い年だったのだから、いっそうだ。シンプソンの話では機器を設置してからの平均で時速二〇マイルを越すそうで、比較資料としては、ディスカヴァリー号の二年間の、それぞれ時速九マイルと一二マイルがある。今度の基地が特別風当たりの強い所だったということがあるかもしれない。しかしここがハット・ポイントよりも全体として風が強いとは信じ難い。

午前中二時間外へ出ていた――道のでこぼこが見えたり、見覚えのある陸標がすみれ色の明かりに包まれて見えたりするのはびっくりするほど愉快だった。正午の一時間後には北の空が強烈に赤くなった。

七月三一日、月曜。――今日は一面に曇って、明かりはさほどよくない。しかし今日でまたひと月終わり、八月と言えば太陽だ。

クロージア班がどうしているか気掛かりになってきた。出かけてから五週間になる。

ポニーは次第に威勢がよくなってきた。チャイナマンは馬屋の中でキーキーないて足を蹴《け》り、ノビーは声はたてないが、もっとむきになって蹴る――昨夜は仕切りの一部を壊してしまった。ポニーの物音は夜にはかなり気になる――ひどいことが起こっているのでは、と思うのだ。ところが不寝番が馬屋へ行ってみると、そこの居住者たちは、こんな所で騒ぎのあるはずがないじゃないかという顔で、眠そうに目をしばたたいて見せるのだ！

今日の北の空は壮観だった。水平線上が晴れ、押し寄せるような赤い光が、上にある切れ切れの層雲の下部を照らして、たいそう美しいすみれ色の光の帯を作っていた。シンプソンの予報によると、二四時間以内にブリザードが来るそうだ――一同興味深く結果を見守っている。

八月一日、火曜。――今月はたいへん美しい一日で始まった。午前中、滑らかな氷面やざらざらの砂地のある小谷をあっちへこっちへとたどりながら、われらの「領地」を一周した。目的が二つあった。ふびんなジューリクの残骸が見付かるかもしれないと考えたのと――この点は成功しなかった。もう一つは新しいアイゼンを試みてみたかったことで、これには全く満足した――滑りやすい氷面を進むのに考案された履物として、望ましい長所をすべて備えている――軽さ、温かさ、履き心地よさ、それと履いたり脱いだりしやすいこと。

今日は明かりが殊によかった。陽光が北に浮かんだ一つの渦彩雲《うずさいうん》にじかに映り、目もあやなまことに美しいさまを呈した。大気は静穏で、戸外で働く人々のカリカリいう足音が聞こえるのは実に快い。こういう日には声の抑揚やスキーの滑る音やアイスピックの氷を欠く音などが二〜三マイルも届く——今日一度ならず陽気な歌声が聞こえた——春と太陽の到来を楽しそうに告げる合図だった。

今日午後小屋に座っていて気付いたのだが、電話が二台使われているのは記録して置く価値がある。一台は子午線儀の所で仕事をするライトのために時間を合わせるもの、もう一台は四分ノ三マイル先の氷の穴の所にいるネルソンから通信を伝えるもの。後者の接続は裸のアルミニウム線とアース・リターンでなされており、これからみると計画中のハット・ポイントまでの回路を完成させるのも難しくなかろう。

冬旅行について

八月二日、水曜。——クロージア班が昨夜帰ってきた。五週間にわたって前代未聞の厳しい状況に耐え抜いたのだ。彼らは見たことがないほど風雪にいためつけられた様子をしていた。顔には傷跡があり、しわが寄り、目はどろんとし、手は絶えず湿気と寒気にさらされて白っぽくなり、しわが寄っていた。それでも凍傷の跡はごく少なく、この害悪にはあまりひどく襲われなかったようだ。いちばん苦しかったのは不眠だというが、確かに一見してそうだったろうとわかる。一晩休んだあとの今日、わが旅行者諸君は外見も頭の働きも大いに違ってきた。

この驚くべき劇物語はその役者たちに語ってもらわねばならない。ここではただ旅行の概要を述べ、あと一行がみずからに課した苦難の影響と、その体験から得られ今後われわれの導きとなるはずの教訓とに特定して記録して置きたい。

ウィルソンはずいぶんやせたが、今朝はほぼ彼特有のきびきびした筋金入りの体に返った——バワーズは今日はすっかり元の彼になった。チェリー‐ギャラードは心持ち顔がふくらんだが、まだやつれている。明らかにいちばん苦しんだのは彼だ——しかしウィルソンの話では、気力がぐらついたことは一度もなかったそうだ。いろいろ考え合わせると、いちばんよくしのいだのはバワーズで、これまでに極地旅行をした誰よりも強健な旅行者、また最も剛胆な一人と言える。じかの話よりもむしろ言葉の端々から察したのだが、彼が一行にとって不可欠の存在だったことや、疲れを知らぬ精力家であること、また他人なら麻痺《まひ》をまぬがれぬような条件の中で作業が続けられる驚くべき体質の持ち主であることなどがわかった。これほど頑丈で、活発で、不屈な小男は居たためしがない。

　わかった範囲でこの旅行のあらすじをたどると次のようだ。一行はエヴァンズ岬出発後二日でバリアに着き、なおも一人当たり二五〇ポンドの荷をそっくり引き続けた。そこからは雪面が一変し、進むにつれてどんどん悪化した。一日はそれまでどおりの方式で奮闘しながら四マイル前進した。しかしそこから先は分割運搬にせざるを得なくなった。ところが半分の荷でも、海氷上で全部を一度に引いたよりも重かった。一方、気温は下がり、温度計は一週間あまりの間マイナス六〇度〔マイナス五一度C〕以下へ落ちていた。ある夜には最低マイナス七一度〔マイナス五七・二度C〕になり、次の夜にはマイナス七七度、つまり氷点下一〇九度〔マイナス六〇・六度C〕になった。この本当に恐ろしい寒気の中でも大気はわりあい静穏だったが、時々ちょっとした風が渦を巻きながら雪原を吹いてくると、体が萎《な》える思いがした。薄い帆布のテント一つを頼りに、文明人がこれほどの条件に遭遇したのは初めてだ。今日みなで記録を調べてみたら、アムンセンが三月に地磁気の北極へ旅行した時、類似の気温に遭遇し、マイナス七九度〔マイナス六一・七度C〕という最低気温を記録しているのが見付かった。ただ彼の場合はエスキモーを同伴していて、毎夜イグルーを造らせていた。昼の明かりはたっぷりあった。気温も恐らく輻射《ふくしゃ》を「遮蔽《しゃへい》しないで」計ったものだろうし、それに結局、彼はそこから引き返し、船から離れていたのは五日間だけだった。わが一行はなおも進み続け、期間も五週間にわたったのだ。

　最も寒い地域を通過するのに二週間近く費やし、それからマカイ岬を回って吹きさらしの地帯へ入った。ブリザードがあとからあとから続き、空はいつも雲に覆われ、真っ暗闇《くらやみ》といってもいい暗がりの中を、一行はよろけながら進んだ。気がつくと進路左手のテラー山の斜面へ高く登っていたり、右手の氷丘《ひょうきゅう》脈帯へ突っ込んで、クレバスや乱氷《らんぴょう》のあいだへまぎれ込んでいたりした。クロージア岬近くの台地へ到着すると、八〇〇フィート登って堆石《たいせき》の丘の上に荷物をまとめ、小屋造りを始めた。石壁を築き、用意の帆布で屋根を仕上げるまでに三日かかった。そしてようやく旅の目的に取りかかれるようになった。

正午ごろにはわずかにほの明るくなるが、それも束《つか》の間だから、暗いうちに出発しなければならず、帰りは明かりなしで道に迷う危険も覚悟しなくてはならない。こういう状況の中で出かけた第一日目は、二時間かかって氷丘《ひょうきゅう》脈帯へ着き、それからロープで体をつなぎ合ってそこを這《は》いずり越えるのにまた二時間近くかかった。ようやくペンギン繁殖地の上へ出、ガーガー鳴く声が聞こえる所まで来たが、そこからは下りる道が全く見付からなかった。わずかな明かりも絶えかけ、一行は野営地へ引き返した。翌日再び出かけ、高い玄武岩の崖下《がけした》のすさまじい乱氷の中を縫うようにして進んだ。所々岩が頭上に張り出し、また一カ所では、氷の中にあいた小さい洞穴を這って抜けなければならなかった。どうにか海氷まで達しはしたが、もう明かりはすっかり薄れ、仕事は急を要した。ディスカヴァリー号当時ここには二千羽から三千羽が営巣していたのに、いまは百羽ほどしか数えられなかった。こんろ用のブラバーを得るため急ぎ三羽を殺して皮を剥《は》ぎ、卵を六個集めると、一目散に野営地へ帰った。卵のうち割れずに残ったのは三個だけだった。

ペンギンがこの繁殖地を見限るようになったのかもしれない。しかしまだ時期が早過ぎ、もっとあとなら集まるはずの一部だけしか来ていなかったとも考えられる。卵はまだ調べてないが、調べればその点がわかってくるだろう。ウィルソンはこの鳥が持つ営巣本能の強さの証拠をまた一つ観察した。バワーズと二人で卵を探していて、二人とも丸まった氷の固まりをいくつか拾い上げたのだが、それはこのひょうきんな動物が、愚かにも孵《かえ》るものと思い込んで大事に温めていたものだった。

帰途一行が氷丘脈帯を渡り切ったころには、明かりは全く絶え、野営地へ帰れたのは運がよかったからこそだった。

その夜ブリザードが始まって刻々に激しくなった。そして一行が選んで小屋を建てた地点がどうしようもない所だったことがわかってきた。広っぱに建てた方がずっとましだった。猛烈な風が、まともに小屋に打ちつけるのではなく、片寄ってつむじ状の突風になって襲いかかったからだ。屋根に乗せてあった重い雪塊や石は転がり落ち、〔屋根の〕帆布は風船のようにふくらみ、固定部が引きちぎられ引き伸ばされた——もはやいつなんどき吹き飛ばされるかわからなかった。小屋のそばに大切な物を入れてテントを張ってあった。しっかり広げ、雪と石とで十二分に抑えてあったが、恐ろしい突風のひと吹きで剥《は》ぎ取られ、渦巻きながら吹き飛んでしまった。三人は小屋の中で、いつ屋根が消えて無くなるか、無くなったらどうしたらよいか、と思いながら、それを固定するのに空《むな》しい努力を続けた。一四時間後、ちょうど一隅を止めようとしていた時、屋根はついに吹き飛んだ。どっと雪が襲いかかって息がつまりそうになり、三人はあえぎながらやっとの思いで寝袋にもぐり込んだ。バワーズが一度首を出して「ぼくらは大丈夫だ」となるべく普段と変わらぬ口調で言うと、他の二人も「そうだ、大丈夫だ」と答え、それっきり風の唸《うな》り続ける一夜と半日を黙りこくって過ごした。雪は寝袋のありとあらゆる隙《す》き間や裂け目から入り込み、中の人間は震えながら、いったいいつまで続くのだろうと考えていた。

この強風は基地で最大風力を記録した時（七月二三日）の風で、クロージア岬では基地よりもいっそう猛烈に吹いたようだ。

風は次の日の正午に落ちた。哀れな旅人たちは凍りついたねぐらから這い出し、床敷きをどうにか頭の上に広げ、プリムスに点火した。四八時間ぶりで食べ物を口にし、帰路の野営方法の相談を始めた。毎晩大きい穴を掘って、それにできるだけうまく床敷きをかぶせることにした。ところが幸運が彼らに味方した。北の方を探すと、四分ノ一マイル先で、標石のあいだにテントが見つかり、そして不思議にもほとんど無傷だった。材質のよさを示す立派な証拠だ。次の日一行は帰途についたが、とたんにまたしてもブリザードが襲いかかり、二日のあいだ囚《とら》われの身となった。このころには彼らの所持品は名状し難いほど哀れな状態になっていた。寝袋はこわばって巻けなかった。それどころか固く凍りついていて、畳もうとするうちに革がひび割れた。トナカイ革の寝袋の中へ入れたウィルソンとチェリー‐ギャラードの綿毛の内袋も、そうしてできた隙間《すきま》をふさぐにはわずかな役にしか立たなかった。靴下、フィンスコー、ミトンはどれもこれもとっくの昔から氷に塗り固められていた。夜間、胸ポケットやシャツの内側に入れて置いても溶ける気配もなく、乾かすことなど考えられなかった。チェリー‐ギャラードが寝袋へ入るのに四五分もかかることが何度かあった。べったりつぶれて凍っているので、広げるのが容易でないのだ。寄る辺のない旅人たちがまたもやマイナス六〇度以下が続く中を、バリアを横切ってとぼとぼと帰ってくる時の、怖気《おぞけ》立つような苦しさはただ想像するばかりだ。こうして一行はハット・ポイントへたどり着き、それから次の夜、基地に帰り着いたのだった。

ウィルソンはペンギンがあまりに少なかったことに落胆している。しかし私やここに残ったすべての者にもたらした成果が一つある。それは今度の努力が極地史上まれにみる勇敢な物語として想像力に訴えかけてくることだ。人間が極地の夜の深みへさまよい出て、暗闇の中で恐ろしい寒気と猛烈な風に立ち向かったのはこれが初めてだろう。そしてどんな不運にもひるまず、まる五週間頑張り通したのは見事と言うほかない。それはわれわれの世代の話題となり、そしていつまでも語り継がれるだろう。

そのうえ物的成果も決して見下げたものではない。いまや、あの特殊な鳥であるエンペラーペンギンが、いつどんな条件のもとで産卵するかがわかることになったのだ。しかしエンペラーペンギンの発生学に関する新情報だけでは貧弱だと言うなら、わが一行が冬季の大バリア上の状態がどういう性格のものかを明らかにした点をあげることができる。これまではその苛酷《かこく》さを、ただ推測していたに過ぎなかったのが、いまや証拠が得られたのであり、そしてこの海峡地域の気象が断然明らかになってきたのである。

そり引き旅行の規定食と装備の経験

今後のそり引き作業にとって、いくつかの点がきわめて申し分なく解決した。一行は極端に比率を違えたごく単純な規定食を実施した。携行品はペミカン、バター、乾パン、および茶だけだった。しばらく実験してみると、脂肪を最も多く配分されたウィルソンはそれが多過ぎ、乾パンを選んだチェリー‐ギャラードはそれが食べ切れなかった。中程の行き方を工夫して、全体の比率が誰にも具合よく、同時に、携行した各食品の総量にも適合するようにした。これによって内陸高地用の単純かつ適切な規定食を定めることができた。一つだけ提案された変更は夕食にココアを加えることだ。一行はただでさえ少ない睡眠時間を奪われるのを恐れて、茶は飲まずに白湯《さゆ》で我慢した。

寝袋についてはほとんど問題がない——綿毛の袋を加えるのは、春旅行に短期間は有効かもしれないが、早早と氷詰めになる。

バワーズは終始綿毛の袋を使わず、不思議な手際でトナカイ革の袋を旅行中二度か三度裏返した。旅行前と後の寝袋の重量は次のとおりだ。

	出発時	帰着時
ウィルソン、トナカイおよび綿毛…………	一七	四〇
バワーズ、トナカイのみ…………………	一七	三三
チェリー‐ギャラード、トナカイおよび綿毛……	一八	四五

これによって氷が付着した様子がある程度わかる。

二重テントは大成功という報告だ。その重量は出発時には約三五ポンドで、帰着時には六〇ポンドだった。氷は主として内テントに付いた。

アイゼンは大いに称賛を博した。ただバワーズは例外で、彼は以前のものに妙な愛着を抱いている。衣服、ミトン、および履物については、数多くこまごました発見があった。酷寒の中ではこれらに付随する支障は解決のしようがないようだ。ウィルソンは大まかに、「服装は上等、上等」と言うだけだ。エスキモーが作るような毛皮服を採用したらどうか、という考えが依然浮かび、その方がわれわれの進歩した服装より一段とまさるのではないか、との思いが去らない。われわれにとってはこれは頭で考えるだけの問題で、そういう物品は手に入れようとしても全く不可能だったのだ。根底から違うこの一例を除けば、われわれのものが経験の教え得る範囲で最も完全に近いと確信できる。

ともかく、いまやわれわれの服装方式が、毛皮も含めて、他のどの方式よりも厳しい試験に耐えたと考えることができる。

旅行の影響。——ウィルソン三ポンド半減少、バワーズ二ポンド半減少、チェリー‐ギャラード一ポンド減少。

第一三章　太陽が帰る

八月三日、木曜。——気温が特別低くもなく、晴れてよい天気が長く続いたから、今朝起きて様子が変わったのに気付いても文句は言えない。層雲の天蓋《てんがい》が頭上に広がり、風が例の気まぐれな突風状に吹き始め、強風の気配を見せている。一日じゅう次第に風力が増し、一方気温はマイナス一五度〔マイナス二六度C〕へ上がった。しかしまだ雪は降らず地吹雪もない。エレバス山の蒸気の煙は今朝は北西へ流れていた。それはいまは隠れて見えない。

予想が外れることが多いので、われわれは天気予報者としては完全に落第だと一同感じている——したがっていまのような変動を前にしても、思い切ってブリザードを予報できない。シンプソンがデーヴィド＊から渡された論文は主としてここのブリザードの前兆を記述し、加えてその因果関係を述べたものだが、それは全くの想像の努力の産物だ。その記述を裏付ける証拠はただの一つもまだ手に入っておらず、記述とはっきり矛盾することなら数多く観察されている。われわれの場合、あらしが一つとして同じ前兆を伴ったことがないのは明白な事実だ。

クロージア班が経験したバリアの低い気温は、自然、アムンセンのノルウェー隊の環境をあれこれ推測させる。もし彼の温度計が絶えずマイナス六〇度〔マイナス五一度C〕以

＊シドニー大学のT・エッジワス・デーヴィド教授で、地質学者としてシャックルトン探検隊に同行した人。

下を指していたら、一行はかなり厳しい冬を過ごしているわけで、犬をどのようにして無事に越冬させるのかわからない。キャンベルがその方面へ行っていたら私も気掛かりになったろう。

八月五日、土曜。――空模様はあいかわらず怪しい。しかしいまのところ何事も起こっていない。今日は軽い雪が相当降り続いた。それが強めの北軟風に吹き飛ばされて、北方にたいへん奇妙な、しかし美しい現象を生じ、強い赤色の薄明かりが靄《もや》を通して見えている。

クロージア班によると、バワーズについて一つ面白い話がある。帰りの旅でバワーズは、取り返したテントに彼の称する「テント下ろし索」なるものをつけ、それを寝袋と自分の体に巻きつけて縛った。テントがまた吹き飛ばされたら自分もくっついて行く覚悟だったのだ。

講座が再開された。昨夜はシンプソンが一般気象学についてすばらしい話をした。先ず日射の一般問題から始め、各種の図表によって、極地帯と赤道地帯とで感じられる太陽熱の比率を示した。おおまかに言って、［緯度］八〇度では赤道上の一地点での二二パーセント程度の熱が期待できるようだ。

気温の問題を論じた時は、北と南の同緯度間の興味深い比較表を見せた。表の示すかぎり、南極の夏は北極より一五度〔Cで八・三度〕寒く、南極の冬は北極より三度〔Cで一・七度〕暖かい。もちろんあとの数字は、観測者がバリアで冬営すれば全然違ってくるだろう。アムンセンがこの三度を認めるとは思えない!!

気温の次は気圧で、ディスカヴァリー号の探検で明らかにされたように、南半球の高緯度において勾配《こうばい》が上向きに転じることについて論じた。これは言うまでもなく南極地域に高気圧を置く理論と関係がある。ロッキアの理論が議論の対象になった。多くの事実がそれを裏付けるようだ。吠《ほ》える四〇度台の西風は一般に低気圧の連続と理解されている。ロッキアの仮説によると、八ないし一〇個の低気圧が一日に経度一〇度ほどの速さで絶えずぐるぐる回っており、それが四〇度線から六〇度線の先まで広がっていて、そのため四〇度台では強い西風があり、六〇度から七〇度では東と南東の風があると考えるのだ。七〇度を越えると、通常極地域からの冷たい空気が不規則に流入するようで、それには高気圧特有の東方向の成分が伴う。

シンプソンはこれを土台に新しいブリザード理論を発展させた。その考えによると、地表近くの空気は大陸およびバリア域の上で強烈に冷やされ、この寒気帯の端にロッキアの低気圧の南限から来る暖かい空気が打ち寄せる。こうなると均衡の不安定な状態が作られ、動きの潜在力が甚だ大きくなる。われわれも気付いているとおり、気温の違う寒気団は混合を強く嫌うから、この状態は徐々に解消されずにそのまま続き、やがて何か小さいきっかけが元で流れに吐《は》け口が与えられ、そうなると転がり始めた球よろしく、大変動まで行き着かざるを得ない。高層では暖かい空気が赤道から極方向へ絶えず動いていると一般に考えられているようだ。この潜在的に暖かい空気が、変動によって内陸の冷たい空気と混ざり、当地の風をきわめて高温にする。

以上のような理論だ——これまでの理論と同じく、これも標的落としのために掲げられたようなもので、恐らく気球その他の観測によって覆されるか修正されるだろう。ともあれそういう問題を心に留めて置くのはよいことで、それが進歩の道しるべとなる。

八月六日、日曜。——日曜のいつもの日課。賛美歌の歌唱が一同のひそかな誇りになり始めている。全員が歌い手になって、いまや歌声には堂々たる迫力がある。

今日は曇り空で始まった。明かりの拡散が強くて、はっきりした影ができない時のここの眺めの様子を表わすには白《はく》亜《あ》色という言葉がぴったりする。あたりは単調で平板になる。

午後、空が晴れ、エレバス山にかかった月が、散ってゆく雲を麦わら色に染めていた。宵には空気中に氷晶《ひょうしょう》が満ち、層雲がまた出てきた。このように曇りと晴れが交互に来るのはここしばらく続いている型で、それに無風状態が伴っているのは喜ばしい新現象だ。

クロージア班の血液は、アトキンソンが調べたところ、ごくわずか酸性が増していた——これは予想できたことで、そして壊血病の気配がなかったのはうれしい。もし保存食がこの病気を誘発しやすいならば、期間の長さと環境条件の厳しさからみて、当然起こしたはずだ。長期の旅行でもおそらく心配なかろう。

ウィルソンと今度の旅行を話題に何度かおしゃべりをした。いちばん苦しんだのは断然チェリー‐ギャラードだったと言う。むろん弱音を吐いたことはなく、それどころかいつもしきりに人を手伝おうとしていたそうだ。ちなみに、いちばんこたえるのが若い連中だという点で二人の結論が一致している。隊で最年少のグラン（二三）が明らかな例で、それに今度のチェリー‐ギャラードが二六だ。

ウィルソン（三九）はこれまでになく寒さがこたえないと言う。思うに三〇と四〇のあいだが最も融通のきく年齢のようだ。バワーズは言うまでもなく驚異だ。そのバワーズは二九。四〇代を過ぎた場合、ピアリーが五二だったのを思うと励みになる。

八月一〇日、木曜。――近ごろは書くことが少なく、私のペンは過去の記録をするのに忙しい。

天気はこのところわりあいよい。そしてこれまでと変わらず全く不可解だ。風が吹くのが、晴れている時もあれば曇っている時もある。火曜には少し吹いたが強風の風力には達しなかった。前触れなしに吹き始めたもので、われわれが前触れと見なしていたものはどれも亡霊だった。風には常に用意を怠ってはならなくて、予想は絶対できないというのが実情だ。

昼の明かりが大股《おおまた》に進んでくる。デイがこれまでの窓に重ねて、もう一枚明かり窓を取り付けた。初めて三重のガラス越しに明かりが差し込んだ。この工夫で内側にはほとんど氷が付かなくなった。

ポニーはたいへん元気だが、扱いにくくなりがちだ。物静かな動物に、いわれもなく奇癖が現われる。チャイナマンはあいかわらず夜になると足を蹴《け》り、キーキー鳴く。アントンの理論によると、それは体を温めるためだそうで、あるいはそういうことがあるのかもしれない。雪を食う時、口に入り切らないほどほおばって飲み込む癖がある。雪の冷たさが腹にしみると四本の足を引きずるようにしてもじもじし、じれったいやら苦しいやらで、やりきれないといった表情をするのは面白い見ものだ。ところが雪が溶けるが早いか、また口一杯にほおばる。他のポニーは少しずつ食うか、多くても舌の上で溶かして飲む――この時も面白い表情をする。ヴィクターとスニペッツは頑固なかいば桶噛《おけか》みだ。仕切り板が出ている時はいつでも噛みついている。しかし板は食事時間が終わるとすぐ取り外してしまうので、あとは何か噛みつくものがないかと空《むな》しく探し求めるだけだ。「ボーンズ」が思い当たる理由もなく夜間足を蹴《け》るようになった。自分の区画の背後を愉快そうにたたく。そこの板張りに麻袋を数枚重ねて当てたので、癖までは直らないが音は和らいだ。こういう奇癖で心配なのはポニーの方が怪我《けが》をしないかという点だ。うれしいことにシラミはすっかりとれた。最後はごく単純な療法で勝利を収めた――やられているポニーを、煙草《たばこ》を浸した水で洗ったのだ。この煎《せん》じ薬を騎兵馬に使って効能があるのをオーツが見たことがあった。使っていた薬品がどれもみな切れたところだったから、この結末はひとしおありがたい。

今度、南旅行へ向けて、ポニーの割当をはっきり決めた。九月一日から新しい主人が世話をする。絶えず運動させながら、できるだけポニーを知るようにする。この手筈《てはず》には明らかにいくつも利点がある。割当は次のとおりだ。

バワーズ……………ヴィクター。
ウィルソン…………ノビー。
アトキンソン………エヒウ。
ライト………………チャイナマン。
チェリー‐ギャラード……マイケル。
エヴァンズ（兵曹）………スナッチャー。
クリーン……………ボーンズ。
コヘイン……………ジミー・ピッグ。
オーツ………………クリストファ。
私とオーツ…………スニペツ。

昨日バワーズとシンプソンが今季初めて気球を揚げた。南風に乗って揚がり、一〇〇フィート足らずまではそのまま続いて、それから三〇〇ないし四〇〇フィートは真っ直ぐ上昇し、その後は真南へ向いてレーザー・バック島の上へ行った。万事順調のようで、糸は押さえると張り、それから期待どおりゆるんだ。それをたどると、二マイル余りは一直線にレーザー・バック島へ向かっていたが、島まであと二～三百ヤード足らずのところで切れていた。何人かが島を一周して糸口を探したが見付からなかった。この前揚げた時もほぼ同じことが起こったのだが、原因がわからなくて困る。

頭上の南向きの気流が継続的に近くにあるのはきわめて興味深い。

クロージア班の連中はまだ正常でない。足が異常に痛み、ほかにも過労の徴候が出ている。バワーズは例外としなくてはなるまい。実際にはどう感じているか知らないが、普段と変わらず朗らかに気球を探しに出かけた。

昨日午後の散歩中、たいへん美しい光景が見られた。薄れゆくほの明かりときっちり向き合って満月が明るく輝き、氷山群が、一方の側は黄色い月明かりを受け、別の側はそれより弱いほの白い昼の明かりに照らされていた。一方の側は金塗りのように見え、別の側は拡散した昼の明かりによって、深みのある冷たい緑がかった青色を呈した――その対照はびっくりするほど美しかった。

八月一一日、金曜。――長いあいだ来るか来るかと思われていたブリザードが夜やって来た。いまも地吹雪を伴って激しく吹いている。

昨夜オーツが「馬の管理」の二回目の講義をした。簡潔でなかなか要を得ていた。「天性ではなく訓練による」というのが動物の上手な管理者についての彼の見解だ。「馬は思考力は全然持たないが、記憶は優れている。」物の姿と音によって、以前見たり聞いたりした状況を思い出す。馬に向かってどなっても無益である。九分九厘、馬はその音で何か災難を連想し、興奮して面倒を起こしにかかる。跳ね上がる馬に向かって騎手が「どう、どう」と叫ぶのはばかげている――「自分でそれをやっていたからわかるのです」と陸軍さんは言った。また、一頭に向かって大声で話しかけると、他の馬が騒ぎ出す場合があるから注意すべきだ。要はしっかりした態度でおだやかに接することだ。

陸軍さんの説明によると、何か起きそうな時、馬は記憶によって知るそうだ。狩猟馬や競走馬が、これからさせられる狩猟や競走の前に食欲がなくなるとか、その他いろいろと動揺を表わすのを例にあげた。したがって宿営中は努めて馬を平静にしておくようにしなくてはならない。防寒着は停止したら直ちに着せ、発進の直前まで外してはならない。

引き方について二〜三心得を述べたあと、講師は越冬設備の改善策について話した。一頭ずつ自由に動ける区画にするのがよいだろう。そして敷きわらを少量与えて馬が腹ばいになれるようにする。腹ばいになるポニーが数頭はいる。しかし一〇分以上そうしていることはめったにない――陸軍さんの考えでは、下が冷た過ぎるのだ。冬に入る前に馬の毛を摘んでおくのが賢明だろうと言う。ブラシかけがよいという考えには彼は疑問を持つ。次に彼はこれからの旅行に備えての改善策に移った――かいば袋、つなぎ綱、防寒着など。すべてのポニーの脚に布を巻く考えだと言う。最後に雪目および軟弱な路面という難問題を取り上げた。雪目については、長く伸びているたてがみを染めることを提案した。オーツは講義の終わりに面白い無駄話を一つするという愉快な思いつきを実行する。昨夜の話には爆笑が起こったが、残念なるかな、文字にはできない！討論では終始講義の最後の主題、雪目関係が中心になった――たてがみを染める案は不適当のようだ。目隠し革よりむしろ日よけ帽をつけるのが最善策のようで、あるいはおもがいにくっつけて目の上に目庇《まびさし》をつける方がいちだんとよいかもしれない。この問題は解決困難とは思われない。かんじきの方がはるかに難しい問題だ。これはわれわれが最近ずいぶん考えていた問題で、エヴァンズ兵曹はわれわれが漠然と覚えている芝生刈りに履く靴をもとに試作品を作り、スナッチャーに履かせてみようとしている。

　形の問題のほかに、履かせ方の問題がある。どちらについても昨夜は実にさまざまな案が出され、討論によって暗雲が大いに吹き払われた。私の考えでは、格子あるいはラケット式を基礎にしたいまのポニーのかんじきに少し改良を加えた程度のが結局いちばんよいだろうと思う。一つだけ欠点があるのは、それがごく柔らかい雪のために作ったものなので、バリアでは不必要に大きいことだ。そのため堅い所では無理がかかって壊れるかもしれない。これに代わるものと言えば、芝生刈り靴方式を完成させることだろう。それはひづめに堅い袋をかぶせるのと大差ないものだ。

　両方使うようになるかもしれない。前者は温和なポニーに、後者は暴れがちのポニーに。この件はまちがいなくきわめて重要だ。

　八月一四日、月曜。――マイナス三〇度〔マイナス三四・四度C〕の気温と時速五〇マイルの風のあった金曜のわりあい短時間のあらしのあと、穏やかな日が二日あって楽しかったが、今日その三日目が実現しそうだ。そういう日には日中の三～四時間はなかなか明るく、人も動物も活気づく。

　ポニーはうれしさのあまり、少しでも隙《すき》があると馬方を振り切って、尾と足を跳ね上げながら駆け出してしまう。犬も負けじとはしゃいで、暗がりではさせてやれないほどの運動をしている。エスキモー犬二匹をクリソルドが世話していることは前に書いた。いま彼はそれらをミアズから借りた先導犬、たいがい小柄な「ヌーギス」だが、それといっしょに連れ出している。土曜日にはタイド・クラックの所でそりが転覆した。クリソルドは雪の上に置き去りにされ、犬は遠くへ姿を消してしまった。あとでヌーギスが引き革を食い切って帰り、他の犬もやがて二マイルほど先で氷丘《ひょうきゅう》に「からまって」いるのが見付かった。クリソルドは昨日同じ編制でロイズ岬まで行った。そして二時間ほどで犬一匹当たり一〇〇ポンドの荷を持ち帰った。これだけの作業をその時間でしたことは最良の犬でも立派な働きで、この二匹はミアズが役立たずだと断言していたのを考えると、クリソルドは大いに面目を施したわけだ。

　昨日気球を揚げ、大成功を収めた。気球は糸が四マイル出たあと切り離され、測器は落下傘なしで落ちた。探し手たちが糸をたどって北へ約二・五マイル行くと、そこでくるりと向き返り、元の糸と平行に戻って、たった三〇ヤードのところで見つかった。測器は破損もなく、記録もちゃんとしるされていた。

　ネルソンは近ごろいちだんと外へ出ている。水試料とともに水温の良好な連続記録をとっているのだ。その結果は微々たるものでも、精度はきわめて高いと考えてよかろう。彼の方法はいまやこの種の作業に必要と考えられる科学的配慮が十分なされたもので、彼がそういう方面の訓練ができている数少ない一人であることがわかる。昨日はアトキンソンとチェリー‐ギャラードが手伝って、初めて網による海底からの採取をした。

　この仕事にはアトキンソンもいささか関係があるのだ。彼は彼で注目すべき成果をあげており、アザラシから多数の寄生動物を発見している。そしてこれらを魚から発見したものと相互に関連づけようとしている。一次宿主《しゅくしゅ》、二次宿主を通じての完結した生活史の解明をねらっているのだ。

　ところが魚と共通する宿主は、魚が食べている軟体動物その他の生物かもしれなくて、したがってネルソンの捕獲物にアトキンソンの新分野があることになる。寄生虫学者にとって殊に有望そうに思われる当地域では、高級な形態での生命の循環は比較的単純である。

　午後の散歩が大いに楽しくなってきた。この薄明かりの中ではあらゆるものが美しく見え、北の空は明かりが衰えるにつれて赤みが増す。

八月一五日、火曜。——気球から回収された測器は、高度が二・五マイルに達したこと、そしてその高度での気温が地上の気温より摂氏五度ないし六度低いだけであることを示した。もしこの層が、実際そう考えざるを得ないのだが、バリアの上まで広がっているとしたら、そこはバリアの表面よりも相当高い気温であることになる。シンプソンの推測によるとバリアの表面の層は非常に低温なのだ。

アセチレンが急に切れ、気がつくといま初めて昼の明かりで書いているのだった。

昨夜われわれの村に居住者の初めての増加があった。「ラッシー」が六〜七匹子犬を産んだのだ——馬屋に入れて静かに、そしてできるだけ温かくしてやっている。

ロシア人の若者たちがみなと非常に円満にいっているのは愉快だ。二人ともよく働き、用事は主としてアントンがする。ドミトリーは利発で、かなり英語がしゃべれるようになってきた。二人とも食卓仲間とはとてもうまくいっていて、昨夜など小柄なアントンが浮かれて、エヴァンズ〔兵曹〕の頭にフェルト帽を押し当てている面白い光景が見られた。

昨夜ライトが「ラジウム」の講義をした。放射性元素の転移が金属の変化を暗示する点が講師の提出した最も興味深い考えだったようだ。しかし討論が主として展開したのは、放射能の発見が物質の起源という面で物理学と化学に及ぼした影響、地熱との関係で地質学に及ぼした影響、それに治療能力の面で医学に及ぼした影響に関してであった。地質学者と医者は効力をほとんど認めなかったが、物理学者は当然ながら自分たちの商品を大いに宣伝し、そのため討論が盛り上がった。

八月一七日、木曜。——天気はこのところわれわれにきわめて思いやりがある。苦情の言いようがない。気温はほぼ一定して大体マイナス三五度〔マイナス三七・二度C〕を保ち、風はほとんどなく、空は晴れて明るい。こういう天気では、正午の前後それぞれ三時間以上よく物が見え、風景が開け、空の色はいつも柔らかく、美しい。今日の正午には西部山地の峰々の頂、それからエレバス山の頂と噴気に、日光が明るく差した——エレバス山の噴気の雲は最近異常に多く、またとてつもない形になる。

気球揚げは毎日の行事になった。昨日は測器が大成功を得て回収されたが、今日は糸が探し手たちを氷山群の中へ誘い込み、それから氷山群の頂上の上へ舞い上がっていた——やがて向こう側でまた見付かり、テント島の方へ続き、次にイナクセシブル島へ向かい、それから氷山群のところへ戻っていた。こんなに捕らえにくかったのは初めてだ。探し手たちが、確かな手掛かりがレーザー・バック島の方にあるのを見付けたところで暗くなり、帰ってきたが、バワーズは見込み十分と考えている。

ひどいことにラッシーが自分の子を残らず殺してしまった。お産をしたのが今度が初めてで、あるいはそのせいかもしれない。かわいそうに小さい赤ん坊たちが生きている間はしょっちゅう置き去りにし、連れ戻すと踏みつけたり上に寝そべったりして、結局一匹もいなくなってしまった。甚だ不愉快。

昼の明かりが戻るにつれ、一同これまでより忙しくなった。こんなにいろいろと仕事が進むのを目にするのは気持ちがよい。

八月一八日、金曜。——昨夜はアトキンソンが「壊血病」の講義をした。彼は明瞭《めいりょう》にゆっくり話したが、彼の議論にはいくらか明確さが欠けていた。ただ、いまの場合は、病気の方が明確ではないのだから、やむをえないだろう。流布しているその歴史の要約と、海軍で長く用いられてきた治療法を話した。

症状も多少詳しく説明した。憂欝《ゆううつ》、衰弱、卒倒、紫斑《しはん》、鉛色の斑紋、歯茎がぶよぶよになること、機能障害、むくみ、その他もっとひどいものまで。次に学説のいくつかと、それらに基づいて試みられている治療法の話に移った。レーフが尿中の塩素とアルカリ度の減少を発見したことで、真実へ最も近付いた。アトキンソンの考えでは、アルムロス・ライト卿《きょう》が、近年ようやく可能になった方法で、血液中の酸度の増大——酸中毒——を発見したことで、真実を射当てたとのことだ。

この酸性状態は、二種の塩、炭酸水素ナトリウムと燐酸《りんさん》水素ナトリウムに起因する。これらが前述の症状を起こし、また諸器官に脂肪を浸透させ、ひいては心臓の働きを弱める。患者の血清を入手して検査する方法（滴定法、色度測定のように溶液中の物質の割合を測定する方法）、および正常あるいは異常の溶液のリトマス試験紙による検査が説明された。この検査では通常の健康な男子は平均三〇ないし五〇を示し、壊血病患者は平均九〇を示す。

ナトリウムの乳酸塩は血液のアルカリ度を増大させるが、それは小範囲に限られ、そして現在薦められている化学的治療薬はこれしかないと言う。

診断については右のようであるが、原因、予防、療法については、あまり前進がなかった。ほとんど進歩はなかったと言ってよい。しかし講師は実際面へ話を進めた。

簡単に言うと、彼の考えでは、第一の原因は汚染された食物だ。しかし副次的、補助的原因が病気を重くするうえでいっそう強力に働いているのかもしれないと言う。湿気、寒気、過労、汚れた空気、明かりの悪さなど、正常で健康な生活をするうえで異常な条件なら何でも。療法は条件を改善することしかない。食餌《しょくじ》上は新鮮な野菜が最良の治療法だ――講師は新鮮な肉については疑問視している。ただ極地の風土における可能性は認めた。ライム果汁はいつもきちんと飲まなければ効果がない。野菜類の相対的価値についてちょっと論じたが、例えばレンズ豆のように燐酸塩を多く含んでいるものの効力は疑わしいと言う。再び学理へ戻り、酸性の原因から細菌の作用へ話をつなげ――流行病の形で伝染する可能性に触れた。ウィルソンには「酸中毒」学説は明らかに受け入れにくいようで、彼の立場はどちらかと言えば「未確定」説だ。彼の発言は例によってきわめて手堅く、実地に即していた。そして極地域における新鮮な肉の価値を立証した。

壊血病は今回はわれわれから大いに遠ざかったようだ。とはいえディスカヴァリー号当時の経験からみて、この病気を寄せつけないようにするためには、どんなに大きな手間をかけても、どんなに小さな用心をしても、無駄ではなかろう。したがって昨夜費やした時間も立派に意義があったのだ。

ここではこの病気が出ないのは確実だが、来たる南旅行でも同じく確実にそれが避けられるかは予測を許さない。なし得るかぎり予防策を講じることだ。

午後テント島まで一走りし、頂上へ登った――一九〇三年以来だ。さらさらした砂が多いのに驚いた。南から北へ行くにつれ粒が細かくなっているようだった。頂上からの眺めはすばらしかった。氷河舌《ひょうがぜつ》の崩壊でできた裂け目が殊に目を引く。

島の頂上までの往復距離は七ないし八法定マイルで、こういう天気にそれだけ一走りするのは気持ちのよい運動だ。今日、島の上に立ち、山々や島々や氷河の壮麗な光景を前にして、私はノルウェー隊の所の眺めはこことはひどく違っているだろうと思った。背後はバリアの荒涼とした白一色の平原だろうし、目の前はなんの魅力もない海氷《かいひょう》の広がりだろう。陸標《りくひょう》がないから、明かりが衰えると頼るものがなく、小屋から出ても、ほんの近くまでしか行かないだろう。

　そういう場所の眺めは晴れやかな感じを与えない。

　好天が続いている――風のない日が今日で六日目だ。

　八月二〇日、日曜。――長らく来なかったブリザードが昨日やって来た――まさしく本式の吹き方だったが、地吹雪は風よりずっと早く止んだ。この風と気温の上昇（プラス二度〔マイナス一六・七度C〕まで）とで、氷面や雪面はどこも磨いたようにすべすべになった。二〜三日前にはアザラシ革の底をつけた柔らかいフィンスコーを履いてどこでも歩けたのに、今日は転ばないよう大いに用心しなければならなかった。かなり大きく削磨《さくま》があったのだと思う。

　今日は空が晴れた。しかし風は暖かくはあるが、まだ強い。北湾の磯《いそ》伝いに行って、氷河前面の、吹きだまり雪が詰まった断面の一つをよじ登り、氷河の上へ出た。険しくてつるつるしているが、こうすると岩地を通らずに、したがって柔らかい履物を傷めずに、斜堤《しゃてい》の上へ出られる。

　近辺の氷の問題は、戻ってくる明かりであらためて調べてみるにつれ、ますます興味を引き、そしてわからなくなってくる。一部は解決できるだろう。

　八月二一日、月曜。――昨夜身体測定。一同驚くほど変わらない。肺活量計と握力計に表われたところでは、肺機能と握力が向上したようだが、体重はほとんど変わっていない。私は冬のあいだに三ポンド近くふえた。しかしこれはここ一カ月のことで、前より余計に運動していたのだ。全般に健康状態は満足してよいことは確かだ。

　ポニーは次第に手に余るようになっている。今日これまでに運動させた四頭のうち三頭が逃げ出した――クリストファとスニペッツがオーツの手を振り切って逃げ、ヴィクターがバワーズから逃げた。元気余ってのことで、癖が悪いのではない。ただ、そりとかんじきのことでは面倒を起こすのではないかと思う。いまのところ陸軍さんはカラス麦を与えるのを控えている。そうしないと馬は全く手に負えなくなりそうなのだ。フスマがだんだん少なくなっていて、もっとあればと彼は思っている。

八月二二日、火曜。――氷河の問題の学習を再開している。家の東三〇〇ヤードにある氷壁の前面は謎《なぞ》だらけだ。

昨夜ポンティングがインド旅行について講義した。情報は案内書から得たと率直にことわったが、それでも彼は話が上手だし、スライドは見事だ。個人的な回想になると、さながら劇でも演じている感じになる――昨夜は彼は聖地ベナレス市の日の出の、真に迫った描写をして、たっぷり一同の胸を躍らせた。空がほんのり白みかける中で、祈りながら待つ沐浴《もくよく》者の群れ、不思議な儀式とそれが間断なく続く有様。そして日の出が近付くと水を打ったように静まり――幾千とも知れぬ信者が声一つ立てずに待つときの印象深さ――感動的な静けさ。ついに日光が差し始めると、幾万もの喉《のど》から「アムバー」の一声が発して、湧《わ》き上がるようにとどろく。水辺での背筋が寒くなるほど不気味なこの人間絵模様をたどっていると、ここに芸術が創造されているようだった。こういう印象派風の講義法はたいそう魅力があり、本質的に広く効果が及ぶに違いない。こうしてわれわれは、ジャイプル、ウダイプル、ダージリン、その他まごつくほど多くの土地へ案内された――数々の寺院、記念建造物、霊廟《れいびょう》、すばらしいタージ・マハルの優れた写真もあった――馬、象、ワニ、猪《いのしし》、フラミンゴ――戦士、行者、踊り子――あっちにも印象こっちにも印象。

この手法がどんなに魅力に富み得るかは覚えておく価値がある――講義するとき人はとかく話の場面場面をつなぐ継ぎ目に念を入れ過ぎるものだ。一つの講義は一つのつながった話でなくてよい。あるいはそうでない方がよいかもしれない。

昨夜は私の不寝番で、特異な始まり方でブリザードが近付くのを観察した。午前一時から四時のあいだに空がごくゆっくり曇った。二時半ごろ気温が急勾配でマイナス二〇度〔マイナス二九度C〕からマイナス三度〔マイナス一九・四度C〕へ上昇した。気圧計はこの地域としては珍しく急激に下がっていった。四時を過ぎるとまもなく、どっと風がやってきた。ただ雪も降らず地吹雪もなかった。しばらくはこの地域でも記録にないくらい突風性の吹き方をした。一度は時速四マイルから六八マイルまで強まり、そして一分もしないうちに二〇マイルまで落ちた。また一度は時速八〇マイルに達したが、この時は前ほど始まりは弱くなかった。小屋の中での様子は奇妙だった。いっとき静まり返ったと思うと、次には怒濤《どとう》のごとく襲いかかって、通風口や煙突をガラガラ、ゴーゴー鳴らして通る。その急激なこと、脅威的なことといったらなく、この建物の堅固な構造を思い出してやっと安心したほどだった。こういう突風の吸引力は絶大で、どっしり雪をかぶって完全に母屋の陰にある馬屋の屋根をすら激しく揺り動かした――クロージア岬へ行ったわが冒険家たちが、屋根が破壊されたときどんな苦境に立たされたかがわかる気がする。六時になると雪が降り始めて突風は弱まり、通常のブリザード現象になった。今日も強く吹いており、ちぎれ雲が風に飛び、地吹雪が固まりになってうろつき回っている。太陽が帰ってくる日にしては荒れた日になった。今日晴天だったら初めての太陽が見られたはずだ。昨日は西の山麓《さんろく》の低い丘に光が当たっていたのだが、今日は地吹雪の雲が金色に染まって見えるだけだ。それでも日光が大急ぎで近付いてくるのはすばらしい。

八月二三日、水曜。――昨夜、太陽の再来とヴィクター・キャンベルのためにシャンパンで乾杯した。キャンベルの誕生日がちょうど同じ日に当たったのだ。太陽はちらとも見えなかったので、その再来の有難みは実感できず、したがってシャンパンも全く賞味されずに終わった。甚だ静かな祝宴だった。一方、強風は続いている。昨夜、にわかに強まって、数時間は平均時速七〇マイル近かった。気温はプラス一〇度〔マイナス一二・二度C〕まで上がり、雪が激しく降った。今朝七時にはこれまでになく濃い地吹雪が空に渦巻いた。

珍しい好天続きのあとに来たあらしの猛烈さは、まるで好天の長さに釣り合っているような感じだ。

八月二四日、木曜。――また一夜一日、荒れ狂う風と地吹雪。そしてまだ終わる気配がない。気温はプラス一六度〔マイナス八・九度C〕にもなっている。時々雪が止み、そうすると地吹雪が急速に薄らぐが、それはしばらくで、やがてまた新たな雪の雲がやってくる。戸外はずいぶん暖かく、頭をむき出しにして歩き回ることができる――これでみると、人は事実ある程度は寒気に慣れて強くなるのだと思われてくる——イングランドで氷点下一六度〔マイナス一六度と同〕だったら、あらしの中で何もかぶらずにはいられないだろう。小屋に閉じこもるのが今日で三日目だ。退屈になってくるがどうしようもない。外へ出ても数ヤードより先は見えないのだから。

八月二五日、金曜。——強風は一晩じゅう続き、今朝も激しく吹いている。しかし空は晴れ、地吹雪は止み、エレバス山の周りにいくつかあるレンズ雲が天気回復のきざしを見せている。

昨夜、北の水平線上に真っ黒い雲が一つ低くかかっていた——前に冬の経験がなかったら、水空《みずそら》だと断言しただろう。しかし私はこの現象は遠のいて行く地吹雪の雲の影によるものだと考える。今朝は北の空は澄んでいる。したがって海峡で海氷が割れて開いているはずがない。

雪を伴う強風の時は、どんなに短時間でも外へ出ようとしたら、防風服に身を固めるのがよい——毛や布のままだと一～二分で粉末状の結晶がどっしり付着し、そうして小屋へ入ると、中の暖気でたちまちびしょびしょになる。地吹雪のない時は外套《がいとう》をひっかける方が早くて簡単だ。

私は着る物に感傷的な愛着はあまり抱かないが、長年使ってきた軍服の外套には確かに愛着がある。それはその耐久性から生じたものだ。数えるともう二三年使っており、それが激しい使用に耐えてきたことは証言できる。雨にも風にも、塩辛い海水のしぶきにも、熱帯の暑さにも極地の寒さにも、容赦なく使われた。金ピカの若年から緑青のふく老年に至るボタンを何組も付け替えながら生き延び、いま四本筋の肩章《けんしょう》を陽気に付けている様子は、昔たった一本金モールの腕章を付けて一介の中尉の持物であることを示していたころと変わらない。そしてまだまだ「一頭立て軽馬車」の定めまでには間がある。

昨夜テーラーが地文学講義の最終回をした。完全図解入りで、隊員の陰画、ポンティングのアルプスの作品、科学書から精選した挿し絵などから作ったスライドを使った。スライドの準備は講師自身にはもちろん、ポンティングにも大仕事だった。講義の内容は氷の浸食で、この地の山の形態および氷河の形状と、これまで大いに研究されてきた他の土地のそれらとの比較が、スライドによって容易にできた。著しい相違はこの地の氷河には下流の表面にモレーンがないこと、動きが比較的小さいこと、側面が急傾斜であること、その他……。いま比較された写真に共通するさまざまな特徴の相違と類似の関係を、写真の力を借りずに伝えるのは容易でない。ここでは、講師が注目を促した諸点は相当明瞭だったこと、そして講義はきわめて有益だったことを記して置けば足りよう。この地で顕著な好例が見られる「圏谷《けんこく》」あるいは「クーム」の起源はまだいくらかわからないところがある——前の時代の浸食を明らかにするような観察が必要だということも記して置こう。

テーラーが力演したあと、ポンティングがアルプスの風景のたいそう美しいスライドを見せてくれた——写真家の技術の極致ともいうべきものも少なからずあった。しめくくりに、ポンティングは小屋が講義室に変わっているところをフラッシュを焚《た》いて撮影した。多少手を入れなくてはなるまいが、現状では十分許されることだと思う。

オーツが私に話したところによると、ポニーの一頭「スニペツ」がブラバーを食いそうだと言う！　全くこういう動物は何を利用し始めるかわからない！

小屋の北側の、馬屋を建ててあるところの砂利が徐々ながら確実に沈下して、板張りの下に隙間《すきま》ができた。この隙間と小屋の床を伝って馬屋の臭気がかなり漏れてくる。風の強い時が殊にひどい。穴を埋めるようにしているが、まだあまり効果がない。

八月二六日、土曜。——昨日風が衰えて空が晴れ、今日はほぼ無風になった。正午の太陽は、ロイズ岬の方へ低く長々と伸びるエレバス山の裾《すそ》にさえぎられる。昨日の正午に斜堤《しゃてい》へ登ってみたが、やはりだめだった——早く姿を見るには海氷《かいひょう》の上へ出なければならない。エヴァンズがそこで昨日午後、沈む間際の上端を一目見ることができ、シンプソンは風見丘から同じところを見た。

ポニーは威勢がよすぎて運動させる時はてこずる。日光の再来を感じ取っているのは確かのようだ。昨日は午前と午後外へ出した。オーツとアントンがクリストファとスニペツを少し後れて連れ出した。二頭とも馬屋から五〇ヤードも行かないうちに二人を振り切って海氷の上へ駆け去った。連れ戻すのに一時間近くかかった。こういう逸走は元気のよい表われで、動物の癖が悪いのではない。

最近オーロラが比較的少ないが、昨夜は例外だった。午前三時に美しいのが見られた。

午後。——もうすぐ昼食という時、日光が海氷を金色に染めているのが見え、ポンティングと私が氷山群のところまで歩いて行った。いちばん手前の氷山はひっくり返ったもので、たやすく登れる。その頂上からバーン岬のごつごつした輪郭の上に太陽をはっきり見ることができた。再びまばゆい日光を浴びるのは実にすばらしかった。一度に若返った感じがして、二人で歌をうたったり、歓声をあげたりした――晴れて霜の降りたイングランドの朝を思い出した――あらゆるものがきらきら光り、空気の爽快《そうかい》さも同じだった。極地域で太陽が帰ってきた時のことはもう言い尽くされているが、それでも現実性の強い重要事件であって、黙ってやり過ごすことはできない。それはあらゆる個人の生活に対する見方を変え、悪天候も恐れなくする。今日はあらしでも、明日か明後日には晴れるのだ。そして一日遅ければ、それだけ晴れた時の光景が輝かしくなる。

午後、斜堤《しゃてい》へ登った。起伏する斜面をよじ登って行くと、人の叫び声や歌声、馬のいななきなどが耳に伝わってきた。

斜堤が台状の氷の上に乗っているモレーンであることに、いまでは一同かなり確信を持っている。

太陽は日照計に数分間当たったが、目に見える跡はしるさなかった。ディスカヴァリー号の時、最初の記録が得られたのは九月に入ってからだった。これほど大量の光にこれほどわずかしか熱が伴っていないのには驚かされる。

八月二七日、日曜。――本曇りの空と南東からの冷たい風。日曜の日課。誰もあまり活動しなかった。「領地」を越えて南湾まで一走りした。

八月二八日、月曜。――ポンティングとグランが昨夜遅く氷山群を一周してきた。帰途、二人は犬が一匹北の方から海氷の上を走ってくるのを見付けた。犬は二人に向かって駆け寄り、強烈な喜びを表わして、彼らの周りを跳ね回った。見るとそれは長いあいだ行方不明のジューリクだった。

肩の毛には血がこびりつき、アザラシの脂肪が強くにおった――胃袋は一杯だった。しかし背骨がごつごつ見えて、こういう状態は一時のことに過ぎなかったことを表わしていた。

昼の明かりで見ると、体調はよさそうで元気だ。そして家へ帰ったうれしさがありありと見える。

どんな冒険をしてきたのかはわれわれには皆目わからない。いなくなってからちょうどひと月だ――この長いあいだ一体どうしていたのだろうか。聞けるものなら何をしてでもその話が聞きたい気持ちだ。帰りたくないから帰って来なかったのだという説はあらゆる点で合わない——彼の以前の習慣からみても、帰ったときの喜びようからみても。帰ろうと思えば、近くだったらどこにいても迷わなかったはずだ。ミアズも言うように、基地の犬の吠え声は、無風のときは少なくとも七〜八マイルは届くのだし、そのうえどこにでも通り跡がついており、人にも動物にも導きになる間違いようのない陸標がある。私には道を断たれたのだと考えるほかない。ただそうすると割れた海氷に運び去られたのでなければならず、われわれの知るかぎり、開水面はどんなに近くても、一〇ないし一二マイル以内に近付いたことがないのだ。これがもう一つの謎だ。

先週の土曜日に気球を揚げた。糸は一マイル先で切れていた。バワーズとシンプソンが何マイルも測器を探し歩いたが、跡形も見えなかった。一つ出ている理論によると、気流間に強い差動がある場合、気球が一つの気流から次の気流へ移る時、無理がかかって糸が耐えられないのだと言う。これは驚くべきことで、何か新しい方式の採用を迫る。糸は断念し、測器を旗竿に取り付ける案がいま出ている。そうすれば落下した時、雪に刺さって立つだろうと言うのだ。

日光が小屋の窓へ差している——もう反対側の壁に当たっている。

前にも書いたが、珍しい円錐《えんすい》形がここの斜堤の風景の著しい特徴だ——高さは八フィートから二〇フィートで、形の崩れたのもあるが、完全な円錐形の輪郭をしているのもいくつかある。今日テーラーとグランが、つるはしとバールを持ち出し、小さめのを一つ掘り始めた。ぐさぐさの荒石をいくらか取りのけると、がっしりした岩、ケニヤ岩が出てきて、不規則な亀裂《きれつ》が二〜三本、露出面に走っていた。この亀裂を頼りに、苦労の末やっと小さめの破片を一つ二つ割り取ることができた。氷がありそうな気配はなかった。これは岩屑《がんせつ》円錐説には大きな助けとなる。

ドミトリーとクリソルドが今日、犬の小さいチームを二つ作ってロイズ岬へ出かけた。小屋の近くで犬の足跡を見付けたが、二人の考えではジューリクの付けたものではなかった。ドミトリーはジューリクの冒険の舞台は遥か西だろうと言う。ロイズ岬へ行くと誰も決まって絵入り新聞を持ち帰る。ニムロド号がこのまま来たとき置いて行ったものに違いない。表向きはロシア人隊員の娯楽用だと言っているが、実はみなも面白がって見ている。

八月二九日、火曜。——日照計の自記紙には昨日一時間半の焦げ跡が見られ、土曜にはごく弱い跡がついている。したがってすでに太陽は、たとえ測器にしか感じない程度にせよ、われわれに暖気をもたらしているのだ。

昨夜ミアズが、名目上はラサの属国である中央アジアの未開国ロロ地方の、内部や周辺での体験を一同に語った。写真はなく、ごく間に合わせの地図が数枚あるきりだったが、体験そのものの面白さに釣り込まれて、二時間近くのあいだ、一同われを忘れて聞き入った。ミアズの血には放浪者の気質が流れていて、未開の土地でなければ楽しく居られないのだ。こんな極端な例に出会ったのは初めてだ。いまも彼はここのわずかばかりの文明にもう飽きて、一人でハット・ポイントへ出かける機会が来るのを待ち受けている。

彼はなんであれ実地の出来事には天性の鋭い観察力を持っており、またそういう事にはずば抜けた記憶力を持っている。ただ科学の素養がないため、旅行者が見慣れない物に初めて出合ったとき陥りがちの過大な見方をする。例えば未知の野獣の足跡が差し渡し六インチあったと言われると、冷静に科学的測定をすれば半分くらいだったろうと思わざるを得ず、山や絶壁や滝などについても同じだ。しかしその点をたっぷり割り引いても、彼の話は異常に興味深かった。われわれに語った探検で、ミアズは仲間であり隊長でもあったブルックを失ったのだった。一行は先ず揚子江をさかのぼり、上海《しゃんはい》から漢口へ、それから宜昌《ぎしょう》へと、そこまでは汽船の旅だった——そこからは苦力《くーりー》の引く屋形船で、見事な渓谷を次々と通り抜け、一カ所では危険な急流もあって、重慶および成都まで進んだ。このあたりでは旅行者は、ここと決めた宿の主な三室を占めるのが例になっていて、宿賃は小銭一五〇だ。四ペニ弱——一ペニでみかんなら二〇個買える——苦力は一〇〇ポンドの荷をかついで一日に三〜四〇マイル歩く——塩は、竹でうがった深さ一マイル近い穴から得られる。穴を一つうがつのに二世代から三世代かかる。中国の国境町クワンチンとそこの住民や産物、中でもジャコウ鹿からとる薬用のジャコウ袋などの話もあった。またここの川には見事な古代の堰《せき》があり、その建設者をまつる社もある。二千年前「水路を掘れ、しかし土手は高くするな」と書いた人だ。われわれはさらに山道を案内されて、雪に埋もれた高い峠を越えたり、竹橋を渡ったりしながら、ワッスーへ着いた。木材の中心地で、そこから材木が大筏《いかだ》にして川を流され、中国人が乗って、数々の恐ろしい急流を下る。「たいがい無事に下り終えます」と講師は話した。

河（岷江《みんこう》）をさらにさかのぼると、古代からの土着種族である平和なチンミン人が住んでおり、その先にいよいよ未開の種族ロロ人がいる。一行は戦争準備中の一族長と当てにならぬ友好関係を結んだ。獣皮や武器の掛かった野蛮な広間で一行のために催された祝宴のことや、赤く染めた鹿皮から凶器がにょきにょき突き出たものを着込んだ男どものことや、野蛮な料理や野蛮な音楽のことなどをミアズは語った。それから、見たことがない動物の狩猟、中国ターキン、ジャイアント・パンダ、青い大角羊《おおつのひつじ》、金糸猴《きんしこう》。初めて見る果物や花、多数のほとんど未知の鳥の話など。

山岳の蛮族の間でしたその他いろいろの経験。白いラマ僧、黒いラマ僧、男根崇拝。不思議な先史時代の洞穴に古いテラコッタの像。類似のものは日本にしかなく、不思議な結びつきを示している。封建制度が円滑に行なわれて、どこよりも幸せそうな社会。ブルックと（一時）別行動。どの部族もたいへん友好的で、しきりに手を貸そうとするようだと日記にしるしたブルックが、その翌日殺害される――真相は知り難い――遺体を取り返したことなど。

この土地を離れようとしていた時、ネパール大使が到着する。北京《ぺきん》からの帰途で、大勢の護衛がつき、ラサを目指している。大使は半ば正気を失っている。ミアズが種々の言語を話せるので、大使一行から随行を懇願される。のっぴきならぬ事情で、一生にまたとない機会を見送る。

以上はミアズの物語のごく簡単なあらましで、実際は数々の付随的な事実がそれを飾っていた――例えばロロ族の緑蝋蝿《みどりろうばえ》の交易――この昆虫は何千人もの中国人が季節ごとに増殖して、それから取れる蝋を売って生計を立てているのだが、虫は一季節で全部死ぬ。季節の初めに市が立ち、そこへ未開高地のロロ族が無数の竹の小箱を運んでくる。その一つ一つの中に雌雄ひと番《つが》いが入っていて、そこまで育成するのがこの産業での彼らの役割だ。

ここに居るわれわれはみな冒険家だろうから、未開の土地での野性的行動は何よりも強く心に訴える。ひどく文明化したこの世界にも、まだ未開の隅々が残っているのを知るのは楽しい。

今日は明るく好い日和だった。今朝、気球を揚げた。糸を付けずに、前に書いた旗方式を用いた。気球はゆっくりながら確実に北へ向かい、バーン氷河の上に達した。呼吸ですぐ曇ってしまうので双眼鏡で追うのに苦労したが、導火線が燃え尽きて測器が離れるのが見えた。落ちたのは恐らく氷河の上で、回収は見込みがないのではないかと思う。そこでまた糸を用いることになった。しかし糸巻を気球につけて揚げるのだ。したがって気球の方からほどけて、糸が雪や岩の上へ落ちた時、擦れないだろう。

この上層の大気の調査は容易でないことが次第にわかってきたが、われわれはまだ負けてはいない。

八月三〇日、水曜。――明るい好天の日。今日揚げた気球の糸は、糸巻を入れた籠《かご》の具合がどこかまずく、気球がちょっと揚がったところで切れてしまった。幸い測器は北湾で見つかり、記録もついていた。

これは、二～三百フィートのあいだ一定して温度の逆転があり、それから次第に下降し、再び地上と同気温になるのが二千ないし三千フィートに達してからであることを示す五番目の記録である。この事実を立証できたので気球を揚げる苦労は大いに報われた。

八月三一日、木曜。――ウィルソンといっしょに領地内と斜堤《しゃてい》をひと回りした。最初わからなかったいくつかの問題がいまやかなりはっきりしてきた。斜堤は明らかに氷河の消えかかっている末端部にモレーンが乗ったものだ。下の氷は大量に露出している。ただこの氷は冬の吹きだまり雪が夏に融けた結果ではないかという疑いがある。この堆積物が氷の表層にまじって運ばれたものか、アルプスの氷河の場合のように、下層の氷から押し上げられたものかについては、二人は少し見解を異にする。明らかに氷河は比較的急速に後退中で、そのことから小屋周辺のさまざまな厚板状の氷塊を氷河の残りと説明できそうだが、二つの氷の穴の両方で、下層からペンギンの羽が発見されたと言う、困った事実があって、右の命題の前に立ちはだかっている。堆積物が上下に移動するとすれば、いくつかの湖での干上がりと、別のいくつかでの台地形成とが説明でき、また地表の不思議な溝は明らかに下の氷の割れ目のためだと言える。斜堤にある奇妙な円錐は集塊岩の大きな固まりが風化した結果に過ぎないということに、いまやわれわれはすっかり確信ができた。風化の結果としてはそれらは無類の形をしている。われわれのすぐ周りで少し高くなっている所はどこでも幅広い道路のような断層が走っている点については、われわれはまだ満足のゆく説明ができない。溶岩の流れが均等に風化しなかったのが原因に違いないが、その過程を想像するのが難しい。この岬の溶岩の傾斜はイナクセシブル島の溶岩の傾斜と符合し、噴火の中心が南の方であってエレバス山の方でないことを示している。この点は地質学者の熟考材料だ。

　水曜の夜に北北西から相当強い風が吹き、それが昼のうちに落ちて静穏になり、われわれが散歩から引き返し始めたころ、南東から雪まじりで吹き始めた。われわれが小屋に着いた時には完全にブリザードになっていた。

第一四章
準備・春旅行

九月一日、金曜。――風の激しい夜だったが、朝には止み間が多くなり、その後、凪《な》いでうららかな明るい日になった。九月も八月程度なら、ぐちを言うこともないだろう。ミアズとドミトリーが正午直前にハット・ポイントへ出発した。犬は元気一杯だった。ドミトリーのチームは氷丘《ひょうきゅう》状のタイド・クラックを全速で乗り越え、御者を雪の上に置き去りにした。幸いわれわれ数人が海氷《かいひょう》へ出ていた。走り抜けるそりのへさき目がけて私が駆け寄り、首尾よく飛び乗った。アトキンソンも飛びついてきたが落っこちて、氷の上を面白そうに引きずられた。重みで速度が落ち、数人が追い付いて犬を止めた。ドミトリーはしょげかえっていた。彼は甚だ機敏で、これまで振り落とされたことがなかったのだ。

ミアズが出発すべき理由は本当はまだ当分なかったのだが、自分から出かけることに決めたもので、多分、犬を別にして扱う方が訓練が行き届くと考えたのだろう。こうなると夏の戦役のための前衛を送り出したような格好になった。

私はバワーズの有能な援助を受けながら、そり引き旅行の計算を懸命にやっている。計画はこれらの計算に照らして出来上がっていくわけで、われわれの編成には見落としが生じはしまいと思うが、こまごましたことが数かぎりなくあり、それに雪上車が完全に成功の場合と全然失敗の場合という両極端に備えて、どの一つの手配も通常の場合より融通がきくようにして置かなければならない。

われわれの計画なら雪上車なしでも成功できると思う。（ただしその場合には他は一点たりともしくじってはならない。）そして雪上車から得られる助力は余さず活用するつもりだ。春旅行は小規模なものになる予定だ。E・エヴァンズとグランとフォードが出かけて「コーナー野営地」を見付け、目印を付け直す。次にミアズが犬を使って、まぐさをできるだけ多く運ぶ。シンプソンとバワーズと私は足ならしに西部山地まで行ってくる。あとの者はポニーを運動させるため、やむをえず居残らなければならない。食べ物をふやされて、跳ね回りがちになっている動物をおとなしくさせるのは楽な仕事ではなさそうだ。今日、受持を変更した。新しい割当では、

ウィルソンがノビーを担当、

チェリー‐ギャラードがマイケルを担当、

ライトがチャイナマンを担当、

アトキンソンがエヒウを担当。

新たな担当者たちはよいのが当たったわけでは決してないのに、それぞれの動物にしごく満足している。

九月三日、日曜。――天気は依然よく、気温はマイナス三〇度台〔マイナス三四・四～三九・九度C〕へ下がっている。万事順調に運んでおり、全員元気一杯だ。昨夜バワーズが極地の服装について講義した。彼はその題目をわが極地文庫を頼りに、批判とユーモアの才を働かせてまとめ上げた。それに、彼は先の旅行以来まちがいなく、自説の権威を主張する資格があると見なされているのだ。われわれの服装の問題は特殊でもあり、たびたび討議もしたから、さしあたり特に注目する必要はないのだが、北極での先例の新たな研究の結果から、われわれの装備がこれまでこの種の目的のために工夫されたもののうち最良であることがますます明らかになっていくのは喜ばしい。ただいつもながら、春の旅行には毛皮がよいかもしれないという点は残る。しかしそれはいまのわれわれには採用のしようがないものだ。そして最良とは言っても、われわれは小さな改良は随時加えている。

九月一〇日、日曜。――まる一週間日記をつけなかった。義務をひどく怠ったような感じがするが、南旅行の細部計画作成にかかりきっていたのだ。うれしいことにそれはつ

いに出来上がった。どの数字もバワーズが点検してくれた。彼のおかげで実に助かった。雪上車が成功ならば氷河まで行くのになんの困難もなかろう。また雪上車が不成功でも、通常の程度の幸運に恵まれれば、そこまで行けるだろう。そこから先へ四人単位で三班の人員を前進させるのには少なからぬ準備が要る。しかしちゃんと準備さえすれば、よほどのことがないかぎり目的は達せられるはずだ。私は普通に予想できる程度の不運はすべて考慮に入れ、それに対応できる班編制にするよう努めた。楽観的に過ぎやしないかという気もするが、それでもあらゆる点から考えて成功の望みは十分あると思う。動物は元気一杯だ。ポニーは運動量がふえるにつれ、日ごとに体調がよくなり、硬い飼料で筋肉が強健になるにつれ、力も強くなってくる。昨年こちらへ連れてきたころとは見違えるばかりで、あとひと月鍛えれば、どの一頭もわれわれが引かせようと思っているだけの荷は苦にしなくなるだろう。しかし一〇頭のうち一頭でも欠けてはならないから、仕事を終えないうちに一頭でも二頭でも使用不能になりはしまいかと、いつも心配していなくてはならない。

E・R・エヴァンズとフォードとグランが土曜日早くコーナー野営地へ出発した。そこがたやすく見つかるよう祈る。ミアズとドミトリーが同日午後ハット・ポイントから帰った——犬は驚くほど元気で強くなっている。しかしミアズの報告では、そのあたりにはアザラシが一頭も上がっていないそうで、ミアズはアザラシのペミカンを作ろうと考えて行ったので、そこにいてもしかたがなくなったのだ。彼には割当の仕事をできるだけ簡単に指示しただけで、好きなように行き来してよいことにしてある。一〇月末までにコーナー野営地へ馬糧一四袋（各一三〇ポンド）を運び、そしてポニー班のすぐあとから支援作業に出られるようにしていてもらいたいと思っている——彼の元気な犬のチームにとっては楽な仕事だ。未来の有望を示すししはいろいろあるが、殊に著しいのは隊員の健康と士気だ。これほど活気に満ちた集団は想像できないくらいで、南へ進むために選ばれた一二人の真に立派な男たちには一つの弱点も見えない。いまや全員経験豊富なそり引き旅行者になっており、こういう環境では例のないような友愛の絆《きずな》で結ばれている。この人々、殊にバワーズとエヴァンズ兵曹のおかげで、装備は小さな部分一つまで細心の注意を払ってととのえられ、経験の教えるとおりのものになっている。

計画の詳細を何度見直しても不備はなく、支障の心配のないところまで漕《こ》ぎ着けられたのはうれしい。

雪上車は当てにしていない――その点はわれわれの強みだ――しかし雪上車がうまく働けば、第一段階の仕事である氷河到達はごく容易になる。そういう助力は別として、この機械がある程度成功し、製作にかけた時間と費用と配慮とが無駄にならないでほしいと思う。雪上車が荷を引く可能性は私はまだ大いに信じているが、一方現在のように開発途中で実績がない状態では頼りにはできないこともわきまえている――そして幸い私の考えが隊の中でいちばん慎重なのだ。デイは遠くまで行けるものと信じており、私が割り当てたよりもずっと重い荷を受け持つつもりでいる。ラッシリーの考えはそれほどではないようだ。しかし大体は望みをかけている。クリソルドが加わって雪上車班は四人になる予定だ。機械についてのクリソルドの有能ぶりはすでに書いた。雪上車について彼はたっぷり経験を積んでいて、デイはクリソルドの助力が得られるのを喜んでいる。

先週講義が二つあった――初めのはデベナムの一般地質学で、この地域の地質構造と関連させながら話した。私は片麻岩性の基盤岩、ビーコン砂岩、および粗粒玄武岩の貫《かん》入《にゅう》について、いろいろとはっきりさせることができた。南の陸地まで行けば、かなりよい野外観察ができる立場になれると思う。

科学者たちは講義を面白くするのに熱心になり、われわれ自身の撮った写真や本や講師の描いた図などを元に作ったスライドを使って講義する習慣ができた。この習慣で主題の面白さは増すが、一方、報告者の特色は薄れる。二番目の講義はポンティングがした。彼の写真は種切れということがないようで、冬のあいだのわれわれの楽しみの一大源泉になっている。彼の講義は誰からも喜ばれ、全員聴講する。今回は中国北部の長城やその他の巨大な記念物の写真を見せてくれた。ポンティングはいつも旅行する国の住民の風俗習慣をつぶさに観察するのに成功している。金曜日には中国の農場や産業、鷹狩《たかがり》その他の野外の遊びについて話し、中で殊に珍しかったのは、鳩《はと》の尾羽に風で鳴る笛をつけて飛ばすという愉快な遊びのことだった。

ポンティングは講義をするだけでもわれわれの隊の一大資産になったろうが、出来事の記録写真家としての価値も日に日に明らかになっている。これまでの探検でこれほど広範囲に映像化された例はなく、あとで一つだけ難問になりそうなのは、彼のカメラが記録した題材があまりに多過ぎて選択に困るという点だ――それでいて一つとしてぞんざいに扱われた題材はない。最初の一枚で合格の出来上がりになることはめったになく、場合によっては五枚から六枚の種板《たねいた》が露出されるまでは、目の高いこの美術家の意に適《かな》うものができないこともある。

　こういう仕事ぶりはここで働く者全部に共通することで、そうでなかったらポンティングは恐らくいちだんと目立っただろう。じっとしていられぬ気持ちが一同を努力へとせき立てるらしく、いまや一人残らずそれぞれ担当の分野で好成績をあげるべく全力を傾けている。

　何もかもまことに申し分ない状況だ。南旅行が成就した暁には、わが探検隊が、極地域へ足を踏み入れた探検隊のうち最重要の一つに数えられるのは確実で、たとえ極点到達が人に先んじられたとしても、それには変わりなかろう。

　金曜日にチェリー－ギャラードが『南極タイムズ』第二号を発行した――全体として第一号よりもよくなっている。論説はチェリーが汗水流して書いたもので、苦心のあとが見える――他はもっと軽い調子の文章だ。またしてもテーラーが最も重要な寄稿家になっているが、今度のはやや長過ぎるきらいがある。ネルソンが滑稽み豊かな小品を出した。挿し絵はまことに楽しく、ウィルソンの技の頂点をゆく出来映えだ。滑稽《こっけい》みは当然この地だけにしか通用しない種類のものだ。しかし結局一般向きの雑誌の形としては、それよりないのだと思われる。

　天気は最近よくない。もっとも、運動などを妨げるほど悪くはない。

　九月一四日、木曜。――また空白ができた。南旅行計画の仕上げと、撮影を教わるのと、西部小旅行の準備に忙殺されていたのだ。昨日「南旅行計画」について詳しい説明をした。全員熱中して聞き、計画はわれわれの持てるものを最高に活《い》かすよう計算されていると一同感じたようだ。種々の部門についてみなもずいぶん考えてくれていたのだが、修正の提案は出なかった。計画は全面的に信頼を得たようで、あとは実行するばかりだ。

　今季最後の講義が行なわれた。月曜にはネルソンが生物学の諸問題を興味深く要約して話し、形態の進化発達を、最も単純な単細胞動物にさかのぼってあとづけた。

　今夜はライトが、キャベンディシ研究所から出た最新の考え方を頼りに「物質の構造」に取り組んだ。これは手ごわい主題だったが、それでも大物理学者たちの研究の傾向や目指している目標や用いる方法などについて、概念が得られた。ライトは物質を速度として説明する考えのようだ。シンプソンは重力が説明されない事実を強調して、J・J・トムソンに賛成の立場をとる。

　講義は本当によい楽しみだった。そしてこれで終わりになるのは、立派な理由があるからいいようなものの、そうでなかったら惜しまれただろう。

　南旅行ではぜひこれまでよりもよい写真を残したい――ポンティングが先生だから、たやすくできるはずだ。ポンティングは自分のばかりでなく、他人のも好結果が得られるよう、どんな骨折りも厭《いと》わない覚悟だ――人柄のよさがそのまま表われている。

　今日カラーのフィルターを試してみた――これで格段に能力が増進する。

　明日バワーズ、シンプソン、エヴァンズ兵曹、それと私が、西へ出発する。フェラー氷河をもう一度見たり、昨年ライトが立てた杭《くい》を計測したり、そり引きの感覚を新鮮にしたり（細部のこつはすぐ忘れてしまうものだ）、それから最後に、写真の技術を試したりしたい。出かける期間と正確な行先は決めてない。そういうあいまいな予定にはそれなりに魅力がある。

　この一週間は天気がよかった。ただ気温は低く二〇度台〔マイナス二九～三四度C〕が続き、今日はマイナス三五度〔マイナス三七・二度C〕へ下がった。これでは寒波に襲われるかもしれない。

　一〇月一日、日曜。――殊のほか愉快で有益だった春の小旅行から木曜に帰った。［九月一五日から］一三日ぶりだ。行進日一〇日で、そり距離計で一五二地理マイル［一七五法定マイル］走破した。バター・ポイントまでは［二八・五地理マイル］二日半かかった。西部班の物資の一部も運び、一人当たり一八〇ポンドの荷を引いた。万事たいそう具合よかった。二重テントは甚だ調法だ。一六日、午後四時までは実にすばらしい日和で、その後冷たい南風になった。一同あちこち凍傷にやられた。路面はまあまあだった。固まらない雪の堆積《たいせき》が数多く散在していてそりが止められた。海峡のこちら側はずいぶん雪が多いようだ。疑問、風が少ないこと。

バワーズが野営作業を全部引き受けると言ってきかない。全く驚異だ。これほどのそり引き旅行者には出会ったことがない。

サスツルギはずっと海峡の対岸まで横なりの方向にあり、主なのが南微東で、もう一つが東南東だが、サスツルギはここでの大きな研究題目になる。堅い雪が長い波形の筋をなし、それより軽い波の線がこれに交差している。矢《や》筈《はず》模様のようだ。

西部班用の荷物を下ろしたあと、フェラー氷河を登って進んだ。左手に珍しい低い氷脚《ひょうきゃく》。タイド・クラックなし。海氷《かいひょう》にはごく薄く雪がかぶっている。一同次第に体調が向上して愉快。バワーズ何事にも完璧に調法。エヴァンズもほぼ同様。シンプソンはどんどん上達。野営生活は私にはよく合うが、夜中に外へ出るのが困る！　昨夜など三回だ。一日じゅう逆風の行進で、鼻当てと顔当てを試みた。

一九日に大聖堂岩へ着いた。ここでライトが氷河に横なりに立てた杭が見つかり、一九日の残りと二〇日一日かけてそれらの位置を正確に作図した。（氷河を吹き下ろすたいへん冷たい風が強まっていた。これを物ともせずバワーズが経緯儀に取り組んだ。まことに驚くべき男だ。こんなに長時間指をむき出しにしていられる男を見たことがない。私の指は出すたびにほんのしばらくで利かなくなった。）移動があったことがわかり、ざっと計って三〇フィートほどだった。（古いフェラー氷河は思ったより動きがある。）作図してみると移動は杭により二四フィートから三二フィートにわたってさまざまであることがわかる――これが七カ月半の動きだ。きわめて重要な観測で、沿岸氷河の動きについては最初のものだ。私の予想を上回る大きさだが、この程度ではまだ比較的停滞しているという見方は正しい。バワーズと私は氷河で乾板とフィルムを露出してみた。首尾は上々で、南旅行でのカメラの使用が有望になった。

二一日には氷河を下り、ふもとの北端で野営した。（海峡はあらしになっているようだった。エレバス山の上に積雲、それとレンズ雲。リスター山の上も時々ひどく荒れるようで、峰々から地吹雪。しかしわれわれの幸福の谷は喜色に満ちている。明らかにここはたいへん恵まれた地点だ。）ここを発《た》ったあと海岸をのろのろと数日間進み、ニュー・ハーバーへちょっと下りて、モレーンを登ったり、測量をしたり、岩石の標本を集めたりした。バーナッキー岬では原位置にある純粋な石英がかなり多く見付かり、中に銅鉱脈がまじっていた。私が採取した標本には銅の大きな固まりが二つ三つ入っていた。これは採掘の可能性を思わせる金属が見つかった最初だ。

　次の日、長々とした低い氷壁が見えてきて、初めはそれを陸から海へ向かって伸びる長い氷河舌《ひょうがぜつ》だと考えた。近付くとその上に黒い点が一つ見えた。ふと、それは氷河舌が陸から離れたものだとわかり、どこか見覚えがあると思いながらその方へ進んだ。さらに近付くと、以前のエレバス氷河舌に似ているようで、そしてついに上に旗が見え、とたんに、これは以前のエレバス氷河舌から割れて出たものだろうと悟った。果たしてそのとおりだった。外側の一端にテントを張ったあと登って行くと、やがて秋にキャンベルが作った馬糧貯蔵所と、ポニーを通すために立てた杭の列が見つかった。三月に氷河舌から割れて出た巨大な破片がここにしっかり錨《いかり》をおろしていたのだ。長さが二マイルほどもある巨大なもので、それが半回転して以前の西端がいまは東向きになっていた。割れ目がたくさんあるのに、その大氷塊がそっくり元のまま海を渡り切ったとは実に驚く。

　小屋〔冬営宿舎〕をこの氷河舌の上に建てる案が出たことが一時あった。そうしていたらどんなにはらはらする航海をしたか知れない。エヴァンズ岬の南五マイルにあったその氷河舌が、いまはそこから西北西四〇マイルのところにあるのだ。

　この氷河舌からわれわれはさらに北へ進んだ。二四日に、霧になる直前にダンロプ島へ着き、そこから折れる海岸線を北へ向かって望見した。

　ダンロプ島が海面下にあったことは疑問の余地がない。形の整った段丘の浜が見られ、水による摩滅で丸まった石がその上に一面にあった。島の高さは六五フィートある。この島を見てからは、沿岸で同様の段丘構造を見つけ出すのは易しかった。一カ所では海抜一〇〇フィートを越す高さのところに水で摩滅した石があった。こういう石はほぼ全部漂移性のもので、通常の浜の石と違い、埋まっている下面が元のまま角張っている。

　フェラー氷河やニュー・ハーバーの地域と異なり、バーナッキー岬から北の海岸は入江が次々と弧を描いて続き、低い氷壁がそれらを縁取っている。出鼻のところや、またあちこち不規則に、片麻岩の基盤岩とモレーンの一部が露出して、地質標本を求めて来た者には興味深い場所を次々と提供している。この縁取りの背後にはゆるやかに起伏する雪の高原が長々と延び、丸く低まりながら海岸に達している。またその背後には山脈が次々に続き、それらの間は深く切れ込んだ谷になっている。われわれが行った地点から見たかぎりでは、これらの谷はフェラー氷河の起点から登れる山頂の一帯を中心に、放射状に広がっているようだ。

海岸に近付くにつれ、手前にある雪の「テーブル掛け」が内陸の峰々を次第に隠し、かなりの距離からでも内陸の谷は見えにくくなる。氷帽《ひょうぼう》を越えてこれらの谷を探検するのが西部班の一つの目的だ。

春旅行がこんなに快適であり得ようとは、ついぞ考えなかった。

二四日の午後帰途につき、一一マイル近く走破して、水《ひょう》河舌《がぜつ》の内側に野営した。二五日の正午過ぎに、エヴァンズ岬へ直進する方向をとり、夕方、海峡の中へたっぷり出て野営した。バワーズは昼食野営地から方位を計り、私は展望写真を撮ったが、これはかなり露出過剰だった。

二六日には激しいブリザードに襲われ、二・五マイルしか進めなかった。逆風を衝《つ》いて進んだのだが、ブリザードに逆らって行進を試みたのは私には初めてだった。それは十分可能だった。ただ風の抵抗のため進みはきわめてのろかった。二マイル進んだあと、野営することにした。テントを張るのが大仕事だったが、なんとかやり遂げ、吹きすさぶ風の助けで、物はすべて雪を払って中へ入れることができた。

注意を働かせ、また燃料を余分に使って、これまでになく少ししか雪を積もらせずに、ブリザードの雪の濃いあいだをうまく切り抜けた。こんなふうにどこへ行っても多方面の経験が助けになる。二七日も終日激しく吹き続き、二八日は今度の旅行中最も不快な日となった。一同、刺すような寒風に向かって出発した。この風は次第に強さを加えたが、われわれは時々立ち止まっては、凍えた顔の感覚を取り戻しながら強情に進んだ。二時になってようやく昼食野営に格好の場所が氷丘《ひょうきゅう》脈の陰に見つかった。長引いた行進の苦労はシンプソンにはこたえたようだ。一時は顔じゅう凍傷になっていた――いまもまだ水ぶくれだらけだ。テントの中に座っているうちに地吹雪になってきて、われわれはまたしても動けなくなった。三時に地吹雪が止み、行進を再開したが、風はあいかわらずひどかった。やがてエレバス山の南尾根に黄色く毛羽立つ不吉なものが見えてきて、またしても雪あらしが近づいているのがわかった。われわれをよけて行ってくれればよいがと愚かな希望を抱きながらなおも進んで行くと、イナクセシブル島がいきなり消えてしまった。われわれは野営地を求めて急いだ。しかしブリザードはもう襲いかかってきた。吹きつける雪の中では内テントを張るのは不可能なので、やむなく外した。外テントを立てるのは時間のかかる作業だったが、エヴァンズ兵曹とバワーズのおかげでどうやら仕上がった。一同、指の凍傷を覚悟で力のかぎりしがみつくようにしてテントを押さえ、少しずつ固定していったのだ。そしてこのときの事情を考えれば、でたらめに手間どったとは言えない。われわれはココアを飲んで待った。午後九時に地吹雪が止み、テントが深く雪に埋もれていたので、風を冒しても進むことにした。

　午前一時一五分に帰着。へとへとだった。風は片時もゆるまず、温度計はほぼマイナス一六度〔マイナス二六・七度C〕を続けた。この日の二一法定マイルは最強行軍の一例として私の記憶に残るに違いない。

　最後の数日を除けば旅はかなり快適だったと言えて、そんなことが春の旅行にあろうとは私は考えていなかった。気温も特に高かったわけでなく、フェラー氷河の入口ではマイナス四〇度〔マイナス四〇度C〕だったし、全体を通じてマイナス一五度〔マイナス二六・一度C〕からマイナス四〇度の間だった。これはもちろんバリアよりかなり高いだろう。それでも大して快適を期待できる温度ではない。そういう状況を改善するには経験に頼らねばならない。燃料は夏の規定量より三分ノ一多く使った。それと二重テントのおかげで、朝食と夕食のあと心地よい時間が得られ、靴下その他を乾かして気持ちよく身につけることができた。テントを張り終えると真っ先に履物を履き替え、こうして足を一晩じゅうほかほかと温かくしていることができた。寝袋はほぼいつもそりの上に開いたままにして運んだ。日光の効果がそれほどあるようには見えなかったが、私にはこの工夫はどんな寒い天気でも大いに利益があると思われる――こうすると寝袋は日中巻いて置くよりも遥かに湿気を持たないのは確かだ。内テントには多量の氷が付き、それを防ぐ手軽な方法が見付からない。

今度の旅のおかげでグラニット・ハーバーへ行く最良のルートを地質班に教えてやることができる。それは海岸伝いに行く道で、その主なところには座礁した氷山が連なり、それによって海氷が少しも圧力を受けずに保護されている。これらの氷山の外側には、この冬できた氷が少なからず密集しており、それに古い流氷片の最後の残りが加わって、時には出鼻まで達している。旅の帰途わかったのだが、ここを突っ切って進むのは困難だ。この帯状部の先でいくつか乱氷帯を渡った。季節遅くに何回かにわたって凍った氷が強く密集しているのだ。どれも、氷が一般に海岸沿いに密集する傾向があることを示している。

小旅行の目的は十分達せられた。しかし私にとって何よりもうれしいのは、南旅行にバワーズやエヴァンズ兵曹のような男たちがいるのが実感できたことだ。これほど頑健な男たち、これほど優れたそり旅行者たちが引き手になった例はかつてなかろう。小柄なバワーズは驚異だ。クロージア岬班がこれよりずっと厳しい体験をしたとき、彼が一行のためにどんなに尽くしたに違いないかがよくわかった。

われわれの帰着が夜遅かったにもかかわらず、全員すぐに起き出し、私は直ちに留守中の様子を知ることができた。E・R・エヴァンズ、グラン、およびフォードは、われわれが出発した翌日にコーナー野営地への旅から帰った。六夜の旅だった。四夜はバリアの上でたいへん厳しい条件の中で過ごした――一夜は最低マイナス七三度〔マイナス五八・三度C〕を記録した。

コーナー野営地がはっきり見えたそうでうれしい。それに昨年のポニーの塀が、一カ所といわず見られたそうだ。これで一トン野営地が見付かる見込みについて何ら心配がなくなった。

この旅でフォードが片手に重い凍傷を負った。注意が足りなかった証拠で、気になる。そのうえ指の一本は先が落ちる恐れがあり、もしそうなるか、あるいは手の治りが遅いと、フォードは西部班に加われなくなる。そして代わりの人員がない。

E・R・エヴァンズはとても元気そうだ。グランも同じだ。

ポニーは至って好調のようで、報告によると、どれもみなたいへん威勢がいいそうだ。

一〇月三日、水曜。――悪天候が続いた。われわれが帰った翌日の金曜はまばゆい上天気だった――一二月といってもよい日和で、未経験の人が訪ねて来たら、どうしてわれわれが南へ出発しないのか不思議がったかもしれない。土曜がその理由の一端を示した。冷たくわびしく風が吹いた。日曜には一段と悪化して、濃い雪まじりになり、月曜も一日じゅう雪が降りしきり、吹き飛んでいた。小屋はこれまでにないほど吹きだまりに埋まり、箱その他を積んだ裏手はどこもうずたかい雪になり、人の歩く道はどこも一フィート高くなった。しかしこんな中でも岩地ではむしろ雪が少なくなっている。これは融けたためで、いまではずいぶん融けるのだ。ウィルソンの話では、一七日に融解の最初の徴候が見られたと言う。

天気は昨日徐々に回復し、今日は再び晴れて暖かくなった。八日間で晴天一日というのが今朝までの記録だ。

Ｅ・Ｒ・エヴァンズ、デベナム、およびグランが金曜の朝、タークス・ヘッドへ出かけた。エヴァンズは測地、デベナムは地質調査だ。彼らはテントに閉じ込められることが多かったが、なんとか少しは仕事をした。グランが昨夜物資の補給をしに戻り、今朝また出かけて行った。テーラーが日帰りの予定でついて行った。デベナムがさっき食糧を取りに来た。彼はタークス・ヘッドの溶岩に巨大な鏡肌《かがみはだ》の断層を発見して大喜びしている。火山岩には異例のことらしく、岩石が相当の年代を経ているあかしとなるものだ。彼はどっさり写真を撮り、自分がした地質学上の観察のすべてに大いに気をよくしている。エレバス山とは別に、そしてことによるとエレバス山の隆起が始まる前に、火山性造山運動があったことを表わす証拠を彼はたくさん見付けている。

ミアズがハット・ポイントへ行ってから一週間以上になる。今度はアザラシがたくさんいるようだ。金曜にドミトリーが手紙を持って帰り、日曜にまた出かけて行った。頼もしい若者で、なかなか利発だ。

ポンティングは見事な映画を作っている。私が写真に首を突っ込んだので彼との関係が密になったのだが、つくづく彼は好人物だと思う。どんな骨折りも厭わず人を手助けしたり教えたりする一方、自分の仕事に対する熱意にも際限がない。

その成果はすばらしく、彼が予定を全部実施できれば、探検事業にかつて類を見ない映画と写真の記録が得られることになる。

今日一つ重大事を知った。エヒウがまだ弱くて荷が引けないというアトキンソンの話だ。このポニーは船にいたときから悪く、船から岸まで泳いだあと、死んだも同然になったのだった――キャンベルが返した中の一頭だ。冬のあいだによくなってきて、見た目の回復ぶりにオーツも驚いていたのだ。元気そうでもあるし、食べ物もよく食う。ただ他の馬に比べると。体のつくりがたいそうひょろひょろしている。私も長持ちするとは思っていなかったが、出発当初から働けないとなると打撃だ。ポニーのことではこれからいろいろ面倒が起こるのではないかと心配だ。

オーツはクリストファに手を焼いている。日曜には引き具をつけるのをいやがったし、また今日は逃げ出して氷盤《ひょうばん》の上へ走り去った。

そういうときオーツは勇ましくもてくてく追いかけて行き、馬屋へあと二～三百ヤードほどまで追い返し、そして注意深く近づく。馬は一～二分彼を見ていて、また氷盤へ駆け去ってしまう。クリストファが、そして実際彼等両方ともだが、この競技に飽きると、馬屋の戸口へ来て泰然と立ち止まる。まだ時刻が遅過ぎなければ彼をそりにつけるが、そうするにも前脚を一本しばってからでないとできない。引き具をつけ、三本脚で二歩三歩ぴょんぴょんやらせたあと、四本目の脚も使えるようにしてやる。この馬は厄介の種になりそうだ。しかし力の強いポニーだから大いに役立つはずだ。

デイはますます雪上車に期待をかけている。器用な男で、ミアズからオークの角材をもらい、シンプソンの小型モーターを旋盤代わりにして、ローラーをいくつか新たに作った。もしかすると雪上車に窮状を救われることになるかもしれない。私は船や基地やそり旅行隊に対する今度の季節の訓令を作成したり手配をしたりするのに忙しく過ごしている。まだしなければならない仕事がたくさんあり、書かなければならないこともたくさんある。あり過ぎるほどである。

光陰矢のごとしで、太陽は着々と高くなる。いまでは朝食、昼食、夕食、どれも昼の明かりの中でしており、夜ももう暗くない。

巻末の覚え書

「それから彼らは彼ら一流の頑固さで、どんな天気にもどんどん旅を続けるのが自分たちの務めだと結論を下す。……」――『天路歴程』

「夕暮時、経帷子に覆われた地の上に亡霊のように立つ低い灰色の霧を手につかんだ者があるだろうか。」

誠実の拙い攻撃!!

「人間とは何者でどこにいるのか
心は当惑して気づかわしげに尋ねる
宇宙の無謀の中
世界と世界とがこうして混ざり合う時
この微小な生き物は何を持つのか
自然の無限の中で。」

F・T・ポールグレーヴ。

特殊な（文学上の）名声を夢み、それを手段に世界の貴顕の仲間入りを夢みる者にとっては、己れの価値が認められている狭い社会から抜け出て、その社会の外では、己れの業績のすべて、己れの目指すものすべてが、どれほど無意味であるかを思い知らされることはよい教訓となる――厳しい教訓ではあろうが。

技や腕力の不足で挫折しても、熱意の不足では決して挫折すまいと、魂の奥底の薄暗がりの中で彼は誓った。

「人と人とのあいだの絆で永続性のあるものは、すべていくらか競争の要素に基づいているか、それによって強められている。」
――R・L・スティーヴンソン。

「自然の話題はすべて見せびらかしのお祭りである。」――R・L・スティーヴンソン。

「風景について二分と続けて話す人はかつてなかった。そのことは私に文学には風景のことが多過ぎるのではないかと思わせる。天気は話題のうち最低のもの、物笑いと見なされている。」
――R・L・スティーヴンソン。

第一五章

エヴァンズ岬での最後の数週間

一〇月六日、金曜。――気温が上がって小屋の中の氷がわずかながら融けてきた。滴りが壁を伝って落ち、私の日記にもひとしずく落ちて、数ページしみになった。滴りはすでに減り始めていて、これだけで冬の間にたまった湿気の全部だとすると異常に少なく、小屋の設計がよかった証拠になる。もうたくさん滴ることはなかろう。さもないと汚れがもっとひどくなるだろう。

昨日エヒウをよく調べてみて、確かに役に立たないのがわかった。弱くて荷が引けない。三週間待っても同じだろう。事実は致し方なく、これは置いて行くことに決めた――九頭でやっていかなくてはならない。チャイナマンはあまり当てにできないし、ジェームズ・ピッグも頼もしい方ではない。しかし他の七頭はしごく元気で、なんとか頑張って働いてくれるに違いない。

あとまた役立たずが出たときは、雪上車に頼ることになり、そうなると！……いやいや、悪条件でも好条件と同じにぶつかっていかなくてはならない。

多少安心なのは、少なくとも六頭は最高に体調がよいことだ――ヴィクター、スニペッツ、クリストファ、ノビー、ボーンズは、ポニーとして申し分ない状態で、生まれつき力もあり体型もよい連中だし、小柄なマイケルは見場は劣るが、いまがいちばん強そうだ。

今日、ウィルソン、オーツ、チェリー゠ギャラード、およびクリーンが、それぞれのポニーを引いてハット・ポイントへ行った。オーツはクリストファを連れ出すのに少々てこずった。五時にハット・ポイント線の電話が突然鳴り出した（この線は先ごろミアズが引いたものだが、まだ一度も通話していなかった）。一～二分すると声が聞こえてきて、いよいよ通話開始だ！　最初ミアズと、そのあとオーツと、たっぷりおしゃべりをした。そう驚くほどではないかもしれないが、それでもこの未開の地で一五マイル先の仲間と話ができるのはすばらしい。オーツによるとポニーは元気に到着したそうで、クリストファは少しへばったが、いちばん重い荷を引いていたのだと言う。

電話がずっと通じれば甚だ便利になる。殊にミアズはあとで助かる。

天気は異常に不安定だ。ここ二日はわりあいよかったが、時々風が地吹雪を伴ってどっと吹く。そして今夜は本曇りで、ひどく陰気な様相をしている。

写真熱が大流行だ。ポンティングの技倆《ぎりょう》はいよいよめざましく、弟子たちも日に日に腕をあげている。ほとんど全員よい陰画を作った。デベナムとライトが最有望だ。しかしテーラー、バワーズ、それに私も、手際の要る露出のこつを次第におぼえてきた。

一〇月七日、土曜。――無能と思われたのを否定するかのように、わが友「エヒウ」が今朝威勢よく荷を引いた――二日前よりもずっと悪い路面の道を、一度も止まらずに三・五マイル進んだ。そして止まったとき少しも苦しそうでなかった。これが続くなら、もう一度勘定に入れてよいわけで、エヒウとチャイナマンに一二フィートそりでなく一〇フィートそりをあてがおうかと思う。恐らくどちらもあまり役に立つまいが、いまのようなら、いくらかは足しになるだろう。

ハット・ポイントと愉快な長電話。もちろん冷やかしを言い合う好機会だ。ハット・ポイントでは昨夜は風と地吹雪だったそうだが、こっちは風はなく雪が降っていた。風は午後になってからやってきた。

一〇月八日、日曜。たいそううららかな一日。礼拝式後一同戸外を出歩く。ポニーはどれも調子よく歩く。ポンティングと連れだって氷丘脈《ひょうきゅうみゃく》まで出かけ、写真を数枚撮った。

ここまではよかったが、午後大きな心配事が起こった。五時ごろネルソンのイグルーから電話がかかり、クリソルドが氷山の上から落ちて背を傷めたとの報告が入った。バワーズが三分でそり班を組織し、幸いアトキンソンが居合わせたので同行してもらうことができた。私は陸上を大急ぎで駆けつけてみると、ポンティングが困り果てており、クリソルドはほとんど意識を失っていた。ちょうどこのときハット・ポイントのポニー班が近付いてきたので、私は走り寄って一頭を止め、必要に備えた。しかし人ぞり班が先に現場へ着いて、怪我人《けがにん》を寝袋へ入れ、手早く小屋へ連れ帰った。クリソルドはポンティングの「モデル」を演じていたらしく、二人は氷山をあちこちよじ登って写真を撮っていたようだ。私にわかった範囲では、ポンティングは自分のアイゼンとピッケルを貸して、クリソルドの安全をできるだけ守ろうとしたのだが、クリソルドは何度か「ポーズ」を取ったあと、足を踏み外してしまったらしい。丸まった氷の上を一二フィートほど滑り、それから六フィート下の、氷山の壁面の鋭く角張ったところへ落下した。

彼は背と頭を打ったのに違いない。頭に打ち傷があり、きっと軽い脳震盪《のうしんとう》を起こしているのだ。意識を失う前、背の痛みを訴えたそうで、小屋へ運ばれるとき相当うめき声をあげた。小屋へ着いて一時間ほどすると意識を取り戻し、見るからに苦しそうな様子を示した。アトキンソンもウィルソンも重傷とは考えていない。しかしまだちゃんと診察したわけではなく、少なくともひどい衝撃は受けたのだ。私はまだたいへん心配だ。夜アトキンソンがモルヒネを注射した。彼が付き添っていることになっている。

災難は続いて起こるもので、クリソルドが運び込まれたあと、私はふとテーラーのことを思い出した。彼はタークス・ヘッドへ自転車で出かけたのだが、もう帰ってよい時刻だった。人影が二つ南湾をこっちへ近付いてくるのが双眼鏡で見えると聞いて、一同ほっとしていた。ところが夕食の時ライトがあたふたと現われ、テーラーが南湾でへたばったと知らせた——ブランデーと熱い飲み物を欲しいと言った。私は別に救助隊を出すのがよいと考えたが、その一行がまだ岬を回りきらないうちにテーラーが陸上をやってくるのが見えた。彼は恐ろしくまいっていた。頭では引き返すべきだととっくに悟りながら、なお目的地へ向かって急いだのに違いない。こんなことがあったり、クリソルドのことでずいぶん心配したりで、今日は甚だ不愉快に一日を終わる。

一〇月一〇日、火曜。――クリソルドはまだ心配だ。ここ二晩まずまずの状態で過ごしたが、まだほとんど動けない。彼は異常に過敏になっていて、聞くところでは、これは脳震盪の症状だそうだ。今朝、食べ物が欲しいと言ったのはよい兆しだ。また自分のそり用具の準備が進んでいるか知りたがった。がっかりさせないため、ちゃんと用意するから安心するようにとは言ったが、彼が予定の持ち場に就ける見込みはほとんどない。

ミアズが昨日ブリザードのすぐ前をハット・ポイントからやってきた。彼が着いて三〇分すると、まるで生垣みたいに隙間《すきま》なしのブリザードになった。彼の報告によると犬がまた一匹欠けた――ディークで、いちばんよく引くうちの一匹だった。前にもいっこう原因のわからないまま死んだ犬と同じ症状が出て、一晩苦しんで朝には死んでしまった。ウィルソンの考えでは、初め血液へ、それから脳へ入り込む虫が原因だ。つらいことだ。しかしもう落胆のしようもない。なりゆきに任せるばかりだ。

フォードの指はよくなっている。ただ治りが遅い。こんなに注意してやってきたのに病人が二人出たとは苦しい。天気は甚だ頼りない――今月はもっとよいだろうと思っていたのだが。いままでのところ風と地吹雪の日が。それがない日より多かった。そのためポニーの運動がひどく妨げられる。

一〇月一三日、金曜。――ここ三日で病人は二人とも著しく快方へ向かった。クリソルドの体の内部はずいぶん難しかったが、どうやら調子がととのってきた。痛みが取れてくるとともに、気力もどんどん回復してきた。雪上車班に加わる準備の話はそのまま続けている。しかしアトキンソンの見るところでは、それに間に合う見込みは皆無だ。われわれがポニーを引いて出発する時までに、ほぼ回復したら上等だろう。

フォードの手は二日前から快方へ向かい、その後それが続いている。アトキンソンによると、あと一〇日すれば出発できる状態になるだろうと言う。ただ天気が本当に夏らしくなるまでは大事にしなければならない。

昨日まで悪天候続きだったが、今日は見事にうららかな日和だった。一日じゅう陰りのない暖かい太陽――午後は戸外でくつろいでいられるくらい暖かく、写真を撮る作業がまことに楽しかった。

　ポニーは特別なもの以外はおとなしくなった。ヴィクターもバワーズが辛抱づよくやってくれたお陰で、いまではすっかり扱いやすくなった。チャイナマンはたゆみなく歩き、予想したような役立たずにはならないですみそうだ。歩調がのろいのが面倒の種になるかもしれない。しかし天気のよい時にたゆみなく進んでくれれば、それは問題ではなかろう。

　いちばん厄介なのはクリストファだ。事故にさえならなければ、ただ面白がってすむのだが、誰かを蹴《け》飛ばしたり咬《か》んだりするのではないかといつも少々気掛かりだ。奇妙なのは歩かせたり人を乗せたりする訓練の時や馬屋にいる時は扱いにくいほどではないのに、そりが登場してくると、とたんに悪癖の鬼に取りつかれ、一心不乱に害をしようと咬みついたり蹴ったりする。引き革をつけるのが易しくなるどころか、いよいよ難しくなってくるようだ。ここ二回は脚を一本しばっても手に負えないので、押し倒さなければならなかった。オーツとバワーズとアントンが周りから取り囲んで前脚を一本しばり、次に頭を両脇《わき》から押さえながら、オーツが引き革を手繰り込む。するとこの小柄な動物は後脚を蹴上げ、稲妻のように素早く逃げ回る。これをしばらく続けると彼はいくらか疲れてきて、仕事がしやすくなる。しかしいま言ったようにここ二日はそこまでの間が長過ぎて待ちきれず、オーツがもう一方の前脚にも短い綱をゆわえ、馬が暴れたところを押し倒して。事を早めなければならなかった。膝《ひざ》をつかされても彼はあがき続け、そして素早い後脚がいつなんどき飛んでくるか知れなかった。いったんそりにつき、三本脚で歩き出せば、あとは順調で、残る一本も解いてやることができる。少なくとも昨日までは順調にきた。ところが今日は完全に一場の喜劇が演じられた。オーツに引かれておとなしく歩いているところへ、犬が出てきてぎょっとし、頭を振り上げオーツの手から綱をひったくって駆け去った。しかしやみくもにおびえたのではなかった。自由になるが早いか、実に計画的に荷を落とす仕事に取りかかったのだ。先ず急激に曲がりくねり、その手でまぐさを二梱《こり》首尾よく振り落とした。次にほかのそりに目をとめ、それらめざして突進した。それらは辛うじてよけた。ほかの馬かそりに荷をぶつけて振り落とそうという凶暴な意図があらわに見えた。そういう魂胆からバワーズ目がけて二度三度突進し、次にコヘインに向かっていった。決して遠くまでは行かず、向き直って、歯をむき出し、あたりかまわず後脚を蹴上げながら突っ込んでくるのだった。やがて人が集まってきて、彼が目の前を駆け抜ける際をねらい、一人また一人とそりにつかまり、よじ登って、最後にはオーツ、バワーズ、ネルソン、アトキンソンらが上に座り込んだ。彼はまぐさの梱と同じく人間の荷も厄介払いしようと頑張り、しゃにむにアトキンソンを振り落とすのに成功した。しかしあとの三人がかかとを雪に押し当ててブレーキをかけたので、やがてこの小柄な暴れん坊も力尽きた。それでも誰かが手綱に近づくと咬みつきかかり、オーツがつかまえるのにも時間がかかった。以上がクリストファの物語だ。ほかにはこんなポニーがいないのは甚だありがたい。こういう狂態は事故を起こしそうだが、バリアでは柔らかい雪が多少あるから、こういうこともなくなるだろう。

Ｅ・Ｒ・エヴァンズとグランが今夜帰ってくる。電話でハット・ポイントを出発すると知らせてきた。同時にミアズが初めてコーナー野営地へ出発したことも知った。エヴァンズの話ではミアズは馬糧を八袋積み、犬は非常に速い歩調で遠ざかって行ったそうだ。

天気がよくないのに、エヴァンズはハット・ポイントまでの測地を完了した。なかなか丹念に実施したようで、したがってたいへん有益な仕事をひとつ仕上げたのだ。

一〇月一五日、日曜。――病人は二人とも経過が順調だ。クリソルドはここ二晩、薬の助けを借りずに具合よく過ごし、元気も回復した。背の痛みも取れた。

陽気ははっきり暖かくなってきた。そしてここ三日好天が続いている。温度計は零下わずか一～二度〔マイナス一八・五度Ｃ〕のところを指しており、大気も穏やかで、心が浮き浮きするほどだ。出発準備の主要部はすっかりととのい、ポニーも日に日に向上している。

クリソルドの料理番の役目はフーパーとラッシリーが引き受け、ありがたいことにいろいろの料理やパンは質のよさが保たれている。難しいと言って弱音を吐かない人々といっしょにいるのはすばらしい。

一〇月一七日、火曜。――事態は上々とはいえない。ポニーはほぼ順調で、どんどん元気になっている。エヒウですらそうだ。ただエヒウは当てにしないことにした。今夜、雪上車を氷盤《ひょうばん》の上へ出す予定だった。吹きだまり雪のために道のでこぼこがひどく、一台目のよい方のがキャタピラが外れてしまった。掛け直して車は進んだが、まもなく氷盤というところで氷丘《ひょうきゅう》脈の脇の急斜面に突っ込み、またしてもキャタピラがスプロケットから外れた。今度はあいにくデイが肝心なときに足を滑らせ、思わずスプロケットを全開してしまった。エンジンは止めたが、後車軸の下から油がぽたぽた落ちて悪い予感がした。調べると車軸の被覆（アルミ製）がひび割れていた。被覆を取り外して小屋へ持ち帰った。どうかして修理できると思うが、日が迫っている。もっと経験を積む必要があり、修理所も要ることが、すべてに表われているようだ。

雪上車からはあまり力を貸してもらえまいとひそかに思っているが、避けようのないことはまだ起こっていない。あと少し注意深く見通しを持って当たれば得難い味方にできるはずだ。困るのはうまく動いてくれないと誰もそう思わなくなることだ。

日曜の朝八時にミアズがコーナー野営地から帰った——午後報告のため電話をしてきた。標準歩度を設定したに違いなく、これは犬ぞりには幸先《さいさき》がよい。二日と一夜で六〇地理マイルは良好な進度だ——理想に近い。

クリソルドにはしかたなく雪上車班と同行させられないことを告げた。彼はひどく落胆した。しかし体の回復は順調で、われわれがポニーを引いて出発するまでには恐らく元気になるだろう。雪上車班には代わりにフーパーが加わる。書き物をしたり細部の準備をしたりで甚だ忙しい。

二日続いて北風が吹いた。きわめて異例なことだ。昨日は南東の風で風力八、気温マイナス一六度〔マイナス二六・七度C〕だったが、ここでは風向きは北で、風力四、気温マイナス六度〔マイナス二一度C〕だった。これが数時間続いた——気象学上の珍しい組み合わせだ。やがてきっと南からブリザードが来るのだ。私にはそう思われる。

一〇月一八日、水曜。——南のブリザードが襲いかかってきた。濃い雪だ。

雪上車の車軸の被覆は、よく調べたら修理可能とわかった。しっかりしたものにできそうだ。昨日テーラーとデベナムが一晩か二晩滞在の予定でロイズ岬へ出かけた。

一〇月二二日、日曜。——雪上車の車軸の被覆は木曜の午前中に出来上がった。見たかぎりではデイはたいへん上手にやったようだ。その後、雪上車班は着々と出発準備を進め、今日はすっかりととのった。荷は海氷《かいひょう》の上に並び、車はいま試走している。あと天気さえよければ一行は明日出発する。

木曜にミアズとドミトリーが終わり近いブリザードの中をやってきた。一時は先導犬が見えない中を走っていた——テント島は全然見えなかったが、基地まであと一マイルのところで、ぱっと日が差し始め、風もわりあい和らいだそうだ。犬のうち最良の一匹「ツィガン」が、また例の原因不明の病気にやられた。通じ薬を与えて、いま多少よくなったように見える。しかしまだ安心はできない。何の病気だかわからないこの病気に本当にかかっているとしたら、回復の兆しも一時のことで、やがてたちまち最期が来るだろう。

犬ぞり班はツィガンも含め金曜午後に出発して行った。今日ミアズが電話してきて、ツィガンは連れずにコーナー野営地へもう一度出かけると言う。総体にひどく悪い天気が続いている。木曜にも金曜にもポニーの運動ができなかった。だから彼らは昨日と今日たいへん威勢がよかった。運動させないときはカラス麦の量を減らさねばならない。これは困ったことだ。いまは規定食を完全実施して、適度の作業をさせ、調子をととのえさせなくてはならない時期だからだ。

気温は零度〔マイナス一七・八度C〕前後へ上がっている。これからするとバリアではマイナス二〇度〔マイナス二九度C〕ほどになるだろう。雪上車がこの急落にぶつかった場合うまく切り抜けられるだろうか。デイとラッシリーは二人とも車に望みをかけており、これまでずいぶん苦労しただけに、それなりの仕事はするはずだ。

悪天候のためハット・ポイントへ緊急物資の運送ができない。この物資は帰途の貯蔵所用と、テラ・ノヴァ号が来ない場合に備えて、ディスカヴァリー小屋に貯蔵するためのものだ。最重要物資は今日ポニーが氷河舌《ひょうがぜつ》まで運んだ。

運送部門については、明瞭《めいりょう》な説明をして、計画の細部まではっきりわかるよう、できるだけ注意を払ったが、数字が勢揃《せいぞろ》いしたその計画を間違いなく実施するうえで完全に信頼が置けるのはバワーズ一人しかいないようだ。ポニーの訓練という実際上の一貫した仕事にはオーツが特に有能で、彼もその仕事に心を注いでいる。

「一九一一年一〇月。――アムンセンの成功の見込みについては私にはわかりません。彼が極点へ到達するとすれば、それはきっと私たちより先になるでしょう。犬ぞりの旅が速いに違いないのと、出発の時期も恐らく早いからです。そういう次第で、私は彼が来なくても実施したはずの予定を寸分も変えずに実施することに早くから決めていました。少しでも競争しようとしたら私の計画は覆るに違いないし、またその種のことを求めて出かけて来たとも思えません。

これがそちらへ届く前にすでに何か伝わっているかもしれません。実際、どんなことだって起こり得るのです。いずれにせよ、私がばかげたことをしたり言ったりしないから、その点は安心していて下さい――ただ私たちの事業がひどく軽んじられるようになるかもしれない点、覚悟していてもらわねばなりません。

結局、重要なのは仕事であって、それに伴う喝采《かっさい》ではないのです。

ビル・ウィルソンのことを話そうとするといつも舌足らずになります。彼は本当に私がこれまでに出会った中で最もすばらしい人物です――親しくなればなるほど感服の度が増してきます。どの一面をとっても実にしっかりしていて、頼りがいがあります。この地ではそれがどんなに大きな意味を待つか、きみには察しられるでしょう。何の問題についてもビルならば考えが確かで、実際上も抜かりがなく、強烈なほど誠実で、微塵《みじん》も私心がないと思ってよいのです。それに加えて、初め想像するよりも、もっと広く人や物を知っており、控えめながらユーモアもあり、気転が利くことは無類で、と言えば彼の価値がいくらかわかってもらえるでしょう。隊でいちばん人望があるのは彼だと思いますが、そう言えるのは大したことなのです。

バワーズは期待どおり、期待以上です。実に調法で、絶対に信頼でき、並み外れた精力家です。頑健さは隊で彼の右に出る者がないほどで、ということはたいへんなことなのです――小柄ながら強靭《きょうじん》な体はまるで不死身で、またどんな艱難《かんなん》にもひるみません。彼の衰えを知らぬ熱意、私心のなさ、消えることのない朗らかさ、などを物語る話が数々あって、いつか聞かせてあげられると思います。彼はいつも人をあっと言わせます。それは高度の理解力とこまごましたことに対する抜群の記憶力のためです。そり行動の管理と組織のすべてについて、私に不可欠の助手であるとともに、行進時の愉快な仲間なのだと思ってもらえば間違いありません。

大成功の一人はライトです。きわめて綿密で、また何にでも立ち向かっていきます。バワーズと同じく、アヒルが水に入ったようにそり行動になじみ、バワーズほど厳しい試練はまだ経ていないが、きっと負けないくらい頑張るだろうと思います。どんなことにも屈託がなく、生まれてこのかた、ぐちをこぼしたことなど一度もなかったような様子です。

他の隊員についてもこんなふうに長々と述べるつもりはありません。もちろんほとんど誰も負けず劣らず賞賛に値いするのです。ひっくるめて、完璧に優れた一団です。

陸軍さんは誰からも好かれています——滑稽《こっけい》みがあって楽しく、陽気な厭世家《えんせいか》——ポニーのことで夜昼努力し、ポニーの些細《ささい》な不調についても小屋へ持ち帰って悲しそうに説明するのです。

Xは……人を手伝おうとする情熱を確固として抱いています——それとなく人に親切をしようと骨折っている様子は異常なほどです。

心を仕事に集中する必要があるのがわかります。ここでは必死に求める者だけが成果を収められるのです。

Yは……自分の仕事には勤勉で、異常なほど努力します。ただ進取の気性が驚くほど欠け、他人の仕事を理解しようとはこれっぽちも努めない。一隅に根をおろして、そこから動こうとしない部類の性格です。

普通隊員たちも同じく立派です。エドガー・エヴァンズがわが隊の有用な一員であるのはすでに明らかです。彼は慎重な管理と、真に驚くべき豊富な知識を働かせて、そりおよびそりの装備を担当しています——「牛車旅行」ではあいかわらずしっかりしていて逞《たくま》しく、そして面白い話を無尽蔵に知っています。

クリーンはいかにも楽しそうです。進んで何でもし、どこへでも行き、仕事がきつければきついほどよいのです。

エヴァンズとクリーンは大の仲良しです。ラッシリーはあらゆる点で前と変わらず、体の続くかぎり働き、物静かで節度があり、断固としています。結局このように私には一団のよい人々がいるわけで、これで何ほどか成果をあげられなかったとしたら、苦しいことになるでしょう。

徹頭徹尾よい連中が集まった寄り合い世帯では、一人一人の性分を考えてみるのは愉快な暇つぶしになり、相互の関係や反応を注意してみると、まことに楽しいものです——育ちも経験もかけ離れた者同志が、実は仲良しになっており、普通なら知り合いの間で話題にするには微妙な分野のことが大っぴらに冗談の種にされています。例えば陸軍さんは、オーストラリアとその国民や制度を嘲弄《ちょうろう》するのを飽きずにやっており、オーストラリア人たちはイギリス陸軍の頑迷な偏見を攻撃して仕返しするといった具合です。こういうやりとりで誰かが腹を立てたのを見たことがありません。ですから私はここに座ってそういうのを聞きながら、しごく満足しているわけです。いまよりよい構成の隊を組織しようとしてもできなかっただろうと思います——各人それぞれ持ち場があり、それが殊にそれぞれぴったりなのです。隙間《すきま》もなく重複もありません——まさに望みどおりです。そしてこの仕事のために選んだ普通隊員についても、同じことが言えます。」

今日はたいへんよい日和になりそうだったのに、もう風が吹き始めており、雲が再び群がってきた。今朝エレバス山の南にきわめて美しい弓形の「旗雲《はたぐも》」が一つ見えたが、あるいは悪天候の前兆かもしれない。

また事故があった！　一時に、貯蔵所をつくりに出ていたポニー三頭の中の「スナッチャー」が、引き革一本でそりをぶらんぶらん引きながら、汗だくで帰ってきた。四〇分すると受持のエヴァンズ兵曹が、同じように体をかっかさせて帰ってきた。同時にウィルソンがノビーを連れて到着し、事件の模様を伝えたが、まだ不明の部分があった。ウィルソンの話では、荷を下ろしたあとバワーズが三頭を押さえていて、三頭ともおとなしそうにしていたのに、いきなり一頭が首を振り上げたと思うと、三頭全部が先を争って逃げ出した——スナッチャーは基地の方へ、ノビーは西部山地の方へ、ヴィクターはまだしがみついているバワーズを引きずりながら、どっちともはっきりしない方へ向かって走った。ウィルソンは二マイル走ってようやくテント島の西でノビーをつかまえ、連れ戻ったのだと言う。

ウィルソンが戻って三〇分すると、バワーズがヴィクターを連れて帰ってきた。ヴィクターは苦しそうで鼻面から血を流しており、そこがごっそりむけて垂れ下がっていた。バワーズも血だらけだった。そして彼の報告で事故の原因がわかり——話が完結した。ポニーたちはわりあい落ち着いていたのだが、ヴィクターが首を振り上げた拍子に、スナッチャーの引き具の曲がり棒についている引き革掛けに鼻孔をひっかけてしまったらしい。皮膚と肉が裂け、当然馬は飛び出した。バワーズはそれにしがみついたが、あとの二頭まではとても押さえられなかった。ヴィクターはすでにかなり出血し、むけた皮膚の上で凝固した血が陰惨な感じを与えるだけでなく、痛みをひどくしているようだった。バワーズがよくもそのおびえてあばれ出した馬につかまっていられたものだと思う。ほかの者ではそうはできなかったろう。帰途ふびんな馬の鼻からぶら下がった部分がゆらゆら揺れ出しては、ますます馬をいらだたせるのだった。何度も立ち止まらせなくてはならなかった。帰ったあと皮膚は切り落とされ、傷は見かけほどひどくないことがわかった。馬はまだ震えているが食べ物は普通に食っていて、これはよい兆候だ。日曜のたびにこんなふうに動揺が起こるのはどうしてかわからない。

　教訓が二つある。一、ポニーがどんなにおとなしそうに見えても、馬方はそばを離れてはならない——絶対守ること。二、引き具の曲がり棒のかぎは形を変えなくてはならない。

　こういう事故は予想できることだった。ポニーに大いに元気と活力をつけておきながら、子羊のようにしていてもらおうと言うのは無理な注文だ。しかしいよいよ出発して、どの手段が頼りになるかがもっとはっきりわかる時が来るのが待ち遠しい。

　もう一つ苦しい出来事が起こった。春になってから特に事故防止のためサッカーはしないでいたが、金曜午後、映画撮影のため一試合したところ、デベナムがサッカー膝《ひざ》を起こした（前に傷めたものだそうで、私は知らなかった。知っていればやらせなかったのだ）。ウィルソンの見るところでは、旅に出られるようになるまでには一週間かかると言う。したがってそのあいだここで西部班をかかえて貴重な時間を空費しなくてはならない。一つだけ埋め合わせになるのはフォードの手がそれだけよくなることだ。こういう待機が続くと、われわれは完全に「役立たず」の一団になってしまいかねない。今日クリソルドが初めて戸外へ出た。よくなってきているが、まだ背が痛む。

雪上車の出発

一〇月二四日、火曜。――不思議に二日続きの好天。昨日、雪上車が出発するようなので、一同「見送り」に氷盤《ひょうばん》の上へ出た。ところが例によってあちこち欠陥が現われ、車は岬まで行って止まってしまった。デイが排気装置の一部を改造したとき、キャブレターの加熱ジャケットのことを忘れていた。浮動弁が一つ曲がっており、クラッチが一つ不調だった。デイとラッシリーが午後を費やして、これらの欠陥を修理し、具合よくした。

今朝、再びエンジンがかけられ、午前一〇時過ぎに、あらためて出発した。最初は何度も立往生していたが、全体としては次第に調子が上がっていくようだった。まだとても全力は出ておらず、したがって足は甚だのろい。割当よりずっと重い荷を引いているようだ。デイは自分の車が動き出すとそこから下り、脇を歩きながら時々絞り弁に指をかける。ラッシリーはまだ操作レバーの微妙な調節を十分会得していない。しかし一日やれば上手になるだろう。一度だけ心配したのは、デイがごく薄く雪をかぶった氷の上で始動させようとした時、キャタピラが滑って空回りしたことだ。あれほど重い荷をつけたそりを引くのだから、動き初めはよほど力がかかるとは思うが、あのパトンとスタッドならどんな路面でも滑りはしまいと思っていた。その場をあとで見たらスタッドが氷をひっかいて溝になっていた。

いまこれを書いているのが一二時三〇分で、雪上車は南湾へ約一マイル出たところまで行っている。二台ともまだ動いており、のろいけれども着実に進んでいる。

気がついてみると私はこれらの牽引車《けんいんしゃ》が成功してほしいと切望しているのだった。たとえわれわれの南進に大いに助けになるほどでなくともだ。多少なりと成功すれば、それらが有望で、極地の運送に大変革をもたらし得ることを示せるのだ。今日それらが動いているのを見、また、これまでに出た欠陥がどれも純粋に機械関係のものであるのを思い出せば、それらの価値を信じないわけにいかなくなる。しかし機械上の小さな欠陥と、経験の不足からわかるのは、試験の省略は危険だということだ。ちょっとした修理所を手近に持って一夏試験するかしないかで成否が分かれるかもしれない。

ともかくわれわれが出発するまでには、最悪の事態になるのか、あるいは、この類のない試みにいくらか成功が伴うのか、はっきりするだろう。

ポニーは元気一杯だ。ヴィクターはもうほとんど傷が癒《い》え、そりをつけて勢いよく動き回っている。エヒウまで威勢がよくなって、後脚を蹴《け》上げたり不器用に跳ね回ったりしている。病人たちは回復が進んでいる。クリソルドはいくぶん背を気づかっているが、そんな必要はもうないはずだ。

アトキンソンとコヘインが料理番になり、すばらしい仕事ぶりを見せている。

今朝ミアズがコーナー野営地から帰ったと知らせてきた。したがって物資はもう全部そっちへ移ったことになる。走行に要した時間は一回目と同じく、その一回目の行程は次のようだった。第一日往路一七マイル、第二日往路一三マイルと帰路一三マイル、第三日早めに帰着。犬が確実にこの調子で走り続けてくれるならすばらしい。総じて情勢は有望に見える。

午後一時、雪上車レーザー・バック島あたりとの報告。三マイル近く出たわけだ——がんばれ！

一〇月二六日、木曜。——昨日は南湾へたっぷり出ないと雪上車が見えなかった。双眼鏡で見付けたのだが、水河《ひょうが》舌《ぜつ》の先にいた。午前中風が強かったが、もっと遠くまで行っていてよいはずだという気がした——ハット・ポイントから電話がかからず、気掛かりだった。明らかにどうかなったのだ。夕食後シンプソンとグランがハット・ポイントへ向かった。

今朝、いましがたシンプソンから電話がかかった。雪上車は路面に苦労していると言う。まさに私が月曜に心配したとおりだ——堅い氷にごく薄く雪がかぶった所でキャタピラが空回りするのだ。エンジンは調子がよく、雪の上へ出ればすべて順調になる。

自分も含め八人の班を組織して、何か手助けができないか、いまから出かける。

一〇月二七日、金曜。——昨日は一同一〇時半前に出発した。あやしい天気の中を氷河舌まで歩いた。ところが風がどっとひと吹き吹いただけで、うららかで明るく、力が湧《わ》いてくるような日和になった。アザラシがあちこちにいて、たびたび雪上車と見まちがえた。しかし氷《ひょう》河《が》舌《ぜつ》が近くなり、目が慣れてくると、雪上車が視界にないことがわかった。初めはよい路面を求めて氷河舌の裏へ回ったのに違いないと私は思ったが、この考えはすぐに崩れ、いったいどうなったのだろうと一同キツネにつままれたようになった。そのまま進むうちに、ようやく遥か彼方《かなた》、ハット・ポイント方向の氷盤《ひょうばん》の上にいるのが見付かった。その後すぐ、雪の上にしっかりしたわだちが見つかり、これまでのようにむき出しの氷の上の、二重についたわだちや、滑りやすい所と違っていて、気持ちがよかった。われわれは一度に元気が出てきた。雪上車がただ動いているだけでなく、ひどくでこぼこした路面を難なく切り抜けて行くのがはっきりしたからだ。われわれは前進を続け、ハット・ポイントまであと二・五マイルほどの地点で彼らに追い付いた。途中でシンプソンとグランがエヴァンズ岬へ帰るのと行き合った。雪上車班からはほぼ順調だと知らされた。エンジンはひとたび調子が出ればあとは具合よく動く。ただシリンダー、殊に後部の二つが、過熱しがちなのと、一方、送風機、つまりキャブレターに向けて起こしている風が、キャブレターを冷却し過ぎがちになる。二つの間の釣合いをとるのが問題で、そのためエンジンをいったん動かし、それから止めて覆いをし、伝導によって熱を拡散させるようにしている——もちろん扱いにくい装置だ。雪上車班が昼食野営をしたので、われわれもその先で野営した。その直後にラッシリーが自分の車を低速で進めながら難なくアーミテジ岬の方へ走らせた。一方、デイは悪路面で苦労していた。彼はわれわれが手を貸そうと言うのを断わって、E・エヴァンズと二人だけでやっていたが、いよいよ難しくなり、そのうちに風が吹き始め、地吹雪になってきた。われわれが小屋へ入ると、ミアズがいた。そこで一同また外へ出た。私はラッシリーとフーパーを呼び戻し、デイを手伝いに引き返した。いらいらするほどいつまでも手間どり、動きそうになっては止まるのが一時間続くと、車はいきなり調子よく走り出し、ついて歩けないくらいの速さになり、一気にアーミテジ岬へ着いた。もうブリザードになっていた。雪の飛ぶ霧の中を押し分けながら雪上車が進む有様は見ごたえがあった。一同小屋へ戻った。ミアズとドミトリーの努力のおかげで、小屋はこぎれいに居心地よくなっていた。出来上がったばかりのすばらしい煉瓦《れんが》造りの暖炉もあり、真新しい煙突の筒が屋根を抜けて真っ直ぐ立っていた。実に見事にできている。去年のように一時しのぎの崩れそうなものでなく、いまやこの先何年でも使えそうな、がっしりした恒久的な暖炉があることになった。一同このうえなく心地よい一夜を過ごした。

今朝九時ごろ、みなで氷盤の上を出かけた。私は雪上車が動き出す様子が見たかった。そして身を切るような寒風の中でブローランプが扱いにくいのに、両運転士とも意外にもわずか二〇分か三〇分でエンジンを始動させたのを見てうれしかった。

ラッシリーはすぐに発進し、短く半マイルほど走ったあと、ちょっと止まって冷却させ、それからたっぷり三マイル無停止で走った。アーミテジ岬から五地理マイル先のバリアはもうすぐそこに見えた。しかしラッシリーは少しやり過ぎ、潤滑剤が切れてエンジンが焼けた。次の一走りで一マイル余り進んだが、バリアへ通じる雪の斜面まであと二～三百ヤード足らずのところで停止して、潤滑剤が届くのとエンジンの熱が釣合いを回復するのを待たねばならなかった。

この雪上車はセコンドで走り、これは楽に歩くくらいの手ごろな速さで、時速二・五ないし三マイルだ。冷却のために止まる必要がなければ、すばらしい進行速度だ。この車はノルウェーで使われていた中古品で、もう一台のには改良ギアがついている。*

さてデイのほうは例によって釣合いをとるのがうまくいかず、ケシ粒くらいにしか見えないほど後れていたが、われわれの車が二度目に走ったときの最後近くには故障が直り、好調な速さで追ってきた。やがて人がそりの横を走っているのが見えるようになった。話をはしょると、彼は潤滑油を手渡すために停止し、再び駆け足で発進して、そのままトップの速さで斜面を駆け上がった——大バリアの上で雪上車を走らせた最初の男になったのだ！　居合わせた一同から大喝采を受けたが、雪上車の方ではゆっくり歓声などあげていなかった。そのままどんどん進み、雪上車も横を走る人もたちまち遠くに小さくなった。われわれはラ

＊この形式の雪上車による牽引はすでに何度か試験が行なわれた。一九〇八年にはアルプスのロタレで、極地探検家シャルコ医師同席による試験。一九〇九年および一九一〇年のノルウェーでの試験。どの試験でも雪上車は持ち帰られて改良された。

ッシリーを手伝いに戻った。見るとすでにエンジンはかかっていた。速度がのろいためデイほど威勢よくはないが、ラッシリーもするすると斜面を登り、別れの握手を受けてカタコトと去って行った。ラッシリーのエンジンはデイのほど調子がよくなかった。それは主に初めの過熱と、それに起因する調整不足のためだろう。

こうして雪上車はわれわれから別れ、これまで走ったことがないほどよい路面を進んで行った——吹きさらされた堅い雪で、サスツルギのない路面だ——ミアズの報告では少なくともコーナー野営地までは続いているそうだ。

大きな故障さえしなければエンジンの問題は徐々に克服できよう。その点はまず大丈夫と思う。今日までがそうだったように、日を追って改善されるだろうし、人間の方も機械と路面について経験を積むにつれ、日ごとに信頼感が強まるだろう。しかしローラーに関して古く初めごろからあった問題がどんな結果になるかは容易に見当がつかない。デイの作った新しいローラーはもうひび割れ始めていたし、ラッシリーのキャタピラの一つも具合が悪くなっている。路面が好転したから応急修理でやっていけるかもしれないが、ラッシリーの車はあまり遠くまでは行けそうにない。

ローラーに金属被覆をし、走行部にも金属の覆いをしてあったら、いまでも新品同様だったろうということがすでにはっきりしている。なぜこれを思いつかなかったのか不思議だ。いまは困難な状況に対処するのにうってつけの人間がいることで満足しよう。

雪上車はわれわれの計画に不可欠のものではなく、またほとんど助けにならないかもしれないのだが、これまでですでにその価値は立証された。なかなか信用しなかった船乗りたちでさえ大いに感心している。エヴァンズなどはこう言った、「すげえじゃないですか。あんなふうに動いてくれりゃ、あと何がなくてもよくなりますぜ。」——しかし新しいものの常として、目の前で動くのを見たからこそ感心したので、局外者にまで信じてもらうにはバリアの上を百マイルも走らないとだめだろう。

雪上車と別れてわれわれは急ぎハット・ポイントまで戻り、お茶を飲んだ。柔らかい履物に慣れないのと波状の雪面のために私は足がひどく痛くなっていたが、一同エヴァンズ岬へ帰ることにした。申し分のない上天気の中、レーザー・バック島でお茶の休止をしたあと、午後九時に小屋へ着いた。一時間平均三・五法定マイルになる。一日で歩いた距離は二六・五法定マイルになり、条件を考えれば決して悪い働きではなかった。ただそのために足の痛みが残るのではないかと心配だ。

一〇月二八日、土曜。――両足とも痛く、片方の「アキレス腱」をくじいている（滑膜炎）。しかし一日二日すれば治るだろう。昨夜、馬屋が恐ろしく騒々しかった。クリストファとチャイナマンが格闘しているのだった。グランが危うく蹴《け》られそうになった。ポニーは食事がよくなったため、ばかに威勢がいい。オーツの話ではスニペッツはまだびっこをひいていて、脚の一本は少し「熱がある」そうだ。愉快な知らせではない。デベナムはよくなってきてはいるが、治りが遅い。西部班の出発はわれわれよりあとになるだろう。それはもう確実だ。彼らがこんなふうに季節を空費しているのはやりきれない。どう考えても、早く出発してわれわれの運を試す段になればうれしいことだろう。

一〇月三〇日、月曜。――昨日、また一日うららかな日和で、夏が本当に来たのだと思い始めた。ところが今日は、晴れたあと、ブリザード状態に舞い戻った。いまこれを書いている間も強風が唸《うな》りをあげて吹いている。昨日ウィルソン、クリーン、エヴァンズ兵曹、それと私が、そり引き旅行の身支度をし、氷山群のかたわらで野営して、ポンティングの映画撮影に便宜を提供した。今度の一連のフィルムは彼の作品でも最も興味深い部類に入るだろう。こういう野営生活の場面が何よりも好評を博するだろうと私は思う。

小屋へ戻るとミアズが帰っていた。ミアズも犬も元気だ。彼の話では、土曜にエヴァンズ（大尉）が、小屋に置き忘れた携帯袋を取りに引き返してきて、ラッシリーの雪上車が安全野営地の近くでえんこしたと伝えたそうだ。一つの気筒のビグエンドが砕け、調べると鋳造の欠陥だった。幸い予備の部品があり、デイとラッシリーが一晩じゅう、マイナス二五度〔マイナス三一・七度C〕の中で修理に取り組んだ。朝までには修理が完了し、試走も成功して、両雪上車とも荷を引いて進み始めた。ここでエヴァンズが忘れ物に気付き、スキーで取りに戻ったというわけで、その間も雪上車は進み続けたようだ。どうしてかはっきりしないが一度に一台ずつ走らせていたらしい。

こういう事故があったり、またいちばん激しく働いた中の数人が、ここ二日雪上車を手伝いに行ってかなりこたえてもいるので、出発は明日でなく水曜にすることにした。ブリザードが吹き止んだらアトキンソンとコヘインが明日ハット・ポイントへ出発する。そうすればエヒウがどの程度頼りになるか見当がつくだろう。

一〇月三一日、火曜。――ブリザードは今朝までに吹き止み、午後には晴れて太陽が輝き、風が衰えてきている。ミアズとポンティングがいましがたハット・ポイントへ発《た》って行った。アトキンソンとコヘインも一時間ほどすれば予定通り出発するはずで、そして天気が持てば、われわれも全員明日発つことになる。そういうわけでこの日記の記録もここでわれらの物語の第一部を終わる。未来は神々の手にあって計り知るべくもない。しかし手抜かりはないはずだから成功間違いなかろう。

第一六章

南旅行・バリア段階

一一月一日。――昨夜の知らせによると、エヒウが約五時間半でハット・ポイントへ着いたそうだ。今朝われわれもチームに分かれて順次出発した――先ずマイケル、ノビー、チャイナマンが午前一一時ごろに出発。いたずら小僧のクリストファは引き具を付けるのにあいかわらずてこずらせてから出発したが、いまにも足を蹴《け》上げそうで、押さえるのにオーツは懸命だった。

　ボーンズはおとなしくクリーンについてゆっくりした歩調で去って行き、その足跡を私はスニペツを引いてたどった。一〇分後エヴァンズ兵曹とスナッチャーがいつもの全速で通過して行った。

　レーザー・バック島まで来ると風がたいへん強く吹いてきて、空模様が怪しくなってきた――ポニーは風を嫌う。この島から南へ一マイルのところで、バワーズとヴィクターのチームが私を追い越し、私は望みどおりの位置になった――行列の最後尾だ。

　このあたりで、先へ行く中の一頭が立ち止まり、またしても歩くのを頑固に拒んでいるのが見えた。未知数のチャイナマンではないかと大いに心配したが、実は古なじみの「ノビー」が強情を張っているのだとわかって、ひと安心した。非常に力が強く元気な馬だから、後ろにいたアントンが軽くせきたてるうちに、やがて問題は解決した。気の毒にも小柄なアントンは脚が短いので、後れずついて行くのに苦労していた。

スナッチャーはまもなく先頭へ出て、四時間で行程を終えた。エヴァンズの話では最後も出発のときと変わらなかったそうで——この小柄なやつが楽々と一着で入った。ボーンズとクリストファもスナッチャーに劣らず元気に到着した。クリストファなどは歩いている間じゅう跳ね上がったり脚を蹴《け》上げたりしていた。当分そのいたずらは止みそうになく、オーツの安全に十分配慮しなければならない。温和なポニーが数頭いつも近くにいるとよいのだが、歩度が異なるからそれが難しい。やがて私はバワーズ、ウィルソン、チェリー、およびライトの一団に追いつき、チャイナマンが力強く歩いているのを見てうれしかった。速くはないがたゆみなく歩き、長持ちしそうに思われる。

ヴィクターとマイケルが再び次第に先へ離れていき、残ったわれわれ三チームも五時間足らずで行程を終えた。

少しも早過ぎはしなかった。天気が徐々に悪化して、われわれが到着するとまもなく強風になってきたからだ。

一一月二日、木曜。——ハット・ポイント。行進してみるとポニーの歩度のことがたいへんよくわかる。ボートレースか、速さがまちまちの少々乱れた艦隊のようだった。それでこれからの前進計画を思いついた。三チームに分かれて出発する——特別のろいポニー、適度の速さのもの、快速のもの。スナッチャーは最後に出発しても、恐らく先頭のチームに追いつくだろう。これを実施するにはいろいろ手順を考えなくてはならない。夜間行進を始めることに決めた。夕食後出発したい。天気は一時間一時間好転しているが、いまの季節ではそれもあまり当てにならない。ポニーはいま馬屋へ入っていて甚だ心地よさそうだ。マイケル、チャイナマン、ジエームス・ビッグなどは事実上小屋の中に入っている。昨夜はチャイナマンが床を踏み鳴らしてわれわれを寝させなかった。ミアズとドミトリーが犬を連れて来ており、ポンティングも撮影器材をどっさり持って来ている。撮影の機会があまりないのではないかと思いやられる。

一一月三日、金曜。——一号野営地。ハット・ポイントでは地吹雪ぎみのきつい風があったが、チームごとに出発してきた。先ずアトキンソンのチーム。エヒウとチャイナマンとジミー・ピッグを引いて八時に出発。一〇時直前にウィルソン、チェリー‐ギャラードおよび私が出発。われわれのポニーはたゆみなく、まとまって、海氷《かいひょう》の上を進んだ。風はぐっと和らいだが、それにつれて気温が下がったので、少し残った風が刺すように冷たかった。安全野営地へ着くとアトキンソンが居た。彼は昼食をすませ、これから進行を再開するところだった。チャイナマンとエヒウが疲れてきたと言う。われわれが野営したあとまもなく、ポンティングがドミトリーといっしょに犬の小さいチームを連れて到着した。映画撮影機が設置され、元気一杯にやってくる快速の後衛をとらえるのに間に合った。スナッチャーが先頭に立ち、時々停止させられながらやってきた——すばらしいポニーだ。クリストファは引き具を付ける時、例によっててこずらせたが、どうやらバリアの路面に閉口して、おとなしくなったようだ。しかし彼を立ち止まらせるのは得策でないと判断して、このチームは前衛の航跡をたどって急ぎ通過して行った。

　昼食後、用具をまとめて再びたゆみなく進行を続けた。私はこういう真夜中の昼食は好きでない。ただ今日のように風が落ち太陽が次第に暖かさを増してくる時には、昼食後の行進は人間には気持ちがよい。前の二チームは安全野営地の五マイル先の地点で野営し、われわれもおよそ三〇分か四五分後に彼らの野営地へ行き着いた。ポニーは全部具合よくつながれている。しかし大部分は疲れている——チャイナマンとエヒウはひどく疲れている。ほとんどのものは食欲減退ぎみだ。もっとも、これはいま一時のことだと思う。塀を築いてやったが、風はなく日差しは刻々暖かくなっている。

　蜃気楼《しんきろう》。——東にたいへんはっきりゆらめく現象。小物体が大きく引き伸ばされて黒っぽい垂直の線に見える。

　午後一時。——食べ物をやる時刻。隊員を起こす。オーツが規定の食べ物を与える——どのポニーもよく食う。うだるように暑い日、そよとの風もなく、強烈なまぶしさ——気温の低さ（プラス二二度〔マイナス五・六度C〕）を忘れてしまう——日の差す暑い街路と焼けつく舗道を連想しそうになるが、六時間前には私の手の親指が凍傷になったのだ。凍った履物や湿った衣服や寝袋などの不便はすっかり姿を消した。

　野営地の近くにガソリン缶が一つあり、また、雪上車が二八日午後九時に順調に通過した旨の短信がある——彼らは四日ないし五日先んじているわけで、きっとその調子で進んで行くだろう。

「ボーンズがクリストファのゴーグルを食っちまった。」こんなふうにクリーンが知らせたのは、実はボーンズがクリストファのおもがいにつけた日よけのふさを壊したという次第なのだ。このふさは大いに役立ちそうだ――クリストファはそれがなくなって、暑い日差しに目をしばたたいている。

一一月四日、土曜。――二号野営地。行進を指揮――出発順序はいまの形に定着しそうだ。アトキンソンのチームが八時に、われわれのチームが一〇時に、バワーズ、オーツのチームが一一時一五分に。出発してすぐ、愉快な書き置きを見つけ、雪上車順調、二台とも快調に進行、という元気のよい知らせを読んだ。デイはこう書いていた、「(緯度)八〇度三〇分で会いたし。」かわいそうなやつ、二マイルも行かないうちに様子が変わって弱音を吐いたに違いない。二九日の午前は苦労したようだ。路面が悪化し、万事見通しが暗くなってきたのだと思う。相当の量のガソリンと潤滑剤を「落として」あった。そのあとがもっと悪かった。四マイルほど進むと「デイの車二番気筒ビグエンド破損」と哀れなことを書いた缶に行き当たった。さらに半マイル行くと、予想どおりその車と、引いていたそりなどがそっくり見付かった。E・エヴァンズとデイの置手紙が事の次第を語っていた。一つだけあった予備はラッシリーの車に使ってしまったし、エンジンを分解してシリンダー三つで走れるようにするにはひどく時間がかかる。そこでこの車は放棄し、一台だけで進むことにしたと言う。馬糧六袋と雑多なもの若干、それにガソリンと潤滑剤を運んで行くとのこと。これで雪上車に大いに助けてもらおうという夢はおしまいになった！　残り一台のわだちは着実に前進しているが、言うまでもなくその車にもいつ追いつくか知れない。

ポニーは相当よくやった――道は大部分無情に軟弱だった。ただ荷はもちろん軽い。エヒウは予想していたよりよいが、チャイナマンはそれほどよくない。どちらも役立たずではある。

夜のあいだかなり寒かった。野営を張った時マイナス七度〔マイナス二一・七度C〕で、ぴりっとする軟風《なんぷう》が吹いていた。ポニーにはいやな風だった。しかしこれを書いているいまは、白い靄《もや》を通して日が照っており、風は落ち、ポニーたちはつなぎ綱につながれて安楽そうに見える。

いま午後一時で食べ物をやる時刻だ――まだ食い始めていないが、やがて始めるだろう。

春にここに置いた風向計は、南西方向の風が卓越していることを示している。印が最も多いのは南西微西のあたりだ。

一一月五日、日曜。――三号野営地。「コーナー野営地」。最初の行程の最後の部分を順調に走り終えた――ポニーは軟弱な路面をよく歩いた。むろん荷は軽い。今夜はもっと重い荷でどれだけやれるかわかるはずだ。（雪上車の）E・エヴァンズから甚だ心配な書き置き。二日の朝書いたもので、一日最大約七マイルの速度とある。馬糧九袋を運んで行ったそうだが、南の方には黒い点が三つあり、どう見ても置き去りの雪上車と、荷を積んだままのそりとしか考えられない。人間の方は指示どおり支援班として進んで行ったのだ。がっかりだ。いったんバリアの路面を走り出せば、もっとうまく進むと期待していたのだが。

ポニーの食欲はたいへん気まぐれだ。油かすを好まず、いまはここに残してあったまぐさが気に入っているようだ。ところが今日はそれも食わない。いまたっぷり食わないのはなんともはがゆい。あとでがつがつするのが目に見えるから。チャイナマンとエヒウは長持ちしそうにない。

一一月六日、月曜。――四号野営地。いつもの順序で出発。南の黒い点が雪上車だった場合は、荷を満載する手配をした。そこへ着いてみると、果たして心配したとおりだった。エヴァンズの書き置きには、前と同じ故障が再発したと書いてあった。一番気筒のビグエンドが壊れたとのことで、ほかはどこもちゃんとしている。エンジンの作動がこの気候に合っていないようで、これは確実に改良可能だ。一つ証明されたのは、推進機構には全く問題がないことだ。雪上車班は手《て》筈《ばす》どおり人引き班となって前進して行った。

満載の荷でポニーは実によくやった。エヒウとチャイナマンさえ四五〇ポンドを越す荷を引いてしっかり歩き、最後までへたばらなかった。アトキンソンもライトもこの二頭は次第によくなっていると考えている。

よい方のポニーは荷を意に介さなかった。私のスニペッツはそりとも七〇〇ポンド余りを引いた。もちろん路面は大いに好転している。昨年順調だった時と同じ路面だ。われわれはこの働きにたいへん気をよくしている。十分訓練してあったポニーが仕事に慣れてきた証拠で、オーツでさえ満足そうだ！

　野営に入ったときブリザードの兆しが見えたので雪の塀を築いた。到着して一時間すると風は相当強くなったが、雪は濃くなかった。その後同じ状態が続いている。しかしポニーはたいへん安楽そうな様子だ。新しい防寒着は体をよく覆い、風よけの塀は高さがポニーの背丈ほどあるから、その陰にいれば風はほとんど当たらない。この防風法は直接昨年の経験から生まれたもので、あの惨憺《さんたん》たる旅からでもいくらか収穫があったと思えるのはありがたい。これを書いているいま、もう時刻は遅いが、風はまだ強い。今夜は前進できないのではないかと思う。昨夜クリストファがまたひどくてこずらせた——四人掛かりで苦労したすえやっとそりにつけた。厄介だがまだしばらくは辛抱しなければなるまい。

　気温はプラス五度〔マイナス一五度C〕で、ブリザードのあいだはもっと高い方がよい。テントの中でも寒い。ただポニーは風をあまり気にしていないようだ。

　今度のブリザードの発生状況には控えて置くに足る特徴がいくつかあった。すなわち、

　われわれがコーナー野営地を出発する前、クロージア岬およびテラー山のあたりに雲が密集していた。また層雲が黒い線になってエレバス山の西斜面に低く垂れていた。われわれのところは日が照り、殊のほか暖かく気持ちがよかった。出発してまもなく周りに霧が発生し、濃くなったり薄くなったりした。弱い南の軟風が吹き始め、頭上にはかなり風がありそうな様子の層積雲が出てきた（東と西へ放射状に）。

　第一休止のとき（南五マイル）アトキンソンが珍しい現象に私の注意を促した。低い太陽の面をよぎって層状の靄《もや》が急速に上昇するのが見え、光を背景に線状の影が上へ動いて行くのだった。恐らくこれは空気が太陽に暖められたものだろう。それが集積して徐々に空一面に広がり、層雲に加わるのだが、しかも層雲はいっこうに厚くならなかった。太陽のありかは終始見えていた。二～三時間後、風がいつもと同じく突風気味に次第に強まった。注目すべきは南の地平線上の空が晴れて青かったことで、時々雲が下りてきて、そこを閉ざしそうにした。その後、時間を置いてはそれが上がるようになり、そんな時は澄んだ空が大きく

広がった。全体の様相からみて、われわれのいるあたりの状態が動揺の元になっているようで、また風に乗ってというより、むしろ北から南へ広がり、それがいつもの型になっているようだ。一方、いまのは悪性の雪ブリザードではない。風は依然続いているが、昨夜かすんでいた陸地はいまははっきり見え、断崖岬《だんがいみさき》にもマントがかかっていない。〔他人の筆跡による追加、恐らく口述によるもの。

まだ風の気配のなかった午前の行進およびその前の行進の大半の間、バリアの沖のロス海上に暗い雲があり、それが厚い層雲になって、バリアの東部分から南東へ向かって続き、所々風がありそうな様子を見せていた。同時にわれわれの真南に層雲が暗い線になって地平線上に蜃気楼のように現われ、そしてわれわれが午前の行進を終えて野営しているあいだに、それは土手状の白い霧（あるいは地吹雪か）に隠され、一方で風が絶えず強まっていた。私のおよその印象では、あらしは南からやってきた感じだが、ただそれがわれわれのいた西部も含めて一面に広がる前に、バリアの東部をひと回り吹きまくったように見えた。〕

一一月七日、火曜。――四号野営地。ブリザードは昨夜じゅう続き、いまこれを書いているのが午後遅くだが、まだ吹いている。始まりは穏やかで、雲には切れ間があり、雪はほとんど伴わず、日差しが多少ある中で、それは徐々に強まり、今日午前には雪が激しく降り出し、空は低い雨雲に覆われた。午後の初めごろ雪と風は弱まり、いまは風が静まろうとしている。しかし空模様はたいへん怪しく不安定だ。

昨夜、雲が大いに切れてきたので、きっと風は止むのだと思った。明け方には空は頭上から遥か北まできれいに晴れた。南にはまだ雲があって太陽を隠し、ロス島の上には厚い雲が低く垂れこめていた。どの点からも見込みがありそうだったが、ただ断崖岬の上にマントがかかり始めているのが気になった。二時間後には空はすっかり曇り、完全にブリザードになった。

今日火曜の晩も本曇りが続いている。ただ、雲は急ぎ足で走っているようには見えない。断崖岬のマントは広くたなびく低い層雲で、見たところ特に風が強そうではない。風は衰えかけているが、空は依然南の方が険悪で、全体に不安定な気配だ。気温は一日じゅうプラス一〇度〔マイナス一二・二度C〕だった。

ポニーは初めのうちはけっこう安楽そうだったのに、やはり雪が降り始めると、いつもどおりがっくりきた。

　風雪から守ってやるため、できるだけのことはした。それでも雪が濃密に激しく吹きつける時には安楽にしてやる方法はなさそうだ。われわれ人間の方は安楽に心地よくしているが、ここにこうして横になっていても、頼みの綱のポニーの体力が悪天候で次第に弱められているのを思うとやりきれない。こういう場合に朗らかにしているにはよほど達観していなければならない。

　今日午前、地吹雪の最中に犬ぞりチームが到着し、四分ノ一マイルほど風下に野営した。ミアズが大事をとり過ぎて、こんなに早く追いついてきたわけだが、犬が荷を引いてくれ、そしてこれはどの風に逆らっても犬を進められるのがわかったことはうれしい。この分だと大いに助けてもらえそうだ。

　テントとそりは深く雪をかぶり、ポニーの塀の背後の吹きだまりは何度か掘り除いた。早く出発できるとよいのだが。そして少し日光が欲しい！　ポニーは防寒着を着ている時はみな十分温かい。細かい雪が防寒着の下や、殊に、幅広い腹帯の内側へ入り込む。そのままだと融けて毛をぬらす。かわいそうにブリザードがどうしてこんなにポニーを弱らせるのか、初めはなかなか理解できない。私の考えでは、これは主として雪粒が極端に小さいので、細かく碾《ひ》いた粉末のように、毛の間を通って内部の温かいところへ入り込むためだ。そしてそこで融けて水になり体温を奪い去る。また、飛んで来る細粒が鼻孔や目や、それほどでなくても耳など、感じやすい部分に打ちつけてポニーを苦しめるのも確かだ。こんなふうに雪が絶えず彼らを悩まし、休息を妨げる。つながれて休んでいるあいだ天気がおだやかなことが馬には何よりも大切だ。

　一一月八日、水曜。——五号野営地。本曇りの険悪な空模様とともに風は昨夜遅くまで吹き続いた。出発するかどうかが容易に決まらず、多くの者は出発に不賛成だった。私は出発することに決め、真夜中を過ぎてまもなく前衛が発《た》って行った。意外にも、「老いぼれども」の背から防寒着を取りのけてみると、連中は元気でぴんぴんしていた。エヒウもチャイナマンも跳ね返りながら一走りした。首が自由になるとチャイナマンは盛んにふざけて跳ね上がった。三頭とも荷を引いてきびきびした足取りで出発していった。ブリザードに少しもまいっていないのがわかって大いに安堵《あんど》した。彼らは六地理マイル進み、われわれのチームが元気よく前進して行くと、そこで型どおり野営していた。彼らが再び出発したあと、われわれは後衛が来るのを待って、それに合流した。そこから五マイルのあいだ、七頭が一団となって隊伍《たいご》堂々と進んだ。風は徐々に衰え、太陽は次第に力を増し、ポニーは順調に歩いて、行進は実に楽しかった。刻一刻ポニーが頼もしくなった。彼らは疲れの色を見せず重い荷を引いた。どの馬も所々にある軟雪の区域を楽々と歩き、少しも意に介しなかった。たいがいの馬は時々立ち止まって雪を一口ほおばるのだが、小柄なクリストファは無停止で歩き通す。出発の時には可能なかぎりてこずらせ、いろいろ巧妙な手を使って引き具からのがれようとする。昨日はしゃがませられ押さえつけられると寝そべってしまった。しかしそれはなんのためにもならず、跳び上がって逃げ出そうとしたときにはもう引き革がついて、一三マイルのあいだ休みなく働かされるはめになっていた。初めの威勢が衰えるまではオーツが容赦のない死神のようにとりついている。そしてそれが決して短時間でなく、一〇マイルを過ぎてからなお、わずかのすきにも足を蹴《け》上げるのだった。ここの野営地から四マイルほどのところで、エヴァンズ兵曹が一瞬スナッチャーの手綱を放した。小柄なやつは即座につるつるの雪の上を駆け出した。エヴァンズは辛うじて手綱をつかんだ。それでも馬は隊列を横切って突っ走り、少々危険だった。

ここの野営地から六〇〇ヤードのところに、まぐさが一梱《こり》置いてあった。バワーズが停止してそれを自分のそりに乗せた。それで彼の荷は八〇〇ポンド近くになったが、彼のポニーのヴィクターは別に重くなったような気配も見せず歩き出した。こういうことがあると大いに元気が湧《わ》く。もちろん路面はたいそうよい。馬が球節《きゅうせつ》まで沈むことは稀《まれ》で、堅い雪面を少しも沈まず進むことも多い。ついでに言うと、シャツクルトンが書いているような、ポニーが飛節《ひせつ》まで沈む所はほとんどない。昨年一度だけ軟弱な所で飛節まで沈んだ時には荷は全然引けなかった。球節の房毛《ふさげ》がクラストの表面にひっかかり、その押し上げられた具合によって沈んだ深さの見当がつく。あと一インチ深いと事情は途方もなく違ってくるだろう。

昨年のケルンはやすやすと見つかっている。どれもきわめてはっきり見える。これは帰りのためにまことにありがたい。ポニーの塀や野営の跡やケルンなどがあるから、帰りの道筋は全行程難なくたどれるだろう。一同体調は絶好だ。今日午前一一時に野営した時の暖かさはすばらしかった。風はすっかり落ち、陽光がさんさんと降り注いでいる。人もポニーもそういう天気を満喫している。風の強い北部地域から抜け出るまでこういう天気がたっぷり続くことが切望される。犬ぞりチームはわれわれが野営を張ってまもなく楽々と到着した。

一一月九日、木曜。――六号野営地。予定に忠実に毎晩一〇（地理）マイル余り進んでいる。アトキンソンのチームは一一時に出発し、七マイル進んで、いくらかある冷たい夜風を避けていたが、風はじきに落ちた。彼は昼食野営地にしばらく止《とど》まり、後衛に合流するように出発して、最後の二マイルはわれわれといっしょだった。経験からみると足ののろい前衛のポニーは他のポニーと合流すると無理に歩度を上げることになり、一方、足の速い後衛は速力を落とさせられる。明らかに合流は有利でない。それでもポニーはみな順調だ。ライトがポニーから手を離して距離計を確かめた時、面白いことが起こった。チャイナマンは置き去りになるのがいやだったらしく、みなに後れまいと駆け足で走り出した。ライトは脚が長いから辛うじて追いつき、このいたずら気分の暴走を止めることができたが、おかしかったのは老エヒウで、感染したようにめちゃくちゃな駆け足でチャイナマンのあとを追い始めた。出発の時には一日の行進にも耐えないだろうと一同思っていたポニーなので、あっぱれにもまだこんな気力を見せるのはうれしい驚きだ。クリストファはあいかわらず出発の時にてこずらせる。おとなしくなり出した時は、体力が衰えた証拠ということになるのではなかろうか。犬ぞりチームは一〇マイルをいともやすやすとわれわれについてきて、ミアズはもっと前進しようと考えたほどだが、結局現在の楽な仕事ぶりが上策だと思い決めた。

情勢は有望に見える。うららかな天気で――気温はプラス一二度〔マイナス一一度C〕、明るく日が照っている。ディスカヴァリー山のあたりとホワイト島の上にいくらか層雲。このあたりのサスツルギは方向がひどくまちまちで、表面が大いに波立ち、断崖岬《だんがいみさき》が遥かこの野営地のあたりまで風向きを左右していることを示している。路面は堅い。これからはこれよりよい路面はなかろう。

いまじれったい南風が少し吹いていて、それが結果として雪の塀の価値を裏書きしている。ポニーはその陰で明るい日光を浴び、このうえなく気持ちよさそうだ。

一一月一〇日、金曜。——七号野営地。実にたいへんな行進。前半——五（地理）マイル——は強い逆風、次いで吹雪。三（地理）マイル進んだところで、先導のライトが針路を定めるのが難しくなり、隊は野営することにした。幸い野営の直前に彼がエヴァンズ（雪上車班）の跡を再び見つけたから、天気が持ち直せばそれをたどって行けるだろう。ポニーはいつもと同じく非常によくやった。ただ、路面は目立って良好だ。風は落ちていて、野営に入ったいま、空は晴れつつある。一マイル半でも損をしたと思うとがっかりする。

クリストファは今日は計略を用いて出発させた。彼が塀の陰にいる間に引き具をつけ、知らないうちにそりをつけてしまった。気付いて逃げ出そうとした時には、タイタスがしがみついて押さえた。

一一月一一日、土曜。——八号野営地。進行開始の直前にやや晴れてきた。しかし日中降った雪が、柔らかく綿毛のように路面に積もっていた。そのうえ、散在する堅いサスツルギのあいだがもろいクラストになっている地域へ入った。あいだの窪地《くぼち》には、所々雪が砂山のように積もっていた。ポニーにとっては最悪に近い条件だった。それでも彼らはわりあいうまく通過し、強い連中はすばらしかった。しかし老いぼれどもは九・五マイルが精一杯だった。状況がめまぐるしく変わるとはいえ、こういう地域があると気掛かりになる。行進は少々困難なものになると予想はしていたが、今日ほど悪くなるとは考えなかった。野営と同時にまた雪になり、弱い北東の軟風が吹いている。天候がどうなっているのか見当をつけるのが難しい——どれも全体に温まってきた表われだ。しかし晴れてほしい。路面が悪かったのに犬のチームは二つ前の野営地から一夜で二〇マイル以上をやってきた。犬はいまのところ上々の働きぶりだ。

一一月一二日、日曜。——九号野営地。目下一様にひどい行進をしている。路面はあいかわらず悪く、ただ昨日ほどではないかもしれないが、しかし時々は昨日同様の所がある。五マイル進むと、前衛のチームが旗竿《はたざお》の目印のある昨年の断崖岬《だんがいみさき》貯蔵所へぴったり行き着いた。私も続いて着くと、E・エヴァンズからの伝言があった。快活な調子のもので、日付は今月七日午前七時になっている。われわれより五日近く先んじているわけで、好調だ。アトキンソンはこのケルンの一マイル先に野営していて、チャイナマンについてたいへん悲観的になっていた。あとせいぜい一～二マイルしかもつまいと言った。天気は恐ろしく悪かった。空は雲に覆われ、あたりは薄暗く、雪が降っていた。気がめいった。しかし老いぼれどもは再び出発して行き、後衛がやってきて、野営中のわれわれを追い越し、さらに三マイルほど進んで、結局先行のチームとほぼ同時に野営した。陸軍さんの考えではチャイナマンはまだまだ大丈夫らしい。彼にしては珍しく楽観的な意見だ。他のポニーはほぼ順調で——エヒウは思ったより元気だ。天気の様子は刻々に変わる。われわれが野営した時には北の軟風が冷たく吹き、空は暗く、雪がちらついていた。一時間後のいま、空は晴れてきて日が照っている。気温は日中ずっとプラス一〇度〔マイナス一二・二度C〕ほどだ。

一一月一三日、月曜。——一〇号野営地。またしてもひどい行進。恐ろしく薄暗く、悪路面。ポニーはみな元気に歩き通したが、路面には相当苦しめられている。道の大部分は通り跡をたどって進んだ。どちらのチームも他のチームの姿が見えたのは野営の時刻が近付いた時だけだ。老いぼれどもは大体よくやった。エヒウは彼としてはたいへんよくやっている。野営すると太陽が顔を出し、行進中の寒々とした天気が変わって、あたり一面が安らかで穏やかで快適になった。一トン野営地まで行けば状況がもっとよくつかめるだろう。あとわずか一七～八マイルだ。しかし私はポニーのことが気になる——甚だ気になる。いまでも本来の体調でなく、もし立派に引き通したとしたら、それはひとえにオーツの手柄だ。天気と路面の好転がひたすら願われる。いまは両方とも悪過ぎる。

午後三時。——ここ数時間雪が降り続き、柔らかい積雪が一インチ一インチと深くなっている。こういう天気はいったい何を意味するものなのか。これを理論づけるには、明らかにこの過剰な堆積物《たいせきぶつ》の原因を海洋などどこか外部に求めなければなるまい。北東からの風と雲の広がり、また異例に暖かい気温が、それを示しているようだ。これが異例だとすると、われわれの運はまことに悪かったことになるだろう。野営はひっそりして活気がない。うまくいっていないしるしだ。気温は今朝、日が当たっているテントの中央で五〇度〔一〇度C〕あった！　外はプラス一〇度。

一一月一四日、火曜。――一一号野営地。路面はほとんどよくならないが、行進はちょっぴりましになり、ぐっと活気が出た。行程の中程では日が照り、しばらくかげりはしたが、いままた明るく輝いている。いまは全く暖かく、そよとの風もなくて、ポニーはしごく安楽そうに休んでいる。雪が止めば、三〜四インチになった積雪は急速に減るはずだ。それにしてもこの雪を押し分けて進むのは苦しい。ただ、ポニーはなかなか堂々と立ち向かっている。クリストファはこれで三度、てこずらせずに引き具をつけさせた。一トン野営地からあとは真夜中の休止時に立ち止まらせてやれよう。したがって長い行進がこれまでよりも楽になるはずだ。ほぼ一二法定マイルを一度も休まず進むのは後衛の馬には大きな負担に違いない。一トン野営地まではあとわずか七マイルほどだ。今日エヴァンズのケルンを二つと昨年のケルンを一つ通過した。だから貯蔵所は難なく見付かるだろう。

断崖岬の黒い陸地の近くを通っていたのに、四日のあいだ私にはそれが影すら見えなかった。この地域で霧がこれほど長く続くことがあろうとは思わなかった。これまではいつも繰り返し陸地が見えたのだ。空がすっかり晴れるか、さもなければ覆いかぶさった雲が時々あがって裾《すそ》の岩が見えたのだ。陸標《りくひょう》頼りではまずいことになっただろう。良好なケルン方式こそ、明らかにこういう大雪原で取り得る最上の旅行法だ。ミアズとドミトリーの犬ぞりチームはいつもどおりわれわれが野営したあとすぐ到着した。

いまの季節にこういう多量の堆積物をもたらすこの暖かい湿った空気の流入は、確かに興味深い天気現象で、春から夏へかけてバリアの状態が急変する原因と考えられる。

一一月一五日、水曜。――一二号野営地。一トン貯蔵所は難なく見つかった〔エヴァンズ岬から一三〇地理マイル〕。およそ七〜八マイル。昼食野営までの五・五マイルでチャイナマンは相当疲れを見せたが、休憩後はまた元気に歩いた。他のポニーはどれも行進を苦にしなかった。むろん路面ははっきり好転していた。相談の結果ここで動物を一日休ませ、その後は一日一三地理マイルの進度で進むことに決めた。オーツの考えではポニーは進み通すだろうとのことだ。ただ、ここまでのところでは彼の予想よりも体調の衰えが早いと言う。オーツのいつもの悲観的態度を思えば、これは有望な見解と考えてよい。私自身はそれよりはるかに楽観的だ。私は彼らのうちの多くは現に出発当初よりもいまの方が元気だと思うし、あとのものも心配するほどではないと考える。もちろん初めから疑わしかった弱いものは別だ。ともあれ、成り行きを見守るべきだ。

　九日付のエヴァンズの置き手紙。乾パン四箱を運び八〇度三〇分へ向かうとある。彼は二日半で三〇（地理）マイル余り進んだわけで——きわめて良好な進度だ。よいケルンをたくさん築いて置いてくれるとありがたいが。

　昨日はたいへんうららかな日和で明るく日が照っていたのに、行進して真夜中近くに、空は次第に本曇りになってきた。非常に美しい暈《かさ》の輪が太陽の周りにできた。別々に四つの輪がくっきり現われていた。ウィルソンは五つ目のも見付けた——オレンジ色と、あいだの青色とが、美妙な対照をなしていた。いまは雪面にはっきり光環《こうかん》が見られる。頭上に層雲が広がる様子はめざましかった。空は地平線上ぐるりとどこも晴れていたが、頭上には層積雲が早くから現われた。それが南へ、後に東へ流れて行くように見えた。切れ切れの積雲が徐々に均一な層雲に変わり、太陽が力を増すにつれ、それが薄れていくように見える。かすかに雪片が落ちている。しかし地表の雪は消散しているようで、いまのところ軽く降る雪よりも蒸発の方が早い。雪片は装備の上に落ちるとたちまち消える。したがってそりの上や周りのあらゆるものは急速に乾いていく。地平線上が晴れていたあいだは西の方にぐるりとある非常に遠くの陸地がよく見えた。西南西に白く散在する山々までは一二〇マイルはあるに違いない。夜のあいだに、ここ何日も見えなかったディスカヴァリー山とロイアル・ソサイアティ山脈が見えたが、エレバス山はこの一週間見えず、その方角には雲が絶えず集まるようだ。バリアの天気現象を観察するのは興味深い。しかし今日のようにどこもかしこもぼんやりと白っぽく、どうしても重苦しい感じを受ける日よりも、やはり陽光のある方がよい。

　気温は昨夜晴天のときマイナス一五度〔マイナス二六度C〕まで下がった。空が曇ったとたんに零度〔マイナス一七・八度C〕まで上がり、いまはプラス一六度から二〇度〔マイナス九〜六・七度C〕だ。たいていの者は薄緑色のガラスのゴーグルを使用している。この色は目に快く、概してこれをかけて見る方が肉眼で見るよりも何でもはっきり見えるようだ。

堅いサスツルギはいまはすべて西南西からの向きで、ケルンにはその方向からの風で吹きだまりができている。雪を伴った風が南までひとしきり回っているのは明らかだが、大体はそうだ。これはコーナー野営地からここの野営地まで一様に観察され、海岸沿いはどこも風が陸地から吹くらしいことを示している。ここに設置しておいた最低温度計はマイナス七三度〔マイナス五八・三度C〕を指していて、これは予想したほどではなかった。実にうまく露出しており、雪に埋まったことはなかったと見てよい。私がここに撒《ま》いておいたカラス麦は見付からない――吹きだまり雪が覆い隠したのではないかと思うが、他の形跡からすると積雪はごく少なかったようだ。

一一月一六日、木曜。――一二号野営地。休息。一日じゅうしつこい南の軟風。夕方衰える。気温マイナス一五度〔マイナス二六度C〕。ポニーは防寒着をつけ、よい塀の陰で心地よさそうだ。荷物の編成替えをし、強いポニーには五八〇ポンドほど、他のものには四〇〇ポンド余りを配分した。

一一月一七日、金曜。――一三号野営地。アトキンソンは八時半ごろに出発した。われわれは残り全員で一一時ごろに出発した。昼食野営は七・五マイルの地点だった。アトキンソンはわれわれが着くと入れ代わりに発って行った。そしてわれわれより一時間早く、一三（地理）マイル四分ノ一の最終野営地点へ達した。大体において、また荷の重さからみて、ポニーはたいへんよくやった。ただ路面はわりあい良質だった。クリストファは出発のときてこずらせそうな気配を見せたが、うまくなだめて引き革をつけた。クリストファのそりの滑走部には氷が少しついていて引くのに難儀したようで、着いたとき相当へばっていた。荷自体も他のものよりずっしり重そうだった。この動物たちが持ちこたえるだろうかと疑うのはまだ早い。それはひたすら願うしかないことで、生まれつきや年のせいの弱さがもう見え始めている。

老いぼれたちは驚くほどよくやっている。だから実は元気な連中がどんなに長く、どんなによく歩くか知れないのだ。行進中恐ろしく冷たい風が吹いた。気温マイナス一八度〔マイナス二七・八度C〕、風力三。日が照っていたのに、ほとんど関係がないようだった。いまもまだ明るく日が照っていて、気温一一度〔マイナス一一・七度C〕。塀の陰は不思議に暖かく、ポニーはこのうえなく心地よさそうだ。

一一月一八日、土曜。――一四号野営地。ポニーは引きがよくない。路面は昨日より少し悪いかもしれない。しかしこれからはこのくらいは覚悟しなければなるまい。食糧を多く運び過ぎているのでないかと気になり出して、今朝その点をみなで相談し、一袋置いて行くことに決めた。いつもの一三（地理）マイルを進み、それに二〜三百ヤード加えて一五法定とした。気温は昨夜野営したときマイナス二一度〔マイナス二九・四度C〕、いまマイナス三度〔マイナス一九・四度C〕だ。老いぼれたちは驚くほどよく歩く。チャイナマンはオーツによると少なくともあと三日は大丈夫だそうだし、ライトによると一週間は歩きそうだと言う。これはわずかながら励みになる。しかし頼もしいのが一〇頭いてくれた方がどんなによいかしれない。氷河までどうにか行けるかきわどい。差し当たってはともかく進んで行くことだ。ともあれ明るい日光があれば万事有望に見えてくる。

一一月一九日、日曜。――一五号野営地。真に悪い路面にぶつかった。そりはよく滑るが、ポニーが深く沈む。その結果エヒウはほとんど参ってしまった。今夜着いた時すっかりへばっていた。あと一行進はできても、それ以上は無理だろう。路面を考えれば、他のポニーはよくやったと言える。時々飛節までの半ばまで沈み、小柄なマイケルは一〜二度ほぼ飛節まで沈んだ。幸いいま上天気で、ポニーを休ませるのに好都合だ。さんさんと降り注ぐ日光の中で彼らはしごく穏やかで落ち着いている。サスツルギは入り乱れ、その下の所々の堅い層は、前と同じく、西南西の風で形成されたものらしい。しかし表層の波には、最近南東の風があったことを思わせるものもある。写真を数枚撮った。バワーズもやっていた。

一一月二〇日、月曜。――一六号野営地。路面やや好転。サスツルギは次第に南東方向に一定してきた。堅い所が数カ所あって、一段と好転の希望を抱かせたが、長くは続かなかった。老いぼれたちはまだ歩いている。エヒウは昨日よりも少しよくなってさえいるようで、きっともう一行進できそうだ。チャイナマンは行進前半で不良との報告だったが、後半では元気が出た。犬は路面に難儀した。明日は馬糧を一袋下ろして軽くしてやろうと思う。空は行進中にうっすらと曇り、放射状の巻層雲《けんそううん》が南南西から北北東へかけて広がった。いまはまたきれいに晴れ上がり、明るくなっている。気温は夜間マイナス一四度〔マイナス二五・六度C〕、いまプラス四度〔マイナス一五・六度C〕。ごく弱い南の軟風があり、塀がその風から馬をよく守っている。日中ゆっくり日に当たって休むのは、きっとどの馬にも大いにためになるだろう。

　われわれの班のポニーは昨夜はしっかり歩いた。柔らかいクラストと歩きにくい路面をこれまでよりも楽にとらえるようだ。体調の衰えは一トン貯蔵所までほどには急速でない。ヴィクターは恐らく例外で、やつれが目立ってきた。ノビーは出発当初よりも元気で、力もついているようだ。この馬はいつでも待っていたように食事を平らげ、やればいくらでも食う。あとの馬もかなりよく食うが、いまは多量の強化食を与えている。馬についてはこれまでよりも希望が持てそうな気がする。クリストファは行進の終わり近くに、そりのへさきを蹴《け》ってへこました。しかし彼はまだまだ余力があるのに違いない。

　一一月二一日、火曜。——一七号野営地。緯度八〇度三五分。路面ははっきり好転し、ポニーはたゆみなく進んだ。過労ぎみのものは一頭もなく、どれも最後まで引き通すだろうと思わないわけにいかなくなってきた。（気温マイナス一四度、夜。）一つ心配があるとすれば、路面が再び悪化することで、それはこの進路では起こらないはずだ。いつもどおり昼食野営時まで行進すると、前方に大きなケルンが見えた。その先二マイルの八〇度三二分で雪上車班に追いついた。六日間待っていたそうだ。彼らはみな元気そうだが、ひどく空腹だと言っている。これはポニーを引く者には十分足りる規定食が、激しいそり引き作業をする者には全然不足であることを決定的に示す点で興味深い。したがって高原旅行用に準備している食糧が完全に正しいことになる。それでも恐らく早くから空腹になるだろうと私は思っている。デイはすっかり痩《や》せ、やつれたと言ってもよいくらいだが、元気はよい。天気はうららかだ——願わくは長く続かんことを！（気温プラス六度〔マイナス一四・

四度C）、午前一一時。）

雪上車班に三日間先頭を進んでもらい、そこでデイとフーパーが帰る、ということになった。エヒウはあと三日はもつだろう。いずれにせよそれでエヒウは殺して犬に与える。犬に食わせる機会が来るのをしきりに待ち望んでいるミアズの様子は見ていて面白い。毎日まだかまだかと待ち受けている。一方アトキンソンとオーツはそのかわいそうなやつを、シャックルトンが最初の一頭を殺した地点よりも先まで連れて行きたがっている。チャイナマンについては大いに有望な報告が入っており、実際ポニーは期待されているだけは果たしそうだ。

一一月二二日、水曜。——一八号野営地。万事ほぼ変わりなし。ポニーは一段と痩せてきたが、力はさほど衰えていない。老いぼれたちもまだ歩いている。いまやエヒウは「バリアの驚異」、チャイナマンは「雷電」！と呼ばれている。もう二日持てば、シャツクルトンが一頭目を殺した地点を遥かに越すはずだ。ノビーは抜群の体調を保っており、いまは五〇ポンドほど差をつけて最も重い荷を受け持っている。他は大部分五〇〇ポンド以下の荷で、やがてもっと軽くしてやれると思う。犬はまだ元気だ。今朝荷を引いて調子よくやってきた（夜の気温マイナス一・四度（マイナス一八・六度C））。氷河までは大きな困難もなく行き着けそうな感じだ。美しく晴れ渡った天気で、ポニーはいちばん暖かい時間帯を利してたっぷり休息できる。しかし確かに、夜の行進は彼らを疲らせる面もある。路面は太陽が暖かく照る時の方がそりには遥かに滑りやすく、真夜中前後の三時間ほどは摩擦が目立って大きくなる。荷にかかるこの余分の重さが休憩時の暖かさで埋め合わせがつくかどうかは、まさに問題だ。目下、行進はしごく着実で、速くはないがほとんど立ち止まることなく歩き通している。馬は重い足取りを続けるのに次第に慣れてきたらしく、深い所でも前ほど大騒ぎしない。にせのクラストがやや多くなっている——堅そうに見えていながら馬の全体重がかかるといきなり三～四インチ落ち込むのだ。これはかわいそうに馬にはなかなかこたえるようだ。人が沈む所も多くなっていて、次第に歩きにくくなっているが、総体にクラストはさほど悪質でなく、路面はむしろ前よりよい。暑い日差しが続けばさらによくなるだろう。このあと一〇〇マイルの間クラストの状態が変わるとは思えない。（気温プラス二度〔マイナス一六・七度C〕。）

西の地平線上に陸地が切れ切れに見える。黒っぽい帯が一筋連なって見えるとバワーズが言う。粗粒玄武岩の貫《かん》入岩床《にゅうがんしょう》なのか。

一一月二三日、木曜。――一九号野営地。進み続ける。ポニーは歩き通すだろう。氷河まであと一五〇地理マイルになった。しかしまだきわどい。ポニーが一頭でも二頭でも急激に衰えたら、われわれは窮地に陥りかねない。路面はほぼ変わりないようだ。昼食前に目立って好転したらしく、昼食後ポニーの進みがぐっとよくなった。摩擦が減ったものと考えられた。南に雲が湧いてきた（気温プラス九度〔マイナス一二・八度C〕）。ブリザードに見舞われるのではなかろうか。一行進でもブリザードに止められなければよいが。馬糧がもたない。

一一月二四日、金曜。――二〇号野営地。昨日は一日じゅう、初め雨、あと南東の寒風があり、空は一面に曇っていた。陰気な出発だったが、雲は急速に散り始めて、澄んだ空が帯状に何条も東西に広がり、残りの雲も消えていった。いまは太陽が明るく照って暖かい。われわれはかなりよい路面の上を、いつもの行進を楽々となし終えた。ポニーはいまは着実にたゆまず歩く。雪上車班と合流後は、その人引きそりの人たちに老いぼれたちの直前を進んでもらい、他のチームは二～三時間後れて続く、という手順でやっている。今日はいつもほど差が縮まらなかった。老いぼれたちが大いによく歩いたことになる。しかし命令はすでに出ていたので、今朝行進終了後、ふびんながら老エヒウは来た道を連れ戻されて射殺された。ハット・ポイントまで行き着けるかどうかさえ疑わしかったのに、昨年の最南点よりさらに八行進も来て、まだ余力があったとは実に驚く。しかし最後はわずかな荷しか引いていなかったのだし、命を終わらせてやったのは、まず慈悲にかなっていよう。チャイナマンは向上しているようで、確かにまだ幾日も持ちこたえそうだ。他はどれも衰えの様子はなく、多少空腹になっているだけだ。路面はほぼずっと二～三インチ沈み、歩くのに骨が折れる。やり遂げられそうな気がする。デイとフーパーが今夜去る。

一一月二五日、土曜。――二一号野営地。行進前半は、

氷晶《ひょうしょう》がたっぷりかぶっていたため、路面は甚だ悪かった。後半では好転し、終わりごろにはたいへんよくなった（気温プラス二度〔マイナス一六・七度C〕）。いまでは夜もかなり暖かいので、昼の行進に移行するのが明らかによさそうだ。今夜二時間遅く出発し、明日の夜また二時間後らせる。

昨夜デイとフーパーに別れを告げ、新編成で出発した（気温マイナス八度〔マイナス二二・二度C〕）。全員いっしょに出発した。人引き班のエヴァンズ、ラッシリー、アトキンソンが一〇フィートそりに自分たちの装備を乗せて先頭に立った。チャイナマンとジェームス・ピッグがそれに続き、一〇分ほど置いて残りが続いた。昼食野営地には同時に到着し、そこから同じ順序で出発した。老いぼれたち二頭は少し後れて出たが、最後には三〇〇ヤードとは離れていなかった。こうしてみないっしょに、大いに満足して野営に入った。人引き班の話では、前半の行進がたいへんきつかったそうだ（気温プラス二度）。

太陽は一晩じゅう照っていた。ただ真夜中近くに軽く霧雲が発生し、先を行く班がぼんやりかすんだ。陸地がほぼ行く手正面におぼろげに認められる。ポニーは徐々に疲れてきている。しかし明日は次の貯蔵所を作るから、また荷は軽くなる。いまミアズが来て報告したのによると、エヒウは犬の四日分の飼料になるそうだ。肉がたくさんあり、脂肪もたっぷりついていた。もう一頭あれば氷河まで行ける、とミアズは言う。これはたいへんよい知らせだ。人引き班はストックを使っていて、それがずいぶん助けになるそうだ。彼らに氷河を登らせることを考えている。エヒウはなんと言っても予想を上回ったのは確かで、チャイナマンはいっそう役立ちそうだ。あとほんの二〜三行進すれば、第一目的地到達の見込みが確かになるはずだ。

一一月二六日、日曜。——二二号野営地。昼食野営地。路面が比較的よく、わりあい楽な行進をしてここへ着いた。午前一時に出発した（現地時間で〇時）。現在一時間二マイルの進度を着実に保っていて、非常によい進行だ。空は出発時に薄曇りで、二時と三時のあいだに霧深くなった。野営前には、わずか三〇〇ヤード前方を行く人引き班が見えなくなった。日光は霧を通して差している。ここ八一度三五分地点に「中バリア貯蔵所」を設け、フーパー山貯蔵所と同じく、帰りの各班に一週分を貯蔵する。

二二号野営地。——後半の行進中に雪が降り始めた。風は西南西から風力二ないし三で吹いており、雪がテントにパラパラ音を立てている。夏のブリザードといったところで、故国の四月の通り雨を思わせる。ポニーは後半の行進ではよく歩いた。明日はまた二時間遅く、すなわち午前三時に出発する。（気温プラス一三度〔マイナス一〇・六度C〕。）これならば人引きをする時の昼の行進へ移行するのは容易だろう。サスツルギは次第にいっそう南向きになり、そして混乱の程度がいくぶん強まっているようだ。時々西方向の堅いサスツルギと交差している。歩くのは人には骨が折れる。足を踏み出すごとに二～三インチ落ち込むのだ。チャイナマンとジミー・ピッグは感心にも他のポニーに後れずについてきた。天地が一枚のくすんだ白色の棺掛《かんが》けになって見分けがつかない時に大雪原を歩くのはいつも陰気なものだが、いまのようによい仲間があり万事着々と順調に進んでいるのは慰めになる。犬はわれわれが野営すると同時に到着した。これまでになく路面がよかったとミアズは言っている。

一一月二七日、月曜。――二三号野営地。（気温午後一二時プラス八度〔マイナス一三・三度C〕、午前三時プラス二度〔マイナス一六・七度C〕、午前一一時プラス一三度、午後三時プラス一七度〔マイナス八・三度C〕）。全く初めてのような苦しい行進。路面は最初からたいへん悪かった。前衛が先発したが道に難儀し、数回われわれに追いつかれた。このためポニーは調子が狂い、行進が長引いた。昨日一日夏ブリザードが吹いたあと、好転しそうに見えたのに、空はまた一面に曇った。午前三時に出発し、昼食野営地に着いたときは九時近くになっていた。後半の行進はいっそうひどかった。前衛はスキーで出発したが、目標物が全然見えなくなり、針路を保つのに甚だしく難儀した。中間点のケルン作りのために停止したとき、いきなり激しく雪が降り出し、気温が上昇し、スキーが少しも動かなくなった（ノルウェー人のいう悪いファーレルだ）。この時の路面は名状し難いほど引きづらかった。しかし数分すると南風が吹き始め、その恩恵が直ちに感じられた。徒歩で引いていた前衛は直進するのにいっそう難儀し、ようやく最後の半マイルでわずかに空が見えて助かった。予定の行進はできたが、非常に苦しい条件であり、そして動物をひどく疲らせた。いまはまた雪が降りしきっていて、いつ止むとも知れない気配だ。

路面がこんなでなく、明かりが悪くなければ、事情はそう悪くなかったはずだ。サスツルギも深い雪もほとんどないのだ。大体どこでも人もポニーも表層の軟雪の下三～四インチにある堅いクラストまで沈む。人には骨が折れるが、クラスト自体は表層より平らだから、馬にはさほどでもない。いまミアズが到着して路面はたいへん悪かったと報告した。明日は一時間遅く、すなわち午前四時に出発する。三日前より五時間遅くなる。馬糧の点から、どうしても毎日一三（地理）マイル進まねばならない。だから状態の好転がひたすら願われる。ここ数日陸地はいっこうに姿を見せず、それがことさら事態を暗くしている。馬が疲れると人も疲れるようで、このごろは睡眠はたっぷりとっているのに、行進のあと晴れ晴れした顔をしている者がいない。

一一月二八日、火曜。――二四号野営地。考えられないほど陰鬱《いんうつ》な出発。まるで生垣があるように見通しが利かず、雪は空からも降り、激しい南風で地吹雪にもなっていた。チャイナマンとジェームス・ピッグのチームは三時一五分に発った。われわれは四時二〇分にあとを追い、八時三〇分に、先発チームがちょうど昼食野営に入るところへ追いついた。道半ばから情勢が好転した。空は晴れそうな気配を見せ、針路は取りやすくなった。いま昼食をしているうちにまた悪化してきた。この情けないブリザードはいつ止むのだろうか。路面はポニーには歩きよくなり、人には歩きにくくなっている。ほとんどどこも三インチから六インチの深さに堅いクラストがある。行進の終わりごろ、高くて堅い南東方向のサスツルギが広くばらまいたように続いているのを横切った。これはどう考えたらよいのかわからない。

後半の行進も前半に劣らずひどかった。風は南から強く吹き、それが南東へ移ると同時に吹雪になってきた。そして視界はほぼ完全にさえぎられ、吹き飛ぶ雪がちくちく顔を刺した。こういう悪天候は全体の感じからみて南東から広がってくるようだ。われわれは午前四時に出発した。当分これを続けていこうと思う。ここ数行進は懸命の奮闘だった。それでも支障なくやり遂げられ、そして野営する時は吹雪いていたが、いまは空に好転のきざしが見え、一時的かもしれないが風が落ち太陽が明るく照って、惨憺たる行進のあとの陰気さをいくらか吹き払ってくれた。

「雷電」！ことチャイナマンを今夜射殺した。健気《けなげ》なやつだった。最後までよく頑張って退場するのだが、仲間たちよりほんの数日早いに過ぎない。馬糧はあと四袋（各一三〇ポンド）しかない。しかし残りのポニー全部が七行進する分にはなるはずで、それに氷河まではもう九〇マイル足らずだ。バワーズの話では、気圧計は今度のブリザードの間もその前のブリザードの間も、異常に低かったと言う。確かにこの地帯で誰も経験したことがないほど思いがけない、苦しい夏ブリザードだった。どうかもう終わったのであってほしい。残ったポニーはどれがどうというほど差がない。ノビーとボーンズが中で強く、ヴィクターとクリストファが弱いが、どれも最後まで持ちこたえるだろう。陸地はまだ姿を見せない。

一一月二九日、水曜。――二五号野営地。緯度八二度二一分。事態大いに好転。陸地は昨日遅く姿を見せた。壮大な三ツ峰のマーカム山が驚くほど近く見え、それにリトルトン岬とゴルディ岬。行進は早めに終わった。四時二〇分に出発し、一時一五分にここに野営した。行進時間約七時間半。全体を通じて平均時速二法定マイルになると思う。陸地は行進中うっすらと姿を見せ、時々目立って近く見えた。前半の行進中は雪のような層雲が、白く一面に頭上に垂れていたが、いまは空は次第に晴れて、太陽がたいへん暖かく明るく照っている。陸地はいまほぼ行く手正面に見え、ポニーの終点までは七〇マイル足らずだ。ポニーは疲れているが、どれもまだ五日間働く力はあるだろう。中にはもっと余力のあるのもいる。チャイナマンで犬の飼料が四日分できた。他のどのポニーも同じくらいに見積ってよかろう。そうなれば犬を使うことができ、あと休ませて、帰りの飼料もたっぷりあることになる。実際、犬の助けがあれば、もう進み通せるだろうし、そう遅れることもなかろう。それでも、あらゆる点から考えて、人に重いそり引きをさせるのはできるだけ先へ延ばすのが望ましい。したがってあとの七〇マイルは現在の編成で行けるよう心から願っている。スニペツとノビーはいまでは独立して歩き、跡を上手にたどって行く。どちらも絶えず馬方の動きをうかがい、馬方が立ち止まったら直ちに止まろうと待ち構えている。どちらも数分ごとに雪を食う。馬を引かなくてよいのは息抜きになる。そういうちょっとしたこと、むら気を起こしたり、いつまでも懲りずに引き綱に食いつこうとしたりなどするのが、こういう行進で馬方を悩ます。しかし馬はどれも特徴ある性格をたっぷり備えている。いつかこれらの馬とその特徴について書かなければならない。

人引き班はわれわれより一時間半早く出発し、全区間楽々と歩いて、ここにたっぷり一時間前に着いた。日が当たっている時の路面はそれだけよいわけで、昼の行進に移行した私の決定が正しかったことになる。エヴァンズは路面の性質を指すのに「滑り」という言葉を当てたらどうかと言う。「路面」はそれより範囲が広く、クラストとその沈みやすさを含む。この見方からすると、路面は目立って悪い。ポニーは終始、深く掘り返すようにして歩き、人もほぼ同じだ。サスツルギは一段とはっきり南東方向になっている。これは風が海岸沿いに吹くためだろう。「沈んでいくクラスト」――大きな音をさせて沈み込む地域――に、またさしかかった。一トン貯蔵所からあと大体なくなっていたのが、昨日から今日にかけて再び始まり、今日は特に目立つ。きっとバリアの中央部と海岸近くとでは状態が違うのだろう。総じて状況はぐっと好転している様子で、一同甚だ上機嫌だ。ミアズがポニーの足跡の穴を計っていて、一トン野営地以後で平均約八インチになると言う。一フィートになる穴も多いと言う。これで仕事の性質がどんなものかがよくわかる。バワーズのテントでは、昨日チャイナマンのヒレ肉をフーシュ〔濃厚なスープ。行進時の主食〕に入れてみた。上等だったそうだ。私はいま炊事当番だ。ポニーのかんじきについて討議した。うまく履いてくれるとよいが――いまのような路面では彼らにはずいぶん助けになるはずだ。

一一月三〇日、木曜。――二六号野営地。行進向きのたいへん気持ちのよい日和。しかしポニーにはひどく骨の折れる行進で、ノビー以外はみな衰えを見せた。昨日より三〇分あるいはそれ以上余分にかかった。いまは荷が軽くなっていることと、ポニーがまだ八頭残っていること以外に、特に愉快な状況ではない。それでも最初の目標までは、あと六〇マイル足らずのはずだ。路面は今日はぐっと悪化し、ポニーはしばしば膝《ひざ》まで沈んだ。行進の終わり近くでは、やや堅い所が二〜三カ所あった。日が照ったにもかかわらず、雪には「滑り」があまりなかった。報告では犬の働きぶりはたいへんよいそうだ。いざというとき大いに頼りになることは確かだ。陸地はずっと白い薄霧をかぶっていた。野営に入ったあと、時々姿を現わしたので数枚撮影した。

一二月一日、金曜。――二七号野営地。緯度八二度四七分。ポニーは見る見る疲れてきた。ノビー以外はどれもあと何日持つかというところだ。それでも馬糧より長持ちしそうで、反対もあったが今夜クリストファの射殺を決めた。それはすでに実施された。出発の時さんざんてこずらされた思い出があるし、最近は進みぶりも悪かったから、他の馬ほど未練は感じない。ここに貯蔵所*を置くので、他のポニーに余分の荷が加わることはない。実際には荷はわずかながら減る。あと三行進で行き着けるはずだ。七頭の老いぼれ馬と犬とで、きっと到達できよう。人だけだったら、この極端に骨の折れる路面では重荷は引けまい。

ノビーに今朝かんじきを履かせたところ、四マイルほどはすばらしくよく歩き、それからこのお粗末なしろものは壊れてきたので脱がせなければならなかった。こういうかんじきがポニーに打ってつけのものであるのは確かで、われわれのポニーも初めからそれを履くことができていたら、いまごろはずいぶん様子が違っていただろう。陸地が見えてきたのが馬を力づけているようだ。もちろんわずかだが。明るく暖かい日差しの中を出発し、山々が右手に驚くほどはっきり見えていたが、行進の終わり近くには東から雲が出始め、いまは薄い切れ切れの層積雲が空一面に広がり、陸地はまだ見えるけれどもかすんできた。見事な氷河がロングスタフ山から垂れている。非常に深く切れ込んでおり、壁面は少なくとも五〇度の角度で立っている。ほかは、低い所には圏谷《けんこく》が数多く見えるが、山々自体はほとんどえぐられていないようだ。丸まった塊状《かいじょう》をしている。淡い黄褐色の岩壁が行く手真正面に見え、その側面に黒ないし暗褐色の岩が接し、同じく淡い色の下部にもそれが見えている。これらがどういう性質の岩石を表わしているのか知りたい。一つ先の山群にも露岩が多い。

一二月二日、土曜。――二八号野営地。緯度八三度。悪天候の中を出発。昨夜南東から広がった層雲は悪い兆しだったようで、今日は一日じゅう恐ろしく薄暗くて雪が降り続く中の行進だ。前半ではポニーの進みが悪かった。風

＊南バリア貯蔵所。

はほとんどなく、気温は高かった。路面は悪く、馬は深く沈んだ。オーツに自由に動き回って馬を監視したらどうかと言ったが、彼は馬を引きたいようなので、私は喜んでスニペッツを渡し、スキーで進んだ。これは私には甚だ楽で、ポニーが前のめりに沈みながら進むところを数枚撮影した――光度はたいへん強く、三だった（ワトキンス感光計）。後半の行進では路面も滑りも好転し、ポニーの進みはぐっと向上した。私は先頭を進んだが、それを続けるためには。よほどたゆみなく歩かねばならなかった。そして一同意気揚々と野営地点に到着した。悲しいことながらヴィクターの射殺を命じた――かわいそうにバワーズは心を痛めている。ヴィクターはすこぶるよい体調だから犬の五日分の飼料になるだろう。（気温プラス一七度〔マイナス八・三度Ｃ〕）。馬糧が乏しくなってきたので殺さなければならない。しかしもう八三度線に達したから、進み通せるのはほぼ確実だ。今夜は雲が切れ始め、全体に条件は好転の気配を見せている――空白の壁を貫いて進むのは恐ろしく陰気な作業で、先行して針路を示してくれる班がなかったら、よほど難儀するだろう。犬はめざましい働きぶりで、明日からはこれまでより重い荷を受け持つ。明晩行進を終わったらもう一頭ポニーを殺す。そうすればあと五頭にほぼ三日分の馬糧があることになる。実際、天気さえ許せば氷河へは順調に達しられそうだ。シャックルトン隊の旅行での日記で、一二月一五日にワイルドがこう書いている、上天気を記録できないのはひと月ぶりだ。われわれの場合はこれまでのところ晴天の日は例外だった。しかしまだ一行進も落としてはいない。野営に入った時はひどく暖かく、雪は落ちるとたちまち融け、あらゆるものがびしょびしょにぬれた。オーツが昨日チェリー‐ギャラードと交替して私のテントへ移った。

現在のテント割。私、ウィルソン、オーツ、コヘイン。バワーズ、エヴァンズ兵曹、チェリー、クリーン。人引き班。E・R・エヴァンズ、アトキンソン、ライト、ラッシリー。一同、馬肉が口に合い、食事の量もたっぷりだから、空腹など考えられない。

一二月三日、日曜。――二九号野営地。天候でのわれわれの運勢はめちゃくちゃだ。五時に出発するつもりで午前二時三〇分に隊員を起こした。視程が悪く雪が降っていた。それでも出られそうだった。ところが朝食中に風が強まり、四時三〇分には南からの完全な強風になった。ポニーの塀は吹き崩され、大きな吹きだまりができ、そりがたちまち埋まった。夏にこの地で出合ったことがないほど強い風だった。一一時には治まり始めた。一二時三〇分に一同起きて昼食をし、出発の準備をした。陸地が姿を現わし、雲が切れ、一時三〇分には明るく日光が差してきた。午後二時出発。陸地は周りじゅうにぐるりと見え、南東に少し雲があるだけで、すべて順調な形勢だった。二時一五分に南東の雲が広がり始めた。そして二時三〇分には三〇マイル先の陸地を隠し、三時前にわれわれの頭上に達した。太陽は隠れ、雪が激しく降ってきて、行進条件は恐ろしく悪化した。風は南東から強まり、南西へ移って、しばらく続いたあと、いきなり西北西へ変わり、次には北北西へ変わって、いまその方向から、降る雪と地吹雪を伴なって吹いている。状況の変化は考えられないくらい急激で、全く面くらう。こういう困難にもかかわらず、われわれはどうにか一一・五マイル南進し、午後七時にこの野営地に着いた——恐ろしいの一語に尽きる行進条件だった。

　人引き班は六（地理）マイルのあいだ先導を勤め、そして野営した。それだけ先導するのがエヴァンズにはやっとだったろうと思う。われわれは彼らを追い越し、バワーズと私がスキーで先頭に立った。われわれは羅針儀によって針路をとった。雪がスキーに横ざまに吹きつけ、南東向きのサスツルギが時々スキーの下にちらっと現われた。そして最後の一時間ほどはぼんやり日が差した。気象状態が混乱しきっているようで、氷河へさしかかってもこれが続くと、われわれは窮地に立たされるだろう。実際そろそろ運が向いてきてよいころなのだ——これまでがあまりにもついていなかった。こういう状態では一マイル一マイルが苦労の末やっと、という感じだ。ポニーはすばらしくよくやり、馬糧は予想よりいくらか長持ちしている。ヴィクターにはたっぷり脂肪があった。他のポニーにはきっとそれ以上あるだろうから、天気さえ持ち直せば、運送にはなんら困難はないはずだ。

　一二月四日、月曜——二九号野営地、午前九時。六時に一同を起こした。夜の間に風は北北西から南南東へ変わった。風は強くはなかったが、太陽は隠れ、空は暗かった。陸地が所々うっすらと見え、ともかく進めるだろうとわれわれは思った。だが朝食のあいだに風が急に強まり、その後、外を見ると、白い粉来状の完全なブリザードになっているのが一目でわかった。全員出てポニーの塀を築き直した――ありがたくない仕事だ。しかしポニーの安楽には大いにためになる。当の馬たちは眠たげで退屈そうにしてはいるが、寒くは少しもなさそうだ。犬ぞりのチームは昨夜われわれが野営に入ったところへ追いつき、人引きのチームは今朝ポニーの塀を作り終えたところへ到着した。そして全員またいっしょになった。人引き班はわれわれの跡をたどるのにすごく難儀したそうで、そして跡がなかったら進めなかったろうと言っている。この天気では前進は全く不可能だ。どうしてこうなのか見当がつかない。気圧計は昨夜二九・四から二九・九へ上がって、異常な上昇を見せた。明らかに大気の状態に大変動が起こっているらしい。じっと辛抱して好転を待ち望むしかない。とはいえ、こんな天気を以前来た人達の場合と比べると苦々しくなる。

三〇号野営地。――午前中に風が落ち、一二時三〇分には空が晴れ始めた。一時前に太陽が出て、午後二時前に出発。一三マイル獲得して、午後八時前にここに野営した。陸地は行進中終始はっきり見え、形状もそれぞれ容易に見分けがついた。まだ地図にない大型の氷河がいくつかあり、リード山の下では三つが合流している。山々は丸まった輪郭のどっしりした塊状で、複数のこぶ状の頂と未発達の「圏谷」がある（気温プラス一八度〔マイナス七・八度C〕）。ふもとの丘には見事な圏谷があり、氷河は流路を深く削り込んで、両岸は急傾斜の壁面になっている。ふもとの丘の一つ二つは頂が露出し、ほぼ垂直に突き立っている。恐らく花崗岩《かこうがん》だろう。やがてわかる。われわれの行く手には、氷で丸まり漂石《ひょうせき》の散らばるホープ山と、氷河へ入る門とがある。明日の行進で一二マイル進めれば楽にそこまで行けるはずだ。ポニーは今日は起伏する路面の深い雪の中を難なく歩いてめざましい行進をした。シャックルトンのポニーより格段によい体調にあるに違いなく、事実、馬糧があればきっとまだまだ進めるだろう。犬はすばらしいの一語に尽きる。しかし飼料が乏しくなってきたので、ふびんながらマイケルをやむなく犠牲にした。これにも他の馬と同じく脂肪がたっぷりついていた。どのテントでもポニーの肉を食べ、文句なしに賞味している。

ひどかったこの二日でできた後れは五〜六マイルに過ぎない。ただ氷河のことを考えると、天候の混乱が心配になる。氷河ではどこよりも好天が必要だからだ。今季はまことに悪い季節だったという恐ろしい感じがしてくる。しかし一日の苦労は一日にて足れりだ。もう旅の第一段階は終わったも同然なのだ。前の野営地から南南東を望んだ時、そこは最も遠くまで陸地が見えるところで、ほぼ間違いなく非常に高緯度の地点までバリアを進むことができそうに見えた。アムンセンがそこを行くとすれば幸運に恵まれるわけで、高原旅行は一〇〇マイルほど短縮されるだろう。いずれにせよ、新たに物資が届いたら、来年の仕事として心をそそられる方面だ。路面の起伏の高低差は一二ないし一五フィートほどのようだった。今夜は氷河の門から時々風が吹いてくる。そこは今のところ近づき難い感じだ。

四日の後れ

一二月五日、火曜。――三〇号野営地。正午。今朝、目が覚めると、ごうごうと荒れ狂うブリザードになっていた。これまでの風には、ごく細かい粉末状の雪――ブリザード特有のもの――が欠けていた。今日のは完全にそれになっている。外へ出て一～二分もすると全身雪だらけになる。気温が高いので降る雪も吹き飛ぶ雪も体に当たるとくっつく。ポニーは――頭も尾も脚も、その他防寒着のかかっていない部分はすべて――氷に覆われている。彼らは雪に深く埋もれて立っており、そりは覆い隠されそうだし、テントの周りにはすごい吹きだまりができている。朝食をし、塀を築き直して、いままた寝袋に入っている。隣のテントは見えず、むろん陸地は見えない。一年のこの時期にこんな天候とはいったいどういうことなのか。運が悪いと言ってもこれではひど過ぎる。しかしまだ変わることもあろう。この天気では追い風でも進める隊があるとは思えない。逆風では絶対不可能だ。

この地域一帯に悪い季節と感じられるような何か広範囲の大気変動があるのか、あるいはただわれわれがここだけの異例の気象状態の犠牲になっているのか。後者だとすると、われわれの小さい隊がひとつの場所で不運を相手に苦闘しているうちに、他の人達が日の差す中を笑顔で進んでいるという図を思い描かざるを得なくなる。運という要素のなんと大きいことか！　どんなに先を見通したとしても――どんなに手順を考えたとしても――こんな状況に陥る場合までは予想できなかっただろう。われわれが十倍も経験豊富だとか確信があるとかしたとしても、こんな妨害を受けようとは思い及ばなかっただろう。

午後一一時。――風は一日じゅう激しく吹き、ほかに覚えがないほど多量の雪が降った。テントの周りの吹きだまりといったら、それこそ山のようだ。気温は今日午前中プラス二七度〔マイナス二・八度C〕で、午後にはプラス三二度〔マイナス〇・六度C〕に上がり、その時は雪以外の物の上へ落ちた雪はすべてその場で融け、その結果あらゆるものの上に水たまりができ、テントをはじめ防風服、夜間用ブーツ、その他の物がびしょぬれになった。テントのポールと出入口から水がしたたり、床敷きにたまって、寝袋はずぶぬれになり、そこらじゅうみじめな有様だ。これらを乾かせないうちに寒波が来たらよほど不快なことになるだろう。それでも後れが一大事でさえなければ、これはこれでけっこう面白いことなのだが――いまはそれどころでなく、こんな時にこんな事態になったとはまことに不運だ。風は和らぐ気配を見せているが気温は下がらず、雪はあいかわらずべとつく――これではまだ好転は望めない。

コヘインの詩！

雪がどんどん融けて何もかもが浮いて流れる
これがもっと続いたらテントをひっくり返し
ボートにしなくちゃなるまいさ。

一二月六日、水曜。――三〇号野営地。正午。惨憺、実に惨憺。われわれは「失望の泥沼」の中に野営している。大あらしは衰えも見せず荒れ狂っている。気温はプラス三三度〔〇・六度C〕までいき、テントの中は何もかもずぶぬれだ。外から帰って来る者は土砂降りの中にいたも同然で、そのしずくが床敷きに水たまりを作る。雪は塀やポニーやテントやそりの周りにどんどん高く積もる。ポニーのみじめさといったらない。いやはや！　なんともひどい打撃だ。氷河まであと一二マイルしかないというのにだ。絶望感が襲ってきて、それを払いのけるのが難しい。こういうときにはなんと忍耐力が要ることか！

午後一一時。――五時にようやく小止みの兆しが現われ、いまは陸地が見える。しかしまだ空は一面に曇っており、そしてあたりは大量の雪だ。風も依然かなり強く、気温は高い。具合はよくないが、それでも明朝この程度なら、ようやく出発できるだろう。みなひどいぬれようだ。

一二月七日、木曜。――三〇号野営地。あいかわらずあらしで、いまや事態は切迫してきた。今日かぎりであと馬糧は一食分足らずしか残らない。したがって明日出発するか、ポニーを犠牲にするかだ。そうなっても最悪というわけではない。犬の助力があればきっと進めよう。重大なのはわれわれが今朝から高原食を食べ始めたことだ——つまり下氷河貯蔵所以遠に予定していた食糧に手をつけたのだ。第一支援班は今日から二週間しか進めなくなるわけで、他もこれに準ずることになる。あらしは衰える気配がなく、たちの悪さはいっこうに変わらない。昨夜見えた好転の兆しは午前三時ごろには消え失せてしまった。そして再び気温が上昇し、風が強まり、事態は元の状況へ逆戻りした。止む気配はさらに見えず、動くのは全く不可能という点で全員意見が一致している。不運とあきらめるより取るべき態度はないが、それはおいそれとはできない。計画は十分練ったうえのものだし、第一段階の成功までにあと一息という時に、こんなことになるとはあまりだ。もう一度やり直すとしても、いまの計画のどの一点も変わるとは思えない。悪天候のための余裕はあらゆる先例に照らしてたっぷり残してあったのだ。最も好天の月である一二月にこのあらしとは、どんなに用心深い隊長でも予想できなかっただろう。ぬれた寝袋の中にこうして横たわって哀れな事態のことを考えていると、なんとも気がめいってくる。空は切れ目なく雲に閉ざされ、情勢は悪化の一途をたどっている（気温プラス三二度〔〇度C〕）。ミアズは片目が重い雪目にかかっている。休んでいるうちによくなってくれるとよいが、彼の話ではだいぶ前から痛かったのだそうだ。こんな天気の中では野営地は意気の上がりようがない。しかし盛り上がる機会を待ってはいるのだ。昨夜いっとき望みが出た時には笑い声が聞こえた。

　真夜中。ほとんど好転していない。気圧計は上昇している——そこに望みがあるのかもしれない。一日一日、いや一時間一時間が、重大な意味を持つ時に、このように何もしないでいなければならないことほど腹立たしい状況はほかにはめったになかろう。ここに横たわって、ぬれてまだらの緑のテントや、ぬれて光る竹の支柱や、よごれて水浸しの靴下その他が真中にぶら下がっているのや、仲間たちの暗い顔などを見つめたり——いつ止むともなくぱたぱたと降る雪の音や、絶え間なくばたばた鳴る帆布の音を聞いたり——服でもなんでも、触れるとべったりはりつくほどぬれているのを感じたり、外は四方八方白一色の壁だけなのがわかっていたり——こういうのが周囲の状況で、それに全計画の挫折《ざせつ》が目の前にちらつくという重圧を加えれば、そんな立場はごめんだと誰しも思うに違いない。とはいえ、現われてくる困難の中に励ましを見つけるよう努めながら奮闘し続けることはできるはずだ。

一二月八日、金曜。――三〇号野営地。好転を空頼みしながら起きてみると、あいかわらず嘆かわしい雪と風だ。一〇時に朝食をとり、正午に風が衰えた。そりの掘り出しにかかったが容易な仕事ではなかった。次にテントの位置を移した。どのテントも次第に雪の重みで押しつぶされ、もう限界に来ていた。移した跡は中心がぬれた氷の深い穴になっている。テントの張り直しによって、少なくとも居心地はよくなった。殊に風が衰えてからがそうだ。四時ごろ雲が切れる兆しが見え、太陽と、陸地の所々が、ぼんやり見えてきた。風は至軽風《しけいふう》になって向きが変わり、少し望みが出てきた。残念！　これを書いているうちに太陽が隠れ、またしても雪になってきた。事態は絶望的になりつつある。午後エヴァンズの人引き班が荷を引く試みをした。スキーを履いて引き、人を四人乗せてそりを動かすことができた。スキーなしだと膝《ひざ》まで沈んだ。雪は周りじゅう恐ろしく深い。ノビーを試しに引き出したら腹まで雪に沈んだ。ウィルソンの考えでは、ポニーは終わりだと言うが、オーツの考えでは、こんな路面でも明日ならもう一行進できると言う。それがだめだったら、明日ポニーを殺して、スキーを履いた人と犬とで、進めるだけ進まなくてはならない。しかしこの路面では犬もどれだけ働けるか疑わしい。私には犬も結局役立たないのではないかと大いに危ぶまれる。好天が欲しい。たとえ氷河までだけでも。気温は依然プラス三三度で、あらゆるものがいまいましいほどぬれている。

午後一一時。――風はすでに北へ移り、空にはようやく本当に晴れ間ができ、太陽もこれまでほどけちけちせずに姿を見せ、陸地も靄《もや》の中から現われてきた。気温はプラス二六度〔マイナス三・三度C〕へ下がり、水の苦労もすでに減り始めている。これほど有望な好転のきざしがありながら、明日になって悪天候に立ち向かわなければならないとしたら、それはあまりにむごいと言うものだ。いよいよ行動できそうだというので、今夜は野営地が活気づいている。ふびんにもポニーたちはいかにも食べ物欲しそうにしているが、それはもうわずかしかない。しかし彼らは空腹ではないはずだ。いまある蓄えはかいば袋の食い残しを集めたものだからだ。いろいろ考え合わせると彼らは不思議なほど元気そうだ。今夜はあらゆる点でいちだんと有望になってきた。だが失った四日は取り返しようがない。

一二月九日、土曜。――三一号野営地。夜のあいだに二～三度外へ出て、天気がゆっくり回復しているのを知った。五時三〇分に全員起床し、八時にポニーを連れて出発した――甚だしく苦しい一日。今度のあらしのものすごい積雪のため路面はどうにもならないほど柔らかく、最初の一時間を過ぎてからは全く滑らなくなってしまった。哀れにも食事を半減された馬をせき立てるのだが、数分と続けて先頭を進めるものはいなかった。あとからついて行くときはかなりよく進む。前進不能のように見えた。局面打開のために人引き班に働いてもらわなければならなかった。バワーズとチェリー‐ギャラードが一台の一〇フィートそりを引いて先導した――こうしてたいへんな苦労の末、約一マイル進んだ。この事態を救ったのはエヴァンズ兵曹で、最後に残った一足のかんじきをスナッチャーに履かせたのだ。それからはあまりせき立てなくても彼は進み続け、その跡を他のポニーがついていったのだが、それらは二番目の位置になると次々に疲れ果てた。昼食抜きで一日じゅう進んだ。三～四マイルのあたりで（気温プラス二三度〔マイナス五度C〕）氷丘《ひょうきゅう》脈帯へまぎれ込んだが、雪のひどい柔らかさのほかには困難はなかった。午後八時には、シャックルトンが門と名付けた山あいへ登る斜面まであと一マイル足らずのところへ行き着いた。ポニーも連れてとっくにこの門を通過していたはずなのだ。あの破壊的なあらしがなければそうできたはずだ。実に大打撃だった。しかしあらしで路面が台なしになってさえいなければ、まだ絶望的ではない。荷が軽いのに人引き班はまだ来ない。途中でお茶を飲んでいるか何かだと思う。普通なら楽々とわれわれを追い越しているころだ。

午後八時にはポニーはどれもすっかりへたばった。苦しそうにのろのろと二～三百ヤード行っては一休み、という進み方だった。そのころには私が先頭を引いていた。ばかばかしいほど軽い荷なのにそり引きはなかなかきつかった。野営を張り、ポニーを射殺した。* ふびんなことだ。条件の

＊三一野営地には畜殺野営地の名が付いた。

厳しさを考えれば驚くほどよくやったと言うべきで、ただこんなに早く殺さねばならなかったのはつらい。犬はこの路面にもよく進んでいる。しかしここでもやはり期待どおりとはいかない。（気温プラス一九度〔マイナス七・二度C〕。）この雪では動物たちに重い荷を引かせるわけにはいかない。景観は実に荘厳だ。三本の巨大な花岡岩の柱が、門の右の控え壁を形成し、ホープ山の鋭い山脚《さんきゃく》の一つが左のそれを形成する。陸地にはあらしの前に見たときよりも断然多く雪がかぶっている。前途がいくらか疑わしいのに、今夜は一同大いに朗らかで、盛んに冗談が飛び交う。

第一七章

ビアドモア氷河で

一二月一〇日、日曜。——三二号野営地。* こういう恐ろしい路面の上をいったい荷が引けるかと私はたいへん心配だった。それができたのは何よりもスキーのおかげだ。全員を八時に起こしたが、荷の再整理が完了して出発できるようになったのは正午過ぎだった。犬は貯蔵用の荷（二〇〇ポンド）のほかに、われわれの荷を六〇〇ポンド運んだ。われわれが——私の班が——「一、二、三」で引き始めると、そりは案外たやすくついてきて、私は大いに驚いた。最初の一マイルを時速二マイルほどの速さで進んだ。前もって十分念入りに滑走部の氷をこすり落とし、乾かしてあった。晴れ渡った上天気で、一同まもなく汗をかき始めた。最初の一マイルを過ぎると登り道になり、しばらく急坂をスキーのままで進み続けた。それから傾斜がいちだんと急になり、路面がぐっと悪化して、スキーを脱がねばな

＊元雪上車班のうちデイとフーパーはすでに一一月二四日に帰途につき、ミアズとドミトリーは犬を連れて下氷河貯蔵所の上まで登ったあと一二月一一日に帰途についた。極点班とその支援班は順次左記のように編成された。

一二月一〇日、畜殺野営地出発——

一号そり　スコット、ウィルソン、オーツ、エヴァンズ兵曹。

二号そり　E・エヴァンズ、アトキンソン、ライト、ラッシリー。

三号そり　バワーズ、チェリー‐ギャラード、クリーン、コヘイン。

一二月二一日、上氷河貯蔵所で——

一号そり　スコット、ウィルソン、オーツ、エヴァンズ兵曹。

二号そり　E・エヴァンズ、バワーズ、クリーン、ラッシリー。アトキンソン、ライト、チェリー‐ギャラード、およびコヘイン帰途につく。

一月四日、極点まであと一五〇マイル——

一号そり　スコット、ウィルソン、オーツ、バワーズ、エヴァンズ兵曹。E・エヴァンズ、クリーン、ラッシリー帰途につく。

らなくなった。ここからそり引きは異常に苦しくなった。どこでもフィンスコーいっぱいまで沈み、所によっては膝《ひざ》近くまで沈んだ。そりの滑走部には氷の薄膜がつき、それがどうにも落とし切れなかった。そしてそりは柔らかい所では横木まで沈んだ。終始文字通り雪を耕している有様だった。五時に坂の頂上へ着き、お茶のあと下りにかかった。ここでも登りに劣らず力が要ったが、なんとかスキーを履いて引けるようになった。九時一五分に野営した。すると強い風が氷河の上手からいきなり吹き付けてきた。しかし野営することに決めたのはそれより前で、それはエヴァンズ班が後れてしまい、そのことでウィルソンから甚だ気掛かりな話を聞いたからだった。ライトがばてそうになり、またラッシリーもブリザード以来の激しいそり引きのため前ほど元気がなくなっているとアトキンソンが言っているらしいのだ。この班には私も不満を感じていた。今日の行進の終わり方は明らかに何か故障があることを示している。彼らはずっと後れてしまい、スキーを脱がねばならなくなり、二〜三百ヤードのところを三〇分近くかかった。路面がひどく、そして刻々に悪化していたのは確かだ。人々が役立たずになってきたとしたら一大事だ。私自身については、私はこれまでになく元気だし、私の班は楽々と続けていく力がある。いうまでもなくエヴァンズ兵曹が柱石をなしているが、オーツもウィルソンもすばらしい働きぶりだ。

　野営しているこのあたりの雪はこれまで見たことがないほど悪い状態だが、ここは窪地《くぼち》だ。一歩ごとに膝まで沈み、路面がでこぼこなので、そりを支える力がないのが一見してわかる。この風は変装した恵みかもしれなくて、すでに雪は風で堅くなってきたようだ。この多量の軟雪は長かったあらしの名残だ。このあたりではシャックルトンは堅い青氷《あおごおり》を見たのだった。異常なほどの運の違いようで、一歩ごとにシャックルトンの幸運がはっきりしてくる。犬は明日半日前進させたうえ引き返させる。各そりの荷に二〇〇ポンド加わることになり、それでも路面がほどほどによければなんでもなかろうが、いまのままだと区間運搬をせざるを得なくなりそうだ。今夜は氷河から強い風が吹き下ろす。

　「ビアドモア氷河。——帰途につく犬ぞりに託してひとこと。情勢は期待ほどには明るくありません。しかし一同気力を盛り立てながら、運は必ず向いてくるだろうと話し合っています。いまは私がかつての時と同じく、他の人たちに負けずに頑張れる自信があるとだけお知らせします。」

一二月一一日、月曜。——三三号野営地。見方によってはたいへんよい日。別の見方をすればたいへん悪い日。出発して真っ直ぐ氷河の上を行き、乱氷《らんぴょう》の中をかなり通った。われわれがスキーを履いて引き、犬ぞりがあとに続いた。犬係にはそりから離れないよう注意した。人はスキーのおかげで、犬は軟雪のおかげで、クレバスを気付かずにいくつも越えたに違いない。一度だけ水兵エヴァンズが片足スキーもろとも落ち込んだ。出発前に貯蔵所*を作り、よく目立つようにした。かなりの量の物品を残した。以前からの人引き班は、初め苦労していたが、少し重量を減らし、滑走部をきれいにし、荷を積み直してからは、調子よく進んで、やがてわれわれを追い越して先頭に立った。一一時ごろ出発して三時には乱氷から脱出し、そこで犬を野営させてわれわれの荷をもらい、それぞれのそりにつけた。昼食のあと四時三〇分ごろに出発したが、その時は甚だ気掛かりだった。満載の荷が引けるかどうか。先ず私の班が出発した。そしてうれしいことに、わりあい調子よく進めることがわかった。時々柔らかい所でそりが沈んで動かなくなったが、そういう場合に辛抱強く対処することをわれわれは覚えた。そりの横へ回って引っ張り上げるのだが、エヴァンズ（兵曹）は足に力が入るようスキーを脱いだ。肝要なのはそりを動かし続けることだ。一時間余りは危うくそりが止まりそうになることが何十回とあり、すっかり止まってしまうこともたびたびあった。止まってしまった時はたいへん苦しく、そして疲れた。しかし、にわかに路面が平らになり始め、われわれの方も作業に慣れてきて、他の班が追いつくのを待って長い停止をしたあと、六時に進み始めて七時まで一度も止まらずに、時速約二マイルで楽々と引けた。実にうれしかった。困難はすべて消え去っていくような気がした。ただ残念ながら他の班はわれわれのようにはいかなかった。バワーズ班はわれわれの三〇分ほどあとに到着した。彼らも最後はうまくいき、今後はきっと順調に進むだろう。コヘインだけが弱点で、それも（一時の）雪目のために過ぎないと私は思う。ところがエヴァンズ班は一〇時までやってこなかった。彼らは出発は順調

＊下氷河貯蔵所。

だったが、やがて難儀し始め、無理を重ねるといういちばんまずい状況に陥って、体を疲らせ、いよいよ苦しくなった。彼らのスキー靴もめちゃめちゃになっている。

　大いに点を稼ごうと思い始めた矢先にこの難儀につかまった――そのじれったさといったらない。今夜のこのあたりの雪は恐ろしく柔らかく、一歩ごとに膝《ひざ》まで沈む。徒歩ではそりは引けまいし、犬でもよほど難しかろう。スキーこそ頼りなのに、わが同胞は食わず嫌いからその練習を怠ってしまったわけで、うんざりさせられる。犬は楽々と帰るだろう。道中ずっと飼料がある。氷河風が七時ごろ吹き始めた。朝はよく晴れて暖かだった。今夜は層雲が少しできかかっている――当分天気が崩れないしるしだ。雪目が多くなった。不注意のせいだ――患っている者、E・エヴァンズ、バワーズ、コヘイン、ラッシリー、オーツ――程度はさまざまだ。

　今日午前、ウィルソンが氷河から突き出ている漂石《ひょうせき》を見に行った。行って見ると、それは粗い組成の花崗岩《かこうがん》で、石英の大きな結晶を含んでいた。門の柱や近くの丘を形成しているのは明らかにこの岩石だ。

一二月一二日、火曜。――三四号野営地。厳しい一日だった。午前中は私の班が最も難儀した。たびたび雪にはまり込み、どんなに頑張ってもそりは鉛のように重かった。他の班も苦労していたが、われわれに比べたらなんでもなかった。二時三〇分に停止し、よく火にかけて調理した昼食をした。ここでわれわれの難儀の原因がわかった。いくつか堅いこぶのある氷の薄膜が滑走部に付着していたのだ。エヴァンズ班を先発させたのだが、われわれはそれに追いつかなかった――追いつけなかった！　しかし彼らは、われわれが野営し、また片付けるのを見て、それに習った。昼食後の出発が実に心配だった。しかし引き始めに少々苦労したあとは立ち止まることもなく進み、一～二マイル行くうちに先頭の位置を回復し、明らかにそれを保持していける勢いになった。六時に他の班が疲れてきたのに気付き、七時には野営にした。明日は早めに起床してもっとよい仕事をしたいと思ったのだ。およそ八ないし九（法定）マイル進んだ――いまのような路面では距離計は全然あてにならない。

　明らかに私が予想したとおりのことが起きているようだ。谷の下流部は先のあらしの雪ですっかり埋まっていて、スキーがなかったらはまり込んでどうにもならないだろう。徒歩では膝まで沈み、そりを引こうとすると太ももの半ばまで沈む。したがって徒歩では、いまの荷で進むのは絶対に不可能だろう。あれこれ考え合わせれば、スキーで次第にうまくいくようになっているのだ。軟雪にクラストができかかっている。一週間ほどたてばきっとそりも人も沈まないくらい堅くなるだろう。いまはどちらもまともには進まない。そりはたびたびはまり込み、横木まで沈む。もちろんそういうのを引くときはたいへんだ。

午前中コモンウェルス山脈の方へ針路を取って氷河のほぼ中心部へ達した。すると南西の方角にある無名の氷河が大氷脈《ひょうみゃく》を築いているのが見えてきた。これを見て私は針路を「クラウドメーカー」の方へ変え、その後さらに西寄りへ進んだ。われわれにはシャックルトンよりも遥かによく氷河本流の南側が見えたはずで、したがってシャックルトンが気付かなかった峰がいくつか見えたのだ。あらしのせいでわれわれはシャックルトンよりも約五日ないし五日半後れている。しかしわれわれのそりはこの路面ではこれ以上は無理というほど荷を積んでおり、それに滑走部の幅が十分ではない。そのうえ荷が高過ぎるのですぐに転覆する。氷河の幅はシャックルトンが示しているほど広くはあり得ないと私は思う。景観はフェラー氷河の所ほど荘厳でないことは確かだが、興味深い特徴が目につく——エリザベス山のはっきりした縞《しま》構造、われわれの考えでは恐らくビーコン砂岩が繰り返し現われているものだ——コモンウェルス山脈にはもっと縞がある。ここへ来て三日になるが、風は夜氷河を吹き下ろしてくる。あるいは南西からと言うべきかもしれない。そして朝には静穏になっている——夜の陸軟風《なんぷう》といったものだ。また昼と夜の気温の差が目立って大きい。出発したときはプラス三三度〔〇・六度C〕で、激しい労働のため文字どおり汗びっしょりになった。いまプラス二三度〔マイナス五度C〕。エヴァンズ班は今日はぐっと元気がよくなった。今朝、彼らの靴をわれわれのテントへ運び、エヴァンズ兵曹が修繕した。

一二月一三日、水曜。——三五号野営地。のろわしいほど陰鬱《いんうつ》な一日。八時に出発——滑りは確実によかったのに、そり引きは恐ろしく不調。所々に新しいクラスト。堅さが不十分でスキーは沈み、一方、足を踏みこたえることができなかった。したがって堅い所へ乗ると後ろへ滑った。そりは柔らかい所では突っ込んでそのまま動かなくなった。エヴァンズ班が先発し、われわれがあとに続いて、しばらくは彼らが止まったとき進めるよう手伝ってやっていた。しかし手に余るようになってきたので、追い越して先頭へ出、午後一時に野営した。他の班は遥かに後れていた。昼食中に考えて、横木の下に一〇フィート滑走部をつけてみることにした。その作業に三時間かかった。他の班がのろいのでわれわれは少しも後れなかった。エヴァンズ〔班〕がわれわれを追い越し、はっきりした登り坂をしばらくはかなりよく進んで行った。そのころには路面に日が差し、気温が高くなっていた。バワーズ〔班〕がエヴァンズ〔班〕に続いて出発していったが、彼らの様子には彼らにとって状況が厳しいことがありありと見えた。死物狂いで進もうとしながら、いよいよ頻繁にはまり込んだ——明らかに滑りがなくなっているのだ。出発してみると、路面がひどく悪化しているのがわれわれにも直ぐにわかった。午前の困難に加え、雪が湿気を帯びていてべとついた。われわれは荷を進め、まもなくバワーズ班を追い越した。しかしその苦労たるや恐ろしいと言うほかなかった。汗だくになり、奮闘ですっかり息が切れた。そりはたびたび一方の滑走部がもう一方より堅い雪に乗ってかしぎ、動こうとしなくなった。坂の上へ着くとエヴァンズ〔班〕は区間運搬をせざるを得なくなっており、バワーズ〔班〕もやがてそれに習った。われわれは全量のまま午後七時の野営時刻まで引き通した。もちろん何度も休み、そして耐え難いほど激しい労働をしてだった。確かに他の班にはこの路面を全量で進むのは無理だ。われわれもこれを続けていけるか大いに疑わしい。しかし明日もやってみなくてはならない。

今日は辛うじて四マイルほど前進しただけで、局面にはほとんど変化がない。いま高度は約一五〇〇フィート。登るにつれ状況がよくなると信じていたのに、どうやらよくなるより悪くなっていくようだ。谷は遥かクラウドメーカー〔山〕まで一面に、ここと同じ雪が入った巨大なたらいのように見える。骨折って進むしかないが、情けないほどがっかりする。私は空腹では少しもない。しかし喉《のど》がかなり乾く。（気温プラス一五度〔マイナス九・四度C〕。）高原食はいまのところ私には量が多過ぎるくらいだ。昼食のときトウゾクカモメが二羽野営地の近くへ来ていた。きっと「畜殺」野営地に誘われて来たのだ。

一二月一四日、木曜。――三六号野営地。消化不良と着衣がぬれていたため、昨夜はしばらく寝つけなかった。それに、異常に体を使うため、ひどくこむらがえりを起こす。一同唇がひりひりし、水ぶくれになってきた。班員の目はうれしいことに快方に向かっている。これから出発するのだが、あまり見込みがあるわけではない。（気温プラス一三度〔マイナス一〇・六度C〕。）

夕刻。（高度約二〇〇〇フィート。）今朝はエヴァンズ班が先発した。初め一時間は骨が折れるようだったが、その後は驚いたことに楽々と進んでいった。続いて出発したバワーズ班はそう楽々とは進まなかった。私の班は初めの二〇〇ヤードを過ぎるとすらすら進むようになり、これはうまくいきそうだと直感した。まもなく他の班に追いつき、荷を少し持とうと提案した。しかしエヴァンズの自尊心はそういう助力を受けつけなかった。午前中あとでバワーズ班とそりを交換してみると、われわれは彼らのそりが楽々と引け、彼らはわれわれのそりで四苦八苦した。チェリー‐ギャラードとコヘインがチームの弱点になっているのではないかと思う。もちろん二人とも全力で引いている。それでも、午前中満足な仕事ができ、全員いっしょに昼食をした。午後はいっそうはかどり、六時三〇分に野営した時には陸地の方位が著しく変わっていた。一一ないし一二（法定）マイル進んだに違いない。行進中は恐ろしく暑くなり、何もかもが汗でぐっしょりぬれ、メリヤスセーターを脱いだ。その結果いまはかなり寒く、じとじとする。しかし軟雪からの脱出と良好な行進はどんな不快にも埋め合わせになる。昼食時には青氷《あおごおり》は足の二フィートほど下にあったが、いまは一フィートあるかなしになっているから、やがて露出してくるだろうと思う。今夜は空は本曇りで、風が氷河を吹き上げてくる。バリアではまたひとしきり陰鬱な天気になるのだろうが、氷河のこのあたりまでそれが及ばないかどうかが問題だ。周りにクレバスがあり、バワーズのテントの外に幅一八インチほどのが一つ、われわれのテントの外にそれよりも狭いのが一つある。軟雪の苦労はもう終わったのだと思う。現在の路面が続くことが何より願われる。行進の終わりごろには荷は軽々と引けた。調子よく進んで努力しただけの見返りがある時はまことによい気分だ。

一二月一五日、金曜。――三七号野営地。（高度約二五

〇〇。緯度ほぼ八四度八分。）八時出発。一時まで行進。路面徐々に好転、青氷《あおごおり》を覆う雪は次第に薄くなっている。しかし空は本曇りで暗く、雲は低くなる一方だった。エヴァンズ班がいまははっきりといちばんのろいが、バワーズ班もそれより大して速くはない。われわれの班は遅れずついていっており、彼ら二班に追いつくのは難しくない。昨日、不本意な停止をしないで着実に進んだ時は非常に安堵《あんど》したが、昨日も今日午前も、いったんそりが止まると、もう一度進み出すにはなかなか苦労した――滑走部が一時くっついてしまうのだ。午後になって初めて、一度よいしょと引けば進み出せるようになり、したがって、いま初めて、靴を直したりその他したいことがあれば立ち止まってそれができるようになっている。これは二つめの安堵で、こんなありがたいことはない。

　昼食野営の時には積雪は一フィートまでなかった。ここではせいぜい九インチだ。氷や堅いフィルンが所々で顔を出している。私は六時三〇分に野営するつもりだったが、五時前に雲が低くなって雪が降り始めた。何も見えず、そりはずっしり重くなってきた。五時四五分には野営するほかないようになった――また行進中断だ。なんともついていない。今日はたっぷり前進するはずだったのに、約一一（法定）マイルに終わった。

　夕食後は晴れそうな兆しも見えているが、私の感じでは全体に思わしくない。今度の天気は南東から広がってきたもので、ポニーを台無しにしたあらしの時と全く同じ徴候を見せている。これからの氷河の最難所でどうかこのいやな雪にならないでほしい。この氷河の下流部は、氷のことを除外すれば、あまり興味深い点はない。露岩が見えるのはカッフィン山ぐらいで、それもここからの距離では構造を断定するのは無理だ。また氷河の表面にモレーンが少しもない。支流氷河はどれも立派なもので、流路を深く削り込んでいる。ただ同一高度で流入してはいない。この谷の側面は異常な急傾斜をなしている。所によっては少なくとも六〇度はあるようだ。北側にかかるアイスフォールは互いにほとんど連なっている。しかし南の急斜面はほぼ全面露出している。明らかにそこへは日がよく当たるのだ。融解と岩石の風化が大いに起こっているのに違いなく、南岩面の下には多量の崖錐《がんすい》ができている。谷のもっと上流には露岩と層理がいちだんと多く、たいへん興味深そうに見える。しかし好天が欲しい。全く、気の滅入るこの暗さはもうたくさんだ。

一二月一六日、土曜。——三八号野営地。暗い午前。正午に晴れ始め、夕方にはまばゆい快晴。午前中絶えず心配した明かりは旅をするには一日じゅう十分あって、われわれは一一（法定）マイル進み、氷河の姿が大きく変わって見えるようになった。しかし旅はたいへん厳しかった。七時に出発し、一二時一五分に昼食、そして六時三〇分まで行進した——一〇時間以上の行進——一日最大限度の時間だ。いつもどおりスキーで出発し、エヴァンズ班が少々われわれを妨げた。昨日の雪のため、そり引きは骨が折れた。午後、スキーを続けて行くと、二時間後、特異な難しい路面へぶつかった——古くて堅いサスツルギが下にあり、その上にごく最近降った雪が、窪《くぼ》みと、高くて柔らかいサスツルギとになっていた。これにそりがたびたび止められるので、徒歩にすることに決め、そうすると進みは向上したが、しばらくは甚だしく労力を要した。クラストはもろく、一歩二歩持ちこたえたと思うと、次にはどさっと八インチから一〇インチほど落ち込んだ。時にはその下の堅い氷にある割れ目に片足を突っ込んだ。こういう路面の坂を登って行くと、長々としたアイスフォールが行く手正面に広がっているのが見えてきた。シャックルトンをクラウドメーカー〔山〕の方へ向き変えさせた乱氷がこれなのだと思う。われわれはその山の方へ進み、まもなく堅くてクレバスがあり、起伏していて、窪みの部分に多量の軟雪がある氷面へ出た。混乱は増大するように見えるが、雪は岩場へ接近するにつれ減少するようだ。明日はモレーンを探し、それをたどって登ることにする。左手の丘には水平の層をなす岩石が雪と交互にある。露出した岩石はたいへん黒い。クラウドメーカー〔山〕の茶色がかった色にも黒い水平の縞が走っている。クラウドメーカー〔山〕の北の氷河の側面には珍しい切り込みがある。上部が下部よりも傾斜がゆるく、時代によって氷河の流れの条件が異なることを暗示している。

われわれは力の限り押し進まなくてはならない。いまやシャックルトンに六日の後れをとっているからで、これはすべてあの悲惨なあらしのせいだ。乱氷へ入ってからいままでのところ、まだ予想したほど危険なクレバスに出合っていない。犬はきっとここまでは来られただろう。いまは進行中は恐ろしく暑くて汗をかき、停止するとたちまち寒くなる。しかし日光があらゆる不都合を埋め合わせてくれる。スキーをどうするべきかわからなくて困る。重量は相当なもので、それでも場合によってはきわめて役立つ。高原食には全員大いに満足している。前から長く人引きをしてきた班の話では、前よりは遥かに空腹の度が軽いと言う。大部分はこのよい規定食を最後まで続けるのだと思うとうれしい。

一二月一七日、日曜。——三九号野営地。出発してまもなくいささか窮地に陥った。行く手に悪性の氷丘《ひょうきゅう》脈があり、陸地までの間に長々と波が連なっているのだ。波の頂では青氷《あおごおり》が現われ、窪《くぼ》みにはひどく柔らかい雪があった。波を横切るのに頂から窪みまで三〇フィートある所が時々あって、そういう時はそりの上に座って滑り下った。勢いをつけて下ると、はずみで向こう側へいくらか乗り上げた。今度は次の頂まで登り坂で、恐ろしく苦しい引き作業になった。これを二時間続けると、それまでよりも大きいうねりが一つ見えてきて、その頂からは堅い氷が氷河の上流へ向かって続いていた。そこへたどりつき、その上を二マイルのあいだ快調に進んだ。それから急坂を一つ登り、こうして氷丘脈を乗り越えた。滑らかな氷は再びなくなり、時々氷が見える堅い雪の所と柔らかい雪の所になり、四方八方に割れ目があって始終足が落ち込んだ。かつかつ五（地理）マイル前進した。

夕刻。——（気温マイナス一二度〔マイナス二四・四度C〕。）（高度バリアより約三五〇〇。）昼食後は危険を冒してあくまで氷河の中央を進むことに決め、結果はよかった。朝選んでおいた多少丸まった尾根をどんどん登って行き、直距離一二・五法定マイル進んで、六時三〇分に野営した。ここまで来るとホープ山は遠景へ退き、上流がこれまでよりもよく見える。いまの進度を維持できればシャックルトン〔の記録〕に追いつけるはずで、今後行く手に氷丘脈が現われさえしなければ、追いつけない理由はないと私は思う。今度ばかりは「一日の幸いは一日にて足れり」と言うことができる。運がこちらへ向こうとしているのかもしれない——われわれはそれだけのことはしていると私は思う。激しい労働をしているのに全員体調がよく、そして上機嫌だ。食事に満足し、もっと骨折りをしたがっている。雪目はみなぐっと軽くなってきた。かわいそうにウィルソンだけは例外だ。ひどくやられたのだ。先年の南旅行で彼がこれに悩まされていたのを思い出すと、今度も苦しむのかと心配になる。

　今朝は体が猛烈に暑くなってわれわれは下着一枚で行進したが、それもぐっしょりぬれた。それで裸になると日光が皮膚に差し、そこへ風が当たると恐ろしく不快だ。

　われわれの唇はたいへんひりひりする。われわれはそこへ柔らかいシルク膏《こう》をぬる。対策としてそれがいちばんいいようだ。

　高原へ出た時の悩みは、主として日焼けした皮膚に寒気が触れることから生じるだろうという気がする。いまでも立ち止まったとたんに寒さが襲ってくるのが感じられる。恐ろしく喉が乾いて、行進中氷をかいて食べ、もちろん休憩時には大量に水を飲む。そのための燃料はかつかつしかないが、欲しいものはそれだけだし、そして高原用の手持ちは少しある。

　今日午後のそり引きはわりに気持ちよくいった。初めは堅い雪面で、それから、上部が雪で埋まった割れ目のある相当でこぼこした氷の上へ出た。そりには悪い路面だったが、われわれのはうまく進みそうだった。一日じゅうアイゼンをつけて具合がよいので愉快だった。このアイゼンとスキー靴の両方の発明者であるエヴァンズ兵曹は甚だ満足げで、確かに彼には大いに感謝しなければならない。天気はまた崩れかけていて、雪雲が例によって東から広がってきた。明日はきっと本曇りになるだろう。

　一二月一八日、月曜。――四〇号野営地。昼食時の高度バリアよりほぼ四〇〇〇フィート。予想どおり今朝は本曇りで雪になった。暗くて陰鬱だったが、陸地が右前方に見えていたので行進は可能で、実際に行進した。八時二〇分から午後一時までの間にいつもの八法定マイル前進した。初めはかなりよい路面だった。それから刀で切ったように裂けた氷になって、ひどくごつごつしてきた。登りにさしかかったので、いっそう苦しくなった。そこで左手へ進んでみたが、初めはあまり好転しなかった。しかし坂をひとつ登り切ると路面はぐっとよくなり、いまのところ状況は相当有望に見える。いま右手にアダムズ山群、マーシャル山群、およびワイルド山群と、それらのたいそう珍しい水平の地層がかなりよく見える。ライトが風に吹き落とされた岩屑《がんせつ》の中に疑問の余地のない砂岩と黒い玄武岩の破片を一個ずつ見つけた。氷河から最終的に離れるまでには地質のことがもっとわかるに違いない。今朝はどの用具にもへりに氷晶《ひょうしょう》がついていて、それがたいへん美しかった。

　午後。――（四〇号夜野営地、バリアからの高度約四五〇〇、気温プラス一一度〔マイナス一一・七度C〕、緯度ほぼ八四度三四分。）昼食後、氷丘《ひょうきゅう》脈から二～三百ヤード足らずまで近づくと、ひどくでこぼこした所になった。ほかによい道もなさそうでそこを通った。その後、氷河は不規則に起伏する広い窪《くぼ》地に開け、路面は好転した。しかしその好転もやがてまたほぼ消え失せ、結局一日じゅう厳しい行進になった。ただ距離は伸びた（一四法定マイル余）。もうシャックルトンに対する後れは五日とない。正午ごろ晴れそうに見えたが、その後、東からいちだんと雪雲が流れ込み、いまはまた雪が降っている。氷河の東側は一日じゅうほとんどちらとも見えなかった。西側もかすんで、休憩時に写真を撮るのは無理だった。ひどくじれったいが行進できたのだから感謝すべきなのだろう。あいかわらず行進中は恐ろしく汗をかき、休憩のときはたいへん喉が乾く。

　一二月一九日、火曜。――昼食時。上昇六五〇〇。行程八・五地理。四一号野営地。情勢は上向きつつある。良好な路面の上を出発。しかしまもなく十字に交差した割れ目に大いに悩まされるようになった。私は二度落ち込み、膝《ひざ》と太ももにひどい打撲傷を負ったが、隊は休まず進み、やがて見事に滑らかな氷面へ出て快調に進んだ。最後の一マイルは路面が大部分フィルンになり、したがってそり引きは幾分きつくなったが、結局、氷河上部の窪みへ登り着いた。さまざまな陸塊が近々と周りに見え、高原へ接続している。最後の山あいでは難儀しそうな感じだ。昼食時間を長く取って測地をしたり写真を撮ったり写生したりしている。出発すると軽い南西の風が氷河上流から吹き始め、その結果、本曇りだった空がどんどん晴れてきた。

　夜。高度約五八〇〇。四一号野営地。午後は時速二マイルもしくはそれ以上の進度で進み、一日の純益一七（法定）マイルという大いに満足すべき成果を得た。それも早々と負傷してしまった私を多分例外として、無理をしたのではなかった。行進中風が体を冷やし、結果としてその方がずっと心地よかった。今夜は着衣の中がぬれていないし、これまでのように喉が乾いてたまらないということもない。（気温プラス一一度。）（最低プラス五度〔マイナス一五度C〕）エヴァンズとバワーズはせっせと測地をしている。一日じゅうやっていたから、わが隊は優れた地図を作る資料が得られるだろう。今日のような日があると元気が湧《わ》いてくる。

一二月二〇日、水曜。——四二号野営地。六五〇〇フィートあたり。最良の前半行進をいま終わった——一〇(地理)マイル一一五〇ヤード、一二法定マイル余。これから午後の分を加えれば今日は好成績になるはずだ。風は谷を下から吹き上げていた。この日記帳を逆さにした*のが幸運をもたらしたようだ。長い昼食休憩のあと七時近くまで行進して、一九・五地理マイル、ほぼ二三(法定)進み、八〇〇フィート上昇した。午前中堅い雪の大きな広がりを渡り、それから所々雪のある堅い氷の上へ出て、それが一日続いた。アイゼンをつけてのそり引きは少しも難しくない。昼食の時ウィルソンとバワーズが二マイルほど後戻りして、バワーズのもげ落ちた距離計を探しに行ったが見付からなかった。二人がいないうちに周りに霧が広がり、東風に乗って谷の上方へ流れた。午後はこの霧の中を出発して、たいへん不快だったが、その霧はやがて次第に散り、今夜はよく晴れて暖かい。霧がはれた時、行く手に巨大な氷丘脈が見えた。斜面の滑らかそうな所へ針路を向け、今夜その下の所で野営している。(緯度八四度五九分六秒。)われわれは一七日にはシャックルトンの位置より先へ出たはずだ。一日じゅう岩石の見事な縞構造が見えていた。今夜はダーウィン山の上が美しく澄んで見える。

明晩帰ってもらう人をいま発表した。アトキンソン、ライト、チェリー゠ギャラード、およびコヘイン。全員がっかりしている——かわいそうにライトには殊にこたえたようだ。私はこのやむを得ない人選を恐れていた——こんなに心の痛むことはほかにはなかろう。八五度一〇分からは一二単位の食糧**と八人の隊員で進む予定にした。明晩その位置へ達するはずで、食糧は一日分だけ不足になる。さんざん苦労したから、こういう見込みが持てるまでになったことは喜ばざるを得ない。

一二月二一日、木曜。——四三号野営地。緯度八五度七分、経度一六三度四分、高度約八〇〇〇フィート。上氷河

＊ポケット版の日記帳に片側のページにだけ書かれてきた。終わりへ来て、スコットはそれを逆さにし、空白の裏面に書き継いだのである。

＊＊一単位の食糧は四人の一週分をいう。

貯蔵所。気温マイナス二度〔マイナス一九度C〕。午前中氷の斜面を登り、登り切ると、そこはクレバスに関する限りたいへん悪い路面だった。誰も彼も落ち込み、アトキンソンとテディ・エヴァンズは引き綱一杯の深さまで落ちた。エヴァンズはいささか動揺したようだ。もっと安全な場所へ出ようと道を拾いながら陸地の方へ進んだが、もろい氷の路面は長く続いた。

　一二時に風が北から吹き始め、それにつきものの霧が下流から這《は》い上がってきて、折しも最難所へ差し掛かっていたわれわれを包んでしまった。野営して昼食をし、そして晴れるまで二時間半待たされた。それから少しずつ日が差し始め、われわれは出発した。まもなく最悪のクレバス地帯から脱出し、ダーウィン山の先まで続く長い雪の斜面へ出た。そこは非常に長く手ごわい登りで、七時三〇分まで頑張ったが、他の班が後れがちになってきたので野営にした。良好な行進をして満足な高度まで登り、貯蔵所に好適な場所へ着いた。明日は高原用の荷物を満載して出発するわけで、初めの一行進によって成果の程度が占われることになろう。気温は零下〔マイナス一七・八度C以下〕へ下がったが、今夜はとても静穏でうららかなので、テントの中は浮き浮きするほど暖かく心地よい。こういう天気で、今夜している仕分け作業その他が大いに助かる。疲れを知らぬチビさんのバワーズがこの種のこまごました手配のすべてを引き受けてくれていて、私はまことに心強い。

　今日はずいぶん登った。また下る必要がなければよいが、南西の方へ行っても、どうやら少し下らなければならないようだ。

「一九一一年一二月二一日。南緯八五度。困難にもひるまず私たちは闘い進んでいます。天気がいつも心配の種で、ほかは狂いなく計画どおり機能しています。

　また特にきみの耳に入れたいのは私がすこぶる体調がよく、他のいちばん元気な者にも負けずに進めるということです。

　手配の方は細部までととのっているので、運が向いて来ないのが残念です。

　いまテントの中に座って霧のはれるのを待ちながらこれを書いています――最悪のクレバス帯にいるのでじりじりしてきます。テディ・エヴァンズとアトキンソンが午前に引き綱一杯の深さまで落ち込み、あとの者もみな半ばまで落ちました。私が先頭だからまず私からで、どちらの一歩が沈み込むかわからないのは全くはらはらするものです。と言っても進めさえすれば、これもけっこう面白いことです。

右を書いたところで突進を開始し、谷と霧から抜け出て、クレバス地帯をあとにしました。そしてここはもうほぼ高原です。そして食糧計画上の後れはありません。きっとやり通せるでしょう。」

第一八章

極点を目指して高原の旅

手書き本　新冊

見返しに。――年齢。自分四三、ウィルソン三九、エヴァンズ（兵曹）三七、オーツ三二、バワーズ二八。平均三六。

一二月二二日、金曜。――四四号野営地、約七一〇〇フィート。気温マイナス一度〔マイナス一八・三度C〕。気圧計二二・三。この、旅の第三段階が、幸先《さいさき》よく始まっている。今朝貯蔵所を造ったあと、帰途につく隊員たちに胸に迫る別れの挨拶《あいさつ》をした。彼らは事情をよくわかってくれた。実際よい仲間たちだった。

それから、われわれは重い荷を引いて九時二〇分ごろに出発した。私は少々不安だったが――出発して快調に斜面を登るうちに、それはたちまち消え去った。二号そりはわれわれに後れず進んだ。帰還組の人選が適切で、弱点がなくなったことがわかる。

楽々と進行して一時に昼食をし、ここで距離計を修理する必要から、行進再開は三時二〇分になり、野営は六時四五分だった。こうして七時間の行進で一〇・五（地理）マイル（一二法定）進んだ。

天測、緯度八五度一三分半。経度一六一度五五分。偏差一七五度四六分東。

明日はもっと長く、九時間ほど行進したい。荷は日を追って軽くなるのだから、必要なだけは前進できるはずだ。今日二五〇フィートほど上昇したようだが、行進中はもっと登っているように思った。眼下に巨大な氷丘脈《ひょうきゅうみゃく》が南および南東に、そればかりか、われわれの進む南西以外のすべての方向に、ぐるりと見えている。われわれはダーウィン山から伸びている一つと、ほぼ平行に進んでいるようだ。今夜は前方にやや険しそうな斜面が見え、その背後に乱《らん》氷帯《ぴょうたい》がありそうな感じがする。しかしこういう高低入り乱れた所では状況を判断するのはたいへん難しい。いまの進路は緯度が進む点では多くを期待できない。しかし乱氷帯を避けるには正しい道筋だと思う――ともかく差し当たってはこれを続ける。

橋のかかったたいへん幅広い（三〇フィート）クレバスを一つ二つ渡った。例によって両端があんぐり開いていた。それらはほぼ南北に走っていた。昨夜と同じく一日じゅう上天気が続いた。（夜の気温マイナス九度〔マイナス二二・八度C〕。）午前中一時間ほど北から雲が出てかすんだ。いまは完全に澄み渡り、さっきまでウィルソンが写生していた山々のすばらしい眺めが背後に見える。

一二月二三日、土曜。――昼食時。気圧計二二・〇一。上昇三七〇？　八時に出発、針路南西。登りのようだった。三時間ほど順調に進み、それからひどいクレバスと激しい波の地帯へ入り込んだ。南西へ押し進んだが事態は悪化する一方で、やむなく北へ、次に西へ転じることになった。西はいまのところ妨げがなさそうだが、あまり望ましい方角ではない。八・五（地理）進んだ。良好な進行だ。（気温マイナス三度〔マイナス一九・四度C〕。南風、風力二。）高度が上がっているのが慰めになる。一つの坂の所で南東に陸地と氷丘脈がいくつかよく見えた。氷丘脈は「梯形《ていけい》配置」のように見え、そして剪断《せんだん》状の割れ目を思わせた。それらは登るにつれ減少していくようだった。こんなに遠くまで西へ行かなければならないのは苦しい。しかし登りを続ければ、やがて障害は終わるはずだ。

土曜夜。――四五号野営地。気温マイナス三度。気圧計二一・六一。上昇？　高度約七七五〇。午後の行進では運勢が激しく移り変わった。一つの登り坂を西へ向かって出発した――ここ二日で登った五つ目くらいの坂だ。頂上で左手に新たな氷丘脈が姿を現わしたが、それは午前中苦しめられたものより低く、雪が多くかぶっていた。そこを試みてみたくなり、私は次第にそっちへ足が向いた。しかし原則に立ち返って西へ向き直り、もう一つ坂を登った。その頂へ出ると、そこはきわめて異常な路面だった――狭いクレバスが四方八方へ走っていた。それらはほとんど目には見えなかった。ひび割れの気配もない堅いフィルンが薄く覆っているのだ。われわれは次々に、時には二人いっしょに、落ち込んだ。だしぬけに落ち込むことはこれまでにもたびたびあった。しかしそれはたいてい割れ目の方向が表面に見えない場合か、割れ目が軟雪に覆われている場合だった。堅いクラストがいったいどうして割れ目の上にできるのか実に不思議だ——動きがきわめてゆっくりである証拠のように思われる。

推測位置、南緯八五度二二分一秒、東経一五九度三一分。

午前中いくつかの幅の広めのクレバスで気付いたのだが、橋は下端が衰えている。氷河ではすべて上端が開いていた。

午後、いくつかの狭いクレバスの近くで一〇分ほど、表面が堅いクラストで下がざらざらの結晶の雪の上へ出た。まるで一歩ごとに温室のガラスを踏み破っているようだった。ところが午後五時に状況が一変した。堅い路面が整然としたサスツルギに変わり、周りじゅう平らな地平線になった。午後六時まで南西へ向かって頑張り、ついに高原本体へ到達したというれしい安心感を持って野営した。今夜は私はあらゆることに上機嫌になっている。今日は一五（地理）マイル（一七法定余）行進し、八〇〇フィート近く上昇した。それが八時間半ほどでできた。方向にかまわず登り続けるという私の決断が完全に正しかったわけで、これからまだクレバスや急坂で難儀することがあったら、よほど意外な感じがするだろう。私には初めて目標が本当に近づいてきたように思われる。われわれは荷が引け、そしてこれまでいちばん楽観的なときに予想したより遥かに速く、かつ長い距離を引けるのだ。あとはたっぷり好天に恵まれるよう祈るだけだ。いままでは予想どおり寒風が吹くが、よい衣服があり、十分食べているから、状況がいまよりも相当悪化しても頑張れるだろう。これまで辛抱強く待った幸運への変わり目がいまこそやってきたのであってほしい。

一二月二四日、日曜。——昼食時。気圧計二一・四八。上昇一六〇フィート？　クリスマス・イブ。真南へ七・五地理マイル。気圧計に表われたより多く上昇したと思う。所要時間五時間。路面は今後の路面の一つの見本と言えるものだった。現在の荷では歩みは相当苦しい。しかし前進しており、これは大したことだ。高い氷丘《ひょうきゅう》脈が一つ「左《さ》舷《げん》船首」に見えている。一つだけのようだが、こういう乱《らん》氷《ぴょう》は早くなくなってほしい。風は南南東から吹き続いていて、身を切るように冷たい。いまは行進では防風服を着込み、頭の防護もいくぶんふやしている。

気圧計二一・四一。四六号野営地。今日の上昇約二五〇ないし三〇〇フィート？　測高計八〇〇〇フィート。

午後の行進は初め二時間たいへん順調だった。その後そりが少し重くなったが、われわれは一歩一歩と進み続け、今日は一四（地理）マイル余り前進した。大きな氷丘脈は見えなくなったが、今夜また一つ、やや少さいのが「左舷船首」にくっきり見えている。路面は非常に堅い所と相当柔らかい所とが交互にある。窪《くぼ》みと高みがあたり一面にある。明らかにまた乱氷帯の縁を進んでいるようで、そのためにさらに西へ進路を向けることにならないでほしいと私は念じている。状況を考えれば九時間で一四マイルはそれほど悪くない。南風が続いていて、野営は決して心地よくない。しかし行進中は体が暑くなり過ぎないですむ。（気温マイナス三度。）一つだけ不便なのは顔にひどく氷がつくことだ。気温は零度〔マイナス一七・八度C〕のあたりを上下している。

今日は全くクレバスに出合わなかった。これはよい徴候だ。太陽は雲ひとつない空に照り続け、風は強まったり衰えたりし、周りには極度に荒涼とした景色が広がっている。しかし一同大いに朗らかで、明日はクリスマスでもあり、何か特別品入りのフーシュが出るはずだ。

一二月二五日、月曜、クリスマス。――昼食時。気圧計二一・一四。上昇二四〇フィート。昨夜と今日午前中、風が強かった。夜のうちに雪が少し降った。かなり激しい地吹雪。出発後弱まってきたが、それでも一フィートほどの高さに吹き飛んでいた。これで路面は悪化しただろうと考えたところ、初めの一時間半は快調に進んだ。それから登りになり、困ったことにまたクレバス帯へ入り込んだ――クレバスの縁の、高い背と背の間に非常に堅くてつるつるのフィルンがあって、そりを引くための足場を見つけるのにたいへん苦労した。ストックを出したら事情はよくなった。それでも間切り間切り進まなければならず、何人かは体半分落ち込んだ。これを三〇分続けたあと振り返ると二号そりが後方で止まっているのが見えた――誰かがクレバスへ落ちたのに違いなかった。救出作業が進んでいるのが見えた。しかし彼らが追いついてくるまでに三〇分待たされ、体がすっかり冷えた。ラッシリーがいきなり落ち込み、あわや仲間たちを引きずり込むところだったらしい。そりが進んで割れ目をふさいだので、ラッシリーを引き上げるにはザイルを取り出して使わねばならなかった。ラッシリーの話では、クレバスは深さ五〇フィート、幅八フィートでUの形をしていたそうだ。「底の知れない」という形容はめったに当たらないことを示している。ラッシリーは今日で四四になり、頑健そのものだ。落ちたあとも普段の平静さが乱れた様子がなかった。

　このクレバスの氷丘《ひょうきゅう》脈を越えると路面はよくなり、かなり順調に進んで、一時直前に七（地理）マイルに達した。午前中に二五〇フィート近く上昇した。風が強くて苦しかった。主として風でそりが押さえられたためだ。いまは風は少し弱まった。

　四七号夜野営地。気圧計二一・一八。気温マイナス七度〔マイナス二一・七度C〕。飽食したので字を書くのがやっとだ。昼食にチョコレートや干しぶどうなど、いろいろぜいたくをしたあと、調子よく出発したが、まもなくクレバス帯へ入り込んだ。雪の詰まった巨大な大通りクレバスがわれわれの行く手とほぼ同方向に走り、それと交差して隠れた割れ目があって、そこへたびたび落ち込んだ。大通り二本の間を二マイルほど行くと、周りが高まった巨大な窪地《くぼち》へ出た。これは一つの山頂が埋まっている所なのか、あるいは流れの渦なのか。クレバス帯から脱出し、ごくゆるい下り坂を快調にとばした——すばらしかった。七時三〇分近くまで行進し続け、一五（地理）マイル（一七法定マイル四分ノ一）進んだ。夕食は「締め金」になるだろうと思っていたが、果たしてそのとおりになった——あまりひどいので書くのは朝までお預けだ。

　推測位置、南緯八五度五〇分、東経一五九度八分二秒。気圧計二一・二二。

　行進の終わり近くには状況がいちだんと好転したようだ。あたりの路面は大きな土まんじゅう、もしくは、うねりの長い斜面になって起伏している——はっきり組織立ったようには並んでいない。ひとつの長い斜面を半ば登ったところで野営した。

　午後の中ごろ、またひとつ、陸地のたいへんよい景色が眺められた。ドミニオン山脈は見えていたとおり断ち切れ、次に二つの瀬戸と新たに二つの陸塊が来ている。同じくワイルド山群の北にも新たな瀬戸と陸魂がある。さまざまな瀬戸は疑いの余地なく〔氷の〕あふれ口となっており、陸塊は露出した海岸線の山々の内縁を示す。その方向はおよそ南南東のように見え、それから推して、南南東へ進み続ければ、バリアの上をここより遥かに極点へ近づくことができそうに思われる。エヴァンズの測地結果を図面化すれば、その点がもっとはっきりするだろう。

昨夜の夕食について一言書いて置かねばならない。四品料理だった。先ず、ペミカンたっぷり一回分に、玉ねぎとカレー粉で風味をつけた薄切り馬肉を加え、さらに乾パンを入れて濃くしたもの。次はくず粉、ココア、乾パンなどの砂糖入りフーシュ。次はプラム・プディング。次はココアに干しぶどうで、最後にキャラメルと砂糖漬けしょうがのデザート。祝宴のあとは体を動かすにも難儀した。ウィルソンと私とはプラム・プディングが食べ切れなかった。全員熟睡でき、体はほかほかと温かい――満腹の効果てきめん。

一二月二六日、火曜。――昼食時。気圧計二一・一一。四時間四五分、六（地理）マイル四分ノ三。少しのろいようだが、プラム・プディングのせいだろう。しかしこれから恐らく最後まで続く路面のところへ入りつつあるように思う。まだゆるやかな起伏があるが、おおむね平らになってきた。ゆっくり登りになっているのはまちがいない。

四八号野営地。気圧計二一・〇二。午後の行進の初め二時間は好調だった。それからでこぼこの登りになり、そりの進みが悪くなった。六時三〇分に野営した。最後には再びそりが次第に軽くなった。

満載の荷を引いてせいぜい一〇マイルと踏んでいたのだから、一五（法定）マイル進んだのにがっかりしているとは驚きだ。

八六度線を越えた。天測。南緯八六度二分、東経一六〇度二六分。偏差一七九度四一分西。気温は最近わりあい一定し、夜マイナス一〇度ないし一二度〔マイナス二三・三～二四・四度C〕、日中マイナス三度。風は今日は和らいだようだった――南東から南のあいだの向きで吹く。もう乱氷とは手が切れたと考えていたのだが、今夜右手にクレバスのある斜面が見えている。それは十分よけて通れるだろう。しかしほかにもあるかもしれない。平原に起伏があると表面は非常に多様な形をとる。もちろん斜面に当たる風の角度がさまざまだからだ。今朝は出発が三〇分後れ、そのため距離が少し伸び悩んだ。もっとも、平均一三（地理）マイル保持できればよい。

一二月二七日、水曜。――昼食時。気圧計二一・〇二。午前中風は弱く、そり引きはきつかった。全員汗をかいた。特に二号班がそうで、後れずついてくるのに大いに苦労していた。登ったり下ったりした。登りは甚だ苦しく、殊にサスツルギ帯ではそりがこづき回されるようになって、いっそう苦しかった。それでも七（地理）マイル四分ノ一進んだ。午前中たいへん悪い出来事。バワーズが一つきりの測高計の温度計を壊したのだ。二つあるアネロイド気圧計を照合するものがなくなってしまった。ひどくいらいらする。

四九号夜野営地。気圧計二〇・八二。気温マイナス六・三度〔マイナス二一・三度C〕。昼食後、柔らかい雪面を順調に進み、次につるつるの堅いサスツルギのところになり、なおもよい調子で進んだ。しかし私はこれは何かおかしいと感じた。そして一つ短い坂を登り切ると、またまたクレバスと乱氷の只中《ただなか》へ入った。一時間は恐ろしく苦しんだ――道を探さなければならず、クレバスへ転げ落ちたり、いやと言うほどこづき回されたりした。そこの氷丘《ひょうきゅう》脈の頂まで来ると、また一つ「窪地《くぼち》」あるいは「渦」があり、それが混乱の中心になっているように思われた――隠れた山頂なのだろうか。最後の一時間一五分は再び軟雪になり、調子よく進んだ。六時四五分に野営。行程一三（地理）マイル三分ノ一。先導は生易しい仕事ではない。他の隊員のように勝手な考えにふけっているわけにいかないし、今日午後のように乱氷へ入った時には甚だ気がもめ、疲れる。あんな所はもうこれきりであってほしい。高原へ来て以来太陽が隠れたことがない。陽光の異常記録になりそうだ。この仕事は単調な仕事だ。距離計と経緯儀ですべてが決まる。

一二月二八日、木曜。――昼食時。気圧計二〇・七七。明朝からまた炊事当番だ。今日は苦労の多い一日だったが、定めの一三（地理）マイルは達成した。私の班は朝楽々と出発し、二時間はどんどん進んだ――第二班は苦労していた。エヴァンズと交替してみると、二号そりは重かった――後れずついては行けたが、私の班のようにみなが私に調子を合わせて進むということがなかった。それでエヴァンズ兵曹をラッシリーと交替させた。よくなりかけたところで、ちょうど路面が変わり、堅いサスツルギの登り道になった。その頂で昼食の野営をした。問題は何だったのか。二号班に活力を失った者がいるという考えが一つできる。いま一つは、歩き方が悪く調子が合わないからに過ぎないということだ。また、そりの動きが悪いのだとも考えられる。午後そりを交換した。そして初めは好調に進んだが、柔らかい雪へ入ると、われわれの方は恐ろしく重くなり、二号班はわれわれのそりを軽々と引いた。それで問題はそりにあることがわかり、話し合ってみると、すべては配慮が足りないためとわかった。滑走部はきわめてよく走った。ところが引き綱のつけ方のまずさや荷積みのまずさその他で、体制がゆがんでいたのだ。隊員が疲れ切っているのではない。そこで私は率直に、彼らに自分たちで問題に取り組んで解決すべきだと話した。私の班と同じに楽々と進めない理由はないはずだ。

　五〇号夜野営地。気温マイナス六度〔マイナス二一度C〕。気圧計二〇・六六。天測、南緯八六度二七分二秒、東経一六一度一分一五秒、偏差一七九度三三分東。気圧計二〇・六四。

　一二月二九日、金曜。――気圧計二〇・五二。昼食時。高度およそ九〇五〇。これまでにない悪路面、甚だきつい引き作業。それでも六・五（地理）マイル来た。路面がこんなでは距離を維持しようとすると無理をすることになる。道は絶えず、しかしゆっくり、登っているようだ。ありがたいことに二号班はもう後れない。欠陥がはっきりしたからだ。一つは融通のきかない荷積み、一つは歩調の悪さだった。

　五一号夜野営地。気圧計二〇・四九。気温マイナス六度。午後再び苦闘してようやく一二（地理）マイル進んだ。たいへん難しい登りが二カ所あった。固まっていない雪が丘の上を吹き飛んで、北向きの斜面に深く積もるようだ。こういう積雪が最大の障害になる。天気はいくらか怪しくなり、かなりの巻雲《けんうん》が頭上に動いていて、東西に放射状に広がってきた。風は南東から南南西へ移り、断続的に強まったり弱まったりしている。風はそりの動きを妨げるから行進には迷惑だが、路面のためにはきっとよいだろう。だから明日は状況が好転すると思う。行進は恐ろしく単調だ。

思いは時にはもっと楽しい場面や場所へさまよって行こうとする。しかし針路を保つ必要から、あるいは路面に障害があったりして、たちまち元へ引き戻される。今日は数時間たいそう着実な歩みができた。そういう時がこの仕事の最上の時で、何もかも忘れて前進する。

一二月三〇日、土曜。——気圧計二〇・四二。昼食時。五二号夜野営地。気圧計二〇・三六。上昇約一五〇。甚だ苦しく疲れる行進。行程わずか一一（地理）マイル。風は南から南東。いつもほど強くなかった。いつものような晴天。アネロイド気圧計による高度九一二六フィート〜八九七〇フィート。

昨夜は登り坂で野営し、今朝その頂まで出るのにいくらか時間がかかった。そのため出発当初に疲れがきた。そして二号班が後れた。六・五マイル進んで（二号班は少し後れていた）昼食にした。午後は二号班が後れたままわれわれは進み、六時三〇分に野営した——二号班は七時一五分に。行進の終わり近くに、例によってじゃりじゃりの雪のある丘をもう一つ登った。われわれの班は二つの登り坂の間の八マイルほどをたゆまずこつこつ歩いた。もうしばらくそれを続けることができたろう。明日は半日行進して貯蔵所を造り、一〇フィートそりを組み立てることにする。二号班は確かに疲れてきた。小型のそりと軽い荷で彼らはどれだけやれるだろうか。路面は確実に五〇マイル前より格段に悪い。（気温マイナス一〇度〔マイナス二三・三度C〕。）シャックルトンの日付に追いついた。二号班に前進する元気がたっぷりあると確信できたら、何もかもが愉快になるのだが。

一二月三一日、日曜。——大晦日《おおみそか》。二〇・一七。高度約九一二六。気温マイナス一〇度。五三号野営地。アネロイド気圧計を調整。二号班はスキーその他約一〇〇ポンド分を保管状態にした。彼らを先に出発させた。彼らは進んで行った。しかし足取りはあまり速くなかった。われわれはあとを追ったが、彼らが指示どおり一時三〇分に野営するまでに追いつかなかった。その時までできっかり七(地理)マイル進んでいた。そして相当登ったに違いなかった。行進の初めに一つ急な斜面を登り、終わりにもう一つ登って、われわれにこのうえなく苦しいそり引きをさせるこの忌まわしい坂と坂の間に約五マイルの間隔があることがわかった。しかし実際のところ、われわれは終日登り続けていたのだった。

　おいしいお茶をたっぷり飲んでから、そりの荷下ろしにかかった。この方は短時間ですんだが、もう一つのテントで目下進行中の一〇フィートそりの組み立ては長時間作業だ。エヴァンズ（兵曹）とクリーンが取り組んでいて、仕事ぶりはめざましい。確かにエヴァンズ兵曹は隊にとってかけがえのない宝だ。現在のような条件の中でそりを作ることは特筆に値する。エヴァンズ（大尉）がいま緯度を算出した――南緯八六度五六分。したがって今夜の目標だった八七度線は近い。半日後れるが、進みをぐっと速めて埋め合わせられると思う。

　ここを「三度貯蔵所」と呼ぶことにした。両班に一週分の蓄えを置く。

　このあたりでは蜃《しん》気《き》楼《ろう》はきわめて少なく、大気差もごく小さい。幹部隊員は全員二重テントへ入っている――初めてテントに内張りをつけたのだ。居心地がぐっとよくなるようだ

　午後一〇時。――改造作業は私が思ったよりも長引いているが、もう少しで終わる。一〇フィートそりはたいへん扱いよさそうに見える。臨時にもう一度お茶を入れて、いま寝袋へ入った。二重テントの中（五人）はほかほかと暖かく、明るさも書き物その他をするには足りる。就寝したのは午前二時を過ぎてからだった。

　天測、南緯八六度五五分四七秒、東経一六五度五分四八秒、偏差一七五度四〇分東。朝の気圧計二〇・〇八。

　一九一二年一月一日、月曜。――元日。昼食時。気圧計二〇・〇四。七時三〇分ごろ一同を起こし、九時三〇分出発。エヴァンズ班が徒歩で先発。われわれはスキーであとを追う。一同愚かにもスキー靴の手入れをし忘れていて、できるまでにたっぷり三〇分かかった。殊にウィルソンが苦労した。ようやく出発してみると、意外にもそりは実に楽々と引け、快調に進んで、徒歩班にどんどん追いついた。

　五四号夜野営地。気圧計一九・九八。約一五〇フィート上昇。バリアからの高度約九六〇〇。前の班は五・五マイル地点で昼食野営をして楽々と進み、七時三〇分までに一・三（地理）を達成した。われわれは昼食野営地でもう一度後れた。エヴァンズ兵曹がテントを、私がクッカーを修理していたのだ。午後はいっそうたやすく先発班に追い

つき、最後の一五分は彼らと並んで進んだ。驚くほど楽々とそりが引けた。一日じゅう骨折りはほとんどしなかった。

再度一日じゅう登りだった。もっとも、傾斜は前よりはゆるかった。スキーの具合と堅い路面に悩まされるだろうと予想したが、それが全然なかった。（気温マイナス一四度〔マイナス二五・六度Ｃ〕。）気温は下がり続けている。風によって下がるようだ。二重テントの中はまことに心地よい。棒チョコで新年を祝った。支援班はあまり元気がない。自分のことがちゃんとできない。前途が明るくなってきたようだ――あとわずか一七〇マイルだし、食糧はたっぷりある。

一月二日、火曜。――気温マイナス一七度〔マイナス二七・二度Ｃ〕。五五号野営地。高度約九九八〇。昼食の時、私の気圧高度計が一二二五〇の目盛を越えたところを指した。針を一〇二五〇へ移した。今後は巻末に計算した補正（三四〇フィート減）を施した数字を記入することにした。徒歩班は早く八時前に出発して一時まで行進し、再び二時三五分から六時三〇分まで行進した。われわれは両行進とも三〇分以上後れて発《た》ち、やすやすと追いついた。徒歩班には足の重い歩みだったが、われわれには楽な進行だった。一三（地理）マイル進んだ。

気温マイナス一一度〔マイナス二四度Ｃ〕。天測、南緯八七度二〇分八秒、東経一六〇度四〇分五三秒、偏差一八〇度。氷河を離れて以来初めて本曇り気味の空になった。しかし太陽は層雲の薄絹を通してはっきり見えており、地平線上にはぐるりと青空がある。今日のサスツルギはすべて南東向きだった。風も同じく南東で、わりあい弱かった。雲が風と悪路の前兆でないことを祈る。後者の点では午後の終わりごろにあやしくなった。今日はあまり登りはなく、平原は真っ平らになっていくようだ。高低はサスツルギを見るといちばんよくわかる。午後の行進中トウゾクカモメが一羽やってきた――明らかに好奇心を示し、前方の雪の上に舞い下りては、われわれが近づくとばたばたと数ヤード飛び立った。ほとんど物を食っていないように見えた――海からの距離を考えると尋常でない訪問者だ。

一月三日、水曜。――高度、昼食時一〇一一〇、夜一〇一八〇。五六号野営地。気温マイナス一七度〔マイナス二七・二度Ｃ〕。最低マイナス一八・五度〔マイナス二八度Ｃ〕。目的地まであと一五〇マイル足らず。昨夜編成替えを決め、今朝テディ・エヴァンズ、ラッシリー、およびクリーンに帰還を言い渡した。彼らは落胆したが、快く受け入れた。バワーズがわれわれのテントへ入り、明日は五人一班で前進する。食糧は五単位半ある——実質上五人に一カ月以上の量になる——これだけあれば大丈夫のはずだ。今日はわれわれはスキーで順調に来たが、徒歩班はのろかった。それで一二（地理）マイル少々しか進まなかった。明日はうまくやれるか大いに気掛かりだ。満載の荷で順調に進めればまず安心してよかろう。今日は路面が所々ひどく悪く、風が強かった。

「緯度八七度三二分。有望な位置から最後にひとこと。首尾よくゆくだろうと思います。私たちは優れた隊で前進しており、手配はすべて好都合に運んでいます。」

一月四日、木曜。——気温マイナス一七度。昼食時気温マイナス一六・五度。そりに荷積みをし、二班が別れるための手筈《てはず》をしなければならなかったので、今朝は当然出発が後れた。われわれの小さなそりにあらゆるものが実にきちんと積まれた有様は驚くばかりで、これはエヴァンズ兵曹のおかげだ。それが引けるか私は心配だったが、案外楽に進めたのでうれしかった。バワーズは徒歩で、ウィルソンと私のあいだの、背後で引いた。彼は自分なりの歩度を保つ必要があるが、幸い少しもわれわれの妨げにはならない。

二号班は何かの場合に備えて後ろからついてきた。しかし私は進めることがはっきりするとすぐ停止して、別れの挨拶をした。テディ・エヴァンズはひどく落胆の様子だったが、甘受して男らしく振舞った。かわいそうにクリーンは涙ぐみ、ラッシリーですら胸をつまらせていた。うれしいことに彼らのそりは何もないくらいで、だから帰りの旅はきっとはかどるだろう。彼等と別れたあと、われわれは一時一五分まで行進して六・二（地理）マイル進んだ。まる一日行進する日なら、日課の行程を維持するのは難しくなかろう。

五七号夜野営地。気温マイナス一六度。高度一〇二八〇。——順調に午後の行進を始め、一時間半は快調に進んだ。それから固まっていないざらざらの雪面へ出て、そりはたいへん重くなった。午後七時までにどうにか一二・五（地理）マイル進んだが、甚だ苦しい作業だった。

午後には風が衰え、今夜は完全に凪《な》いだ。日差しがとても暖かいので、気温に関係なく、至極快適に外をぶらついていられる。こんなふうにしていて、われわれが絶えず恐ろしい目にあうように言われていたのを思い出すと面白おかしくなる。スキーなどについた雪が日に当たって融けている。高原はもうすっかり平らになったが、まだゆるやかな登りになっている。サスツルギは乱れが大きくなり、南東方向が支配的だ。これから何がわれわれを待ち受けているだろうか。いまはすべてが異常にすらすら運んでいるようで、われわれの仕事をもっと困難にする障害が起こらないとはちょっと考えられない。恐らく路面がわれわれを悩ます要因となるだろう。

一月五日、金曜。——五八号野営地。高度、朝一〇四三〇、夜一〇三二〇。気温マイナス一四・八度。天測八七度五七分、一五九度一三分。最低気温マイナス二三・五度〔マイナス三〇・八度C〕。気温マイナス二一度〔マイナス二九・四度C〕。恐ろしく苦しい一日。北北西から弱い風が吹き、ちぎれ雲が出て、絶えず氷晶《ひやうしょう》が降った。その結果、最初の一時間が過ぎてからは最悪の路面になった。一同八時一五分に出発し、一時一五分まで休まず行進して、七・四（地理）マイル進み、午後も再び根気よく歩き続け、午後七時までに一二・五（地理）マイルを達成した。高原へ出て以来最も厳しい行進だった。進むにつれてサスツルギが多くなるようで、向きは南西から南微西へ変わった。午後は入り乱れたサスツルギが多くて狼狽《ろうばい》させられ、今夜は強い南風の形跡を示す、ひどく荒れた路面になっている。幸いいまのところそりが転倒しそうな様子はない。風が出て堅い雪を吹き払ってくれるとよいのだが、今夜の気配では好転の見込みはなさそうだ。しかしもうすぐ八八度線で、極点まであと一二〇マイルに迫っており、シャックルトンの最終野営地へはあと一行進だけだから、全体としては「はかどっている」のだ。

現在の進度は一時間に一マイル四分ノ一余りだ——影法師が右から前へ、前から左へと、ゆっくり回るあいだ、こうして引き続けるのはなかなか苦しい。単調な行進中になんといろいろ思いをめぐらすことか。極点到達が有望になったいま、なんと空想を逞《たくま》しゅうすることか。今日バワーズが天測をした。これから三日ごとにする予定だ。一同寒さはほとんど感じず、日光の乾燥効果がすばらしいので実に快適だ。靴下もフィンスコーも朝にはほぼ乾いている。

五人分の炊事は四人分よりもとても手間どる。一日で三〇分になるだろう。編成替えの時には考えなかったことだ。

一月六日、土曜。――高度一〇四七〇。気温マイナス二二・三度〔マイナス三〇・二度C〕。障害が現われてきた――昨夜サスツルギ帯へ入った――今朝はそれが高さを増し、われわれはいまや北部での経験でよく覚えのある収錨《しゅうびょう》かぎ型に波立つ海の只中だ。一同初めの一時間半以後はスキーを脱いで徒歩で引いた。時々恐ろしく重くなる。そしてどのサスツルギにも鋭い枝状の結晶がひげのように一面に付着しているのでいっそう苦労する。六・五マイル進んだが、この種の路面が続けば平均行程は維持できない。風はない。

五九号野営地。緯度八八度七分。高度一〇四三〇～一〇五一〇。気圧計の上昇？　気温マイナス二二・五度。最低マイナス二五・八度。朝。またしても恐ろしく苦しい引き作業。そして一時間ほど行進してから、寝袋が一つそりから落ちているのに気付いた。逆戻りして運んで来なければならなかった。一時間以上の損失になり、隊のまとまりも悪くなった。わずか一〇・五（地理）マイルの行程に終わり、引き作業の厳しさはこれまでの最高に近かった。ここにスキーを置いて行くことを一同で考えている。主として破損の危険があるため。サスツルギ帯ではいつも登ったり下ったりだ。そして氷晶が覆っていて、下り道でもそりの滑りが妨げられる。サスツルギがこのまま続き、苦しい行進を覚悟しなければならないのではないかと私は心配だ。しかしあと二日すれば貯蔵所をつくって荷が軽くなるはずだ。シャックルトンの最終野営地より南へ出た。したがってこれまでで最南の野営地になると思う。

一月七日、日曜。――高度一〇五六〇。昼食時。気温マイナス二一・三度。状況の変わりやすさには面食らう。サスツルギのため、スキーを置いて行くことに昨夜決めた。今朝、四〇分で一マイル進み、サスツルギは次第に姿を消した。私はスキーの件をずっと考えていて、ここで停止し、一同で相談したあと逆戻りしてスキーを取りに行った。一時間半近くかかった。行進を再開してみるとスキーではそりがほとんど動かせないので慌てた。固まらないざらざらの雪がかぶっていて初め一時間はひどかった。それでもわれわれは頑張り続け、骨の折れる行進も後半には進みがよくなってきた。しかし仕事はまだ恐ろしく厳しい。今後スキーは離してはならない。

午後。六〇号野営地。気温マイナス二三度。高度一〇五七〇。天測、南緯八八度一八分四〇秒、東経一五七度二一分、偏差一七九度一五分西。依然甚だ厳しい曳行《えいこう》、しかし四時間余で五（地理）マイル来た。

これは高原でわれわれのした最短の行進だ。しかし言い訳はある。と言っても、状況がいまのままだと、こういう無理な行進にいつまでも耐えていけないのは疑いの余地がない。ただ、幸いこのまま続くことはないだろう。明日は一週分の貯蔵所を作り、全部で約一〇〇ポンド軽くなる。今日午後にはありがたい南風が戻ってきて、いま風力二ないし三で吹いている。これできっと路面はよくなるだろうと思う。

サスツルギはぐっと小さくなり、南方向のが南東方向のよりも優勢になっているようだ。午後、雲が頭上を南から急速に動き、路面はざらざらの氷晶《ひょうしょう》で覆われた。これは「ひげの生えた」サスツルギよりはましだった。そして妙なことに、その犬釘《いぬくぎ》のような形成物は、風や地吹雪に当たっても少しずつしか減らない。今日はほとんど全く登りがなかった。平原はきわめて平らに見える。行く手に登りがあるようには見えない。これで氷晶の堆積《たいせき》がなくなるか固まるかさえすれば、願ってもない路面になるのだが。スキーを手放さなかったのは本当によかったと思う。行進は苦しいが、スキーを履いている方が遥かに疲労が少ない。バワーズは徒歩で苦労している。しかし彼は何をしても疲れを知らぬふうだ。エヴァンズは片手にいやな傷をしている（そり作りで）。大事にならなければよいが。食事はあいかわらず十分だ。こんなに優れた規定食がつくれたのは幸運だった！　実際われわれの隊は申し分のない状態にある。

一月八日、月曜。――六〇号野営地。正午。気温マイナス一九・八度〔マイナス二八・八度C〕。夜の最低マイナス二五度〔マイナス三二・七度C〕。高原で最初のブリザード。朝食後、出発してもよかったのだが、風が強まる気配がはっきりあり、やがてそうなった。太陽は見えている。しかし雪が地吹雪だけでなく、明らかに空からも落ちている。風が強まるにつれて太陽は少しずつ明るさを増すようだ。全体の様相がバリアのブリザードとたいへん似ている。ただ、予想されることだが、雪は遥かに少なく、またいまのところ風も弱くて、これはやや意外だ。

　エヴァンズの手に今朝手当をした。休憩は彼の手のためにはよいに違いない。二重壁のテントの中で気持ちのよい寝袋に温かくくるまり、こんなに心地よく横になっているのが、われわれ全員にためにならないとは私は断言できない。しかし時間と食糧の損失の点から、また次第に氷が付着する点からも、後れはせいぜい一日に止めたい。（夜の気温マイナス一三・五度〔マイナス二五・三度C〕。） 日中ぐっと視程が悪化し、太陽は初めて時々隠れるようになった。気温はブリザードにしては低いが、二重テントの中はきわめて居心地よく、低温の雪はべとつかないしテントの中へたやすく入り込みもせず、したがって寝袋はよい状態のままだ。（気温マイナス三度〔マイナス一九・四度C〕。） 晴雨計はゆっくり上昇している。朝には出発できるようでありたい。しかしこの種の天気の乱れがこのあたりだけのあらしですまなくて長続きするのではないかと心配だ。

　隊員諸君の立派なことは賞賛の言葉もない。それぞれ隊の任務を全うしている。ウィルソンは先ず医師として、この仕事に伴いがちな、ちょっとした痛みや患いを和げるのに常に心を配っている。炊事当番になれば、手早くて注意深く、また器用で、いつも何か新しい工夫をして野営生活に寄与するし、引き綱につけば鋼鉄のごとく逞《たくま》しく、終始決してぐらつかない。

　エヴァンズは大力無双の働き手で、頭も実に非凡なものを備えている。どれほど彼のおかげを受けているか、いまになってやっとわかった次第だ。スキー靴とアイゼンは必《ひっ》須《す》の用具だが、それらの元々の考案者は彼でなかったとしても、製作と設計の細部や巧みな細工などは、彼一人のものだ。どのそりもそり用具も、テントも寝袋も引き具も、すべて彼の担当で、それらのどれについても一度でも不満が出たことがないのを思えば、彼がどんなに貴重な助力者であったかが明らかになる。いま彼はテントを張る時の指揮をするほかに、そりの荷積みの工夫と手配もしている。あらゆるものがきちんと手際よく積まれている様子や、そりの柔軟さと滑りよさを保つようずいぶん研究がなされている様子は目を見張るばかりだ。バリアでまだポニーが射殺されないころ、彼は絶えず見回って積み荷を直していた。

　ちびさんのバワーズにはあいかわらず驚嘆させられる――彼は徹頭徹尾楽しんでいる。私は物資の手配はすべて彼に委《ゆだ》ねてある。彼は常にわれわれの現状や帰途にある各班の状況を正確に把握している。さまざまな段階で編成替えをした際、貯蔵物資を再配分するのは複雑な作業だったが、ひとつも誤りがなかった。物資のことに加え、彼はきわめて周到綿密な気象記録を取っており、その上にいまは天測と撮影も引き受けている。なんでもござれで、難しくてできないということがない。彼をテントへ入らせるのは至難だ。寒さが頭にないようで、他人がとっくに寝入ったあとまで寝袋の中で丸くなって測定結果の記入や計算をしている。

この三人については各人がそれぞれの仕事に特に適していること、しかし互いに違った仕事をするとしたらいまほど立派にはできないだろうことは、考えてみるべき点でもあり喜ぶべき点でもある。それぞれかけがえのない存在だ。オーツがかけがえのない存在だったのはポニーがいた時期だった。いまは彼は辛抱づよい歩き手となって終始しっかり前進し、野営作業を分担し、誰にも負けず困苦に耐えている。これもまたいっしょにいてほしい人だ。したがってわれわれ五人は考え得る限り最も適切に選ばれた者たちだ。

一月九日、火曜。――六一号野営地。新記録。緯度八八度二五分。高度一〇二七〇フィート。気圧計が上がったのだと思う。気温マイナス四度〔マイナス二〇度C〕。起きて朝食を始めた時はまだ風も地吹雪もあったが、止みそうな兆しが見えた。風は次第に南から東南東へ移っていっていた。昼食後、野営をたたむことができ、薄暗かったが路面はよかった。午後はきわめて着実な行進をして、六・五（地理）マイル進んだ。これで緯度八八度二五分に達したはずで、シャックルトンが歩いて達した記録を越えた。これからはすべてが初めてだ。気圧計はブリザードのあと上昇した。水平な高原へ出たようで、もうあまり登りはなさそうだ。

天測、東経一五九度一七分四五秒、偏差一七九度五五分西、最低気温マイナス七・二度〔マイナス二一・八度C〕。

いっそう珍しく、風のあと気温が上がり続けていて、いまマイナス四度で、全く暖かい感じだ。太陽は午後の間じゅうかすかに見えるだけだったが、いまは多少明るくなった。雲は依然東から動いている。行進は恐ろしく単調になりつつある。もっとも、行程を維持していける限り、不平をいう筋合いはない。貯蔵所を作ればそれはできると思う。しかしたいへん困ったことが一つ持ち上がった。バワーズの時計が急に二六分遅れたのだ。ポケットから出ていて凍りついて止まったのかも知れず、彼がうっかり針に触れたのかも知れない。いずれにせよそんなことがあると、この大平原に物を置いて行くことにいっそう用心深くなる。ブリザードで自分たちの通り跡が消されがちだから殊にそうだ。出発の時には帰り道はどうにか見えたが、明かりは極端に乏しかった。

　一月一〇日、水曜。——六二号野営地。気温マイナス一一度〔マイナス二三・九度C〕。最終貯蔵所、南緯八八度二九分、東経一五九度三三分、偏差一八〇度。午前中恐ろしく苦しい行進。わずか五・一（地理）マイルの前進だった。昼食野営地に貯蔵所を作ることにした。ケルンを築き一週分の食糧と種々の衣類を残した。衣類はぎりぎりまで減らした。一八日分の食糧を持って前進する。昨日だったらきっとやり通せると言えたのに、いまは路面が余りにも悪く、このままだと必要なだけ行進を続けるにはたいへんな苦労をしなくてはなるまい。路面にはすっかりざらざらの雪がかぶり、日が照るとどうしようもなくなる。午後は初めは本曇りで、そりが軽くなって調子よく出発したが、最後の二時間では再び日が照り、作業は悲惨なほど厳しかった。わずか一〇・八（地理）マイルの前進に終わった。

　極点まであとわずか八五（地理）マイルだ。しかし行き帰りとも厳しい引き作業になりそうだ。それでもわれわれは前進しており、そこに慰めがある。今夜は空は本曇りで、気温（マイナス一一度）は私の予想より遥かに高い。天気の予測がきわめて難しい。サスツルギはいよいよ入り乱れ、南から東までの向きだ。不安定な明かりと急速に動く雲のため、針路を取るのに甚だ難儀する。雲はよそから来るようには見えなくて、これという理由もなくできては散る。路面は柔らかくなっていくようだ。気象状態から見ると、向きの変わりやすい軽風地域になっているようで、進むにしたがい程度が強くなるのだろう。

　一月一一日、木曜。——昼食時。高度一〇五四〇。気温マイナス一五・八度〔マイナス二六・六度C〕。今日は最初から重い引き作業になった。しかし初め二時間半はそりを動かし続けることができた。それから太陽が出て（それまでは本曇りで雪が降り、南東の軽風が吹いていた）、その後の午前中は苦行になった。こんな引き作業は初めてだ。そりはひっきりなしにぎしぎし、ぎいぎいきしむ。六マイル進んだが、恐ろしく苦労した。

　六三号夜野営地。高度一〇五三〇。気温マイナス一六・三度。最低マイナス二五・八度〔マイナス三二・一度C〕。午後も苦行を続け、五マイル加えた。極点まで約七四マイル——このまま七日間続けられるだろうか。ひどい疲れようだ。われわれの誰一人これほどの重労働は経験がない。雲は一日じゅう頭上を行ったり来たりしていた。方向は南東だったが、形が絶えず変わった。雪の結晶が始終落ちていた。出発時にあった南の弱い軽風はまもなく落ちた。今夜は太陽がとても明るく暖かく照っているので、気温がマイナス〔マイナス一七・八度C以下〕だとは想像し難い。進むにつれて雪は柔らかくなるようだ。サスツルギは時には高くて下がえぐられたものもあるが堅くはない——クラストはない。もっとも、昨日一度、バリアでのように、路面が沈む所があった。この地域では一定して吹く風がないことがかなり確かのようだ。仕事ができさえすれば見込みはまだ十分ある。しかし恐ろしく苦しい。

　一月一二日、金曜。——六四号野営地。気温マイナス一七・五度〔マイナス二七・五度C〕。緯度八八度五七分。雪が柔らかくなる一方の中を、またもや苦しい行進。出発時、太陽甚だ明るく、無風。初め二時間恐ろしくのろい。昼食時、四時間四五分、五・六地理マイル。天測緯度八八度五二分。午後四時間、五・一マイル——計一〇・七。

　午後は進みがよくなったようだ。冷たい弱風に伴なって西から雲が一面に広がり、ほんの数分間そりが軽々とついてくる喜びを味わった。だが残念！　せっかく日がかげったのに、数分すると逆に悪化した。しかし短時間でもそれがあったのはよかった。われわれの引く力がひどく衰えたのではないかと私は心配になっていたのだ。この数分のおかげで、われわれは路面さえよければ以前と変わらず元気に進めるのがはっきりした。いまのような路面では単調さに閉口して、白分がすっかり参っているのだと思いかねない。昼食の野営と夜の野営で苦労はたちまち忘れるから、そうならずにすんで、元気回復、新たな努力ができるわけだ。二桁《けた》台を維持するのは骨が折れる。しかしあと四行程それができれば目的が果たせるはずだ。もう間近に迫っている。

　今夜野営した時、一同寒けがし、急な寒さがやってきたのだと思った。ところが意外にも、実際の気温は、日光に当たってぶらぶらしていられた昨夜よりも高かった。こんなふうに急に寒けを覚えるのはなぜか、皆目説明がつかない。一部は行進による消耗のためだろうが、何かで空気が湿ったためもあるのだと思う。ちびさんのパワーズはすばらしい。今夜野営に入ったあと、私が止めるのも聞かず、どうしても天測をすると言う。われわれにはスキーがあるから少しは楽だった柔らかい雪の中を、彼は一日じゅう足で歩き続けたあとなのだ。

夜の位置。——南緯八八度五七分二五秒、東経一六〇度二一分、偏差一七九度四九分西。最低気温マイナス二三・五度〔マイナス三〇・八度C〕。

今夜は極点まであとわずか六三（地理）マイルだ。首尾よくやれそうだ。しかしなんとかもっとよい路面にならないものか！　ここが比較的風のない地域であることは明白だ。サスツルギは少なくまばらで、どれも柔らかい。たまに南東からブリザードが吹くのだろうが、激しいものはないのだろう。われわれは深い跡を雪に引いている。掘りたければどこまでも掘れそうな柔らかい雪だ。

一月一三日、土曜。——昼食時高度一〇三九〇。気圧計下降？　昼食時緯度八九度三分一八秒。同じく柔らかい雪の上を出発。そりは甚だ重く、進みはのろかった。あとはずっとこういう状態が続くのだとばかり思っていたところ、予想に反し、二時間後にはサスツルギの海に行き当たった。すべて南から東までの向きで、東南東が支配的だった。南東および南南東から冷たい風が少しあり、その方角の空は一面に曇っていた。五・六マイル前進して、もう八九度線を越えた。

六五号夜野営地。——高度一〇二七〇。気温マイナス二二・五度、最低マイナス二三・五度。ほぼ南緯八九度九分。午後は調子よく出発した。本当によい行進ができそうだったが、初めの二時間が過ぎると、路面の結晶が甚だしくざらざらになってきた。それでも五・六地理マイル進み、一日で一一余りになった。ともかくまた二桁と少々の日になったわけだ。依然見込みはある。

わずかに下りになっているようだ。サスツルギは午前と変わらない。軽いそりを進ませるのにこんなに骨折って引っ張らなければならないとはうんざりする。それでも前進はしている。今日はしばらく仕事のことを考えないでいられた。そうするととても休まる。スキーがなかったら足元がおぼつかないだろう。もっとも、バワーズは短い脚に疲れも見せず柔らかい雪の中をもがきながら進んでいる。

今夜は極点まであとわずか五一マイルだ。到達できなくても、ごくごく近くまで行けよう。今夜いくらか南の軟風《なんぷう》がある。なんとかこれが強まってほしい。軟雪とサスツルギが交互にあるのは沿岸の山地があまり遠くないことを暗示しているようだ。

一月一四日、日曜。――六六号野営地。昼食時気温マイナス一八度〔マイナス二七・八度C〕、夜気温マイナス一五度〔マイナス二六・一度C〕。太陽は一日じゅう曇り空を通してぼんやり見えていた。弱い南風とごく低い地吹雪があった。その結果路面は少し好転し、われわれは着実に進んで、午前中六・三マイル、午後五・五マイルになった。しかし針路を取るのが恐ろしく困難で苦しかった。何も見えなくなることがしばしばあり、私の陰にいたバワーズに指示してもらった。そういう状況ではスキーを履いて引くのが計り知れないほど助けになった。今夜は視程が甚だ悪い。太陽は辛うじて見える。気温は上がり、ブリザードになる気配が濃い。なんでもなくすんでほしい。このあたりでは激しい風の形跡はほとんどないから、多少風が吹くとしても行進はできよう。もう極点まで四〇マイルない。

また寒けがしてきた。今日昼食の時（天測、南緯八九度二〇分五三秒）全員足が冷えた。しかしこれは主にフィンスコーの毛が抜け落ちたためだ。裸になった皮の下に〔干し〕草を入れたらすっかり違ってきた。オーツは他の者より寒さと疲労がこたえているようだ。それでも一同大いに元気だ。きわどい時にさしかかっている。しかしきっと引き通せるだろう。気圧計はぐっと下がった。高原が高くなったためか天気の変化のためかわからない。どうか二〜三日よい天気が続いてほしい。あと一歩の感じで、妨げは天気だけだ。

一月一五日、月曜。――昼食野営地、高度九九五〇、最終貯蔵所。夜の間に大気が完全に澄み、太陽が快晴の空に輝いた。弱い風も落ち、気温はマイナス二五度〔マイナス三一・七度C〕まで下がり、最低はマイナス二七度〔マイナス三二・八度C〕になった。これでは苦しいそり引きになりそうだと私は予想した。そしてそれが的中した。路面はひどいものだった。しかし四時間四五分で六（地理）マイル進んだ。野営の時はみな相当へたばっていた。ここに最終貯蔵所を置く——食糧四日分と若干の雑品だけ。荷はもうきわめて軽い。ただ摩擦は大きくは減らないのではないかと思う。

一月一五日、夜。——高度九九二〇。気温マイナス二五度。昼食後はそりは驚くほど軽かった——荷が少なくなったのと積み方にもよるだろうし、いちばん大きいのはお茶を飲んだ〔昼食をした〕ためかも知れない。ともかく午後は六・三マイルという好成績をあげて、一日合計一二を越えた（一二・三）。サスツルギは再び乱れが強くなった。ただ、ほとんどは南東四分円内だ。いま最も大きいのがほぼ東で、その波でそりは絶えずがたんごとんと揺れる。風は西北西で、冷たいが、天気は依然よく、サスツルギもその方向からのものはない。

六七号野営地。昼食時天測、緯度八九度二六分五七秒、推測緯度南緯八九度三三分一五秒、東経一六〇度五六分四五秒、偏差一七九度東。

長めの行進を二つすれば極点だと思うとすばらしい。今日、九日分の食糧を携えて貯蔵所をあとにした。したがっていまや事は確実のはずで、一つだけ恐ろしい可能性はノルウェーの旗がわれわれの旗に先んじているのを目にすることだ。

バワーズはよい天測をしようと例によって不屈の努力を続けている。混み合うテントの中の自分の寝袋の中で計算をしている様子には感心する。（夜最低気温マイナス二七・五度〔マイナス三三・一度C〕。）極点まであとわずか二七マイルだ。やれないはずはない。

一月一六日、火曜。——六八号野営地。高度九七六〇。気温マイナス二三・五度〔マイナス三〇・八度C〕。最悪の事態、あるいは最悪に近いことが起こってしまった。午前中順調な行進で七・五マイル進んだ。正午の天測では南緯八九度四二分と出た。そして明日は目的地へ到着だと思いながら、一同元気一杯で午後の行進を開始した。行進二時間目へ入ったころ、バワーズのよく利く目がケルンらしいものを認めた。バワーズは気掛かりにはなったが、きっとサスツルギだろうと考えた。半時間後、彼は行く手に一点黒いものを認めた。やがてわれわれもこれは自然な雪の形状では決してないことを悟った。さらに進むと、それはそりの支え木に黒い旗をゆわえたものだとわかった。近くに野営の跡、行き帰りのそりとスキーの跡、そしてくっきりと犬の足跡――多数の犬。これがわれわれにすべてを物語った。ノルウェー人たちがわれわれの機先を制して極点初到達を遂げた。失望のきわみだ。誠心誠意努めてくれた仲間たちにまことにすまない。あれやこれやと悔しい思いが浮かび、一同いろいろと議論した。明日は極点まで行進し、それから力の限り帰途を急がなければならない。楽しい空想はことごとく消え去らねばならない。帰りは疲れる旅になるだろう。道は確実に下りになっている――ノルウェー隊がやさしい登り道を見つけたことも確実だ。

一月一七日、水曜。――六九号野営地。気温出発時マイナス二二度〔マイナス三〇度C〕。夜マイナス二一度。極点。そう。しかし期待とはまるで違った状況のもとにだ。恐ろしい一日だった――失望に加え四ないし五の逆風があり、気温はマイナス二二度だ。仲間たちは足も手も冷えたまま働いている。

七時三〇分に出発した。発見の衝撃のあととて誰もあまり眠っていなかった。しばらくノルウェー隊のそりの跡をたどって進んだ。わかった限りで、人は二人だけだ。三マイルほどの間でわれわれは小さいケルンを二つ通過した。それから空が曇り、跡が次第に雪に埋もれ、方角が明らかに西へ寄り過ぎるので、われわれの計算による極点へ真っ直ぐ向かうことにした。一二時三〇分にエヴァンズの手が冷え切ったので野営して昼食をとった――上等の「休日昼食」だ。七・四マイル進んでいた。天測をすると緯度は八九度五三分三七秒だった。出発して真南へ六・五マイル進んだ。今夜、バワーズが天測をしようと困難きわまりない状況の中で頑張っている。風が吹き荒れ、気温はマイナス二一度〔マイナス二九・四度C〕だ。しかも空気にはたちまち骨の髄まで冷やす例の奇妙に湿っぽくて冷え冷えした感じがある。再び下りになっていたと思うが、行く手には登りがあるようだ。あとはこれまでの日々の甚だしい単調さとほとんど変わりがない。なんということか！　ここは恐ろしい所だ。苦労してここまで来ながら、先着という報酬を与えられなかったわれわれにはなおのことそうだ。しかしここまで来たことは無意味ではない。そして明日は風が味方してくれよう。無念のうちにも、極点でのフーシュをたっぷり食べ、体は安楽だ――それに小さいチョコレート一本と、ウィルソンが持ってきた紙巻き煙草《たばこ》もあった。妙な味だ。さあ、今度は帰りの旅だ。必死の奮闘になるだろう。それができるかどうか。

一月一八日、木曜朝。——何度もの観測すべてを集約して、われわれは極点から三・五マイル離れていると結論づけた——一マイル行き過ぎ、三マイル右へ逸《そ》れていた。ほぼその方角にバワーズが一つのケルンあるいはテントを認めた。

いまこのテントのところへ着いた。われわれの野営地から二マイルで、したがって極点まで約一・五マイルだ。テントの中に次の五人のノルウェー人がここへ来た記録が残されている。

ローアル・アムンセン
オラフ・オラフソン・ビョーラン
ヒルメル・ハンセン
スヴェレ・H・ハッセル
オスカル・ヴィスティング

一九一一年一二月一六日

優れたテントだ——小型のかっちりした造りで、支柱は竹一本だ。アムンセンからの書き置きがあった。私が持っているが、なんとホーコン王宛《あて》の手紙を私の手で送ってほしいと依頼したものだ！

次の物品がテントに残されていた。トナカイ革の半身用寝袋三つ。中にさまざまな種類のミトンと睡眠用靴下が一揃《そろ》い入っている。六分儀一台、ノルウェー製人工水平線器一台、沸点温度計なしの測高器一台、英国製の六分儀と測高器各一台。

隊員たちとともに私がこのテントを訪れた旨の書き置きをした。バワーズが写真を撮り、ウィルソンが写生をした。昼食後われわれは羅針儀による南南東（すなわち北）へ六・二マイル進んだ。昼食時の天測では極点まで二分ノ一ないし四分ノ三マイルだったので、そこを極点野営地と呼ぶことにした。（気温昼食時マイナス二二度。）ケルンを築き、ふびんにも肩身の狭そうなイギリス国旗を掲げ、一同で撮影した——どれをするのもひどく寒かった——二分ノ一マイル足らず南にそりの使い古しの副滑走部が立っているのが見えた。それをもらって床敷きを帆にする時の桁にした。察するにノルウェー隊ができる限り正確に極点をしるす意図で立てたものだろう。（高度九五〇〇。）それに付けた書き置きに、テントは極点から二マイル離れているとあった。この書き置きはウィルソンが保管している。先着者たちが徹底して目標を確認し、完全に計画を遂行したことにいささかの疑いもない。極点の高度は約九五〇〇フィートと思われる。緯度八八度では約一〇五〇〇だったのを考えると、これは注目すべきだ。

国旗を約四分ノ三マイル北へ運び、できるだけ正確な位置に、棒に結わえて残した。察するところノルウェー隊は一二月一五日に極点へ着き、一七日に立ち去ったと思われ、これは私がロンドンで理想の日程としてあげた一二月二二日よりも先んじている。ノルウェー隊は高原の天候をもっと寒いと考えていたようだ。シャックルトンの記述からすればそうならざるを得まい。さてわれわれは無念の思いを抱いていま宿願の目的地をあとにした。これからまるまる八百マイルのそり引きに立ち向かわねばならない——そして夢想ともあらかたおさらばだ！

第一九章
極点からの帰り

一月一九日、金曜。――昼食時八・一マイル、気温マイナス二〇・六度〔マイナス二九・二度C〕。行進開始後まもなくノルウェー隊のケルンとわれわれの往路の跡が見付かった。往路の跡をたどって、先着者の成功をわれわれに初めて通告した不吉な黒旗まで来た。われわれはこの旗を抜き取り、竿《さお》を帆柱に使って、そこからもう一・五マイルほど往路の跡を戻った所で、いま野営している。したがってこれでひとまずノルウェー隊とお別れだ。この緯度のあたりでは路面は起伏が大きい。今日はそれが往路の時よりもはっきりしていた。

復二号夜野営地*。高度九七〇〇。気温マイナス一八・五度〔マイナス二八・一度C〕、最低マイナス二五・六度〔マイナス三二度C〕。午後は三時間順調に進み、あとはかなり退屈な一時間半になった。天気はたいへん奇妙だ。雪雲が厚くかかって明かりを妨げ、頭上を南から動きながら微粒の結晶を降らせる。合間に太陽が現れ、風は南西へ移る。細かい結晶は路面をすっかり台なしにする。荷は軽く帆は一杯に風をはらんでいるのに、最後の一時間は苦しいそり引きだった。往路の跡は雪で埋まり、時々深い所があり、上にのこぎり歯のようなサスツルギができていた。このざらざらの雪は砂と同じく風に吹かれてあちこち動くようだ。三日前のわれわれの跡と一カ月前のノルウェー隊の跡の現状

＊「復」付きの番号は復路の野営を示す。

をどう説明したらよいのか。順風での行進は暖かくて快いが、停止して野営する時も往路の時より寒さを感じないと言えるか私には疑問だ。ケルンはたやすく見つかっており、これからもずっとそうだろうと思う。もちろん三度貯蔵所へ行き着くまでは少々気掛かりだ*。帰りの旅は恐ろしく疲れる退屈な旅になりそうだ。

一月二〇日、土曜。――昼食野営地、九八一〇。めっぽうひどい路面だったのに、午前中たいへん順調に進んだ――五時間二〇分で九・三マイル。それによって南貯蔵所へ達し、四日分の食糧を得た。今夜から七日分を携えて五五マイル先の、一月一〇日に造った半度貯蔵所へ向かう。天気はほぼ同じく、風が少し強まって、帆がよく働く。

復三号夜野営地。九八六〇。気温マイナス一八度。強い風で地吹雪のある中を午後の行進を始めた。初めは帆が一杯に風を受け、すごい速さで進んだ。それから山のように吹きだまりのできた異常な路面へ出た。そこへスキーがくっつき、足を進めるのに苦労した。そり引きは実にたいへんだったが休まず進み、一四日のケルンの少し先まで来て野営した。明日も苦しいそり引きになるのではないかと思う。幸い風は続いている。

バワーズのスキーのある所まで早く行きたい。脚の短いバワーズにはこのごろの長距離の行進はよほどつらいに違いない。だが彼は負けることを知らぬ小スポーツマンだ。オーツがわれわれの中でいちばん寒さと疲労を感じているようだ。今夜は風がかなり激しい。しかしよい行進をしてよいフーシュを食べ、いまテントの中でたいへん心地よくくつろいでいる。いまはひたすら良好な進度を維持するのが第一だ。きっとそうできて船に間に合いたい。行程計一八・五マイル。

一月二一日、日曜。――復四号地。一〇〇一〇。気温、ブリザード、マイナス一八度からマイナス一一度へ、いまマイナス一四度〔マイナス二五・六度C〕。目が覚めると激しいブリザードだ。雪で視程甚だ悪く、太陽薄ぼんやり。跡を見失いそうなので行進しないことに決めた。少なくとも一日は待機と予想していたところ、昼食中に急に晴れてきて、

＊まだ一五〇マイル以上先である。一行は第一日午後に復路を七マイル進み、第二日に一八・五マイル進んだところであった。

風が衰えて軽風になった。われわれは行進準備にかかった。しかし装備がすっかり凍りついていて、出発できたのは三時四五分だった。七時四〇分まで行進——恐ろしく疲れる四時間のそり引き。助けになる風があったのに五・五マイルしか進まなかった（六法定四分ノ一）。路面は悪く、新しいサスツルギのために極端に悪く、道は再びはっきり登りになっていた。

　これからの百マイルは相当苦しくなりそうだ。この地帯では下り坂を引くのも難しかったとしたら、登りを引くのは恐らくいちだんと難しいだろう。幸い往路の跡はかなりはっきりしている。ただケルンは一マイル以内に近づかないと見えない。次の貯蔵所まで四五マイルで食糧は六日分ある——そこで七日分の食糧を得て（気温マイナス二二度〔マイナス三〇度C〕）「三度」貯蔵所まで九〇マイルとなる。そこまで行けば安心のはずだが、一日か二日分は余裕をもって着くべきだろうし、それに往路の跡をたどるのに苦労するかもしれない。しかし明日時計のための差率観測ができれば、以後まさかの時は往路の跡にかかわらずやっていけるだろう。

　一月二二日、月曜。——一〇〇〇〇。気温マイナス二一度。これまでになかったくらい疲れる行進だったと思う。そりは軽く、風の助けも初めは少しあったのに、全行程引き通しだった。午後の後半部では太陽が出て、するとたちまち路面はすっかり柔らかい砂〔のような雪〕に覆われた。

　八時きっかりに出発して、正味九時間行進した。こうして一四・五（地理）マイル進んだ。しかしなんともはや！　ひどい骨折り仕事だった。いまほぼ八九度線上に来ている。今夜バワーズが差率観測をした。風の地域から出てしまったのではないかと心配だ。六四号野営地のケルンまであと二・五マイル弱だ。貯蔵所までは三〇マイルで、手持ち食糧は五日分ある。スキー靴が傷み始めてきた。まだ長い道のりを行かねばならないのだから、スキーや靴が破損しないことが切に願われる。今日は登り道だと思ったが、気圧計には変化がない。

　一月二三日、火曜。——昨夜最も低い最低気温マイナス三〇度〔マイナス三四・四度C〕。出発時マイナス二八度。昼食時高度一〇一〇〇。気温、六ないし七の風でマイナス一九度〔マイナス二八・三度C〕。出発当初は風がほとんどなく、苦しい行進。その後風が強まり、昼食までに八・七マイル進んだ。その時には風はほぼブリザードになっていた。往路の跡は殊のほかよく見え、たどるのにさほど苦労しない――一大幸運だ。

午後には組織替えしなければならなかった。帆を一杯に揚げることができた。バワーズはそりにしがみつき、エヴァンズとオーツは大股《また》に歩かねばならなかった。非常な速さで進み、貯蔵所まではあと楽な行進を一回すればよい所まで行けそうだったが、エヴァンズの鼻が凍傷になっているのにウィルソンがふと気付いた――白っぽく堅くなっていた。野営するのがいちばんと考え、六時四五分に野営した。テントを張るのに少々苦労したが、フーシュをたっぷり食べたあと、いま心地よく休んでいる。

エヴァンズは明らかに相当まいっている――指はひどい水ぶくれになり、鼻はたびたびの凍傷でずいぶん鬱血《うっけつ》している。自分のことでたいへん悩んでいるようで、よい徴候ではない。ウィルソンとバワーズと私はこんな環境としては十分元気だ。オーツは足が冷える。あれやこれやで、早く高原から下りられたらありがたい！「一度半」貯蔵所までわずか一三マイルほどで、明日はそこへ着けるだろう。天候が変わり始めているようだ。どうか三度貯蔵所までいくらか跡が残っていてくれますように――そこが見付かれば、あとは大丈夫のはずだ。

一月二四日、水曜。――昼食時気温マイナス八度〔マイナス二二・二度C〕。事態が少々深刻になりかかっている。出発時に強かった風が昼食時には完全にブリザードになり、一同寝袋にもぐり込まざるを得なくなった。ひどい行進だったが七マイル進んだ。最初エヴァンズが、次にウィルソンが先行して、往路の跡を偵察《ていさつ》した。初めの一時間、バワーズが一人でそりの方向をとり、その後はずっとオーツと二人でそりのわきについていた。柔らかい所と柔らかい所の間では速度を調節するのに二人は恐ろしく苦労していた。一二時三〇分に太陽が行く手へ回り、跡が見分けられなくなって停止しなければならなくなった。そのころには強風が頂点に達していて、テントを張るのにひどく苦労し、指は残らず凍えてしまった。貯蔵所まではたった七マイルだ。しかし今夜はきっと行き着けると思っていたのだ。極点を発《た》ってから今度が二度目の完全な強風だ。これはどうもいい気持ちがしない。天気が変わり始めているのだろうか。もしそうなら、乏しい食糧で高原の途方もない長旅をしなければならないわれわれに神助あれ。ウィルソンとバワーズが頼みの綱だ。オーツとエヴァンズのように安易に凍傷にかかるのは困る。

一月二五日、木曜。――気温、昼食時マイナス一一度〔マイナス二三・九度C〕、夜マイナス一六度〔マイナス二六・七度C〕。ありがたや、半度貯蔵所が見付かった。昨日午後と昨夜一杯、寝袋に入って横たわっていたあと、朝食をどうするかをみなで相談した。時間を後らせてし、昼食は省いて進むことに決まった。その時は風は依然ひどそうだったが、朝食中に太陽が顔を出し、往路の跡が見えるくらい明るくなった。そりを掘り出し、テントを片付けるのは、長時間の恐ろしく冷たい作業だった。しかしやり終えて行進を始めた。帆を付けず、みなで引いた。それが一一時ごろだった。そして二時三〇分ごろ、うれしいことに貯蔵所の赤旗が見えた。昼食をしたあと、九日半の食糧を持って出発し、やはり往路の跡をたどって進んだ――八時まで行進して五マイル余り進み、一日合計一二マイル余りになった。次の貯蔵所まであと八九（地理）マイルだ。しかしこの高原からは離れるべき時に来ている。傷病者が出ているのだ。オーツの片足は冷え切ったままだし、エヴァンズの指と鼻はひどい有様だ。そして今夜はウィルソンが目の激痛に苦しんでいる。いまのところ問題がないのはバワーズと私だけだ。天気はあいかわらず不安定のようで、この時期にはブリザードが続くのではないかと心配だ。風は南から強く吹き、今日の午後はそれをたっぷり帆に受けて大いに助かった。食糧袋がまた一杯になったから、きっとこれまでよりもずっとよく眠れるだろう。一つだけどうしても気掛かりなのは、三度貯蔵所が見つかるかどうかだ。往路の跡はいまのところよさそうだ。時々三〇ないし四〇ヤードのあいだ吹きだまりの下になって見えなくなるが、その後また路面にくっきり浮き上がって見えてくる。明かりがよければ、たどるのに少しも難儀しない。怖いのはブリザードで、行進を止めるだけでなく、冷えて湿った空気が体にこたえる。バワーズが今夜また差率観測をした――こんなひどい寒風の中で観測をやってのけたとは驚き入る。彼は今日ウィルソンがスキーを履かずにそりのわきを歩いたり前で引いたりした間、それを借りた。

一月二六日、金曜。——気温マイナス一七度。高度九七〇〇、気圧計が上がったのに違いない。出発は遅かった。八時五〇分——早めにみなを起こしたのだから、どうしてかわからない。今後は後れないようにすべきだ。かなり強い軟風《なんぷう》と多量の地吹雪があったが、往路の跡は見えた。元の七日のブリザード野営地までは順調に進んだ。七マイル。しかしその野営地から先は跡がすっかり消えてしまった。しばらく探し歩き、それから少し進んで昼食にした。空は次第に晴れてきた。ただ、風は続いていた。四マイル間隔で二つケルンがあるのがわかっていたから特に心配もせず進むうちに、最初のが遥か右手に見付かり、それから右へ舵《かじ》を取ったのが幸いして、バワーズのよく利く目が左手遥かにかすかに二つ目のをとらえた。往路ではこのあたりで明らかにまずい針路をとっていたのだ。二つのケルンの間では往路の跡は気配すらなかった。しかしもう一つ、六日の五九号夜野営地を示すのが、堅いサスツルギ帯の中にあり、そして野営に入るころには跡らしいものがまた見えてきたのでほっとした。明日はどうか跡をたどって行けますように。今日は一六(地理)マイル進んだ。もっとも、直距離では一五・四きりだ。

一月二七日、土曜。——復一〇号地。気温マイナス一六度(昼食時)、マイナス一四・三度(夕刻)。最低マイナス一九度〔マイナス二八・三度C〕。高度九九〇〇。気圧計低下?三〇分遅く一同を起こしたが、出発は後れずにできた。午前中はあらしでかき乱されたサスツルギ帯の行進だった。まるで荒海のようだった。ウィルソンと私がスキーで前を引き、他はスキーなしで引いた。絶えず隠れてしまう跡をつけて行くのはきわめてやりにくい作業だった。跡と言ってもどこでも実際はそれらしい気配があるだけで——浮き上がったそりの跡が一～二フィート見えたり、距離計のわだちが一〇ヤード余りあったり、時々以前の踏み跡の堅い雪がピシッと鳴ったりするだけだ。時にはこれらのどれもはっきりしなくなるが、導いてくれる線の感じはあった。困ったのは往路では絶えずいちばん大きい隆起を避けて進まなければならなかったので、ジグザグが多いことだ。そういう行き止まりでは、引き綱から離れてしるしを探し歩いたので、たっぷり一マイル以上損をした。それでもとにかく往路の跡をたどることができた。だしぬけにケルンにぶつかり、それをやり過ごして七マイルの地点で昼食の野営をした。午後はサスツルギが次第に小さくなり、そしていまは再び比較的平坦《へいたん》な路面へ出て、障害はほとんどなくなった。そしてうれしいことに、跡が再びぐっとはっきり見えるようになった。最後の二時間は跡をたどるのに少しも苦労しなかった。助けになるよい南の軟風が一日じゅう吹いたし、空は晴れ、わりあい暖かい気温だった。空気は再び乾いてきて、テントや装備はこの一週間のブリザードによる氷詰め状態から次第に脱しつつある。

　寝袋は徐々にではあるが確実に湿気を増していて、乾かすにはいまのような天気がたっぷりないと無理だろう。しかしそういう寝袋でも、いまは時間がいくぶん制限されているため、みなよく眠れる。一同次第に空腹が強まっていて、少し食べ物をふやした方がよいようだ。殊に昼食にはそうだ。あと数回の行進で次の貯蔵所へ着いたら（あと六〇マイルはなく、手持ちの食糧は丸一週分ある）少しふやせるはずだ。もちろん馬肉貯蔵所へ着くまでは本式の食事は期待できない。まだまだ長い道のりで、それに全く、これは途方もなくたいへんな労働だ。

　一月二八日、日曜。――昼食時、マイナス二〇度。高度夜一〇一三〇。復一一号地。夕食時気温マイナス一八度。午前中風がほとんどなく、そして苦しい前進。五時間でようやく八マイルやり終えた。午後はよい風があり、そして路面がよくなって、三時間四〇分で八マイル加えた。道が上りか下りか見分けるのがたいへん難しい。気圧計は往路の示度と全然違っている。次の貯蔵所まで四三マイルで、手持ちの食糧は六日分ある。四日の昼食ケルンに向き合って野営している。あとほんの半日の行程で最終支援班と別れた地点になる。

　往路の途中で物を三つ落とした――オーツのパイプとバワーズの毛皮ミトンとエヴァンズの夜間用半長靴だ。往路の跡で半長靴とミトンを拾い、そして今夜パイプが隠れもせず静かに雪の上にのっているのが見付かった。そりの跡は今日は至極たどりやすかった。次第に浮き上がりが大きくなり、線状の影がよくついて、半マイル先まで見えることもたびたびあった。これが続き、天気が持てば、貯蔵所へは難なく着けるだろう。食糧をそりに乗せたときはさぞうれしいことだろう。一同空腹が強まっていて、それには疑問の余地がない。昼食が不足し始めているのだ。みなかなり痩《や》せ、殊にエヴァンズがそうだ。しかし疲れ果てようとしているとは誰も感じていない。重い荷では引けるかどうかあやしいが、われわれの荷は軽いから順調な進みが維持できる。食べ物の話題がずいぶん多くなった。増量できる時が待ち遠しい。

一月二九日、月曜。――復一二。昼食時気温マイナス二三度〔マイナス三〇・六度C〕。夕食時気温マイナス二五度。高度一〇〇〇〇。一九・五マイルというすばらしい行進。昼食前に一〇・五。風が大いに助けになった。相当強い地吹雪。跡は大部分ごく明瞭《めいりょう》。昼食少し前、支援班の帰りの跡が見付かった。したがって、いまやはっきりしたそりの跡が三本ある。貯蔵所まであとわずか二四マイルだ――一日半で楽々だ。明日好天ならば難なく行き着けるだろう。風とサスツルギは南南東および南東だ。天気が持てば、残る内陸氷上旅行はあと一週間そこそこで終えられるだろう。

路面は往路のときとは大いに違っている。固まっていなかった雪が風で吹きだまりをつくり、堅くなり、風にかき乱された状態になっている。それ以外の所はガラス状で、明らかに地吹雪の雪が作用して、砂吹きのように磨き上げたものだ。その上をそりは背後からよい風を受けて快調に走る。ガラス面の下は全体が柔らかくてざらざらしている。一同空腹が日に日に強まっているのは確かだ。明後日には増量できるだろう。退屈な仕事だが、ありがたや、ようやく一マイル一マイルがどんどん過ぎるようになった。行く手は下りだから、もうあまり後れはしないはずだ。

一月三〇日、火曜。――復一三。九八六〇。昼食時気温マイナス二五度、夕食時気温マイナス二四・五度。ありがたや、また良好な行進――一九マイル。貯蔵所の手前の最後のケルンを過ぎ、行く手の跡ははっきり見え、天気はよく、風の助けがあり、下り坂――どう転んでも午前の行進の中ごろには貯蔵所へ着けるはずだ。これは明るい面で、裏には容易ならぬことがある。ウィルソンが片足の腱《けん》を傷めたのだ。一日じゅう痛み、今夜は腫《は》れてきた。もちろん彼はそれしきのことにびくともしていない。ただ私にはここでそういう事故が起こったというのがいやだ。加えてエヴァンズが今夜爪《つめ》が二枚剥《は》がれた。彼の手は実際ひどい有様だ。そして意外にも彼はそのため気落ちしているようだ。それがあってから元気がなくなった。風は南東から南へ移り、また戻って、一日ずっと南東だ。幸い強さは続いている。指が悪くなってもわれわれはやっていけるが、ウィルソンの脚がよくならないと一大事になる。

一月三一日、水曜。——九八〇〇。昼食時気温マイナス二〇度、夕食時気温マイナス二〇度。晴天と軟風の順風で一日が明けた。貯蔵所*目指して行進し、そこで物資を回収し、そして一時間後に昼食をした。午後は路面が恐ろしく悪化し、風が南の至軽風《しけいふう》にまで落ちた。四人だけで引かねばならない時にこうなったとはついていない。ウィルソンはそりのわきを静かに歩いて、できるだけ脚を休めるようにした。結果はよく、今夜はぐっと腫れがひいた。やがて回復すると思うが、隊に脚の怪我人《けがにん》がいるのはつらい。このあたりは往路の行進ではたいへん苦しい路面だったと思う。起伏している所を進んでいるのは確実だが、路面の高低は進度にさほど関係がない。進みを妨げるのはざらざらの結晶だ。往路の時からみると路面には非常に大きく削磨《さくま》があったようだ——そりの跡が高く浮き上がっている。今日午後、バワーズのスキーを回収した**——ありがたや、高原で見付けなければならないものはこれで全部だ。あとはひたすら北へ進めばよいわけで、だから強い風は歓迎だ。

二月一日、木曜。——復一五号地。九七七八。昼食時気温マイナス二〇度、夕食時気温マイナス一九・八度。ほぼ一日じゅう苦しい重労働。弱い風。行程八マイル、四時間四五分。午後は順調に出発し、急坂を足早に下った。それからどうしようもない路面になった——ざらざらの雪——実に苦しいそり引き。午後八時過ぎまで働き続けて、やっと一二月二九日の昼食のケルンへたどりついた。あの日は貯蔵所***から一週間進んだばかりの日だった。手持ちの食糧は（満量食で）八日分あるから楽々ゆとりを持って戻れるはずだ。すでに七分ノ一の増量をしていて、結果は目立ってよい。ウィルソンの脚はぐっとよくなった。エヴァンズの指はいまでは相当悪い。爪が二枚落ちかけ、水ぶくれがはじけている。

二月二日、金曜。——九三四〇。復一六号地。気温、昼

* 三度貯蔵所。
** 一二月三〇日に置いていったもの。
*** ダーウィン山麓の、上氷河貯蔵所のことで、第一支援班が帰途についた所。

食時マイナス一九度、夕食時マイナス一七度。強い南風を受けて順調に出発。やがて急坂になり、そりが走り過ぎて、みな次々に引き倒された。スキーを脱いで徒歩で引き、一時三〇分の昼食までに苦もなく九マイル進んだ。午後、徒歩で出発し、どんどん進んだ。午前の終わり近くに、一つ奇妙な状況に気付いた。跡が吹きだまりで埋まっていたのだが、その吹きだまりが一種の土手道を作っていて、われわれはその上を引いたのだ。午後まもなく急坂にさしかかった——一二月二八日にそりを交換した時の坂だ。万事順調だったのに、私が途中つるつるの路面で、足元に注意しながら同時に跡を見失わないようにしていて、ひどい「逆落とし」をくらって肩を打った。今夜それが恐ろしく痛む。テントにまた一人病人がふえてしまった——五人のうち三人が傷病者となり、それにこれから最も厄介な路面が始まる。大事なく通過できたら幸運としなければなるまい。ウィルソンの脚はよくなってきたが、ちょっとしたことでまた悪化するかもしれない。エヴァンズの指のこともある。

　午後、坂を下り切るとサスツルギの荒海へ出た。跡を見失った。その後、軟雪の上でE・エヴァンズの帰りの跡を見付け、いまはそれをたどっている。首尾よく一七マイル進んだ。割増し食で確かに助かってはいるが、それでも一同空腹が強まっていくようだ。天候がすでにいくぶん暖かくなり、高度が下がり、そしてダーウィン山まであとわずか八〇マイルほどになった。もう高原から離れるべき時期に来ている——どうかあと四日でなんとか高原から出られますように。寝袋はたいそう湿気てきたし、われわれはもっと睡眠をとらねばならない。

　二月三日、土曜。——復一七号地。気温、昼食時マイナス二〇度、夕食時マイナス二〇度。高度九〇四〇フィート。徒歩でわりあい順調に出発した。クレバス（数は少ない）のある急坂へ出た。私はまた転ばないようスキーで進み、帆を張らずにゆるゆると坂を下った。跡は絶えず見えなくなったが、相当崩れたケルンが右手に見付かった。跡探しその他でじれったい後れが出て、午前中の行進は八・一マイルに終わった。午後は少し向上した。しかし堅い坂道でまた跡を見失った。今夜は一二月二六日の野営地近くにいるのだが、ケルンは見えない。跡やケルンを探すのは時間の空費と心を決め、できるだけ急いで真北へ進むことにする。

路面は往路に通った時と大きく違っている。ほとんどどこも磨いたように滑らかだ。ただ新しいのこぎり歯付きの巨大なサスツルギが累々とあって、不愉快な障害になっている。エヴァンズの指は小康状態にある。しかしちゃんと仕事が手伝えるようになるのはまだまだ先だろう。ウィルソンの脚は大いによくなり、私の肩もそうだ。ただひどくずきずきする。割増し食は全員によい結果をもたらしているが、われわれは睡眠をもっととらねばならない。高原にいるのもあとほんの二日か三日だ。

二月四日、日曜。――復一八号地。八六二〇フィート。気温、昼食時マイナス二二度、夕食時マイナス二三度。午前中良好な堅い路面を徒歩で引き、九・七マイル進んだ。昼食直前にエヴァンズと私がいっしょにいきなりクレバスへ落ちた――エヴァンズは二度目だ。ここで野営にした。昼食後、行く手に乱氷帯《らんぴょうたい》が見え、また右手に乱氷だと思ったもの（陸地）が見えた。一同堅くてぴかぴかの下り道をスキーで進んだ。たいへん順調だった。殊に行進の終わりごろがそうで、合計一八・一に達した。数百フィート高度が下がった。行進の中ごろに陸地がくっきり姿を現わし、私は真っ直ぐダーウィン山を目指すことにした。いまはそれを回るように進んでいる。高原から離れつつあることがすべてに表われている。気温は往路のときより二〇度〔Cで一一度〕低い。一同の体調は向上していない。特にエヴァンズがそうだ。鈍感になり、作業ができなくなってきた。＊毎食ちゃんと食べ物があるのでありがたい。それでも一同空腹が強まってくる。バワーズはすばらしい。いつも元気一杯で動き回っている。アイスフォールで面倒が起きないよう祈る。

二月五日、月曜。――復一九号地。昼食時、八三二〇フィート、気温マイナス一七度〔マイナス二七・二度C〕。夕食時、八一二〇フィート、気温マイナス一七・二度。順調な午前、クレバスほとんどなし。一〇・二マイル進んだ。午後まもなく難儀にぶつかった。陸地はたいへんはっきり見えたが、そこへ達するのが難しい。出発一時間後、巨大な氷《ひょう》丘脈《きゅうみゃく》と、一部口を開いた大きな街路状クレバスへ行き当たった。西へ西へと行かねばならず、そのため進路がでた

＊午前の落下による脳震盪《のうしんとう》の結果である。

らめになった。行進後半に北寄りへ向きを変えると、再び口をあけたクレバスが行く手を横切っているところへぶつかった。それらのクレバスの間をうまく誘導して行くのはとても難しく、スキーがなかったらしたくないことだ。

　ひどい混乱地帯に野営している。しかしここでは風がごく弱く、ずいぶん久しぶりの安楽な野営だ。貯蔵所までは二五ないし三〇マイルだろうが、行く手の乱水《らんぴょう》を通り抜ける道がどうか見つかりますように。一同の顔は長いあいだの風で相当やられている。いちばん軽いのが私だ。みなの話では逆風より追い風の方が強く鼻に感じると言う。エヴァンズの鼻は指に劣らず悪い。彼はずいぶん衰えてきた。

　二月六日、火曜。――昼食時七九〇〇、夕食時七二一〇。気温マイナス一五度。［復二〇号地］。惨憺《さんたん》たる一日で、あまり進まなかった。起床すると空は本曇りだった。クレバス帯の真ん中ではいやな状況だ。幸い出発間際に晴れてきた。真っ直ぐダーウィン山目指して進んだが、三〇分すると巨大な割れ目がいくつも口をあけている所へまぎれ込んだ。〔雪の〕橋はなかったが、あまり深くはなかったと思う。二つの間を北へ進むと、無念にもその先では、二つが合流して大混乱を起こしていた。われわれは一マイルほど自分たちの足跡をたどって逆戻りせざるを得ず、それから西へ向きを変え、サスツルギの荒海へ出て、懸命に引いた。帆を立てた。エヴァンズの鼻は痛み、ウィルソンは寒さに苦しみ、何もかもひどい有様だった。サスツルギの中で昼食の野営をした。西の方が見通しがよくなってきたのと、明らかに下り道であることだけが慰めになった。午後も苦闘を続け、サスツルギから説出して、今度はガラス状の路面へ出、いくつもクレバスを渡った――スキーでたやすく渡れた。行進の終わり近くには貯蔵所へほぼ真っ直ぐの針路を確実に保てることがわかった。推定距離一〇ないし一五マイル。

　食糧が乏しく、天気が不安定なので、一日のうち何時間も心配のし続けだ。しかし今夜は、期待したほど進まなかったのに、前途はぐっと有望になった。目下エヴァンズが気掛かりの中心だ。彼は傷が化膿《かのう》し、鼻はひどい有様で、すっかり参っている様子が全体にありありと見える。氷河へ出れば彼のために事情がよくなるかもしれない。そして暖かくなれば、傷は小康を得るだろう。高原の気象条件からもうすぐおさらばできると思うと実にうれしい。極点まで行きに二七日かかり、帰りは二一日だった――合計四八日――ほぼ七週間、低温と、ほとんど絶え間のない風の中だった。

高原の旅を終わる

二月七日、水曜。――ダーウィン山［あるいは上氷河］貯蔵所、復二一号地。高度七一〇〇。昼食時気温マイナス九度〔マイナス二二・八度C〕、夕食時気温［空白］。みじめな一日だったが終わりはよかった。初めての恐慌状態。乾パン箱の不足の確認。どうしてこうなったのか一大疑問。割当以上の出し過ぎは決してしなかったはずだから。バワーズはひどく狼狽《ろうばい》している。丸一日分足りない。八時三〇分に行進を開始し、斜面や堅いサスツルギに覆われた段々を下った――実に退屈な仕事――そして陸地は一向に近づくようには見えなかった。昼食の時、風が強まった。熱いお茶やよい食事のおかげで午後は気分よく出発し、やがて目標に近づいているのがはっきりしてきた。六時三〇分を過ぎるとまもなく貯蔵所がたやすく目に入り、七時三〇分にそのかたわらに野営した。

Ｅ・エヴァンズの置き手紙があり、第二帰還班が一月一四日二時三〇分無事通過の旨が記してあった――貯蔵所間をわれわれより半日長くかかっている。気温は上昇した。しかし今夜は寒風がある。

さて七週間の氷帽《ひょうぼう》の旅を切り抜けてきたわけだが、ほとんどの者は元気だ。しかしあと一週間長引いていたら、衰える一方のエヴァンズ兵曹には多大の悪影響を及ぼしただろう。

ここに記した諸事実が、両探検隊とも極点へ達したことの絶対の証拠となり、そして初到達の問題を議論の余地なく明確にしていて、それを記録するのは満足なことだ。

高原第一貯蔵所からの帰り

二月八日、木曜。――復二二。高度六二六〇。出発時気温マイナス一一度〔マイナス二三・九度C〕、昼食時気温マイナス五度〔マイナス二〇・六度C〕、夕食時〇度〔マイナス一七・八度C〕。九・二マイル。乾パンその他の計量と種々の再整備のため、やや遅れて貯蔵所を出発。ひどい午前だった。風がきわめて強く、冷たかった。露岩へ立ち寄るため、ダーウィン山へ近づくよう針路をとった。ウィルソンが目下スキーが履けないので、バワーズにスキーで行ってもらった。彼はいくつか標本を入手した。どれも種類はほぼ同じく、細かい石目《いしめ》模様のある灰色の花崗岩《かこうがん》で、風化すると赤くなるもの。すなわち桃色石灰岩。バワーズが戻ったあと、われわれは相当足早に斜面を滑り下った。前の者はスキーで、オーツとウィルソンはそりのわきを徒歩で――エヴァンズは一人離れて。バックレー山へ向かってたっぷり下り、二時に昼食をした。半ば強風が吹き、全員甚だ冷えて、陰気になった。しかしその後はよかった。バックレー山麓《さんろく》のモレーン目指して進むことに決め、アイゼンをつけて引きながら、大きなクレバスのある、ひどくでこぼこした急斜面をいくつか渡って、露岩の方へ滑り下りた。モレーンは一見してたいへん興味深そうなので、数マイル進み、風が当たらなくなったところへ来た時、私は野営してその日の残りを地質調査に過ごすことに決めた。それは実に興味深かった。野営したのはビーコン砂岩の絶壁が屹立《きつりつ》している下だった。砂岩は風化が急速に進んでおり、そして真正の石炭層を含んでいた。石炭層の中からウィルソンは例によってめざとく植物の化石を数個掘り出した。最後の一つは重なった葉が美しい跡を残した石炭片で、太い茎の跡も数本鮮やかに残り、細胞構造が見える。一カ所では砂に小さい波形が見られた。今夜ビルはアーケオシアタのついた石灰岩の標本を一つ入手した――困るのはその石がどこから来たものか想像できないことだ。標本はモレーン内にはめったにないから、それは明らかに珍しいものだ。純白の石英がかなりある。こうして甚だ興味深い午後を過ごした。そして風のない暖かい所にいる安楽感は言葉に表わせないほどだ。状況が好転してきたのだから、きっとみな元気を盛り返すだろう。そうあってほしい。午後はずっと日陰に居たが、ここにもいま日が差してきた。夜の靄《もや》で、ややかすんだ日差しだ。雪と氷の上に一四週間、そのうちほぼ七週間は、目にするものさえ雪と氷ばかりだったあととて、岩を踏みしめるこの喜びは書き始めたらきりがなかろう。航海のあとで上陸したときに似ている。数々の試練を受けたのだから、少しは明るい好天に恵まれてよいはずで、寝袋を乾かしたり、衣類なども着心地、履き心地をよくしたい。

二月九日、金曜。――復二三。高度五二一〇フィート。昼食時気温プラス一〇度〔マイナス一二・二度C〕、夕食時気温プラス一二・五度〔マイナス一〇・八度C〕。約一三マイル。バックレー山の端までモレーン沿いに進む。停止して地質調査。ウィルソンが石灰岩片に植物の跡の写った一大掘り出し物をした。疲れがひどく、地質関係のことまでは書けない。今朝は一同体がだるかった。気温が上がったのと、それにきっとこれまでの疲れが出たのだろう。バックレー山の北の氷河へぴったり沿って進むはずだったのが、薄暗かったため、下り坂が険しそうに見えて、外側へ出ていた。明らかに氷がひしめく中へ入り込んだようで、アイスフォールを下らなければならなかった。クレバスは思ったよりずっとがっちりしていた。少々苦労してそこを下ると、一二月二〇日の夜の野営地が見つかり、その一時間後に昼食をした。午後はわりあい順調にいき、三時間四五分行進した。距離計を外していたので、進んだ距離はわからない。行進中は暑苦しく、みなかなり疲れた。午後じゅう本曇りだったのに、今夜は不思議なほど静穏で暖かい。テントの外に立って日なたぼっこができるのはすばらしい。いまはわれわれの食べ物は十分だ。しかし満量食を維持してゆくには行進しなくてはならず、それにわれわれには休息が必要だ。とはいえ、神の御心にかなえば、大丈夫やり通せるだろう。われわれは決して疲れ果ててはいない。

二月一〇日、土曜。——復二四。昼食時気温プラス一二度、夕食時気温プラス一〇度。東へ寄り過ぎ、でこぼこして割れ目のある氷の所へまぎれ込んだが、午前の行進は好成績だった。夜は熟睡でき、誰の顔も見違えるようになった。そして出発したのが午前一〇時を過ぎてからだった。三時直前に昼食。昼食後陸地が隠れ始めた。二時間半苦労しながら進路をたどり、それから太陽が見えなくなり、北風で雪が顔を打ち始めた——暑苦しく、また針路もとれなくなったので野営した。夕食後まだ周りじゅう見通しが悪かった。しかし太陽は姿を見せ、降る雪も少なくなった。落ちた雪の結晶はあざみの冠毛《かんもう》のようにふわふわしている。手持ちの食糧は丸二日分あり、現在の位置ははっきりしないが、中氷河貯蔵所まであと往路の二行程以内の所へ来ているのは確かだ。ただ明日までに晴れないと、われわれはめくら行進をするか食事を切り詰めるかしなければならない。甚だ苦しい。今夜も睡眠不足を補える。今日午後最初に降った氷晶《ひょうしょう》はたいへん大きいものだった。いま頭上の雲が薄れてきた。気温はわずかに下がり、氷晶は細かくなった。

二月一一日、日曜。――復二五。昼食時気温マイナス六・五度〔マイナス二一・四度Ｃ〕、夕食時プラス三・五度〔マイナス一〇・五度Ｃ〕。旅行中最悪の一日。責めの大半はわれわれ自身にある。ひどい路面の上を、南西の弱風を受けて帆を張り、スキーを履いて出発した――めっぽう薄暗く、物は何もかも幻のように見えた。進むにつれ明かりはいっそう悪化し、ふと気付くと、氷がひしめく中へまぎれ込んでいた。ここで東へ向かうというゆゆしい決定をしてしまった。たっぷり距離を稼ごうと六時間進み続け、事実たっぷり進んだと思うが、最後の一～二時間はまぎれもなく罠《わな》の中へ突き進んでいたのだ。よい路面へ出たので、量を切り詰めずに昼食をし、万事順調と考えた。ところが昼食の三〇分後には、これまで入ったことのないほどひどい乱氷の中へ入り込んだ。そして初めは右へ行き過ぎたと考え、次には左へ行き過ぎたと考えたりしながら、三時間突っ込むようにスキーで進んだ。そのあいだ氷の乱れはいよいよ悪化し、私は気力がくじけそうになった。周りを取り巻く恐るべき混乱から脱出するのはとうてい不可能だと思うことが何度かあった。ようやく、左手に道があるはずだということになって、その方向へ突進した。すると道はいっそう悪く、堅く、つるつるになり、クレバスが多くなった。一同スキーで進むことができず徒歩で引いたが、一分ごとにクレバスへ落ち込んだ――事故が起きなかったのは実に幸運だった。ようやく陸地の方に少し平らな斜面が見え、その方へ押し進んでみると、そこは情けないほど遠いことがわかった。混乱は性質を変え、でこぼこしてクレバスのある路面に代わって、巨大な割れ目が現われ、それらが密集していて、渡るのは実に難しかった。苦しい作業だったがわれわれも必死だった。午後一〇時、ついにやり遂げ、一二時間の行進のあとこれを書いている。私の考えでは、これで正しい道筋へ出たか、もしくはそれに近いはずだ。しかし貯蔵所まではまだ何マイルもあるので、今夜は食事を切り詰めた。ペミカンが三食分残っていたのを四食に分けることにした。明日大きく前進できなかった場合は、昼食を二食分に当てなければならない。行進の耐久力と少量の夕食による体調とが試されたわけだ。われわれは首尾よく切り抜けた。よい風が氷河を吹き下ろして空と路面を吹き払っている。どうか明日もこの風が続きますように。明日は早起きして何はさておき出発したい。

二月一二日、月曜。——復二六。ゆゆしい事態になってきた。午前中は万事順調で、われわれは良好な路面を大いに進んだ。昼食二時間前には貯蔵所を作った翌日の一二月一八日の夜の野営地が見えてきて、われわれを元気づけた——これで道筋が正しいことがわかった。午後も、お茶〔昼食〕で元気を回復し、残る距離を進めると信じながら前進を続けた。ところが非運にも左へ寄り過ぎ、その後、登り坂へぶつかり、疲れと落胆のうちに、クレバスと裂け目の迷路へ入ってしまった。その後は意見が分かれて進路はでたらめになり、ついに、午後九時に最悪の所へ行き当たった。相談のすえ野営に決し、いまここに居る次第で、夕食もたちまち終わり、食糧袋にはあと一食分を残すのみになっている。貯蔵所の位置は定かでない。明日はどうしてもそこへ行き着かねばならない。一同努めて朗らかそうにしている。進退きわまっているが、幸い食べ物はこれまでにたっぷり食べてある。どうか明日は好天でありますように。

二月一三日、火曜。——復二七号野営、クラウドメーカー山のかたわら。気温マイナス一〇度。大きな心配のうちにも、昨夜は一同よく眠った。私にはこの心配がテントの外へ出てみるたびに募っていった。空が次第に雲に閉ざされ、雪が落ち始めてきたからだ。いつもの起床時刻には周りじゅうに濃霧が立ちこめていた。何も見えず、一同寝袋の中にいるほかなかった。八時三〇分に私はクラウドメーカー山の岩をぼんやり認めた。九時に一同起床した。そしてお茶を飲んで乾パンを一枚食べることに決めた。ペミカンには手をつけず、残る乏しい食糧は万一に備えて取って置くことにした。行進を開始し、最初は氷塊が恐ろしくひしめく中を、あっちへこっちへと回り道をさせられたが、一時間ほどすると、土で茶色になった古いモレーンの跡へ行き当たった。ここで路面がぐっと平坦になり、急速に好転していった。霧は依然あらゆるものの上に垂れこめ、われわれは方位を確かめながら一時間進んだ。そこであたり全体がいちだんと滑らかになり、われわれは進路をいくぶん外側へ変えた。エヴァンズが行く手に貯蔵所が見えると叫んで希望を抱かせたが、結局それは氷上に映ったひとつの影だった。やがて不意にウィルソンが本当の貯蔵所の旗を見つけた。言い知れぬ安堵《あんど》のうちにわれわれはまもなく三日半の食糧を手中に収めた。一同の安堵は言い表わしようがないほどだ。もちろんそこで野営して食事をした。

　午後の行進ではもっと左寄りに進んで山に接近し、やがて礫《れき》モレーンに行き当たった。ここでウィルソンがひとり離れて採集を行ない、われわれはそり引きを続けた。野営したのは遅く、位置は山の下手の端と並んだ地点だった。そしてほぼ通常の、十分な夕食をした。昨日は旅行中最悪の経験で、恐ろしく危険な感じがした。もう心配はなくなったが、進行はしなければならない。今後は食糧はよく管理して、悪天候に出合っても不足しないようにすべきだ。二度とこういう穴へ落ち込んではならない。他の二班がどちらも無事に通過して行ったことがわかって実に安心した。エヴァンズ〔大尉〕もわれわれと同じく乱氷にまぎれ込んだようだ。明日はたいへんよい日和になりそうだ。谷は徐々に晴れている。バワーズは重い雪目にかかっているし、ウィルソンもまたもやバワーズに劣らずひどくやられている。エヴァンズ〔兵曹〕はもう野営作業を手伝う体力がない。

　二月一四日、水曜。――昼食時気温〇度〔マイナス一七・八度C〕、夕食時気温プラス一度。好日和で、風は氷河下流へ吹いたり止んだりし、行進はかなり好成績だった。多少遅く出発し、モレーンをたどって引き続けた。初め私は右へ行こうと思ったが、まもなく、幸いにも考えを変え、モレーンの曲線をたどることに決めた。この進路はわれわれをたっぷり氷河の中心部へ連れ出した。アイゼンをつけて出発し、一時間後には帆を揚げた。それでも進みはのろかった。高原のと似たざらざらの雪のためでもあり、そりの滑走面がささくれているためでもあった。昼食のとき滑走面をこすりサンドペーパーをかけた。昼食後は雪の上へ出て、氷はたまに見えるだけになった。出発初めは悪かったが、傾斜と風の具合が次第に好転して、夜の野営までに六・五マイル前進した。

　われわれが力強くそり引きをしていないのは逃れようのない事実だ。恐らくどの一人をとってもそうだ。ウィルソンはまだ足の具合が悪く、スキーを履く自信が持てない。しかしいちばん悪いのはエヴァンズで、一同たいへん心配している。今朝だしぬけに足の大きな水ぶくれを見せた。彼がアイゼンをつけ直さなければならない時があって、行進は遅れた。彼が悪化の一途をたどっているように思われることが時々あるが、今日午後のように一同スキーで着実に進めるようになれば、きっと快方へ向かうだろう。彼は空腹だ。ウィルソンもそうだ。食事を再び増量するのはとうてい無理で、目下炊事当番である私は満量より少なめに出している。一同動きが鈍りがちで野営作業が手間どり、あれこれ小さな後れが多くなっている。今夜その点を話したから改善されるだろう。時間をかけないと距離がかせげなくなっている。次の貯蔵所*まで三〇マイルほどあり、手持ち食糧は三日分弱ある。

二月一五日、木曜。――復二九。昼食時気温プラス一〇度、夕食時気温プラス四度〔マイナス一五・六度C〕。一三・五マイル。また食糧不足になりそうだ。貯蔵所までの距離はわからないが、二〇マイルほどだと思う。苦しい行進――一三（地理）四分ノ三進んだ。われわれは食べ物を求めて引いているのだが、明らかにあまり力が入っていない。午後は本曇りになった。途中かなり長く陸地が見えなかった。食事を、それから睡眠も、切り詰めた。相当まいってきた。一日半か長くて二日で貯蔵所へ着きたい。

二月一六日、金曜。――一二・五マイル。昼食時気温プラス六・一度〔マイナス一四・四度C〕、夕食時気温プラス七度。相当苦しい情勢になってきた。一同の見るところエヴァンズは頭がほとんどいかれている。いつもの独立独行の人とはすっかり変わってしまった。今日午前と午後に些細《ささい》な理由で行進を停止させた。食事を切り詰めてはいるが、ひどく切り詰めているわけではなく、明日の夜までの分はある。貯蔵所まではせいぜい一〇マイルか一一マイルのはずだ。しかし天気がすっかり悪化した。昼食後はシーツに包まれたような雪になり、陸地はぼんやりとしか見えなくなった。記憶というものは、難儀した行進の出来事をよみがえらせて、この先さらに困難があることを思わせるものらしい。明日早めに貯蔵所へ着ければ、たぶん万事順調になるだろう。ただ病人をかかえての仕事だから心細い。しかし難事に中途半端に対処するのは無益だ。睡眠時間があまりに短いのでこれ以上は書けない。

二月一七日、土曜。――恐ろしい一日。エヴァンズはぐっすり眠ったあと少しよくなったようで、いつもするように元気だと宣言した。そして自分の位置の引き綱について出

＊下氷河貯蔵所。

発した。ところが三〇分するとスキー靴がゆるんで、そりから離れなければならなくなった。路面はひどく悪く、降ったばかりの柔らかい雪が一歩ごとにスキーとそりの滑走面にくっつき、そりはきしんだ。空は一面に曇り、陸地はかすんでいた。われわれは約一時間後に停止し、エヴァンズは追いついてきたが、ひどくのろのろしていた。半時間後、彼は同じ口実で再び落後した。彼はバワーズにひもを一本貸してほしいと頼んだ。私はできるだけ早く来るようにと注意し、彼も私の感じでは元気よく返事をした。われわれは突進を続けなければならず、残り四人でいやおうなしに激しく引き、汗だくになった。モニュメント・ロックを真横に見るあたりでわれわれは停止し、エヴァンズが遥かに後れているので、昼食の野営をすることにした。初めは心配もせず、お茶を入れ、われわれの分の食事を支度して食べた。食事を終わってもエヴァンズが来ないので、出て見るとまだ遠くにいた。一同そろそろ心配になり、四人全員スキーで道を戻っていった。最初に彼のところへ着いたのが私で、彼の様子を見て私はぎょっとした。服を乱して両膝《ひざ》をつき、むき出しにした両手は凍傷にかかり、そして狂乱したような目つきをしていた。どうしたのだと尋ねると、のろのろした口調で、自分でもわからないが、きっと気絶していたのだと思うと答えた。みなで助けて立たせたが、二〜三歩進むともうへたりこんでしまった。どう見ても完全に虚脱状態だった。ウィルソンとバワーズと私がそりを取りに引き返し、オーツがエヴァンズのそばに残った。三人が戻った時には彼はほとんど意識を失っており、テントへ収容した時には完全に昏睡《こんすい》状態に陥っていた。午前一二時三〇分に彼は安らかに息を引きとった。症状について話し合ってみると、彼が衰え始めたのは極点へ着く直前で、衰えが早まったのは、先ず指の凍傷で動揺したこと、その後氷河の激しい旅で何度か〔クレバスに〕落ちたこと、それに加えて自信をすっかりなくしたことによる、と考えられる。ウィルソンの考えでは、クレバスへ落ちたとき、きっと脳を痛めたのに違いないと言う。こんなふうに一人の仲間を失うのは恐ろしいことだが、静かにかえりみると、この一週間の甚だしい心配からすれば、これにまさる結末はあり得なかったのがわかる。昨日昼食のときにみなでした事態の検討を思い出せば、われわれが基地までまだまだ遠いのに、病人をかかえて、どんなに望み薄い状況にあったかがわかるのだ。

午前一時、われわれは野営をたたみ、氷丘脈を越えながら下ってくると、貯蔵所は難なく見つかった。

第二〇章　最後の行進

二月一八日、日曜。――復三二。気温マイナス五・五度〔マイナス二〇・八度C〕。畜殺場野営地。恐ろしい一夜のあと、下氷河貯蔵所で五時間睡眠をとり、分水界を案外たやすく越えて、今日三時ごろ、この野営地へ着いた。ここには馬肉がたっぷりあって、上等の夕食をした。これからもこういう食事ができるわけで、よい行進を維持していければ、これまでよりも豊かな期間が続くことになる。新生活がいちだんと豊富な食糧を携えて、すぐそこまで来ている感じだが、反面バリアの路面が気に掛かる。

二月一九日、月曜。――昼食時気温マイナス一六度〔マイナス二六・七度C〕。今日は出発が遅かった（正午を過ぎていた）。八時間近く睡眠時間をとったのと、そりの交換*をして新しいのに帆柱その他を取り付けたり、馬肉や個人用品の荷積みをしたりする作業がたくさんあったからだ。路面はどこもかしこも予想どおり悪く、そしてその路面に、またその上の柔らかくて固着していないざらざらの雪に、日光がきらきら照りつけた。元のそり跡をたどって約二マイル進んだ。晴天だったことはこのためにも作業のためにも恐らく幸いしただろう。しかしこういう路面でいくらかましな行進をするには、風が出るか滑りがよくなるかしな

＊ 主要貯蔵所にはそりが置いてあって、破損したものと交換された。

ければならないだろう。残念ながらあと三～四日は大して変化がなさそうだ。

復三三。気温マイナス一七度。実にひどい路面を、苦闘しながら短い一日で四・六マイル進んだ――まるで砂漠を引くようで、滑りは全くなかった。このまま続くと苦しいことになりそうだ。しかしこれはきっとここが海岸近くの無風地帯だからに過ぎなくて、われわれは着実に外へ向かって進んでいるから、遠からずここから脱出できるはずだ。距離が稼げるかどうか心配するのはまだ早過ぎるかもしれない。ほかはすべて好転している。寝袋はそりの上に広げていて、次第に乾いているし、それに何よりも、食糧が再び満量分ある。今夜はペミカンと馬肉の炒めシチューふうのものを食べ、一同これはそり引き旅行で食べた中で最高のフーシュだったと認めた。ふびんにもエヴァンズがいないので兵站部《へいたんぶ》は助かるが、彼が元気でここまでいっしょに来ていれば、進みはもっと速かっただろう。これから何がわれわれを待ち受けているだろうかと思うと、季節が進んでいるのがいささか心配になる。

二月二〇日、月曜。――復三四。昼食時気温マイナス一三度〔マイナス二五度C〕、夕食時気温マイナス一五度。同じくひどい路面。午前中四時間、たどたどしい歩みを懸命に続けて、例の荒涼野営地へ着いた。ブリザードが四日続いた所だ。馬肉を探したが見付からなかった。昼食後スキーにしたら少し楽になった。一日の行程合計七マイル――午後はスキーの跡がかなりはっきり見えて、たどりやすかった。もう一つケルンを通過した。恐ろしくのろい進み。しかし陸地から離れれば事情はよくなるだろうと思う。今夜は南東の空が曇ってきそうで、われわれには好都合になるかもしれない。いまはそりとスキーが深い跡を残し、それがうねりながら後ろに何マイルも続いているのが見える。実に苦しいが、野営すればたいてい苦痛は忘れてしまうし、食事もたっぷりある。われわれには前ほどの元気はなく、また季節が足早に進んでいることだから、どうかもっとよい旅ができますように。

二月二一日、火曜。――復三五。昼食時気温プラス九・五度〔マイナス一二・五度C〕、夕食時気温マイナス一一度〔マイナス二三・九度C〕。薄暗く本曇りの中を出発。ずいぶん暖かだった。行進は昨日と同じくらい悪かった。一日じゅう苦しい骨折りで、時々陰惨な思いが頭に浮かぶ。通り跡とケルンが見つかると安堵《あんど》の光明が差す。昼食時には道を見失っていたようだが、一～二時間後には最終のポニーの塀を通過し、その後テントのリングに行き当たり、行進終了時には確実に元の馬そりの跡へ出た。ここにはケルンとケルンの間が遠くて危い所が一つある。そこを乗り切れれば、あとはきちんとケルンのある道筋へ出、運がよければそのままそれをたどって行けるだろう。しかしすべては天気次第だ。これまでになく苦労して八・五マイル進んだが、こんなことはいつまでも続けられない。陸地からは徐々に遠ざかっており、一日二日すれば状況は好転するかもしれない。どうかそうあってほしい。

二月二二日、水曜。——復三六。夕食時気温マイナス二度〔マイナス一八・九度C〕。これからはきわどい旅になることはまず間違いなく、それに季節の進みが加わって本当に深刻な事態になるかもしれない。今日出発後まもなく南東の風が強まり、激しい路面地吹雪《ろめんじふぶき》になって、かすかな通り跡は見る見る消え失せた。ただ進みはかなり速かった。通過するはずのケルンが見付からないまま昼食になった。午後バワーズがきっと西へ寄り過ぎていると言うので、針路を外側へ取った。その結果、次のポニー野営地が見付からないまま過ぎてしまった。今夜、地図を出してみると、明らかに東へ寄り過ぎている。見通しのよい天気になれば誤りを修正できるはずだが、そうなるだろうか。憂鬱《ゆううつ》な情勢だ。殊にいまの誤りを正しても、また同じ困難が起こってくるのがわかっているからいっそうだ。風は夜になって衰えてきており、空は南の方が晴れてきて、これは望みを抱かせる。こんな不運に出合っていながら一同気力がくじけた様子がない、と記録できるのはありがたい。今夜は極上の馬肉フーシュで満腹し、本当に力も活気も元に返ったような感じだ。

二月二三日、木曜。——復三七。昼食時気温マイナス九・八度〔二三・二度C〕、夕食時気温マイナス一二度〔マイナス二四・四度C〕。日が照り風がほぼ落ちた中を出発した。幸いバワーズがひとわたり観測をしたのと、地図の助けもあって、道筋の外側よりむしろ内側にいるに違いないと見当がついた。情報が乏しいので、外側へ向かって進むのは重大な責任を伴うようであり、そして誰もそれを喜ばなかった。ところがちょうど昼食にしようと決めたとき、すばらしく目のいいバワーズが元の二重昼食ケルンを見付け、経緯儀の望遠鏡もそれを裏付けたので、一同元気が出た。午後も行進を続けて、もう一つケルンを見付けた。そのまま進み、貯蔵所まであとわずか二・五マイルになったところで野営した。ここからは貯蔵所は見えないが、天気がよければ見逃しはしないはずだ。これで一同たいへん安堵《あんど》した。七時間で八・二マイル進み、これはいまの路面なら一〇ないし一一マイル進めることを示している。情勢は再び上向きになっている。現にわれわれはきちんとケルンの並ぶ線に乗って、あとは真っ直ぐ基地まで切れ目がないのだから。そう私は思う。

　二月二四日、金曜。――昼食時。うららかな日和――あまりにもうららか――出発して一時間後、固着しない氷《ひょう》晶《しょう》で路面が害される。貯蔵所が見え、午前の半ばごろそこへ到着。物資はちゃんとあったが、石油が足りない〔揮発した〕――燃料は大いに節約しなければならなくなるだろう――他は今夜から丸一〇日分あり、進む距離は七〇マイルもないはずだ。一二月一五日に通過したミアズの書き置きがあり、路面悪しとある。アトキンソンからのは快調な行進（ポニー貯蔵所から二日四分ノ一）をしたあと書いたもので、体調の悪かったコヘインが回復したと伝えている。エヴァンズ〔大尉〕からの短いのはあまり元気がなく、路面悪く気温高しとある。何か気掛かりがあったのに違いない。*この貯蔵所が見付かったのは絶大な安心で、当分心配はなくなった。畜殺場野営地以降ずっと登りだったことは確実だ。沿岸のバリアは、氷河が押し出している部分以外は下りになっている。起伏はまだあるが、次第に平らになっている。路面は最上面が柔らかく、下が奇妙に堅い。気温はいまは昼夜で大きく違う。これを書いているテントの中は十分暖かい。われわれは通り跡に乗っており、中間地点のケルンが行く手に控えている。四・五マイル進んだ。かわいそうにウィルソンは昨日の頑張りがもとで、ひどい雪目にやられている。もっと燃料がほしい。

　夜野営復三八。気温マイナス一七度〔マイナス二七・二度C〕。また少し意気消沈。午後はさんざんな路面で、四マイル進んだきりだった。昼食のケルンのすぐ先から通り跡へ乗っ

＊彼はすでに壊血病にかかっていたのである。

た。ずっとこういうそり引きをしなければならないと、実際苦しいことになる。どう考えたらよいかわからないが、季節の進みが急速なのは不吉な感じがする。規定食のほかに馬肉があるのは一大幸運だ。今夜食べた「フーシュ」はそれこそ上等だった。季節と厳しい条件を相手に、われわれの元気とよい食事の競争だ。

二月二五日、土曜。――昼食時気温マイナス一二度〔マイナス二四・四度C〕。午前中どうにか六マイル前進。いささか元気のない出発だった。そり引きがいっこうに向上しそうになく憂鬱。路面は徐々に好転し、サスツルギは少なくなり、滑りはよくなり、一時弱い追い風があった。そして進みが少し速くなり始めた。しかしそり引きはあいかわらず甚だ苦しい。起伏は次第になくなっているが、でこぼこは残っている。

二六野営地の塀、約二マイル先。通り跡は全部見える――エヴァンズ班の跡がたいへんはっきり見える。これはいくらか味方になる。しかしそり引きはわれわれを疲らせる。ただ、スキーでの引き作業は再び好転しかけている。バワーズが不手際で私が注意すると少し気を悪くした。もちろん私は彼の心を疑ったことはない。大いに楽になった――昼食時に日記をつける――上等の食事――いま、うんと濃い茶を一杯――乾パン四枚にバター。

午後には好転を期待している。だがそうなる気配は見えない。なんとか少し風がほしい――E・エヴァンズはたっぷり恵まれたようだ。

復三九。気温マイナス二〇度〔マイナス二八・九度C〕。午後の行進は好転。一日計一一・四マイル――長時間安定した引き作業で初めての二桁《けた》になったが、それは苦しい作業をしたということで、また風の助けがなければこれからもそうだということだ。エヴァンズはこのあたりで明らかに強い風に遭ったようで、南東の風だったろうと思う。このごろ気温はいまのように空が晴れていると夜にはたいへん低くなる。確かに天気は驚くほどよい――路面が傷むのと風が出ないのだけが欠点だ。どの通り跡も非常にはっきり見えるが、ポニーの塀は明らかにずいぶん雪に埋まっている。誰か思いやりのある連中が先の二七野営地のケルンを新しく作り替えてあった。古いケルンはどれもさほど崩れていないようだ。

二月二六日、日曜。——昼食時気温マイナス一七度。出発時本曇り。しかし通り跡は見え、ケルンも遠くからよく見える。いくらか向上し、現在までに六・五マイル。目下バワーズとウィルソンが前。後部で引き、通り跡に注意しなくてよいのは実に気楽だ。いまでは夜がたいへん寒く、昼用の履物が少しも乾かないから、行進の初めは足が冷える。食糧はうまくいっている。だがもう少し欲しい。あとわずか五〇マイルの次の貯蔵所まで行けば増量できるくらいあるだろう。燃料の不足が依然心配だ。

復四〇。気温マイナス二一度。実質九時間行進して一一・五マイル獲得。次の貯蔵所まであとわずか四三マイルだ。不思議なほどよい天気だが寒い、たいへん寒い。何も乾かず、始終足が冷える。まだ食べ物が不足で、殊に脂肪分が足りない。燃料が情けないほど少ない。路面はいまの季節ではこれ以上は望めまいが、風の助けが少しあればと願われる。ただ風が出ても気温が上がらないと、われわれはやられるかもしれない。

二月二七日、月曜。——昨夜はめっぽう寒かった。起床したときマイナス三三度〔マイナス三六・一度C〕で、最低はマイナス三七度〔マイナス三八・三度C〕だった。足が冷えた者もあるが、みなよく休めた。そろそろどうあっても食事を増量しなければならない。しかし午前中七マイル進んだし、午後には五マイルほど進めると思う。曇り空で、いま再び太陽が出てくるまではよい路面だった。ケルンを次々に通過して進むのはうれしい。だがまだ心配は大いにある。食後は別として話題はほとんど食べ物のことだ。陸地の遠ざかり具合は申し分ない。どうかもう妨げなく行けますように。当然ながら犬ぞりの出迎えを始終話し合っている。どこまで来てくれるか、いつになるか、などと。情勢はきわどい。次の貯蔵所へは無事着けるかもしれないが、それを疑える恐ろしい要素もある。

復四一野営地。気温マイナス三二度〔マイナス三五・六度C〕。依然澄みきった上天気だが、たいそう寒い——今夜は完全な無風。このごろとしては上々の行進（一二・二）をなし終え、いつもより遥かに早く寝袋へ入っている。貯蔵所まで三一マイル、燃料ぎりぎり三日分、食糧六日分。事態はやや好転しかけたようだ。明日夜から食事を少し増量できると思う。

甚だ奇妙な路面——踏むとつぶれる、柔らかい最近できたサスツルギ、そしてあいだに薄片状のクラストようのもの、その下に大粒の結晶。

二月二八日、火曜。――昼食時。温度計は昨夜マイナス四〇度〔マイナス四〇度C〕を下回った。われわれにはめっぽう寒かったが、晴れた夜だった。食事をほんの少しふやすことにした。効果てきめん。弱い北西の軟風《なんぷう》を受けて、マイナス三二度の中を進み始めた――体が萎《な》えそうだった。今朝は足冷えが多かった。足ごしらえに手間取ったが、いつもより早く出られた。早めに野営して、たとえ事実そうならなくとも、よい夜が過ごせるよう備えることにする。貯蔵所に着くまでは事態が難しいのは間違いなく、そして考えれば考えるほど、着いたあとも変わりがなさそうに思われてくる。貯蔵所までわずか二四・五マイル。太陽はきらきら照っているが、暖かさがほとんどない。バリアの中央部は疑いなくずいぶん恐ろしいところだ。

四二野営地。上等の馬肉フーシュを食べて就寝し、忌まわしい一日のあとの幸せな眠りにつく。風は続いている。一一・五マイル前進した。気温、さほど低くない。しかしわれわれには寒い夜になりそうだ（気温マイナス二七度〔マイナス三二・八度C〕）。

二月二九日、水曜。――昼食時。寒い夜だった。最低気温マイナス三七・五度〔マイナス三八・六度C〕。起床した時マイナス三〇度〔マイナス三四・四度C〕、北西の風、風力四。恐ろしく寒い出発。折よくバワーズとオーツ、最後の新品のフィンスコーを履く。私の履き古しは贈り物用に保存。苦しい行進を予想。初め一時間は予想どおり。その後好転。五時間半行進して二二半の昼食野営地近くに野営した。次の野営地は目指す貯蔵所で、あときっちり一三マイルだ。一日半以上はかからないはずだ。もう一行進順調にいくことを祈る。そうすれば石油もどうにか持ち、食糧は丸三日分を余して到着することになる。食事の増量は多大の好結果を生んだ。山々はいまは小さく見える。風は西から依然ごく軽く吹く――この風は理解に苦しむ。

三月一日、木曜。――昼食時。昨夜は甚だ寒かった――最低マイナス四一・五度〔マイナス四〇・八度C〕。出発も寒かった。いままでは例のことだ。八時に出発して貯蔵所の見える地点まで進んだ。旗まで三マイル足らずだ。昨日一一・五マイル、今日午前六マイル進んだ。昨日も苦しいそり引きだったが、今日午前は実に苦しかった。そり引きのことを別にすれば、天気はすばらしくよい。日夜快晴続きで、風は弱い。悪いことにこの軽風が北風なので、われわれを極度に寒くする。いまの昼食中は例外だ。日が明るく差し、そしてわりあい暖かい。衣類を全部出して乾かしている。

三月二日、金曜。――昼食時。不幸はめったに単独では起こらない。昨日の午後はかなり楽に［中バリア］貯蔵所まで行進した。だがそのあと三つのまぎれもない打撃に見舞われ、われわれの立場は苦しくなった。第一は石油が不足していたことだ。よほど厳しく節約しても、この路面で次の貯蔵所［七一マイル先］まで持つかわからない。第二はタイタス・オーツの足で、彼が初めて出して見せたのを見ると、指がひどく悪くなっていた。最近の気温でやられたようだ。第三の打撃は夜のあいだに起きた。風が出て少しは喜んでいたところ、暗く曇った天気になってしまったのだ。夜にはマイナス四〇度以下まで下がり、今朝は足ごしらえに一時間半かかった。それでも八時前に出発できた。ケルンも道の跡も見失い、北微西を指してできるかぎりたゆまず進んだ。しかし何ひとつ見えなかった。さらに悪いことが待ち構えていた――路面がめちゃくちゃひどいのだ。強い風に帆を一杯に張っていたのに、たった五・五マイルの成績だった。行進時間を延長する力がないのは明らかだし、寒さも恐ろしくこたえ、われわれはきわめて難しい状況の中にいる。

三月三日、土曜。――昼食時。昨日、跡がまた見付かり、われわれが東寄りにいたことがわかった。一〇マイル近く進み、局面がやや好転したように見えた。ところが今日の午前はこれまでになく前途が暗い。出発は順調で、よい軟風があった。一時間は調子よく進んだ。それから路面が名状し難いひどさになった。風はじりじりと行く手へ回り万事が逆運になった。四時間十五分後には野営するほかないほど事態が悪くなった。四・五マイル進んでいた。［復四六。］これはわれわれ自身のせいとは考えられない――午前中懸命に引いたのは確かだ――進みを妨げたのは四分ノ三以上路面で――風は最強時でもそりを動かす足しにはならなかった。その理由は明るいときに容易にわかる。路面はこのところ良質で堅いのだが、それを羊毛のような結晶が薄く覆っているのだ。明らかに輻射《ふくしゃ》によって生じたものだ。それが固着していて、風が吹いても落ちず、滑走面に信じられないほど摩擦を起こす。神助あれ。われわれにはこんなそり引きは続けられない、本当に。一同互いにどこまでも朗らかにしているとはいえ、心中どう感じているかは推測するほかない。朝の足ごしらえにいよいよ手間取るようになり、したがって日に日に危険の度が増してくる。

三月四日、日曜。――昼食時。情勢はきわめて暗い。昨夜はいつも通り苦労を忘れて寝袋へ入った。よいフーシュを食べて熟睡し、起きてまたフーシュを食べ、行進を開始した。太陽はきらきら輝き、通り跡もよく見えたが、路面はざらざらの霧氷に覆われていた。午前中終始全力を出して引かねばならなかった。そして四時間半で三・五マイル進んだ。昨夜は本曇りで霧が深く、路面は悪かった。今日午前は太陽が輝き、路面はあいかわらず悪かった。望みをかけるとすれば、乾いた強い風くらいだろう――この季節にはとうてい期待できないものだ。表面の結晶の下に堅いサスツルギの面がある。これは一～二週間前だったら、そり引きにもってこいだったに違いない。次の貯蔵所までは四二マイルほどで、食糧は一週分あるが、燃料が三～四日分しかない――燃料は切り詰められるかぎり切り詰めている。食糧を節約したのでは、いまの引き方は続けられない。たいへん難しい状況になっている。しかしまだ誰一人気落ちしてはいない。少なくとも見かけは大いに元気にしている。ただサスツルギでそりがぴたりと止まり、その先の路面に砂〔ざらざらの結晶〕が分厚く積もっているような時にはがっかりする。いま気温はマイナス二〇度〔マイナス二九度C〕――ひとつの好転で、ずいぶん体が楽だ。しかしじきにまた寒気がやってくるに違いない。そうなると少なくともオーツにはさぞこたえるだろう。神助あれ！　次の貯蔵所で余分に食糧が得られないかぎり、いまや人為に期待できるところはまずない。貯蔵所へ着いてまた石油が不足していたら、いよいよ困ったことになるだろう。そこまで行けるだろうか。高原のころだったらすぐそこぐらいの距離なのに！　ウィルソンとバワーズがこれほどきっぱりと朗らかに振舞っていなかったら、私は途方に暮れるだろう。

三月五日、月曜。――昼食時。残念ながら悪化の一途だ。

昨日午後ひとしきり順風があり、五時間進み続けて、午前の三・五マイルというみじめな距離を九マイル余りに変えた。そして一杯のココアを飲み、少し温めただけのペミカンをそのままかじって就寝した（復四七）。それがいまみなにこたえているが、特にオーツがそうで、彼の足は痛ましい状態になっている。片方が昨夜とてつもなく腫《は》れ上がっていた。そして今日の午前、彼はひどくびっこをひいている。お茶と昨夜と同じペミカンの食事をして出発した――一同ペミカンはいまの食べ方の方がよいとでもいうような顔をしている。午前中、高い土まんじゅう状のサスツルギの覆った、わずかに好転した路面を五時間行進した。そりが二度転覆した。スキーを履かずに引き、約五・五マイル進んだ。貯蔵所まではポニーの二行進と四マイルほどだ。燃料は恐ろしく乏しく、また陸軍さんはかわいそうにすっかり参っている。何もしてやれないだけに痛ましい。温かい食べ物がもっとあれば少しは助けになるかもしれないが、それもわずかの足しにしかなるまい。こんなにむやみに低い気温は誰も予想しなかったことで、あと三人の中ではウィルソンがいちばんこたえている。これは主に、自分をあと回しにして、一心にオーツの足の手当てをしてやっているからだろう。われわれはお互い人を助ける力がない。自分のことをするだけで精一杯だ。歩行の苦しいときには行進中にも寒けがし、それにくたびれた衣服を風が突き通す。仲間はみなテントの中ではどこまでも朗らかにしている。一同気概をもって最後まで勝負を捨てない覚悟だ。しかしこれまでになく懸命に長時間引いていながら、進みがなんとのろいのかと思わなければならないのは苦しい。「神助あれ！」と言うしかなく、疲れた体でとぼとぼと、寒く、そして外面は朗らかそうでも、ひどくみじめな思いをしながら歩き続けるしかない。テントではさまざまなことが話題になるが、いまでは食べ物のことはあまり出ない。危険を承知で規定食を完全実施することに決めたからだ。こんなときに絶対に空腹でいるわけにはいかない。

三月六日、火曜。――昼食時。昨日午後、風に助けられて多少成績が上がり、一日で九・五マイルに達し、貯蔵所まであと二七マイルになった［復四八］。ところが今日の午前は甚だしく悪かった。夜が暖かくて、旅に出て以来初めて私は一時間余り寝過ごした。それから一同足ごしらえに手間取った。それから、全力を出して（懸命に）引いたのに、一時間にかつかつ一マイルの速さでしか進めなかった。それから視界が悪くなり、引き綱から離れて道を探し回らねばならないことが三度あった。その結果、午前中は三・五マイルにも達しなかった。いまは日が照り、風が落ちた。気の毒にオーツはそり引きができず、われわれが道を探しているあいだ、そりに腰かけている——足がよほど痛いに違いないのだから、彼は驚くほど剛毅《ごうき》だ。一言も弱音を吐かない。しかしいまではときどき思い出したように元気になるだけで、テントの中ではいっそう無口になってきた。石油が尽きたとき、なんとかプリムスの代わりをさせるため、みなでアルコールランプを一つ作っている。ごく貧弱な代用品にしかならないだろうし、アルコールもたくさんはない。一日九マイルを維持できていたら、使い果たさないうちに貯蔵所へさほど遠くない所まで行けただろう。しかしいまとなっては強い風とよい路面以外、われわれを助けられるものはなく、そして今日午前中は相当よい軟風があったのに、そりは鉛のように重かった。全員元気ならやり通せる希望を持てたと思うが、ふびんにも陸軍さんがひどく妨げになっている。もちろん本人は全力を尽くしているし、さぞ苦しかろうとは思う。

三月七日、水曜——また少し悪化の模様だ。オーツの片足、今日午前きわめて悪い。彼は驚くほど不屈だ。一同まだ帰ったらいっしょに何をしようかと語り合っている。

昨日は六・五マイル進んだきりだった〔復四九〕。今日午前、四時間半〔日記原文では四時間一五分〕で四マイルちょっと進んだ。貯蔵所まであと一六だ。そこに正しい分け前の食糧がありさえすれば、そしていまの路面が続けば、今度の貯蔵所〔フーパー山、七二マイル先〕までは行けるかもしれないが、一トン野営地までは無理だろう。犬ぞりがフーパー山まで来て〔物資を補給して〕くれてあればと空頼みをしている。そうすれば最後までやり通せるだろう。またしても石油が不足していたら、もはや望みは少ない。かわいそうにオーツには危機が迫っているようだ。かと言って、われわれの方も誰一人よくなっているわけではない。ただ、実に過激な作業をしているわりには不思議にしゃんとしている。十分食べているからこそ進み続けられるのだ。今日午前は初め無風だったが、やがて冷たい北風が行く手から吹いてきた。太陽は明るく照り、ケルンはよく見える。最後まで道の跡を見失わないで行きたい。

三月八日、木曜。——昼食時。午前中悪化の一途。かわいそうにオーツの左足はとても持つまい。そして足ごしらえに甚だしく時間がかかる。私は夜間用のを履いたまま一時間近く待ってからでないと履き替えにかかれない。それでいてたいがい私の方が先になる。ウィルソンもこのごろ足が悪い。しかしこれは主に他の人たちをずいぶんと助けてやっているからだ。午前中四・五マイル進み、いま貯蔵所まであと八・五マイルになった——難しいと思うのが滑《こっ》稽《けい》なほど短い距離だが、いまの路面では以前の行進の半分も進めないのだし、それだけの努力にも力は倍近く使わねばならない。大問題なのは貯蔵所に何があるかだ。犬ぞりが来てくれてあれば、たっぷり先へ進めるだろう。しかし燃料がまた不足していたら、あとは神助を待つのみ。いずれにせよ情勢はきわめて悪いようだ。

三月一〇日、土曜。——事態下降の一途。オーツの足悪化。彼はまれにみる剛気の持ち主で、絶対にやり通せないことはわかっているに違いない。今朝ウィルソンにまだ望みがあるだろうかと尋ねていた。もちろんビルはわからないと答えるほかなかった。事実は皆無なのだ。彼がいまつぶれたとして、われわれがやり通せるかは疑わしい。細心の注意を払ってかすかに望みがあるかもしれないが、それが関の山だ。気象状態はひどいし、装備はますます凍りついて扱いにくくなっていく。それと同時に、いうまでもなく、かわいそうなタイタスという最大の妨げがある。朝、彼を待っていると、よい朝食で体が温まったのが半ば冷えてしまい、そうならないようにするには、起きると同時に出発するしかない。昼食のときがまたそれだ。かわいそうに、ふびんで見ていられないくらいだ。元気づけるようにしてやるしかない。

昨日貯蔵所へ行き着いた。フーパー山。がっかりだった。物資はことごとく不足していた。誰かに責任があるとも思えない。救いとなったはずの犬は来た様子がなかった。* ミアズの帰りの旅が順調にいかなかったのだろう。

＊この日まで六日間チェリー‐ギャラードとドミトリーの連れた犬ぞりが一トン野営地に待機していた。支援班は手筈どおり迎えに出て、できれば極点班の最終行程を急がせ、船に間に合わせようと備えていたのであった。スコットはハット・ポイントへの帰着を三月中ごろから四月初めのあいだと予定してい

今朝、食事の時は静穏だった。しかし野営をたたんだころから西北西の風が吹き始め、急速に強まった。三〇分進んだあと、私はこういう条件に逆らって進むのはわれわれの誰一人にも不可能だと悟った。やむなく野営し、その後ブリザードの中のわびしいテントで過ごしている。風は完全に逆風だ。［復五二］

三月一一日、日曜。――思うにタイタス・オーツはもう最後に近い。われわれにしても彼自身にしても、どうしたらよいかわからない。朝食後、事態をみなで相談した。オーツは立派な勇士で、状況は理解しているが、はっきりわれわれの意見を求めた。行けるかぎり前進するよう勧めるほかはなかった。相談からひとつ満足すべき結果が得られた。苦痛を終わらせる手段を各人に手渡し、誰でもそれができるようにするよう、私からきっぱりウィルソンに指示したのだ。指示通りにしなければ、われわれが医療品箱をかき回すことになるので、ウィルソンもそうするほかなかった。各人阿片《あへん》を三〇錠もらい、ウィルソンは残ったモルヒネのチューブ一本を取った。われらの物語の哀れな一面［復五三］。

今朝出発の時、空はすっかり雲に閉ざされていた。何も見えず、道の跡を見失い、その後は大きくあっちへこっちへと振れていたに違いない――午前中三・一マイル――恐ろしく苦しいそり引き――予想したとおりだった。いまでは風か路面の助けがなければ、六マイルが耐久力のほぼ限度だ。今夜には七日分の食糧を持って一トン野営地まで約五五マイルとなるはずだ。六×七＝四二、情勢がこれ以上悪化しなくても一三マイル余りが出る。そして季節は足早に進む。

三月一二日、月曜。――昨日六・九マイル進んだ。必要な平均距離には足りない。事態は相変わらずで、オーツは

た。他の支援班の帰りの速度から割り出して、アトキンソン軍医はスコットの一トン野営地到着を三月三日から一〇日の間と予想した。ここでチェリー＝ギャラードは四日間ブリザードに遭遇した。そして犬の飼料が帰りの分ぎりぎりになった。彼のできることは、途中でスコットと行き違いになる大きな危険を冒して、もう一行程南へ進んでから引き返すか、スコットが来るとすれば必ず立ち寄るはずのこの野営地にそのまま二日間待っているか、のいずれかであった。彼が事情の許す限り野営地に止まることにしたのは、疑いなく正しい選択であった。

あまり引けず、いまでは足はもとより手もかなり利かなくなってきた。午前中四時間二〇分で四マイル進んだ――午後には三マイル期待できるかもしれない。七×六＝四二。貯蔵所までは四七マイルになるはずだ。そこまで行けるかあやしい。路面は依然ひどく、寒さは厳しく、われわれの体は衰えていく。神助あれ！　もう一週間以上ひと吹きの順風もなく、そしていまにも逆風が吹きそうな気配だ。

三月一四日、水曜。――落ち目であるのは疑いないが、それにしてもわれわれには悪いことばかりだ。昨日、目が覚めると、強い北風になっていて、気温はマイナス三七度〔マイナス三八・三度C〕だった。立ち向かうことができず、そのまま二時まで野営を続け［復五四］、それから五マイル四分ノ一進んだ。あとでまた行進したかったが、軟風（北）が最後まで静まらず、一同寒さがひどくこたえ、それに太陽が沈むと気温が下がった。暗がりで夕食をするのに長時間かかった。［復五五］。

今朝は南の軟風を受けて出発した。帆を立て、良好な速さで次のケルンを通過した。ところが中ほどで風が西微南もしくは西南西へ変わり、それが防風服の中を吹き抜け、ミトンの中へも吹き込んだ。かわいそうにウィルソンはひどく寒さがこたえ、しばらくスキーを脱ぐことができなかった。大部分バワーズと私とで野営の支度をし、ようやくテントへ入ったときには、みな死人のように冷えていた。その後、いま真昼の気温がマイナス四三度〔マイナス四一・七度C〕まで下がり、そして風が強い。われわれはなんとしても進まなくてはならないが、これからは野営の支度が一回ごとにより難しく危険になるに違いない。最後が近いことは間違いない。しかしありがたい最後になるだろう。気の毒にもオーツは足がまた悪化した。明日にはどうなるかと思うとぞっとする。あとの者が凍傷にかからないでいるのは懸命に注意しているからこそだ。一年のこの時期に、こういう気温になり、こういう風が吹こうとは思いも寄らなかった。テントの外は真に厳しい状態だ。最後の一枚の乾パンまで闘い抜かなくてはならないが、食事を切り詰めるわけにはいかない。

三月一六日、金曜、あるいは一七日、土曜。――日付がわからなくなった。しかしあとのが正しいと思う。至るところ悲劇だ。一昨日昼食の時、かわいそうにタイタス・オーツがもう進めないと言った。寝袋に入ったまま置いていってほしいと言った。それはできない相談で、われわれは彼を説得して、午後の行進に来るようにさせた。彼はよほど苦しかったろうが頑張り続け、われわれは数マイル進んだ。夜、彼はいちだんと悪くなり、われわれもいよいよ最後だと思った。

もしこれ〔日記〕が発見されたら、次の事実を記録に残してもらいたい。オーツの最後の思いは母堂のうえにあった。しかし直前には、自分が自若として死を迎えた様子に自分の連隊は満足するだろうと考え、そこに誇りを感じていた。われわれは彼の勇敢さを証言することができる。彼は極度の苦痛を一言の弱音も吐かず何週間にもわたって耐え、最後のきわまで他の話題を論じ合う余裕を持ち、また進んでそれをしていた。彼はまさしく最後まであきらめなかった——あきらめようとしなかった。彼は勇者であった。彼の最後は次のようであった。一昨夜、もう目が覚めないよう願いながら彼は一晩じゅう眠った。しかし朝になると目が覚めた——昨日の朝である。ブリザードが吹いていた。「ちょっと外へ行ってくる。しばらくかかるかもしれない」と彼は言った。そしてブリザードの中へ出て行き、それきりわれわれは彼の姿を見なくなったのである。

この機会に言って置きたいが、われわれは患う僚友から最後まで離れることはなかった。エドガー・エヴァンズの場合には、食糧が完全に底をつく中で、彼はすでに意識を失っていたから、残る者の安全のためには彼を見捨てるのもやむをえない情勢にあったが、神が慈悲深くもそのきわどい瞬間に彼を連れ去って下さったのであった。彼の死は自然な死であった。そしてわれわれは彼の死後二時間は彼から離れなかった。オーツがふびんにも死を求めて出て行こうとしているのはわれわれにもわかった。しかしわれわれは、彼に思い止まらせようとしながらも、それが勇者の、そしてイギリス紳士の行為であることを承知していた。われわれ一同も同じ気概をもって最後に臨みたいと思っており、その最後も決して遠くはない。

文字が書けるのは昼食の時だけで、それも決まってできるわけではない。寒さは甚だしく、真昼にマイナス四〇度だ。二人の僚友はどこまでも朗らかにしている。しかし三人とも重い凍傷にかかる寸前だ。そして進み通そうと絶えず語り合ってはいるものの、心からそれができると思っている者は一人もいまい。

いまでは行進中も体が冷え、食事の時を除き四六時中冷えている。昨日はブリザードのため閉じこもっていなければならなかったし、今日は動いていても恐ろしくのろい。いま一四号ポニー野営地で、一トン貯蔵所まではポニーのわずか二行進の距離だ。ここに経緯儀、カメラ、およびオーツの寝袋を残す。日記その他と、ウィルソンの懇請により運んできた地質標本は、われわれのかたわらもしくはそりの上に見付かるはずである。

三月一八日、日曜。今日、昼食時、貯蔵所まであと二一マイル〔三九キロメートル〕のところにいる。不運が迫っているが、好転もあるかもしれない。昨日はまたもや行く手から風と地吹雪になった。行進を中止せざるを得なかった。北西の風、風力四、気温マイナス三五度〔マイナス三七度C〕。人間の立ち向かえるものではなく、それにわれわれは力尽きようとしている。

右足がやられてしまった。ほぼ全部の指が――二日前にはいちばんよい足の持ち主であるのを自慢していたのだ。これは滅亡への歩みだ。愚かにも、溶かしたペミカンにカレー粉を一さじ足らず混ぜた――これが激しい消化不良を起こした。一晩じゅう眠れず、痛かった。起きて行進についたが、もうだめだと感じた。足がやられていたのに気付かなかった。わずかな不注意で片足が考えるのも不愉快なことになった。体調のいちばんよいのがバワーズになったが、結局のところ誰も大差はない。二人はまだ進み通す自信を持っている――あるいはそのふりをしている――どちらかはわからない！　燃料はプリムスに最後の半分の石油と、ごく少量のアルコール――われわれを渇きから守るものはそれだけだ。いまのところ順風で、これは助けになるかもしれない。行進距離は往路だったらばかばかしく思えるほど短い。

三月一九日、月曜。――昼食時。昨夜は苦労してテントを張り、冷たいペミカンと乾パンと、アルコールの火で入れたカップ半分のココアで夕食を終えるまでは恐ろしく寒かった。その後、思いがけず体が温まり、一同よく眠った。今日いつもの引き方で出発した。そりは恐ろしく重かった。貯蔵所まであと一五・五マイル〔二八・七キロメートル〕で、三日あれば着けるはずだ。なんという進度だ！　食糧は二日分あるが燃料はかつかつ一日分しかない。誰の足も悪化している——ウィルソンのがいちばんよく、私の右足がいちばん悪い。左は大丈夫だ。温かい食べ物を体に入れられないうちは足の手当もできない。いまはせめてもの望みは切断だが、患部はまだ広がるだろうか。それが重大問題だ。天候はわれわれに機会を与えてくれない——今日の風は北から北西へかけてで、気温はマイナス四〇度だ。

三月二一日、水曜。——月曜の夜、貯蔵所まであと一一マイル足らずのところへ達した。* 昨日は猛烈なブリザードで一日じゅう閉じこもっていなければならなかった。今日は一縷《いちる》の望みをかけて、ウィルソンとバワーズが貯蔵所へ燃料を取りに行く予定だ。

三月二二日、および二三日。あいかわらずブリザードが激しい——ウィルソンとバワーズ出発できず——明日が最後の機会——燃料は尽き、食べ物が一～二残るきり——間違いなく終わりが近い。終わりは自然に任せることに決めた——身の回りの物を持って、あるいは持たずに、貯蔵所へ向かって行進し、路上で死ぬことになろう。

三月二九日、木曜。二一日からずっと西南西および南西の強風が吹き続いている。二〇日には一人あて二杯の茶を入れる燃料と、かつかつ二日分の食糧があった。一一マイル先の貯蔵所へ向かって出発すべく毎日待ち構えている。しかしテントの出入り口の外はあいかわらず渦巻く地吹雪の舞台だ。もはや好転は望めまい。一同絶対に最後まであきらめないつもりだが、いうまでもなく体は衰える一方であり、最後は決して遠くない。

残念ながらこれ以上は書けそうにない。

R・スコット。

最後に、

どうか、われわれの家族をよろしく。

＊ 極点から六〇番目の野営。

ウィルソンとバワーズは睡眠の姿勢で発見された。寝袋のふたは二人がそれぞれ平常していたと思われるように頭の上で閉じられていた。

スコットが息絶えたのは二人よりあとである。彼は寝袋のふたを外へ押し開き、上着をはだけていた。三冊の手帳が入った小袋は肩の下にあり、片腕はウィルソンの上に投げかけられていた。この状態で三人は八カ月後に発見された。

テントの中に日記とともに次の手紙が発見された。

E・A・ウィルソン夫人宛

ウィルソン夫人様

拝啓、この手紙がお手元に届きますならば、そのときはビルと私はいっしょにこの世を去っておりましょう。私たちにはもうそれが迫っており、私はビルが最期に臨んでどんなに立派であったかをあなたにお知らせしたく存じます――いつも変わらず朗らかで、また常に己れをかえりみず他人のために尽くし、このような窮地へ導いた私に対しても非難がましいことは一言も言いませんでした。幸い彼は苦しんではおりません。少々不快なところがあるだけです。

目はおだやかな青色に希望をたたえており、心は安らかで、己れを神の大いなるもくろみの一部分と見なす信念に満ち足りております。死に際しても彼は生きていたときと同じであったと、勇敢にして真実の人――最良の仲間、最も信頼できる友であった、と申し上げるほかに、あなたをお慰めするすべがありません。

ご心中深くお察し致します。

敬具、

R・スコット。

バワーズ夫人宛

バワーズ夫人様

拝啓、残念ながらこれがお手元に届きますときには、すでにあなたの生涯でとりわけ苛酷《かこく》な打撃のひとつが起こってしまっていることでしょう。

これを書いておりますいま、私たちの旅はもうすぐ最後になろうとしております。そしてその旅を私は二人の雄々しく気高い紳士といっしょに終わろうとしております。そのうちの一人がご子息であります。ご子息は私にとって最も親しく最も誠実な友の一人となられるに至り、私はその驚くほど真っ直ぐな人柄と、手腕と活力を、得難いものに存じます。困難が増すにつれ、彼の不屈の魂はいよいよ輝きを加えました。そしてご子息は最後まで朗らかで、希望を捨てず、ひるみませんでした。

神慮は人の量り知るところではありません。しかしこのように若く、活力に満ち、将来ある命が召されるのには相応の理由があるに違いないのであります。

ご心中深くお察し致します。

敬具、

R・スコット。

ご子息は最後まであなたおよび姉妹方のことを語っておられました。さぞ幸せなご家庭であったに違いないことがうかがわれ、そして思い出が幸せばかりであるのはよいことでありましょう。

ご子息は終始私心なく、人に頼らず、そして神の御恵みがあなたの上にありますことを信じつつ、あっぱれにも最後まで希望を抱き続けておられます。

J・M・バリ卿宛

バリ大兄

拝啓、私たちは甚だわびしいところで果てようとしています。この手紙が発見されて貴兄のもとへ届くこともあろうと思い、一言別れの挨拶を書きます……。端的に言えば妻と息子——貴兄の名付け子——を頼みたいのです。私たちはイギリス人が依然最後まで闘い抜いて勇敢に死ねることを示そうとしています。私たちが極点到達の目標を達成したこと、そして可能なかぎり手を尽くしたこと、病気の僚友を助けるため己れを犠牲にさえしたことは、やがて認めてもらえると思います。これは次代のイギリイ人のために一つの手本となるでしょうし、また国はあとに残されて私たちを哀惜する家族を必ずや助けてくれることと思います。私はふびんな妻と貴兄の名付け子を残すことになり、ウィルソンは夫人を残し、エドガー・エヴァンズも夫人をみじめな境遇に残すことになります。その人々が見捨てられぬよう、できるだけ力を貸してもらいたい。さようなら。私には最後は少しも怖くありません。ただ長い行進のあいだに、いまにしようと数々のささやかな楽しみをもくろんでいましたが、それらをあきらめねばならないのはさびしいことです。私は結局大探検家ではなかったかもしれません。しかし私たちはかつてない大行進をして、大成功にいま一歩までいったのです。親愛なる友よ、さようなら。

草草、

R・スコット。

私たちは足が凍えたり、その他で、絶体絶命の状態です。燃料は尽き、食糧のある所までは遠い。しかし貴兄がこのテントにいて、私たちが歌をうたったり、ハット・ポイントへ着いたら何をしようかと朗らかに語り合ったりしているのを聞いたら、さぞ安心するだろうと思います。

後刻。私たちはもうじき終わりです。しかし明るさは失っておらず、また失いはしないでしょう。ここ四日間あらしでテントに閉じこめられたままです。そして食べ物も燃料もどこにもありません。事態がこうなったときは自ら命を断つつもりでしたが、いまは一同、行路の途上で自然に果てようと決めています。

親愛なる友よ、最後のお願いですが、どうか妻と子を頼みます。国でみてくれなかったら、代わって子が世に出る機会を作ってやって下さい。きっと素質はあると思います……。わが生涯で貴兄ほど敬服し好きになった人はないのに、貴兄の友情が私にとってどれほど大きな意味を持っていたかを結局貴兄に示せずじまいになりました。それは貴兄からもらうものばかり多く、私の方からあげるものが何もなかったからです。

准男爵エドガー・スパイア卿宛

一九一二年三月一六日付　緯度七九度半

スパイア閣下、

拝啓、これがお手元に届くことを希望致します。残念ながら私どもが果てるのは必定でありまして、それがこの探検を台なしにするのではないかと気掛かりであります。けれども私どもは極点まで行って来ましたし、紳士にふさわしい最期を遂げるはずであります。心残りはただ一つ、あとに残す女たちの身の上であります。

閣下のご援助とご支持、大らかなご親切に対し厚く御礼を申し上げます。この日記が発見されますれば、私どもが死にゆく僚友を見捨てたりせず、立派に最後まで闘ったことが明らかになるでありましょう。そして果敢の気概と堅忍とがわが民族から消え去っていないのを示すことと存じます。……

ウィルソンはまたとなく立派な男でありまして、何度も己れを犠牲にして患う隊員のために尽くしました。……

私どもが来年発見されましたら、やがて届くよう願いながら、私は幾人もの友人へ手紙を書いております。

私どもはあと一歩だったのであります。やり遂げられなかったのは残念ですが、このごろ私は私どもが標的を射越したのだと感じております。誰が悪かったのでもありません。そして私は援助が足りなかったためだと言おうとする人がないよう願っております。

閣下ならびに優しい御奥様にお別れを申し上げます。

敬具、

R・スコット。

ヴィクトリア上級勲爵士、バス上級勲爵士、海軍中将フランシス・チャールス・ブリジマン卿宛

ブリジマン閣下、

拝啓、私どもは進退きわまったようであります。ぎりぎりのところであります。いつの日か届くよう願いながら私は二、三手紙を書いております。閣下には近年友情を賜わりましたことを感謝申し上げ、また閣下のもとで勤務致すことにどれほど喜びを感じておりましたかを申し上げたく存じます。私がこの事業にとって年をとり過ぎてはいなかったことを申し上げたく存じます。先に倒れたのは私より若い人たちでした。……少なくとも私どもは、窮地に陥った点では違うとしましても、陥ったあとは男らしくそれに立ち向かった点で、同胞によき手本となるでありましょう。患う僚友たちにかまわなければ私どもは切り抜けられたろうと存じます。

閣下並びに親愛なるブリジマン令夫人にお別れを申し上げます。

敬具、

R・スコット。

乱筆お許し願います――マイナス四〇度で、ここひと月近くそれが続いてきたのであります。

バス上級勲爵士、海軍中将ジョージ・ル・クレール・エジャトン卿宛

エジャトン閣下、

拝啓、私どもはもう力尽きたようであります――しかし極点へは行ってきましたし、記録破りの長途の旅も致しました。

これらの手紙がいつの日かそれぞれ宛先へ届くよう願っております。

私どもが帰還に失敗した副次的原因は隊員が患ったことでありますが、私どもを停止させた真因は、旅の最後近くになっての悪天候と予想外の寒気であります。

このバリア縦断の行程は、高原上で経験したどの場合よりも優に三倍は厳しいものでありました。

それは理解に苦しむところでありますが、そういう結果が私の計算を無効にしたのでありまして、いま私どもは基地から百マイルそこそこの所まで来ていながら、衰え果てようとしております。

さようなら。どうか海軍本部の許す限り、残る妻のことをよろしく願い上げます。

R・スコット。

どうぞエジャトン令夫人へよろしくお伝え願い上げます。閣下の多大のご親切は決して忘れられません。

クライストチャーチ、J・J・キンジー氏宛

一九一二年三月二四日

キンジー大兄、

拝啓、残念ながら私たちはかなり参っています――これから最後の貯蔵所へ着こうというときにブリザードが始まり、もう四日になります。たびたび貴兄のことを思い出します。貴兄は頼りがいのある男だった。貴兄はきっとこの探検の後始末をしてくれると信じます。

私には妻と息子の身の上が案じられます。国でだめならば貴兄の手でできるだけのことをしてやって下さい。

息子が世に出る機会を十分恵まれてほしいのです。しかし貴兄には事情はよくわかっているのでした。

妻と息子の身の上が大丈夫とわかれば、心置きなくこの世を去ることができます。国を恥入らせるようなことはしていないと感じるからです――私たちの旅は新記録の大旅行になったのですし、終わり近くにきわめて異例の不運がなければ間違いなく帰還できたはずです。私たちは企てどおり南極点に行ってきたのです。貴兄並びに親愛なるキンジー夫人に神の御恵みのあらんことを。貴兄と貴兄の親切を思い出すと心温まります。

貴兄の友、

R・スコット。

母堂、夫人、義兄（ウィリアム・エリソン・マカートニ卿）、海軍大将ルイス・ボーモント卿、およびレジナルド・スミス夫妻宛の手紙も発見された。それらからの抜粋を次に掲げる。

偉大なる神は私をお召しになりました。それがこれまでにあなたに降りかかったものに加え、また一つ恐ろしい打撃となるような気がします。けれども私が世間に対しても自分自身に対しても安らかに――恐れず――死についたことで心を慰めて下さい。

実際きわめて異例の不運のためだったのです。と言いますのは、私は決して過度の危険を冒したのではなかったからです。

……どうかわかって下さい、私たちはあと一歩だったのです。そしてその程度の危険はこの種の旅ではやむをえないことなのです。……少なくとも私たちは国のために命を捧《ささ》げたのです――私たちは記録にない大旅行を現にしたのですし、南極点に立った最初のイギリス人となったのです。

寒さのため多くは書けない点をわかって下さい。

……運が向いてくれなかったのが残念でした。手配は細部まで一つ残らず正しかったのですから。

私は少しも苦しまないでしょう。そしていましがたまでそりを引き、健康で元気一杯のまま世を去るでしょう。

ここまで書いたあと、私たちは貯蔵所まで一一マイル足らずの地点へ達し、温かい食事一回分と、温める燃料のない食糧二日分が残っていました。やり通せるはずでしたが、これで四日間、途方もないあらしに足止めされています。好機はもう去ったように思います。一同自ら命を断つことはせず、貯蔵所に向かって最後まで闘うことに決めましたが、その闘いの中に苦痛のない最期があります。

子供にはできたら博物学に興味を持たせて下さい。球技よりその方がよいのです。それを奨励する学校があるはずです。野外で過ごすようにさせて下さい。

とりわけ、怠惰にならないよう、子供自らも気をつけ、またきみにも注意してもらわねばなりません。たゆまず努力する人に育てて下さい。私自身は無理をしてやっとそういう人になったことはきみも知る通りです――いつでも怠けぐせが顔を出したのです。

私の携帯袋の中にアムンセンの黒旗その他の小物といっしょに、南極点に立てたイギリス国旗の一部があります。その国旗の一片ずつを国王ならびにアレクサンドラ皇太后に差し上げて下さい。

この旅のことはいくら話しても尽きないほどあったろうと思います。家でぶらぶら安楽過ぎる生活をしていたより、どれほどよかったか知れません。どんなにか、きみが子供にしてやる話ができたことだろう。だが、なんと高い代価を払うことだろう。

マーカム卿に伝えて下さい。私が卿を深く尊敬していたと、そして卿が私をディスカヴァリー号の指揮者になさったことを最後まで残念だと思うことはなかったと。

同朋へのメッセージ

不幸が起こった原因は計画の欠陥にあるのではなく、冒さなければならなかった危険のすべてにおいて不運だったことにあるのであります。

一、一九一一年三月のポニーの運送力の損失がもとで、出発を予定よりも後らさざるを得なくなり、また運送物資の限度を縮小せざるを得なくなったこと。

二、往路の全体にわたる天候、殊に南緯八三度における長時日の強風が、私どもの進行を妨げたこと。

三、氷河下流の柔らかい雪が、またしても私どもの進度を落としたこと。

私どもは奮闘してこれらの不利を克服しましたが、保有食糧に食い込みを生じる結果になりました。

食糧の供給、衣服、それと、内陸氷床《ひょうしょう》上および極点までの、かの荒漠たる雪原を越えて極点へ至る七〇〇マイルを往復する間にもうけた貯蔵所は、細部まで完全に機能したのであります。極点班は、心配の最も少なかった一人が意外にも衰え果てることがなければ、元気に、そして食糧も余して、氷河まで帰ったはずであります。エドガー・エヴァンズは隊中最強の人と考えられていたのであります。

ビアドモア氷河は天候がよければ難所ではありません。しかし私どもが帰る際には完全に好天の日はただの一日もなかったのであります。これが患う僚友をかかえた私どもの困難を途方もなく増大させたのでありました。

ほかでも述べましたとおり、私どもは恐るべき乱氷にぶつかり、そしてエドガー・エヴァンズは脳震盪を起こしたのであります——そして彼は自然な死を遂げたのでありますが、彼の死は私どもには痛手となり、同時に季節の進みが異常に早かったのであります。

しかしながら、右に枚挙した事実すべてをもってしても、バリアで私どもを待ち受けていた予想外の打撃には比ぶべくもありません。私は帰りの配備は十分に適切であったこと、また私どもが遭遇した気温と路面は、一年のこの時期に遭遇しようとは世界で誰ひとり予想しなかったようなものであったことを断言致します。高原の緯度八五度、八六度においては、マイナス二〇度〔マイナス二八・九度C〕、マイナス三〇度〔マイナス三四・四度C〕でありました。それより一万フィート〔三〇五〇メートル〕低いバリアの、緯度八二度で、日中マイナス三〇度、夜間マイナス四七度〔マイナス四三・九度C〕が、ほぼ決まったように続き、そして日中の行進中絶えず逆風が吹いたのであります。こういう状況がきわめて突然にやってくることは明らかで、私どもの破滅がこの過酷な天候の突然の襲来によるのは確かです。そしてこういう気象状態には納得のゆく原因がなさそうに思われるのであります。私どもが切り抜けてきたような一カ月を切り抜けた人間がかつてあったとは思えません。そういう天候にもかかわらず、もし二人目の僚友オーツ大尉が患わず、また貯蔵所の燃料に理由不明の不足がなく、そして残るひとつとして、最後の補給が確保できると期待した貯蔵所まであと一一マイル足らずのところであらしに襲われることがなかったならば、私どもはやり通せたはずであります。まさにこの最後の打撃ほどの不運はあり得なかったでありましょう。元の一トン野営地へあと一一マイル足らずのところまで達したとき、私どもには最後の一食分の燃料と二日分の食糧が残っていました。その後四日間テントから動けないでおります――強風が周りに怒号しております。私どもは衰弱しており、文字を書くにも難儀しますが、私としましてはこの旅に悔いはありません。この旅は英国人が艱難に耐え得ること、互いに助け合えること、先人に劣らず毅然として死を迎え得ることを示したのであります。私どもは危険を冒しました。危険を冒すのを承知しておりました。事態が裏目に出たのであります。したがって私どもには不平を言うべき理由はなく、ただ神慮の前に額づき、なお最後まで力を尽くす決心をするばかりであります。しかしながら、もし私どもが国の名誉となるべきこの事業に喜んで命を捧げてきたとしましたならば、どうか同胞各位に懇願致します。私どもを頼りとする者たちによろしく配慮を頂きたいのであります。

私どもが生還できたとしましたら、私は僚友諸君の堅忍、不屈、勇敢の物語を致したはずでありまして、それはあらゆる英国人の心を揺り動かしたでありましょう。いまはこの走り書きと、私どもの屍とに語ってもらうほかありません。しかし必ずや、必ずや、わが国ほど偉大にして富める国ならば、私どもを頼りとする者たちに相応の援助を与えて下さることと信じます。

R・スコット。

極点班最終野営地発見

〔極点班の最終野営地は約八カ月後の一九一二年一一月一二日に、E・L・アトキンソン軍医を隊長とする捜索隊によって発見された。次にその発見の模様を『スコットの最後の探検』第二巻から抄訳して加える。執筆者はアトキンソン軍医である。〕

一一日夜から一二日朝へかけて、一トン〔野営地〕から真南へ一一〔地理〕マイル進んだ地点で、われわれはテントを発見した。それは半ば雪に埋もれてケルンのように見えた。前にストックがあり、そしてそれらの前に、恐らくそりの帆柱であったと思われる竹竿《たけざお》が一本あった。テントは前年われわれが築いたケルンの線にほぼぴったり乗っていた。そして、雪をかぶって小氷丘《ひょうきゅう》のようになった一つのケルンから四分ノ一マイル弱の位置にあった。

テントの中にスコット大佐、ウィルソン医師、およびバワーズ大尉の遺体が発見された。テントはしっかり張ってあり、異常に厳しかった冬の度々のブリザードにも耐えていた。捜索隊員全員が各自遺体を確認した。スコット大佐の日記の中に私はこの惨事の原因が書かれているのを発見した。一同が集まったところで、私はその原因、エヴァンズ兵曹の死亡の位置、およびオーツ大尉のあっぱれな最期のくだりを読み上げた。

われわれは一行の所持品を残らず収容し、そりおよびその積載品を掘り出した。それにはビアドモア氷河のモレーンから採集した貴重な地質標本三五ポンドも含まれていた。惨事が目前に迫っているにもかかわらず、そして、引かなければならない荷にそれだけの重量が加わるのを承知で、ウィルソン医師の要請を入れ、文字どおり最後まで運んできたものであった。

一切を収容し終わると、われわれは遺体を外テントの布で覆い、埋葬式を行なった。それから翌日へかけて、遺体の上に大きなケルンを築き始めた。このケルンは翌朝完成し、その上に二本のスキーの主要部で作った素朴な十字架を立てた。さらにその左右にそりを立て、雪の中へしっかり固定して、目印の補いとした。東側のそりとケルンとの間に竹竿を一本立てて、これに金属の筒を入れ、その中に次の記録を残した。

「一九一二年一一月一二日、南緯七九度五〇分。この十字架およびケルンはヴィクトリア上級勲爵士イギリス海軍スコット大佐、ケンブリジ大学卒医学士理学士E・A・ウィルソン医師、ならびにイギリス海軍インド海兵隊H・R・バワーズ大尉の遺体の上に築かれたもので――彼らが極点到達に勇敢にいどみ、それに成功したことを、ささやかながら長く記念しようとするものである。彼らが極点へ到達したのは一九一二年一月一七日で、すでにノルウェー探検隊が到達したあとであった。厳しい天候と燃料不足が一行の死の原因となった。彼らの勇敢な僚友二人も合わせてここに記念する。一人はイニスキリング重騎兵連隊L・E・G・オーツ大尉で、この位置より約一八マイル南において、僚友たちの生還を妨げぬよう自ら死を求めてブリザードの中へ歩み去ったのである。いま一人はビアドモア氷河のふもとで果てた水兵エドガー・エヴァンズである。『主与え給い、主取り給う。主の御名は賛美せられよ。』」

隊員全員がこれに署名した。それから私は、全隊とともに南へ二〇マイル進んでオーツ大尉の遺体を探すことに決めた。

その日の半日、われわれはできるかぎり前年行進した線に沿って南進した。そして、いまは雪面の隆起にしか見えなくなった以前のポニーの塀の上に、オーツの寝袋が見付かった。オーツが立ち去ったあと一行がそこまで運んだものである。

次の日われわれは彼の遺体が見付かるよう期待して探しながら、さらに一三マイル南へ進んだ。そして彼が一行から去っていった地点へ到達してみると、遺体発見は不可能であることがわかった。親切にもすでに雪が覆い隠し、彼にふさわしい埋葬をすませてくれていた。ここでも、オーツが最期を遂げたと判断されるあたりに、彼を記念してケルンを築き、その上にささやかな十字架を立て、次の記録を残した。「この付近において真に勇敢な紳士イニスキリング重騎兵連隊L・E・G・オーツ大尉が最期を遂げた。一九一二年三月、極点からの帰途、困難に陥っている僚友たちの生還を妨げぬよう自ら死を求めてブリザードの中へ歩み去ったのである。一九一二年の救援隊この覚え書きを記す。」

これにはチェリーと私が署名した。

私はここから引き返すことに決め、また物資はできればすべてハット・ポイントへ持ち帰ることにした。

〔中略〕

二日目にわれわれは三人が眠る所まで戻り、そこで彼らに最後の別れをした。そこに三人だけながら、彼らはこれ以上なくふさわしい墓標の下で、変わりも朽ちもせず、自らの偉大さに包まれて眠り続けるであろう。

〈完〉

地図 A

スコットの第一次南極探検（1901 ～ 1904）出発前の南極地域

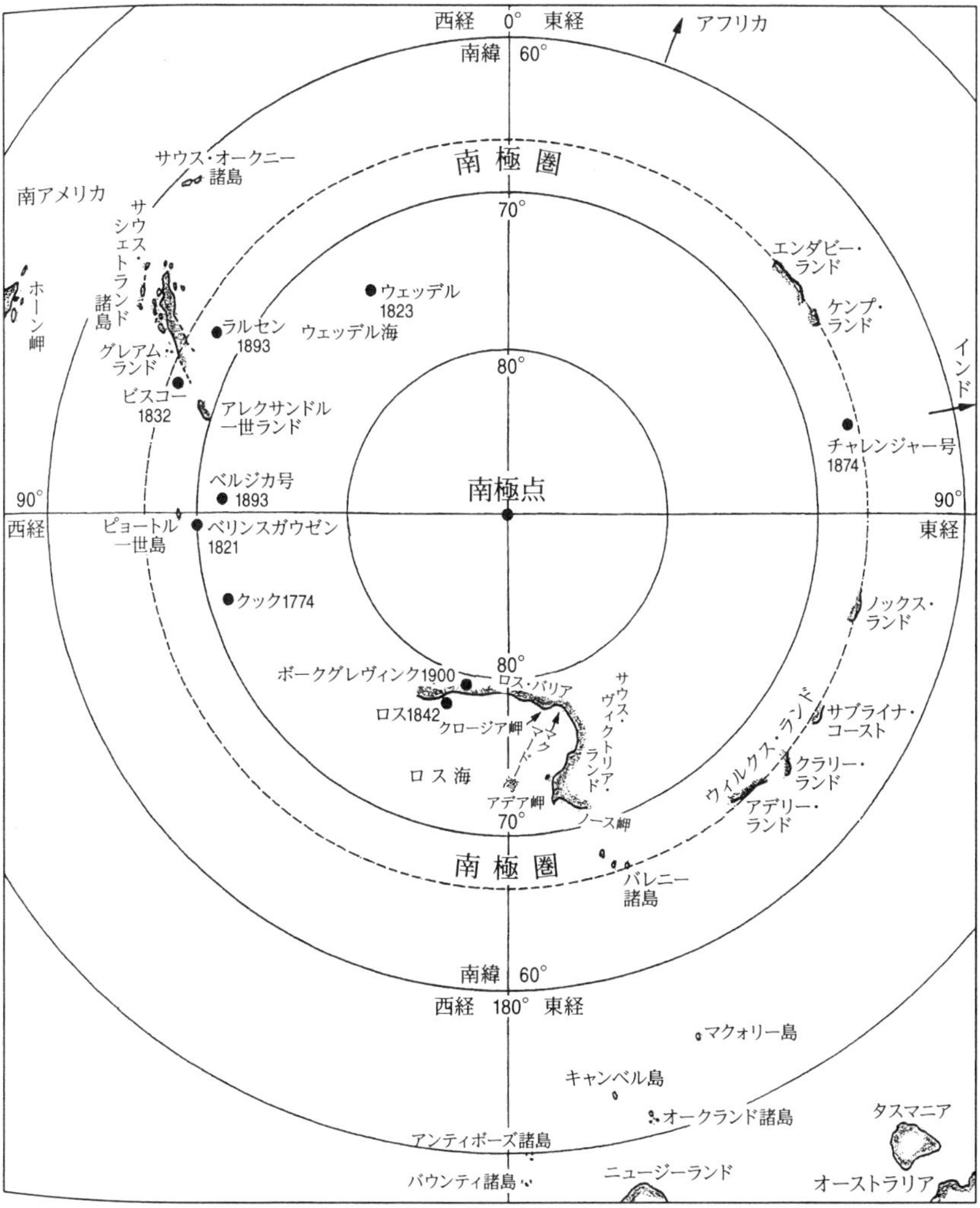

ロンドン・王立協会『国民南極探検 1901 年 -1904 年 : 気象学』原著

地図B

ロス島と西部地域

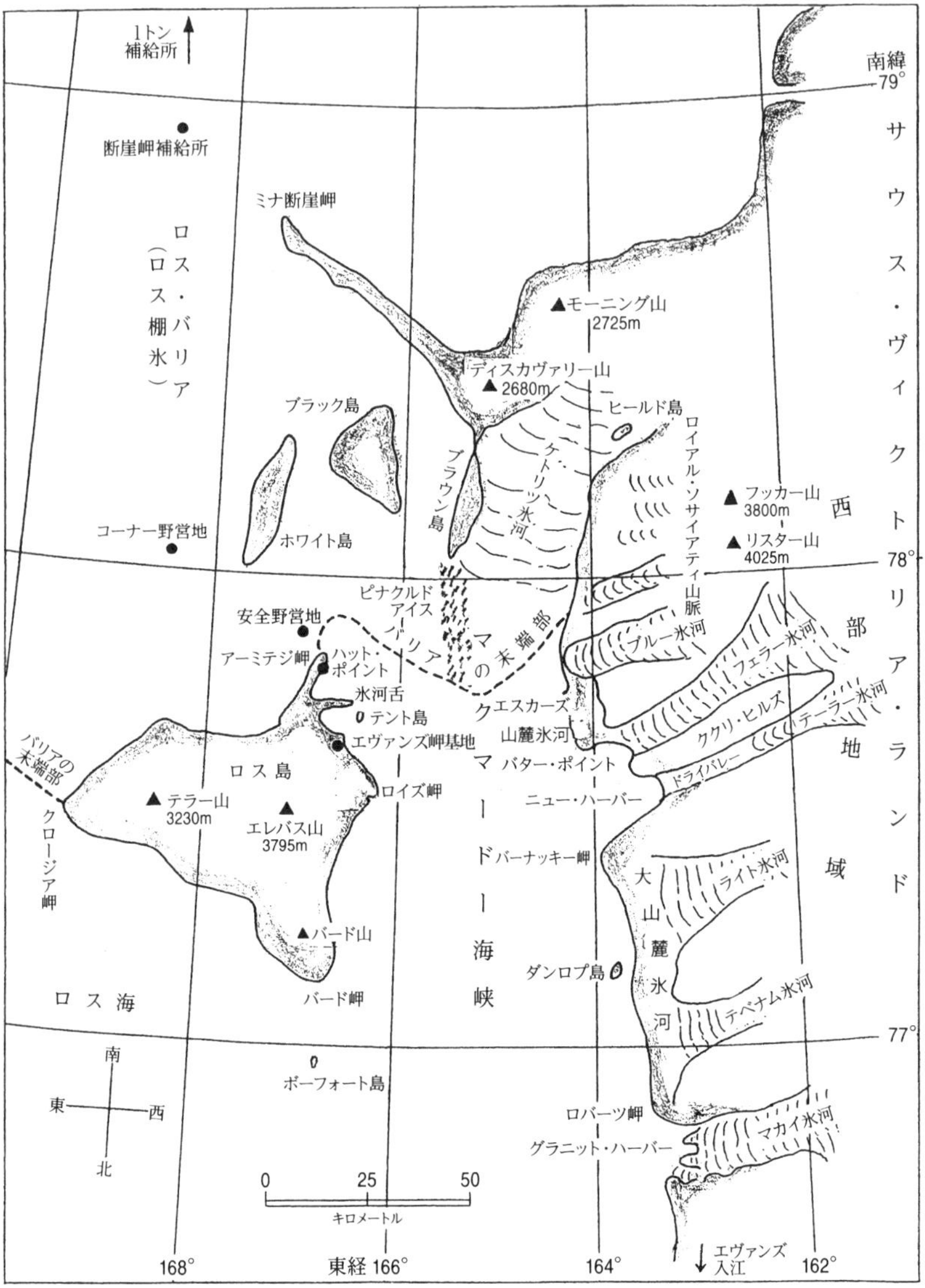

地図 C

マクマードー海峡地域

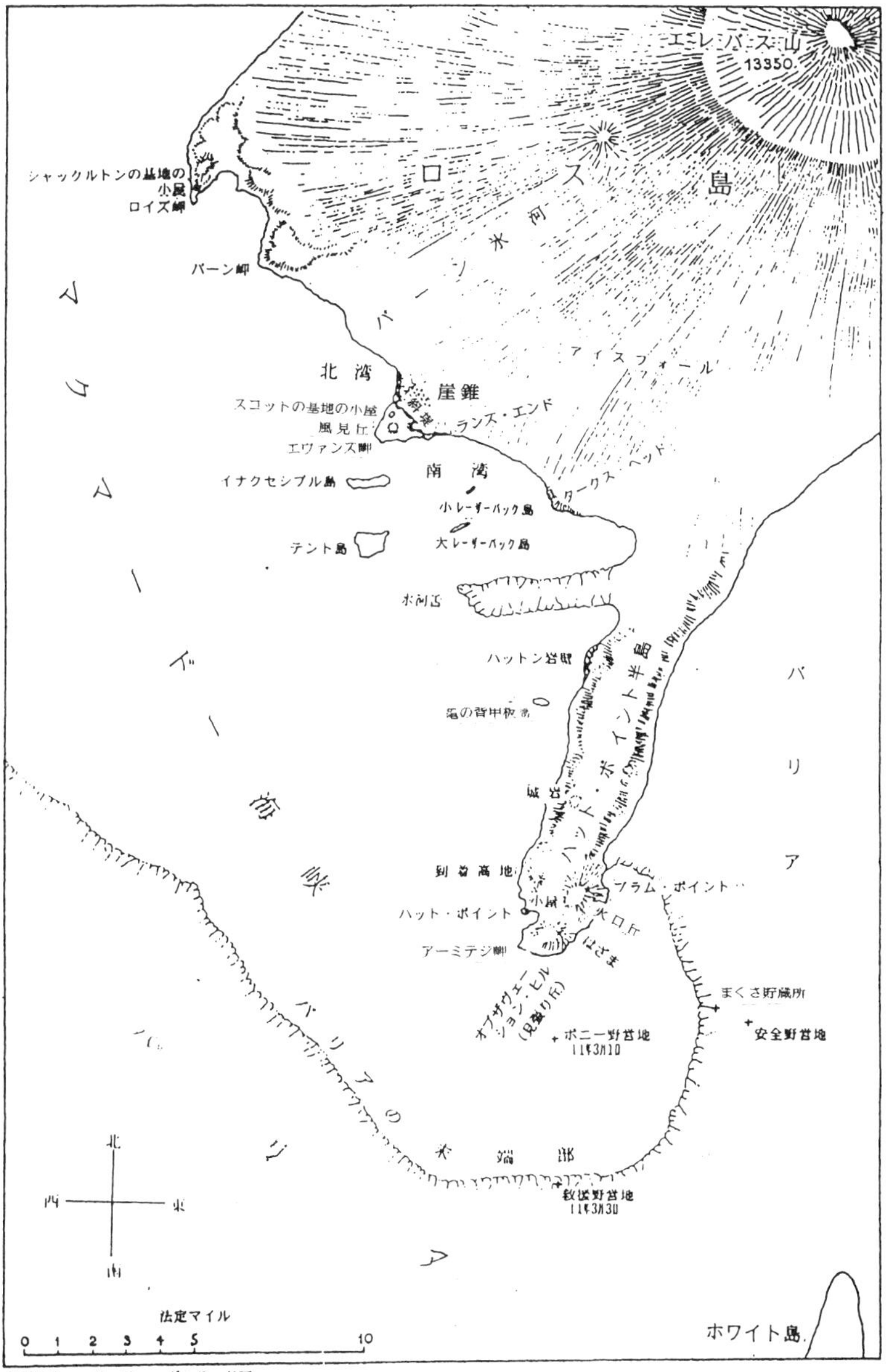

アプスリー・チェリー・ギャラード画

地図 D

スコットの第二次探検の極点旅行ルート

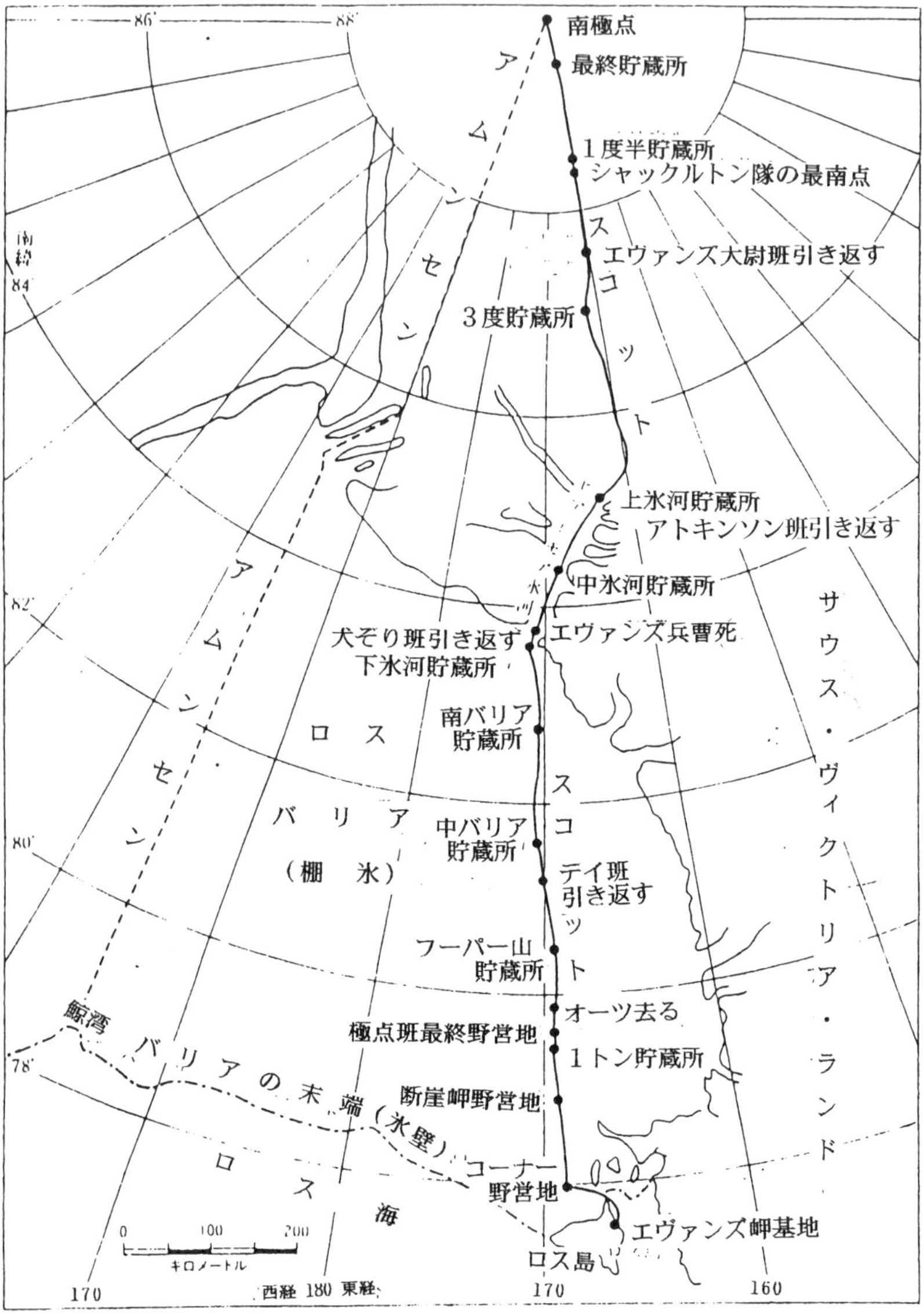

地図E

スコットの極点旅行ルート　ビアドモア氷河の区間

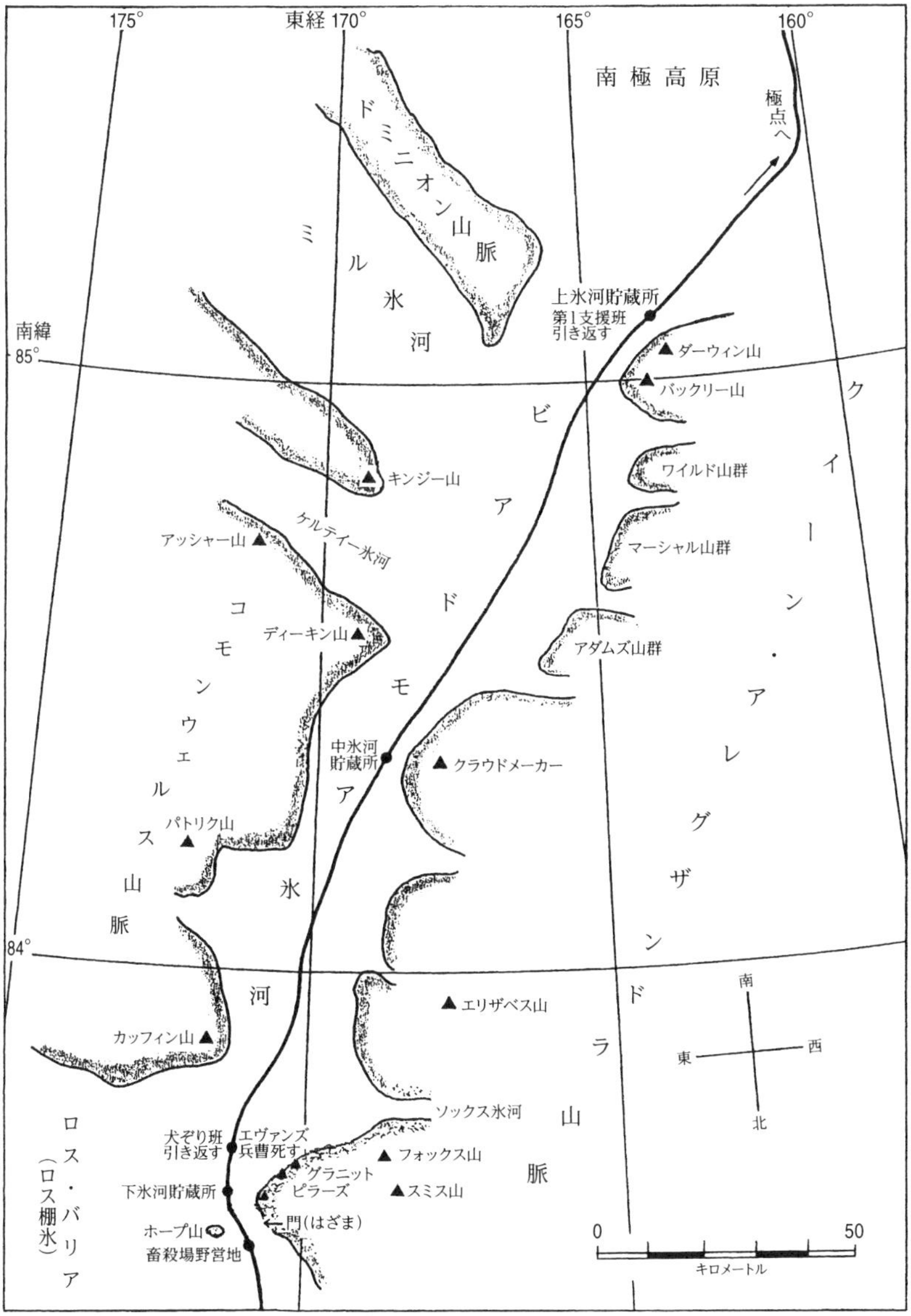

スコット著『スコットの最後の探検』原著第一巻

用語略解（訳者作成）

用語にはこの訳書で便宜的に定めたものがある。また、略解は本書で用いられている意味を主として作ったので、現在の用法と異なる面がある。

青氷（あおごおり brash ice）。淡青緑色に見える古く堅い氷河氷。通常は上に積雪がなく露出しているものを言うが、本書では積雪の下になっているものも指している。

アフタガード（afterguard）。本書では幹部隊員（士官）と科学隊員を指している。

起伏氷（きふくひょう pressure ice）。密集などの圧力によって、のし上がり折り重なった浮氷の総称。

砕け氷（brash）。砕けていく氷盤からできた氷の砕片。

クラスト（crust）。カリカリに堅くなっている雪面。

クラック（crack）。海氷にできた割れ目。本書では割れ目と訳した場合も多い。

クッカー（cooker）。登山用の携帯組立式炊事器具。本書のものは主要部がアルミ製の二重鍋になっていて、内鍋でフーシュをつくり、外鍋で雪や氷を融かして水をつくった。

氷の花（ice flower）。花状になった氷晶（ひょうしょう）。あるいは塩を核とした花状の氷晶。

サスツルギ（sasturgus）。風によって雪面が削られて形成されたでこぼこ。風上側に鋭い稜線を持ち、発達したものは高さ二メートルに達する。

地吹雪（じふぶき drift）。いったん地上に降った雪が地上から舞い上がって吹き飛ぶ現象。ほこりのように細かい雪粒が高く吹き上げられて、水平にも垂直にも見通しが非常に悪くなるものから、地上を低く這うものまである。

水空（みずそら、すいくう、water sky）。流氷に囲まれた水域あるいは流氷の外の水域の上空にある低い雲に黒っぽい斑紋や縞が見られる現象。

雪泥（せつでい slush）。陸上あるいは氷上で水をたっぷり含んだ雪。または豪雪のあと水中にできて浮遊するねばねばした雪の固まり。

セラック（sérac）。氷河の流れが急なところで縦横に走るクレバスのためにできる不安定で崩れ易い塔状の氷塊。

斜堤（しゃてい Ramp）。エヴァンズ岬近くの、かつて氷河の一部であった氷の上に積もっているモレーンの大きな土手の呼称。エレバス山麓最下部の、エヴァンズ岬の付け根にある。高さが三〇ないし四〇メートルあり、約三〇度の急斜面をつくっている。

タイド・クラック（tide crack）。潮汐によって陸氷と海氷のつなぎ目、あるいは陸地沿いの海氷にできた割れ目。

タンク（tank）。そりに食糧その他を積むために用いた帆布製の大型の袋。

定着氷（ていちゃくひょう fast ice）。海岸に接して形成されて定着している海氷。

軟氷（なんぴょう sludge）。雪泥、氷泥（海水が凍って密集して互いに凍りついたもの。海氷形成の初期の状態）が薄い層をなして広がっているもの。

ヌナタク（nunatak）。氷に取り囲まれて孤立している岩の峰。氷河に削られて丸まったものはヌナコル。

蓮葉氷（はすはごおり pancake ice）。互いにぶつかり合って縁がまくれ上がった、ほぼ円形の浮氷塊。直径三〇センチから三メートル、厚さ約一〇センチになる。

バリア（Barrier）。南極の陸の氷がロス海の中へせり出して作っている広大な氷原の呼称。いまはロス棚氷（たなごおり）と呼ばれている。本書ではその末端の大氷壁を指す場合もある。アイス・バリア，大アイス・バリア、大バリアなども同じ。

氷映（ひょうえい ice blink）。遠くから見て流氷の上空の低い雲の下面が白く光って見える現象。

氷煙（ひょうえん frost smoke）。開水路の上で水蒸気が低温のため凝結してできた霧。

氷脚（ひょうきゃく ice foot）。正しくは極地の陸地の周りに海水のしぶきによってできた低い縁氷。広義には南極地域周縁の多くの部分を縁取るさまざまな高さの氷の土手。

氷丘（ひょうきゅう hummock）。海氷が圧力を受けてせり上がり積み重なって山になったもの。

氷河舌（ひょうがぜつ glacier tongue）。谷氷河が海上に張り出して突出したもの。

氷晶（ひょうしょう ice crystal）。摂氏零度以下に冷えたときに大気中にできることがある氷の結晶。本書では主として霜、霧氷、ダイアモンド・ダストなどを指している。

氷床（ひょうしょう ice sheet）。地表面の広大な地域を厚く覆う氷雪（陸氷）の固まり。南極およびグリーンランドの氷のみについて言う。

氷盤（ひょうばん floe）。直径二〇メートル以上の比較的平らな海氷塊。

氷丘脈（ひょうきゅうみゃく pressure ridge）。氷原の氷が圧力を受けてせり上がり積み重なって作る隆起の連なり。通常は海氷についてだけ用いるが、本書では陸氷についても用いている。

フィンスコー（finnesko）。トナカイの毛皮のブーツ。

フーシュ（hoosh）。ペミカンを主成分とし、ときには乾パンその他を加えた、野営用の濃厚なスープ。野営時の主食。

プリムス（primus）。炊事用の携帯圧力石油コンロ。

ペミカン（pemmican）。赤身肉を乾燥して固めたもの。乾パンとともに極地旅行の主食品であった。

モレーン（morain）。氷河によって運ばれた石、砂利，粘土などの堆積物、あるいはそれらが作る地形。堆石（たいせき）とも言う。

雪の橋（snow bridge）。雪がクレバスの上部を覆ったもの。本書ではクレバスの中の途中にかかったものも言う。

湾氷（わんぴょう bay ice）。定着氷を指した旧用語で、本書では主として定着氷が割れて大氷盤となって漂流するものを指している。

一九一〇年イギリス南極探検隊隊員名簿

陸上隊幹部隊員

氏名	階級その他
ロバート・フォーコン・スコット	イギリス海軍大佐
エドワード・R・G・R・エヴァンズ	イギリス海軍大尉
ヴィクター・L・A・キャンベル	イギリス海軍大尉
ヘンリー・R・バワーズ	イギリス海軍インド海兵隊大尉
ローレンス・E・G・オーツ	第六イニスキリング重騎兵連隊大尉
G・マリー・レヴィク	イギリス海軍軍医
エドワード・L・アトキンソン	イギリス海軍軍医、寄生虫学者

科学隊員

エドワード・エイドリアン・ウィルソン	教養学士、医学士〈ケンブリッジ大学〉、科学隊責任者、動物学者
ジョージ・C・シンプソン	理学博士、気象学者
T・グリフィス・テーラー	教養学士、理学士、工学士、地質学者
エドワード・W・ネルソン	生物学者
フランク・デベナム	教養学士、理学士、地質学者
チャールズ・S・ライト	教養学士、物理学者
レーモンド・E・プリーストリー	地質学者
ハーバート・G・ポンティング	王立地理協会会員、写真家
セシル・H・ミアズ	犬担当責任者
バーナード・G・デイ	発動機技師
アプスリー・チェリー-ギャラード	教養学士、動物学助手
トリグヴェ・グラン	ノルウェー海軍少尉、教養学士、スキー専門家

普通隊員

W・ラッシリー	イギリス海軍一等機関兵曹
W・W・アーチャー（二年目）	イギリス海軍司厨長、海上隊から移った
トーマス・クリソルド	元イギリス海軍主厨
エドガー・エヴァンズ	イギリス海軍兵曹
ロバート・フォード	イギリス海軍兵曹
トーマス・クリーン	イギリス海軍兵曹
トーマス・S・ウィリアムソン	イギリス海軍兵曹、二年目に海上隊から移った
パトリク・コヘイン	イギリス海軍兵曹
ジョージ・P・アボット	イギリス海軍兵曹
フランク・V・ブラウニング	イギリス海軍二等兵曹
ハリー・ディカソン	イギリス海軍上等水兵
F・J・フーパー	元イギリス海軍司厨員
アントン・オメルチェンコ	馬係
ドミトリー・ゲロフ	犬係

船上隊

ハリー・L・L・ペネル	イギリス海軍中佐
ヘンリー・E・de・P・レニク	イギリス海軍大尉
ウィルフレッド・M・ブルース	イギリス海軍予備役中佐
フランシス・R・H・ドレイク	イギリス海軍（退役）主計大尉、事務長、船での気象観測担当
デニス・G・リリー	教養学修士、船での生物研究担当
ジェームズ・R・デニストーン	船でのラバ担当責任者
アルフレッド・B・チータム	イギリス海軍予備役掌帆長

ウィリアム・ウィリアムズ	イギリス海軍先任掌機兵曹
ウィリアム・A・ホートン	イギリス海軍三等掌機兵曹、二等機関兵曹
フランシス・E・C・デーヴィス	イギリス海軍木工長
フレデリック・パーソンズ	イギリス海軍兵曹
ウィリアム・L・ヒールド	元イギリス海軍兵曹
アーサー・S・ベーリー	イギリス海軍二等兵曹
アルバート・ボールソン	イギリス海軍水兵長
ジョーゼフ・リース	イギリス海軍上等水兵
ジョン・ヒュー・メーザー	イギリス海軍義勇予備団兵曹
ロバート・オリファント	熟練甲板員
トーマス・F・マクラウド	同
モーティマー・マッカーシー	同
ウィリアム・ノールズ	同
チャールズ・ウィリアムズ	同
ジェームズ・スケルトン	同
ウィリアム・マクドナルド	同
ジェームズ・ペートン	同
ロバート・ブリセンデン	イギリス海軍一等機関員
エドワード・A・マッケンジー	同
ウィリアム・バートン	同
バーナード・J・ストーン	同
アンガス・マクドナルド	機関員
トーマス・マギロン	同
チャールズ・ラマス	同
W・H・ニール	司厨員

訳者あとがき

この訳書は、一九八六年に出版された中田修訳『スコット南極探検日誌』（ドルフィン・プレス）の、スコットの日記を訳し直し、「注」を省くとともに、「付録」の「用語略解」および「隊員名簿」以外の部分も省いたものです。また「日誌」を「日記」と改めました。

この訳の原著『Scott's Last Expedition』（スコットの最後の探検）は一九一三年の初版以来一〇〇年以上、とぎれることなく出版され、読まれ続けている本です。

改訳に際して、今回新たにスコット本人の手書き原文（複写本による）を参照して、右の原著には見られない語句が若干あることがわかりました。それらは特に断ることなく訳文に取り入れました。

最後になりましたが、このような翻訳に価値を認められ、再出版の機会を与えられた羽衣出版様に厚く御礼申し上げます。

訳者　中田　修

二〇二三年八月三〇日

〈訳者紹介〉

中田 修（なかだ おさむ）

昭和４年（1929）石川県生まれ。東京教育大学文学部卒業（英語学・英米文学専攻）
静岡県立大学名誉教授
著書 『南極のスコット』清水書院
〃 『南極のスコット・雑記』羽衣出版
訳書 『シドニ詩集』東京教学社
〃 『スコット 南極探検日誌』ドルフィンプレス
〃 『アムンセン 南極点』ドルフィンプレス、朝日新聞社
〃 『ピアリー 北極点』ドルフィンプレス
〃 A・チェリー－ギャラード著『世界最悪の旅』オセアニア出版社

スコット 南極探検日記

2023年10月23日発行
定価　本体3,000円＋税

原著者　R・F・スコット
訳　者　中田　修

発行人　松原正明
発　行　羽衣出版
〒422-8034　静岡市駿河区高松3233
TEL・FAX 054-238-2061

印刷・製本　（株）渋谷文泉閣

ISBN978-4-907118-80-8 C0026 ¥3000E